昌江年鉴（2022）

◎中共景德镇市昌江区委党史地志办公室　编

方志出版社
Publishing House of Local Records

图书在版编目（CIP）数据

昌江年鉴. 2022 / 中共景德镇市昌江区委党史地志办公室编. —北京 : 方志出版社, 2022.12
ISBN 978-7-5144-5488-8

Ⅰ. ①昌… Ⅱ. ①中… Ⅲ. ①区(城市)－景德镇－2022－年鉴 Ⅳ. ①Z526.64

中国版本图书馆 CIP 数据核字(2022)第 243112 号

责任编辑：丛珺
责任校对：刘玉霞
责任印制：梅中英
出 版 者：方志出版社
地　　址：北京市朝阳区潘家园东里 9 号（国家方志馆 4 层）
邮　　编：100021
网　　址：http://www.zgfzcb.cn
发　　行：方志出版社图书营销中心（010-67110500）
印　　刷：江西山水印务有限公司
开　　本：889 毫米×1194 毫米　1/16
印　　张：17.75
字　　数：564 千字
版　　次：2022 年 12 月第 1 版
印　　次：2022 年 12 月第 1 次印刷
定　　价：288.00 元

昌江区行政区划图

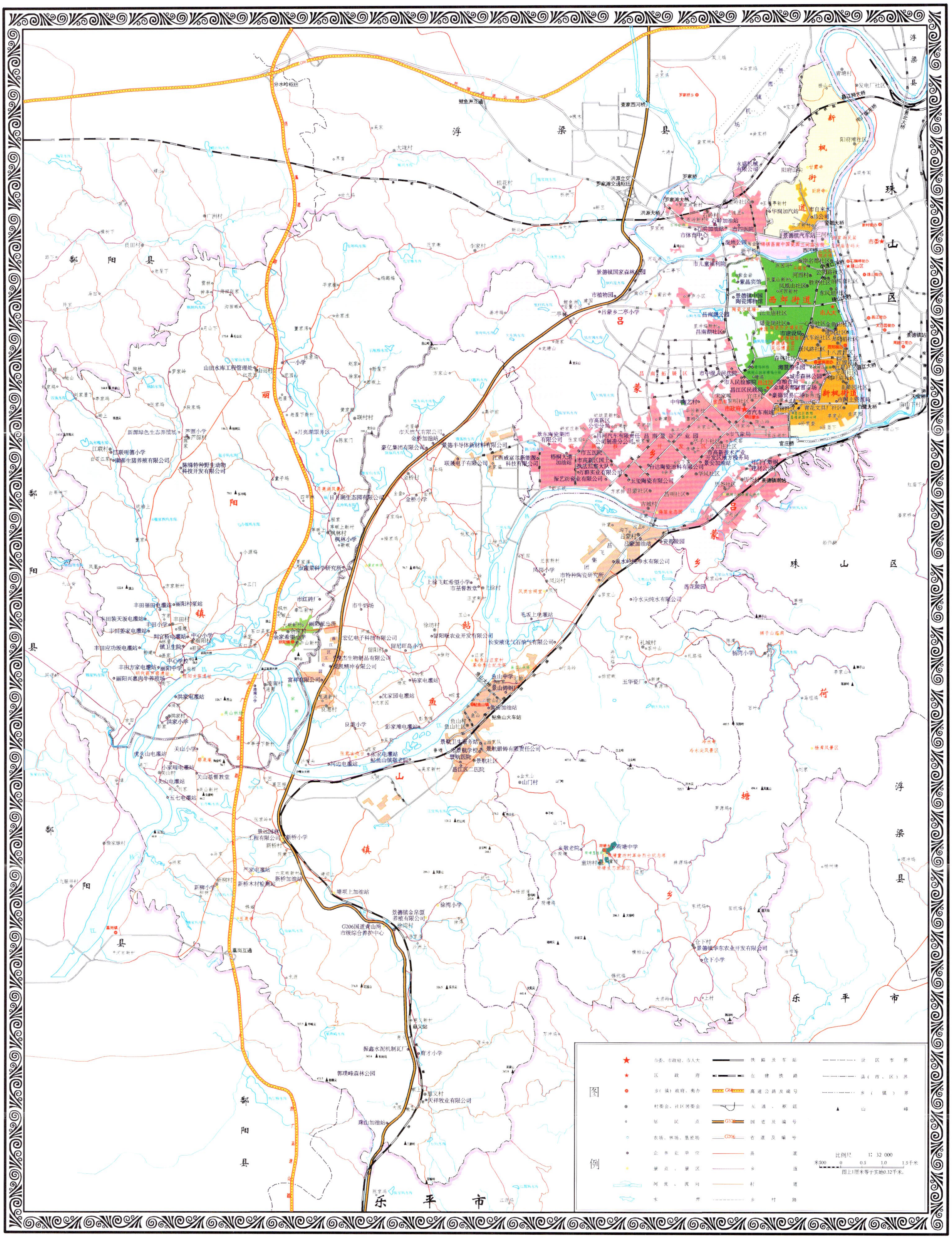

审图号：赣S(2017) 019号

★ 领导关怀

▲2021 年 9 月 28 日，市委书记刘锋（左二）到昌江区出席“50”（亿元）项目开工仪式

▲2021 年 12 月 8 日，市委副书记、市长胡雪梅（前排右一）到昌江区调研

★ 年度要览

▲2021 年 8 月 29—31 日，中共景德镇市昌江区第十二次代表大会召开

▲2021 年 10 月 24—26 日，景德镇市昌江区第十一届人民代表大会第一次会议召开

▲2021 年 10 月 23—25 日，政协景德镇市昌江区第九届委员会第一次会议召开

▲2021 年 6 月 25 日，昌江区“七一”表彰大会召开

▲2021 年 7 月 9 日，全区工业倍增三年行动暨招商引资誓师大会召开

▲2021 年 8 月 4 日，昌江区学习贯彻习近平总书记“七一”重要讲话精神专题宣讲报告会举行

▲2021 年 5 月 19 日，参加 2021 年全省旅游产业发展大会的嘉宾，走进辖区古窑民俗博览区

▲2021 年 6 月 1 日，投入 1600 万元提升改造的昌江区政务服务大厅一期项目完工并投入使用

▲2021 年 6 月 28 日，昌江区人民检察院“办案用房、专业技术用房”及专门用房建成并投入使用

▲2021 年 11 月 13 日，昌江长天酒店项目委托管理合同签约仪式在南昌江西长天集团举行

★党史教育

▲2021年3月16日，全区党史学习教育动员会召开

▲2021年5月10日，省委党史学习教育第五巡回指导组组长黄晓波（左二）到昌江区指导

★ 产业项目

▲2021 年 9 月 28 日，投资超 100 亿元的富祥科技(一期)竣工暨凌富医药项目开工仪式举行

▲2021 年 10 月 28 日，投资超 50 亿元的昌江区鱼丽电子信息产业园暨美科项目开工仪式举行

★ 基础设施

▲2021 年，投资 2900 万元的乡村文旅建设项目鲇鱼山镇集镇改造项目启动

▲2021 年 1 月，沿江西路延伸段一期（昌江大桥西至岚山大桥）道路建成通车

▲2021 年 4 月，爆破拆除后重建中的吕蒙大桥

▲2021 年 8 月，投资 4.78 亿元的景德镇水利枢纽工程开始试验性蓄水

▲2021 年 11 月，投资 5500 万元的鲇鱼山镇防洪工程施工现场

▲2021 年 12 月，昌江区荷塘乡至乐平市塔前镇公路建成通车

▲2021 年 12 月，建设中的鱼山货运码头良港作业区

▲2021 年 12 月，建设中的（南）昌景（德镇）黄（山）高速铁路跨昌江河大桥（沙嘴大桥附近）

★ 社会民生

▲2021 年 5 月 4 日，昌江一中提升改造一期项目新校门建成使用

▲2021 年 12 月 21 日，昌江二中（职教中心）新校区（朱家坞）建成投入使用

▲2021 年 8 月 28 日，鲇鱼山镇中心幼儿园建成开园

▲2021 年 10 月 19 日，张五常西周曹姬侯青铜展在张五常收藏艺术陈列馆开幕

◀2021 年 7 月，新风路枫树山农贸市场建成开业

▶2021 年 7 月，环境整洁的枫树山农贸市场内部

◀2021 年 12 月，建设中的昌南大道农贸市场

▶2021 年 3 月，昌江区开展重点人群新冠病毒核酸检测采样

◀2021 年 5 月，医务志愿者深入乡村为群众义务体检

▶2021 年 12 月，由区委史志办挖掘整理的全区首个村史馆鲇鱼山镇徐坊村村史馆建成开放

★ 城乡面貌

▲昌江区主城区“一江两岸”段俯瞰(2021 年 8 月)

▲昌江区主城区枫树山国家森林公园段新貌(2021 年 8 月)

▲古窑印象广场(2021 年 8 月)

▲昌南里休闲广场(2021 年 8 月)

▲昌南里街区夜景(2021 年 10 月)

▲提升改造后的 G206 国道鱼(山)丽(阳)路口段(2021 年 10 月)

编 辑 说 明

一、《昌江年鉴(2022)》以马克思列宁主义、毛泽东思想、邓小平理论、“三个代表”重要思想、科学发展观、习近平新时代中国特色社会主义思想为指导，坚持辩证唯物主义和历史唯物主义的立场、观点和方法，贯彻落实《全国地方志事业发展规划纲要(2015—2020 年)》和《江西省地方志事业发展规划纲要(2016—2020 年)》，全面、系统、科学地总结和记录全区 2021 年各项事业的发展成就，充分发挥年鉴存史、资政、育人的作用，为全面建设现代化魅力新昌江提供智力支持，为领导者、决策者和管理者提供准确的信息，为社会各界人士了解和研究昌江提供基本资料。

二、《昌江年鉴(2022)》是景德镇市昌江区人民政府主办，中共景德镇市昌江区委党史地志办公室组织编纂的综合性大型资料文献，一年一卷，逐年出版。

三、《昌江年鉴(2022)》着重反映 2021 年在区委、区政府的坚强领导下，深入贯彻落实中共十九大精神和习近平新时代中国特色社会主义思想，贯彻落实省、市、区党代会精神，围绕区第十二次党代会提出的“工业强区、文明新城、开放融合、幸福共享，全面建设现代化魅力新昌江”的奋斗目标，在服务城市大局上勇争先，在一体化发展上做示范，在全面开启社会主义现代化国际瓷都新征程、续写昌江区高质量跨越式发展新篇章中，全区经济社会取得的巨大成就。力求做到数字准确、门类齐全、分类科学、信息密集、排版有序、图文并茂。

四、《昌江年鉴(2022)》前设特载、专记、大事记，主体设昌江区概览、中共昌江区委员会、昌江区人大常委会、昌江区人民政府、政协昌江区委员会、纪检监察・巡察监督、群众团体、军事、应急管理、法治、经济管理、城建・环保、农业、商贸、交通运输、电力、财政・税务・审计、金融、人力资源・社会保障・劳动就业、科学技术、教育・体育、文化・旅游、卫生健康・医疗保障、乡村振兴、民政、乡镇街道、荣誉等类目，后附附录及索引。部分类目下设分目，分目下设子目。条目为记述的基本形式。

五、《昌江年鉴(2022)》中数字、标点符号采用《出版物上数字用法》(GB/T 15835—2011)、《标点符号用法》(GB/T 15834—2011)，计量单位采用国家技术监督局 1993 年 12 月发布的《量和单位》系列国家标准，考虑到社会使用习惯，全书中亩不统一换算。

六、《昌江年鉴(2022)》所用图片由昌江区融媒体中心及相关单位(部门)提供。

七、《昌江年鉴(2022)》所用统计数据由昌江区统计局提供。

景德镇市昌江区地方志编纂委员会

顾　　问：倪卫春

主　　任：伊文斌

副 主 任：江智峰　乐先锋　曾亚平　鲍希文

委　　员：梁　毅　马文胜　王三改　金红华　施启权

李展图　彭清丽　鲁锐翔　吴重敏　胡小敏

范　鸿　李　游

《昌江年鉴（2022）》编辑部

总　　编：施启权

编　　辑：孙国珍

目　　录

特　　载

专　　记

大 事 记

昌江区概览

中共昌江区委员会

昌江区人大常委会

昌江区人民政府

政协昌江区委员会

纪检监察·巡察监督

群众团体

军　事

应急管理

法　治

经济管理

城建·环保

农 业

商 贸

交通运输

电 力

财政·税务·审计

金 融

人力资源·社会保障·劳动就业

科学技术

教育·体育

文化·旅游

卫生健康·医疗保障

乡村振兴

民　政

乡镇、街道概况

荣 誉

附 录

特　　载

在区委十一届十四次全体（扩大）会议上经济工作部署讲话

（2021 年 1 月 11 日）

区委副书记、区长　倪卫春

同志们：

2020 年刚刚过去，在寒冷的天气中，我们即将迎来农历新年，在这个关键节点，区委召开十一届十四次全体会议，主要任务是传达学习中共的十九届五中全会、中央经济工作会、省委十四届十二次全会和省委经济工作会议、市委十一届十次全会精神，审议通过《中共景德镇市昌江区委关于制定全区国民经济和社会发展第十四个五年规划和二〇三五年远景目标的建议》，认真总结全年工作，研究部署下一步任务，推动全区上下进一步解放思想、开拓创新，抢抓机遇、加快发展，奋力开启全面建设社会主义现代化新征程，描绘好“瓷都原乡、画里昌江”美好画卷。按照议程安排，我就全年经济工作情况以及下一步经济工作部署讲三点意见：

一、积极应对严峻挑战，高质量发展迈出坚实步伐

2020 年是极不平凡、极为不易的一年，我们经受住了新冠肺炎疫情的严峻考验，成功抗击百年一遇的洪涝灾害，基本实现全面建成小康社会的宏伟目标，迈上全方位高质量发展的新台阶。

（一）经济发展取得新成绩。面对突如其来的疫情、汛情“双考验”，全区上下全面贯彻习近平总书记系列重要讲话和重要指示精神，坚持人民至上、生命至上，凝心聚力、统筹推进疫情防控和经济社会发展，全力以赴做好“六稳”[1]工作、落实“六保”[2]任务，统筹拨付疫情防控资金 1000 余万元，防汛减灾资金 570 余万元，保障了人民生命财产安全和经济社会发展，在大战大考中展现出硬实力担当、彰显了走前列作为。随着疫情的好转，主要经济指标呈现“缓中企稳、修复转正”的增长态势，预计全年地区生产总值完成 241.36 亿元，同比增长 4%左右；规模以上工业增加值同比增长 4%；规模以上服务业完成营业收入 25.8 亿元，同比增长 10.3%；固定资产投资完成 56.5 亿元，同比增长 10%左右；“四上”入库企业[3]新增 18 家；引进内资 54.7 亿元，实际利用外资 1699 万美元。已经完成的 1—11 月数据中，区属 25 家规模以上工业总产值同比增长 25.5%，全市排名第一；固定资产投资增长 9.8%，排名全市第三；规模以上服务业营业收入增长 11.7%，排名全市第二；全区城镇居民人均可支配收入增长 5.3%，排名全市第二；农村居民人均可支配收入增长 6.7%，排名全市第一。

（二）创建工作战果丰硕。全区上下始终将创建全国文明城市、国家卫生城市作为最重要的中心工作来抓，紧扣创建目标，举全区之力助推双创[4]，累计投入专项资金约 5 亿元，完成背街小巷改造 513 条，优化提升老旧住宅小区 266 个。2020 年 12 月 11 日，在全市创文表彰大会上，我区被市委市政府授予集体二等功，

西郊街道等4个单位,吴艳等61人受到大会表彰。同时,2020年我区在成功创建省级全域旅游示范区的基础上,乘势而上、借力而为,全力创建国家全域旅游示范区,继续投入4152.12万元资金,对全区旅游基础设施、游客集散中心、旅游客车专线、旅游宣传氛围等进一步提升改造。全力推进5G+人工智能城市会客厅、昌江区旅游集散中心、香江路美食街等文旅项目建设,完成19座旅游厕所改造提升,新改建停车场7个,启动昌江旅游大数据中心建设。经过努力,国家全域旅游示范区创建工作获得圆满成功。

(三)新旧动能加快转化。深入开展财税体制改革,充分调动乡镇街道的积极性。全面启动财政零基预算改革。大力推动"放管服"改革,持续深化"降成本、优环境"专项行动,全年减税降费4370万元,为企业优惠电费1251万元,营商环境得到进一步优化。着力抓好国资平台改革工作,成功申报康养中心、公办幼儿园、标准化厂房等5个专项债,融资总额度达到4.6亿元,区属国资公司资产从年初2个多亿壮大至26亿元规模。全力以赴开展"项目建设提速年"活动,富祥生物医药、鱼山货运码头、冷链物流、G206国道改造工程、陶青台文创园等38个项目有序推进。积极释放存量空间,推动清理僵尸企业、淘汰落后产能、收回闲置用地,全年已清理2家僵尸企业,收回135亩闲置用地,正有序推动另外3家僵尸企业75亩闲置土地的评估工作。

(四)三大攻坚战稳步推进。坚决打好精准脱贫攻坚战,徐湾、丰田等4个省级贫困村已全部摘帽退出,全区706户1890人脱贫目标任务全部完成,4704名城镇贫困群众实现脱困退出,3293名存量对象全面纳入兜底保障。坚决打好污染防治攻坚战,深入抓好中央环保督察及"回头看"反馈问题整改,扎实推进长江经济带"共抓大保护"攻坚和鄱阳湖生态环境专项整治。上徐、徐湾等8个农村污水治理项目正在加速推进,关山水站建设即将竣工投入使用,全年完成绿化造林任务303亩,森林覆盖率达到56%,全区空气优良天数比例97.5%,国考断面水质优良率100%。坚决打好防范化解重大风险攻坚战,深入开展经济、金融、社会、科技等领域风险隐患排查化解,牢牢守住不发生区域性系统性风险底线,开源节流、量入为出,积极应对财政收支平衡压力,削减不必要的财政支出。全年为复工复产企业争取贷款6380万元,发放"财园信贷通"2.3亿元,争取抗疫特别国债、洪涝灾后重建、一般地方债券等各项资金5.8亿元。

(五)城乡环境持续改善。有序推进老旧小区改造工程,全年投入约3亿元,完成老旧小区改造132个。昌江区社会足球场、城市建筑垃圾处理中心等项目顺利完工,园林、昌南两个农贸市场全面开工建设。扎实推进官庄堤防洪工程、三间庙城中村等棚改项目,重启韭菜园棚改征收任务,全年累计完成征收40多万平方米。其中,仅用5天时间完成G206国道改扩建拆迁,8天时间完成昌景黄高铁90户项目征收,9天时间完成富祥生物医药项目1000亩项目用地征收,16天时间完成官庄堤防洪工程311户项目征收,再次创造了效率至上、大干快干的"昌江速度",工作成绩得到市委、市政府主要领导高度肯定。

农业农村方面,投资600万元推进2000亩高标准农田建设,全年粮食产量达到3.3万吨以上,投入1550万元推进60个新农村点位建设。7个农村生活污水治理项目、22座农村公厕新(改)建项目全面启动,22个行政村自来水改造工程全面完成,全区卫生厕所普及率达92%,农村卫生户厕普及率达85%,村庄生活垃圾有效治理率100%,人居环境整治三年行动顺利通过省级验收。

(六)人民福祉不断增强。牢记习总书记强调的"增进民生福祉是发展的根本目的",全年公共财政一般性支出压减10%以上,确保民生支出持续递增。狠抓"一老一小"问题,探索社区康养新模式,建设并投入使用胜利社区逸享昌南长者之家,在养老模式、建造标准、服务质量等方面均走在全省前列,全区养老服务质量得到显著提升。全面改造提升鲇鱼山镇敬老院作为昌江区集中照护点,建成9个农村"爱心食堂",为农村留守老人带来温暖关爱。采用回收民办幼儿园、新建或改造公办幼儿园等办法,新增学位4620个,极大缓解幼儿"入园难、入园贵"难题。教育基础设施建设进一步加强,昌江一中改扩建工程,市五小、十一小、十五小、二十一小、丰田小学等新教学楼及昌江区职业学校建设稳步推进。全面补齐全区中小学教师工资待遇与公务员工资待遇差额部分,落实偏远乡镇教师补贴发放。全年城乡社区治理效能稳步提升,安全生产和食品药品安全形势总体平稳,新的行政服务大厅投入使用,"尊崇工作法"工作在全省大会上作经验交流发言,成功举办扫黑除恶专项斗争三年成果展,全区社会大局和谐稳定,人民群众幸福感、获得感、安全感不断增强。

二、全力抢抓重大机遇，坚定加快发展的信心决心

2020 年是难忘的，这一年有挑战、有艰难，有汗水、有感动，有收获、有成绩，成绩来自市委市政府的关心支持，来自区委的坚强领导，来自昌江区全体干群的勠力同心。过去的一年，虽然从总体经济运行情况来看，我们取得了一定成绩、获得了一点突破，但要清醒地意识到经济社会发展中还存在一些困难和短板：一是个别经济指标压力有增无减。1—11 月，我区九项主要经济指标中有三项低于全市平均水平；二是产业发展较为单一。焦化、电厂、富祥三家重点企业产值占全区规上工业总产值 90% 以上，仅焦化一家工业总产值就占全区工业总产值比重的 70% 以上，单打独斗的现象非常严重；三是发展空间和自身职能不足。随着城市西扩、工业南聚格局的不断形成，我市城市框架不断拉大，昌江区辖区内越来越多极具发展潜力的近郊区域被划入城市规划区，加上昌江区自身职能不全，无规划、建设、土地审批及相关管理职能，工业、农业发展用地紧缺，极大制约了昌江区自身发展。此外，鱼丽工业园区存在一批僵尸企业和闲置用地，土地资源浪费现象严重。荷塘乡山高路远交通不便，旅游资源未能得到有效利用。

2021 年是两个“大局”交织，两个“百年”交会，两个“五年”交接的历史节点，也是昌江发展“危机中育先机”至关重要的一年。我们提出明年经济发展的主要预期目标：地区生产总值增长 8% 左右，财政总收入增长 7% 左右，一般公共预算收入增长 5% 左右，规模以上工业增加值增长 10% 左右，固定资产投资增长 8. 5% 左右，社会消费品零售总额增长 9% 左右，实际利用外资增长 6% 左右，城乡居民人均可支配收入分别增长 8%、8. 5% 左右，居民消费价格总水平涨幅控制在 3% 左右，城镇登记失业率控制在 4. 5% 以内，节能减排完成国家和省市下达任务。

完成上述目标，虽然有一定难度，但是我们要明辨时与势、危与机的关系，坚定信心、接续奋斗，准确抢抓昌江发展的关键机遇：从宏观形势看，稳中向好的大势更加明显。面对全球疫情流行、世界经济衰退、中美战略博弈诸多挑战，2020 年我国成为全球唯一经济正增长的主要经济体，充分印证了“我国长期向好的基本趋势没有改变”的正确判断。随着“十四五”规划全面实施，系列专项规划密集出台以及新基建“风口”的强势开启，以国内大循环为主体、国内国际双循环相互促进的新发展格局逐步形成，政策投放将迎来窗口开放期，诸多积极因素正在累积，应对得当就能化危为机、危中育机。从区域发展看，机遇叠加的效应更加凸显。“一带一路”、长江经济带、景德镇国家陶瓷文化传承创新试验区等多重国家战略交会叠加，城区行政西移、产业西迁、项目西聚、框架西扩的趋势不可逆转，新机场、高铁乐平北站、鱼山码头以及冷链物流都将在昌江汇聚，水陆空客运、货运交通网逐步形成，昌江区发展迎来黄金时期。从自身环境看，加速突破的条件更加成熟。一年来，我们坚持以标准定投入、以效率促提升，政府班子政治生态不断优化，全区干事创业氛围空前浓厚，体现了“做事是最好的作风”的精气神，展现出昌江干部“能做事、愿做事、善成事”的好形象。处于这样难得的历史机遇期，我们不能等待观望，不能犹豫徘徊，不能坐失良机，一定要有敢打敢拼的闯劲、迎难而上的干劲、久久为功的韧劲，为昌江区的发展担当实干、添砖加瓦。

三、聚焦重点狠抓落实，奋力推动“十四五”开好局起好步

2021 年是“十四五”规划开局之年，也是中国共产党成立 100 周年华诞，做好今年工作，意义十分重大。我们必须坚定不移贯彻新发展理念，持续优化经济治理方式，善谋善为、狠抓落实，确保经济实现量的合理增长和质的稳步提升，为实现第二个百年奋斗目标打好坚实基础。今年重点要抓好六个方面工作：

（一）牢记建设好国家陶瓷传承试验区政治使命，主动融入全市发展新格局。以强烈的历史使命感和紧迫感，主动对接融入国家陶瓷文化传承创新试验区建设。高品质融入“两地一中心”[5]的宏伟蓝图。做大做强本土陶瓷企业，谋划一批陶瓷文旅项目，发掘本土丽阳古窑文化，全力支持古窑 AAAAA 景区拓展服务功能。深入贯彻落实共享、协调的新发展理念要求，依托景德镇工业发展主平台、服务窗口主阵地的特殊优势，承担好全市框架拉开重要任务，重点服务好昌飞、航空小镇，全力、全方位支持高新区发展壮大，谋划一批配

套产业、配套工程,高标准、高质量、高要求推动产城融合发展。高标准完成全省旅游产业发展大会项目,打响国家、全省全域旅游示范区品牌,加快打造昌南里、世博江西馆、陶青台、昌南瓷宴等一批旅游新亮点和旅游品牌。高质量服务好省市重大工程项目,继续发扬“昌江精气神”,打造项目推进“昌江速度”,逐一建立项目推进现场议事协调机制,挂图作战、专班推进,全力以赴服务(南)昌景(德镇)黄(山)高铁、官庄堤、西河排涝站、市公安局片区拆迁等项目快速完成。

(二)坚持项目为王理念,加速推动新旧动能转换。全力以赴推动昌江区产业经济规模提升、增长提速、效益提高,筑牢高质量发展根基。要做好项目建设文章。加快推动富祥生物科技、冷链物流等工程建设,力争全年实施总投资157.61亿元、重点产业项目43个,完成投资26.21亿元,筛选推动5户重点企业达产扩能,力争新增产值3.8亿元以上。要做好转型升级文章。狠抓临规企业晋规,建立临规企业库,制定落实“一企一策”帮扶措施,支持企业技术革新、改革创新,力争今年工业规模以上企业净增7户以上。狠抓中小企业帮扶,切实解决生产经营中存在的实际问题,强化政企、银企合作,在后疫情时代携手共渡难关。要做好招大引强文章。瞄准国内外500强企业,突出招龙头、引总部、聚相关、留人才,合理利用有限资源,变招商引资为招商选资、招商引才,围绕生物医药、人工智能等主导产业体系,有针对性地开展“补链、延链、强链”工程,加快引进产业链核心企业和上下游配套企业,重点培育产业链“链主”企业和高精特新的中小优质企业。特别是要抓好春节期间乡贤返乡契机,深入开展以情招商、以商招商。今年力争引进3—5家亿元以上规模优质实体企业落户昌江。要做好腾笼换鸟文章。进一步提升园区承载能力,持续开展清理僵尸企业、淘汰落后产能、收回闲置土地工作,力争今年再完成3—5家僵尸企业清理,腾出150亩以上工业用地。

(三)持续深化改革开放,营造高质量发展良好环境。对标江浙地区先进经验做法,全力叫响“昌江速度”“昌江效率”。要着力提升政府效能。持续深化“放管服”改革,完善“赣服通”“赣政通”服务功能,推进政府部门政务处理和审批效率提升,加快项目审批“容缺审批+承诺制”等集成式审批改革,将登记注册等涉企事项进一步压缩时限,打造高效快捷的“便企网”,构建贴心服务的“便民网”。要着力优化营商环境。深入实施营商环境建设攻坚行动,增强推动政策落地落实的工作能力,确保简政放权各项改革举措放得下、接得住、能落地、见效果。树立“该办的事痛快办”的服务意识,树立“该办的事不痛快办就是错”的鲜明导向。着力构建“亲清”政商关系,做到真清敢亲,诚心诚意为企业服务。要着力提高投融资水平。进一步深化国资平台改革,积极探索国有、民间资本混股合作模式,加强政银合作、政企合作,拓展投融资渠道,继续把盘子做大、基础做强,今年力争将国资公司资产发展到50亿元规模。同时,要加大力度培养和引进资产运营专业人才,让专业的人做专业的事,把已经纳入平台收储的资产合理利用,释放倍增效益。

(四)统筹协调区域发展,推动脱贫攻坚同乡村振兴有效衔接。围绕普惠共享格局,扎实推进乡村振兴战略无缝对接脱贫攻坚,形成相互配合、有机衔接的良性互动格局。要巩固脱贫攻坚成果。确保扶贫资金逐年增加,帮扶力量总体稳定,脱贫人群稳得住、有就业、能致富,做到摘帽不摘责任、摘帽不摘政策、摘帽不摘帮扶、摘帽不摘监管。要做精做优现代农业。毫不放松抓好粮食生产和特色种植,支持乡镇放大农业、生态等资源优势,发展绿色食品、清洁能源、旅游康养等特色经济,加快培育庆春蔬菜等农业品牌建设,力争全年建设高标准农田2万亩,粮食总产量突破3.5万吨。要持续抓好农村人居环境整治提升。重点治理生活垃圾、污水沟渠、乱堆乱放等突出问题,持续强化基础设施建设,大力实施农村饮水安全巩固提升工程,努力改善农村居民生活条件。要全力推动区域协调发展。挖掘潜力资源,重点是抓好“一环一路”工程:一环既环月亮湖区域,努力打造成独具山水田园特色的乡村旅游、生态康养胜地,并积极争创月亮湖AAAA级景区;一路既荷航一级公路建设,缩短荷塘与市区路程,充分发挥荷塘“绿色、红色”资源优势,把荷塘乡打造成社会主义新时代的全域式乡村振兴示范区。

(五)加强生态文明建设,深入践行“两山”[6]发展理念。牢固树立“绿水青山就是金山银山”的理念,坚持节约优先、保护优先、自然恢复为主的方针,深入贯彻习近平生态文明思想,有力推动生态环境质量持续好转。坚决打赢污染防治攻坚战,蓝天、碧水、净土保卫战,大力推进精准治污、科学治污、依法治污。深入实施河(林)长制,切实抓好城市黑臭水体治理、重点企业污水处理、饮用水安全保障和农业农村污染治理。力争全区森林覆盖率达到60%左右,空气优良天数达到98%左右。

（六）聚焦民生根本，切实增进人民福祉。坚决守住民生底线，办好民生实事，促进社会公平，努力实现幼有所育、老有所养、住有所居、弱有所扶。要强化城市治理能力。持续保持打击“两违”[7]高压态势，确保“两违”零新增。加快推进公安技术用房“一网统管”，坚持数据共享、系统整合和标准统一，完善综治管理中心功能，全力打造宜居宜业“平安昌江”。要扎实巩固创建成效。巩固创建“全国文明城市”“国家卫生城市”成果，变集中创建为长效建设、常态管理，坚持不懈把“双创”工作推向深入。加强智慧交通建设，优化智慧停车管理，重点疏通鱼丽路口、鲇鱼山镇中心街等交通堵点，改善周边环境。要持续提高人居品质。高标准推动2021年度40个老旧小区3934户维修改造，健全供水、供电、供气等管网设施，完善停车、助餐、托幼、康养等各项功能，在全域范围内筛选有条件的村、社区，推进嵌入式居家养老中心和公办幼儿园建设。同时，要积极争取市政府支持，将谭家山、哪吒庙、韭菜园等“三线建设”老厂房、老住宅全部纳入棚改项目进行征收，全面消灭西城区棚户区，切实提高城市功能品质。要全面实施保障兜底。坚持应保尽保，推进医保征缴扩面，确保养老金按时足额发放。完善社会救助机制，落实国家各项政策，建立针对退役军人、城镇低收入家庭、农村“三留守”人员等群体的关爱帮扶和公益救助制度，更好保障关键时点、困难人群的基本生活。

最后，借这个机会，我再强调当前几项重点工作：一要一丝不苟抓好疫情防控。紧绷疫情防控这根弦，保持高度警惕，增强忧患意识，严密筑牢防线，毫不放松做好“外防输入、内防反弹”各项工作。严格按照“两个尽量”[8]“两个严禁”[9]“两个一律”[10]要求，全面扎实做好冬春疫情防控工作，春节期间要加强对重点人群、重点场所的动态监测和核酸检测，倡议属地过年、减少聚集，确保群众过一个安定、祥和的节日。二要加强经济运行调度。对照高质量发展考核指标体系，加强与上级对接，加大经济指标跟踪监测分析，保障经济运行健康有序，确保一季度“开门红”“十四五”起好步。三要统筹做好今冬明春农业生产。密切关注天气变化，加强在田作物冬季田间管理，积极做好低温防御，抓好“菜篮子”产品生产供应和产销衔接，及早谋划好春耕备耕工作。四要保障困难群众生产生活。开展好春节走访慰问，认真抓好各项惠民政策落实落细，全力做好物价稳定，加大粮油肉等生活必需品的市场供应，确保群众过个安稳年、幸福年。五要守住安全生产底线。牢固树立底线意识，加强对交通运输、建筑工地、森林防火、危险化学品、人员密集场所等重点领域和重点行业的安全监管，及时开展隐患排查整改。

注 释：

1.“六稳”：稳就业、稳金融、稳外贸、稳外资、稳投资、稳预期。

2.“六保”：保居民就业、保基本民生、保市场主体、保粮食能源安全、保产业链供应链稳定、保基层运转。

3.“四上”入库企业：指规模以上工业企业、资质等级建筑业企业、限额以上批零住餐企业、国家重点服务业企业等这四类规模以上企业的统称。

4.“双创”：创建全国文明城市、创建国家卫生城市。

5.“两地一中心”：国家陶瓷文化保护传承创新基地、世界著名陶瓷文化旅游目的地、国际陶瓷文化交流合作交易中心。

6.“两山”：绿水青山就是金山银山。

7.“两违”：违法用地和违法建设行为。

8.“两个尽量”：尽量减少人员活动，尽量减少人员聚集。

9.“两个严禁”：严禁无防控措施的人员流动，严禁无防控措施的人员聚集。

10.“两个一律”：对从国内中高风险地区来赣返赣人员一律实行健康检查，对境外国外来赣返赣人员一律实行跟踪闭环管理。

工业强区 文明新城 开放融合 幸福共享 全面建设现代化魅力新昌江

——在中共昌江区第十二次代表大会上的报告

(2021 年 8 月 29 日)

区委书记 倪卫春

同志们:

中共昌江区第十二次代表大会,是在“两个一百年”奋斗目标历史交会期,在昌江全面建成小康社会、进入“十四五”发展关键时期,在全区上下深入学习贯彻习近平总书记在庆祝中国共产党成立 100 周年大会上的重要讲话精神之际,召开的一次极为重要的会议。大会的主题是:高举习近平新时代中国特色社会主义思想伟大旗帜,全面把握“两个大局”,抢抓江西在新时代中部地区高质量发展中加快崛起重大机遇,积极融入景德镇国家陶瓷文化传承创新试验区建设,动员全区广大党员和干部群众,围绕“工业强区、文明新城、开放融合、幸福共享,全面建设现代化魅力新昌江”的奋斗目标,在服务城市大局上勇争先、在一体化发展上做示范,改革创新,担当尽责,在全面开启社会主义现代化国际瓷都新征程中,续写昌江高质量跨越式发展新篇章。确定这个主题,是顺应全区人民的新期待,是策应全市发展的新需要,是答好时代之问的新要求。实现这个目标,是全区各级党组织的神圣职责,是全区广大党员干部的光荣使命,是全区人民群众的共同事业。

现在,我代表中共昌江区第十一届委员会向大会作报告,请予审议。

一、过去五年的工作回顾

区第十一次党代会以来的五年,是极为不易、极不平凡的五年,是我们在挑战中抢抓机遇、在困难中砥砺奋进的五年,是我们内强实力外塑形象、全区人民自豪感凝聚力极大增强的五年。

五年来,面对严峻的国际国内形势和经济下行压力加大的考验,面对艰巨繁重的改革发展稳定任务和新冠肺炎疫情、特大汛情的大考,我们坚持以习近平新时代中国特色社会主义思想为指导,贯彻落实党中央决策部署和习近平总书记视察江西重要讲话精神,在省委、市委的坚强领导下,团结带领全区人民,积极融入景德镇国家陶瓷文化传承创新试验区建设,主动服务全市发展大局,以“建设魅力昌江、做靓瓷都门户,在打造与世界对话的国际瓷都中实现新跨越”为引领,按照建设“重点产业集聚区、创新创业示范区、生态文明样板区、文化旅游拓展区、幸福都市生活区”的发展目标,解放思想、攻坚克难,圆满完成区第十一次党代会部署的各项任务,全区呈现出良好发展态势和广阔发展前景。

——这五年,我们坚定不移贯彻新发展理念,综合实力跃上新台阶。围绕“六稳”“六保”,打好政策组合拳,经济运行整体稳中有进、稳中向好。经过“十三五”,地区生产总值年均增长 7.18%,人均 GDP 进入全省第一方阵,新型工业化步伐明显加快,特色农业初具规模,现代服务业占 GDP 比重突破 40%,产业结构不断优化,发展质量和效益不断提高。

——这五年,我们坚定不移改善人居环境,城乡面貌呈现新变化。开展城乡环境大整治和“双创双修”,实施城市功能与品质提升三年行动,拆除一批“两违”建筑,完成一批棚改征收,改造一批老旧小区和背街小巷,建成一批示范样板村,新(改)建一批农村公厕,开通一批“村村通”公交线路,为景德镇成功创建全国文明城市和国家卫生城市做出突出贡献。

——这五年,我们坚定不移深化改革开放,体制机制增添新活力。完成党政机构改革、纪检监察体制改革、国资平台改革等一批改革任务,深化“放管服”改革和“降成本、优环境”专项行动,富祥生物科技等一批重点项目压茬推进,凌富医药、卡服物流、猎户星空、恒耀电子等一批优质企业落户昌江,营商环境不断优化,发展活力明显增强。

——这五年,我们坚定不移践行“两山”理念,生态文明取得新成效。打好蓝天、碧水、净土保卫战,推进长江经济带“共抓大保护”攻坚行动,扎实推进自然资源资产审计工作,完成第二次全国污染源普查,重拳治理企业“三废”和农业面源污染。“十三五”期间,完成造林任务2523亩,森林覆盖率达56.08%,成功创建国家全域旅游示范区和全省第三批生态文明示范县。

——这五年,我们坚定不移增进民生福祉,人民生活实现新提升。五年来,64亿元的财政资金投入民生领域,城乡居民人均可支配收入分别增长40%、46%,现行标准下706户1890人全部脱贫,义务教育、就业养老、医疗救助、安全生产等社会事业全面进步,成功创建国家级慢性病综合防控示范区,百姓幸福指数不断提高。

——这五年,我们坚定不移践行社会主义核心价值观,文化建设取得新成果。牢牢把握意识形态工作领导权,推出一批群众喜闻乐见的文娱作品,选树宣传周发春、钟振华、罗晓敏等一批先进典型人物,区融媒体中心建设有成绩、有亮点,勠力同心、团结奋斗的氛围更加浓厚。

——这五年,我们坚定不移推进民主法治建设,市域社会治理取得新突破。人大、政协工作全面提升,统战和民族宗教工作全面夯实,民主党派和群团组织作用得到充分发挥,党管武装和双拥工作明显加强,扫黑除恶专项斗争成效明显,公众安全感满意度进入全省第一方阵,获2019年度全国信访“三无”先进县。

——这五年,我们坚定不移落实“两个责任”,管党治党再上新水平。扎实开展“两学一做”学习教育、“不忘初心、牢记使命”主题教育、党史学习教育。推进基层党建标准化、规范化、信息化“三化”建设,完成村(社区)换届工作,打造“金霞党建工作室”。提拔重用了一批优秀干部,积极引进了一批高技术人才。整治“怕慢假庸散”作风顽疾,做好省委巡视整改工作,对全区82家单位开展10轮巡察,查处一批违纪违法案件,营造起风清气正的政治生态。

同志们,五年的发展步履坚实,五年的成就振奋人心。这是党中央和省委、市委坚强领导、关心支持的结果,是全区上下同心同德、奋力拼搏的结果,是社会各界热情关心、大力支持的结果!在此,我代表中共昌江区第十一届委员会,向关心支持昌江建设发展的各级领导、社会各界人士,向全区广大党员、干部群众和退休老同志,向各民主党派、工商联和无党派人士,向公安干警和消防救援队伍指战员以及一切关心支持昌江发展的朋友,表示衷心的感谢,并致以崇高的敬意!

我们也要清醒地看到,在前进的道路上,仍然存在不少困难和问题。主要是:市域经济融合发展的区位优势还没有彻底释放,城乡协调发展仍不平衡,社会事业仍有短板,各类人才特别是高层次高技能人才紧缺的局面没有根本改观,少数干部思想不够解放、攻坚克难办法不多,党风廉政建设和反腐败斗争面临新形势和新任务。对这些困难和问题,我们要高度重视,采取有力措施,切实加以解决。

回顾走过的历程,我们深切体会到:做好昌江的工作,最根本、最重要的是坚持党的领导,坚定不移把习近平新时代中国特色社会主义思想作为一切工作的思想指针、根本遵循和行动指南。我们要更加注重理论联系实际,用马克思主义中国化的最新成果武装头脑、指导实践、推动工作;更加注重贯彻新发展理念,提高发展质量和效益;更加注重全面深化改革和扩大开放,增强发展活力与后劲;更加注重生态文明建设,坚定不移走绿色发展道路;更加注重厚植为民情怀,不断满足人民日益增长的美好生活需要;更加注重提升法治建设水平,维护社会公平正义;更加注重意识形态和宣传思想文化工作,汇聚起推动昌江改革发展的磅礴力量;更加注重全面从严治党,以高质量党建保障高质量发展。

这些启示,既是过去五年工作的基本方式方法,也是广大干部群众在实践中形成的共识,更是今后必须遵循的工作原则。我们一定要倍加珍惜、继续坚持、一以贯之,在传承中创新、在创新中发展。

二、今后五年工作的奋斗目标和总体思路

同志们,回首过去五年,我们履职尽责、担当作为,不负重托、不辱使命!今后的五年,我们要开放包容、昂首阔步,奋进争先、续写新篇。

当前,昌江区仍将处于大有作为的重要战略机遇期,必须敏锐洞察、准确把握、科学应对。从全省政策机遇来看,党中央中部地区崛起战略的推进,鄱阳湖国家自主创新示范区、"一带一路"、长江经济带等国家战略、区域战略的叠加,江西势必迎来新一轮的市场机遇和开放机遇。从全市发展态势来看,国家陶瓷文化传承创新试验区建设的深入推进,工业三年倍增号角的全面吹响,大量政策、资金、项目的汇集,景德镇势必迎来新一轮的发展优势和发展热潮。从昌江自身优势来看,昌江区已经成为全市行政中心、金融中心、工业枢纽、交通枢纽。市发展中心西迁带来空间结构调整、人口资源汇集、基础配套提升,必将催生西市区"虹吸效应";十大银行总部落户昌江,促进金融产业聚集,提升资本市场活力;景德镇国家高新区千亿产业园全速推进,鱼山医药产业园的聚群发展,全市工业向西集聚,为昌江工业腾飞插上政策与平台的翅膀;鱼山码头、景鹰高速景德镇南出口、乐平高铁北站坐落昌江,为我们推动经济发展创造更为有利的条件。

可以说,推动昌江区高质量跨越式发展正当其时、恰逢其势。只要我们始终保持清醒头脑、激情状态,始终聚焦职责使命、励精图治,昌江区就一定能够实现"十四五"规划目标任务,一定能够在全面开启社会主义现代化国际瓷都新征程中乘风破浪、勇立潮头!

基于对形势的分析和区情的把握,我们提出未来五年的发展定位是:工业强区、文明新城、开放融合、幸福共享,全面建设现代化魅力新昌江。这个发展定位,是对过去探索的继承和发展,是对已有思路的补充和完善,有利于发挥昌江区的比较优势,有利于提升区域竞争力,有利于提振干部群众精气神。

——工业强区。聚焦生物医药和电子信息两个主导产业,强化平台载体支撑,招商引资、招大引强,为全市"建设一个千亿园区、打造两个千亿产业"的"三个千亿"(1 个千亿园区、2 个千亿产业)目标贡献昌江最大力量。

——文明新城。常态长效推进文明城市创建工作,提升西市区城市功能品质和公共服务水平,推进西市区棚改清零行动,把西市区打造成更加现代、更加智慧、更加精美的城市会客厅。

——开放融合。推进城乡一体化,推动城乡互动繁荣发展。探索市域经济融合发展新途径,以"跳出昌江看昌江"的胸怀格局,推动实现昌江区与高新区、乐平市"两区三地"(昌江区、高新区、乐平市)融合发展。

——幸福共享。持续推进生态文明建设,做好碳中和、碳达峰工作,巩固全域旅游成果,优化人居环境,推进乡村振兴,改善社会民生,打造幸福家园,让昌江人民共享发展成果。

——全面建设现代化魅力新昌江。围绕市委发展定位和决策部署,聚焦"十四五"规划目标,突出"工业强区、文明新城、开放融合、幸福共享"四个重点,抓项目、调结构、优环境、惠民生,同心同德、和衷共济,全力建设经济强、百姓富、环境美、现代化程度高的魅力新昌江。

为了实现这个奋斗目标,我们要强化"三地联动",打造"三大平台",坚持"四种路径",推动"四项工程",概括起来就是"3344"战略行动:

——三地联动。发挥昌江区连接乐平市、联动高新区的区位优势,加强与两地之间的协调对接,探索推进三地资源共享、产业联动、协同发展,推动景(德镇)乐(平)一体化和昌(江区)高(新区)产业一体化。

——三大平台。强化顶层设计,抓好园区发展,努力打造乐(平市)昌(江区)产业合作示范园、昌(江区)高(新区)飞地经济产业协作园、鱼丽医药产业园,为产业链供应链优化升级提供坚实的平台支撑。

——四种路径。推动昌江各项工作,必须坚持以改革为引领,发扬继承创新这个优良传统,树牢开放融合这个时代理念、强化招商安商这个有力举措、用好争先创优这个重要抓手。

——四项工程。聚焦今后五年的发展定位,全力实施工业强区一号工程,城市更新重点工程、区域发展品牌工程、民生共建共享工程。

三、解放思想、争先创优，以更加开放的思维全面建设现代化魅力新昌江

方向已经确定，目标已经明确，关键在于要有大视野、大格局，解放思想，找准切点，以“四种路径”推进区委各项决策部署落实落地。

（一）发扬继承创新这个优良传统。历届昌江区委班子已经为我们总结出一系列宝贵的经验做法。本届班子就是要把过去普适的好经验、科学的好蓝图、符合昌江人民愿望的好规划，通过我们的努力，结合区情实际，变成美好的现实。要牢固树立“功成不必在我，功成必定有我”的政绩观，时刻保持韧劲、狠劲、拼劲，一任接着一任干、一棒接着一棒跑、一张蓝图绘到底，以钉钉子的精神，接续奋斗、履职尽责，跑好我们这任接力棒。

（二）树牢开放融合这个时代理念。从现代经济发展上看，未来十年是区域协同加速发展的十年。昌江区要勇当排头兵，在全市带头开放、带动开放，坚定“抱团发展”思路，抛弃旧观念、树立新思维，把全市“一盘棋”作为工作主基调，把景（德镇）乐（平）一体纳入战略规划，把昌（江区）高（新区）一体作为区域特色，全力打造基础设施互联互通、产业发展协作协同、生态环保联建联治、改革开放共促共进、公共服务共建共享的区域协作“昌江样板”。

（三）强化招商安商这个有力举措。招商安商是推动工业高质量发展的主力军，是快速实现超越崛起必经之道；以商招商、以商安商是区域发展中最宝贵的资源，是快速推动招大引强关键之举。要强化产业链龙头企业引领作用，通过以商招商，以企业带动企业，推动实现产业集群。要更加注重人才这个重要资源，广泛宣传引导，用优惠的政策引人，用良好的环境留人、用温暖的服务感人，让优秀人才助力以商招商走深走实。要强化政务服务，优化营商环境，打造“昌江最舒心、找我无难事”的营商品牌，让“办事依法依规、办事不用求人、办事便捷高效、办事暖心爽心”成为昌江区域名片和鲜明标签。

（四）用好争先创优这个重要抓手。干好每一项工作，纵向比要不断超越自我，横向比要不断超越标兵。时刻保持争先创优意识，高频率、常态化推进“高质量考核”工作，以结果为导向，以成绩论英雄，压实责任、细化举措，奋力实现进位赶超。要对标省委、市委，通过量化目标、制定方案，运用正向、反向两种激励机制，加强对各级各部门的考核，充分激发全区干部干事创业的积极性和主动性，切实形成“你一我十、你十我百、你追我赶”的浓厚氛围。

四、聚焦目标、整合资源，以更加务实的举措全面建设现代化魅力新昌江

习近平总书记殷殷嘱托我们，“要建好景德镇国家陶瓷文化传承创新试验区，打造对外文化交流新平台”。作为全市的行政中心、金融中心、工业枢纽、交通枢纽，积极融入景德镇国家陶瓷文化创新试验区建设是我们做好一切工作的总目标和总抓手。我们要进一步提高政治站位，立足新发展阶段，贯彻新发展理念，构建新发展格局，以景德镇国家陶瓷文化传承创新试验区建设为主线，调动一切力量，整合各方资源，统筹推进四项工程，让产业结构更优、城市建设更美、乡村振兴更特、民生保障更实。

（一）全力推进工业强区一号工程，让产业结构更优。工业强区是融入景德镇国家陶瓷文化传承创新试验区的底部支撑，是实现昌江高质量发展的必由之路。毫不动摇地把工业强区作为“一号工程”，把发展经济的着力点放在实体经济上，引导企业转型升级，推进重大项目建设，提升产业链和价值链，带动产业转型、结构重组，不断提振昌江经济整体上扬。

一是打造新平台。高能级的产业，必须有高能级的平台作为支撑。发挥与高新区相互依存、乐平高铁北站坐落昌江、G206 国道穿境而过的区位优势，以市域经济高水平融合发展为目标，大力发展“飞地经济”，做足“两区三地”协同联动大文章，打开景（德镇）乐（平）一体、昌（江）高（新）一体融合大通道，推动产业聚集、资源汇集、人才云集，全力打造乐（平市）昌（江区）产业合作示范园、昌（江区）高（新区）飞地经济产业协作园。高效利用富祥、凌富周边 1700 亩工业用地，开展延链强链补链工程，力争打造 300 亿级鱼山医药产业

园。到2025年,全区规模以上工业企业数量翻两番、达到150家,规模以上工业营业收入突破500亿元,力争2—3家企业成功上市。

二是狠抓新项目。一个项目,催生一个新的增长点;一批项目,构成一个新的增长极。坚持“项目为王”,引进一批科技含量高、产业特色突出、示范效果好的大企业、好项目。依托猎户星空在人工智能领域的优势,推动数字产业与传统产业有机融合,让数字产业化、产业数字化在昌江落地生根、开花结果。推进国资平台改革,打造厂房标准化、基建现代化、管理智能化、服务专业化“小而美”的鱼丽电子信息产业示范基地。瞄准生物医药、电子信息等先进领域,推进凌富、晨丰、美科等一批“5020”(亿元)项目,力争5年内落地100亿元项目1个、50亿元项目5个、20亿元项目10个。

三是发展新业态。新业态引领新消费,新物流带来新机遇。高标准推进昌南里、美食街等项目,发展街区经济、夜间经济、会展经济,加快发展“三河·京东购”陶瓷电商、直播电商等数字业态,力争5年内引进、建成2—3家城市商业综合体项目,着力打造西市区消费核心区。积极融入江西内陆开放型经济试验区建设,鼓励远航物流、卡服物流等物流企业、总部经济做大做强,推进冷链物流、鱼山货运码头等项目建设,倾力打造赣东北地区内陆国际物流枢纽和口岸高地。

(二)全力推进城市更新重点工程,让城市建设更美。城市更新是融入景德镇国家陶瓷文化传承创新试验区的应有之义,是城市建设与发展的必然要求。坚持推进以人为核心的新型城镇化,推动城乡高品质建设、高水平融合,努力打造更富魅力、更具活力、更加智慧的现代宜居昌江。

一是系统化推进城市建设。谭家山城市更新项目是未来五年昌江乃至全市城市更新项目的重中之重,是打造西市区、再造新昌江的标杆工程。要注重系统化规划,聘请国内一流设计团队,对标国内先进城市,加快推进谭家山城市更新项目,让人工景观、自然景观、建筑文化更好融合,打造富有瓷都韵味、昌江风情的街巷空间,让昌江成为“近者悦、远者来”的好地方。注重专业化论证,强化底线思维和前瞻思考,考虑未来承载能力,提高风险研判能力,强化危机可控能力,量入为出、量力而行,防止围而不建、围而慢建现象发生,稳步推进城市更新。

二是全域化提升功能品质。快速启动市公安大楼等片区棚改征收项目,利用5年时间,全域化推进西市区棚改清零。完善公共服务功能,加强老旧小区和背街小巷改造,完善中小学、幼儿园、社区服务中心和老年活动中心等配套设施,建设一批排涝站、防洪堤、农贸市场、公共停车和污水处理等基础设施,推进昌江公园、昌江绿道、昌江步道等系列品牌建设,深化智慧交通、智能物流、智能物联网等前沿科技在城市建设中的场景化应用,打造现代智慧、功能完备、品质高端的国际瓷都城市会客厅。

三是精细化加强城市管理。大力推动“小城大管、小城细管、小城智管”,让群众满意的表情成为昌江表情,让市井最暖的记忆成为昌江记忆。常态长效推进文明城市创建工作,持续高压打击“两违”,探索推进无物业老旧小区市场化、委托制物业管理模式,整治重点集镇和集贸市场,提升城市“洁化、序化、绿化、美化、亮化”水平。打造综治中心智慧化平台升级版,完善网格化管理运行机制,让城市运行更智慧、更精准、更高效。

(三)全力推进区域发展品牌工程,让乡村振兴更特。区域协调发展是融入景德镇国家陶瓷文化传承创新试验区的基本要素,是缩小城乡差距、实现共同富裕的重要抓手。围绕各乡镇地理优势、资源禀赋、产业基础,坚持差异发展,打造特色品牌,推动乡村振兴,提升各地各区域核心竞争力。

一是打造“红色绿色古色交相辉映”的昌江全域式旅游品牌。依托荷塘“生态、净土、红色”优势,申报全国爱国主义教育基地,推进塔荷公路、荷航公路建设,串联冷水尖、杨湾、丽阳古窑、郭璞峰等周边景点,完善各景点基础设施建设,加速推进陶青台等陶瓷文创园建设,探索陶瓷生态文旅融合且独具山水田园特色的乡村旅游新模式,加速“两山”转化,打造全域旅游“昌江样板”。

二是打造“科技共山水一色”的月亮湖科创品牌。以丽阳镇月亮湖为中心,学习借鉴长三角松江科创园、珠三角松山湖高新技术开发区等地区先进经验,努力引进有格局、有情怀、有实力的团队,一体化规划打造好月亮湖高科技产业园区,让美丽的月亮湖成为绿色科技的品牌、碳中和的典范。

三是打造“荷红橙黄橘绿”的鱼丽特色农业品牌。推进“三个三”模式,激活农村“沉睡”资源,盘活农村农业资产，探索“资源—资产—资本—资金”的良性互动发展模式，推进高标准农田建设，培育“一村一品、一镇一业”，打造庆春蔬菜、四季果园等全季节特色品牌。到2025年，高标准农田建设达到4.5万亩，新增“两品一标”认证产品12个，市级以上农业产业化龙头企业达到25家。

（四）全力推进民生共建共享工程，让服务保障更实。共建共享是融入景德镇国家陶瓷文化传承创新试验区的深刻内涵，是发展民生社会事业的根本目的。把不断满足人民群众日益增长的美好生活需要，作为我们一切工作的出发点和落脚点，以共建共享理念推进民生社会事业全面发展，不断增强人民群众的获得感幸福感安全感。

一是要改善人居环境。良好生态环境是最普惠的民生福祉。将碳达峰、碳中和纳入生态文明建设整体布局，做好“治山理水、显山露水”文章，压实河（湖、林）长制工作责任，实施重点行业减污降碳行动，壮大节能环保、清洁生产、清洁能源产业，让昌江的天更蓝、山更绿、水更清。推进农村人居环境整治，建设“五美”（环境美、生活美、人文美、和谐美、建设美）乡村。倡导节能低碳生活，开展节约型机关、绿色家庭、绿色学校、绿色社区、绿色企业创建活动，探索建立垃圾分类回收处置长效机制，让绿色绘就幸福底色。

二是要增进民生福祉。落实区、乡、村、组四级联防联控责任，慎终如始抓好疫情防控。推动义务教育均衡发展，加强教师队伍建设，落实“双减”工作要求，打造昌江一中优质教育品牌，着力提升西市区教育质量和水平。提升“长者之家”品牌效应，全域化构建嵌入式社区综合养老体系。统筹做好就业、医疗、妇幼、残疾人、社会救助和保障性住房等公共服务事业，让百姓的生活越来越甜美。

三是要推动文化繁荣。以弘扬荷塘精神为载体，推出一批反映新时代新气象、讴歌人民新创造的文艺精品。推动陶瓷和文旅融合发展，打造一批特色鲜明的网红旅游休闲打卡地，让人们在领略自然之美的同时，感悟陶瓷之美、陶冶心灵之美。把牢意识形态工作领导权，践行社会主义核心价值观，推进新时代文明实践中心（所、站）和区融媒体中心建设，用好“学习强国”学习平台，选树一批模范先进典型，弘扬主旋律，传播正能量。

四是要维护社会稳定。深化平安昌江建设，做好“八五”普法工作，常态化推进扫黑除恶专项斗争，树牢总体国家安全观，加大司法救助、法律援助力度，完善问题排查、矛盾化解和应急处置机制，持续推进市域社会治理现代化，及时满足群众合理诉求，促进社会更加公平正义。强化安全生产和防灾减灾救灾能力建设，加强建筑工地、危险化学品、九小场所等重点行业领域安全隐患排查整治，为昌江区每一位百姓竭力服务、守住防线。

五、党建引领、健全机制，以更加过硬的作风全面建设现代化魅力新昌江

做好昌江工作、办好昌江事情，核心在党，关键在人。全区各级党组织要贯彻落实新时代党的建设总要求，弘扬伟大建党精神，切实增强政治判断力、政治领悟力、政治执行力，为全面建设现代化魅力新昌江提供坚强政治和组织保障。

（一）大力加强班子建设，建强昌江发展“火车头”。区四套班子是我们干事创业的中坚力量，党委班子的统筹全局、政府班子的高效执行以及四套班子的精诚团结，是带动全区干部群众奋勇争先、实现昌江高质量跨越式发展的新时代“火车头”。

一是要最讲政治。坚决落实讲政治这个首要任务、第一标准，把讲大局贯穿于讲政治的始终，贯穿于中心工作、重点任务、昌江形象的始终，不断提高政治能力，胸怀“两个大局”、心系“国之大者”，树牢“四个意识”、坚定“四个自信”、做到“两个维护”，不折不扣完成好、落实好党中央和省、市交办的各项工作。

二是要最讲执行。做到唯实惟先、善作善成，全面提升抓执行的穿透性、落地性、时效性，把“高的标准、快的效率”作为干好一切工作的准绳，做到立说立行、件件有声，扎实抓好主责主业，用心办好民生小事，真情服务万千企业，努力推动昌江质量、昌江水平迈上新台阶。

三是要最讲团结。团结出生产力、出战斗力、出形象力。我们要把团结共事、一起担当作为一种品行来继承、来发扬，作为一种能力来锻炼、来提高，真正做到正确对待自己、正确对待同志，真正做到相互尊重不轻

视、相互理解不埋怨、相互信任不猜忌、相互关心不冷漠、相互补台不拆台,努力把昌江区各级领导班子打造成团结、和谐、健康、争先的优秀团队。

四是要最讲担当。好干部的一个重要标准就是敢于担当、敬业守责、尽心尽力。担当敬业是一种人生态度、一种坦荡胸怀、一种牺牲精神。全区各级党员干部要努力做到认认真真、实事求是,努力做到对事不对人、对事严谨细致、对人宅心仁厚,努力做到直面问题、迎难而上。

(二)抓好基层基础建设,筑牢昌江发展“桥头堡”。党的力量来自组织。在全面建设现代化魅力新昌江的新征程中,每一个基层党组织都是一个坚强的前沿战斗堡垒,按照“打造开放、融合、有温度的党建”的思路,对标管理、错位争先,宏观管住、微观搞活,推动基层党建全面进步、全面过硬。

一是以高质量党建引领高质量发展。瞄准发展一线主战场,关口前移,做到堡垒在一线筑牢、作用在一线发挥、成效在一线体现,形成“同向同心,共识共为”的良好局面。统筹推进农村、社区、机关、企事业单位、学校、“两新”组织等各领域基层党建工作,建强党员队伍,不断增强基层党组织政治功能和组织力,把党的组织优势转化为发展优势。

二是以对标管理筑牢基层党建根基。紧扣省、市委基层党建标准化、规范化、信息化“三化”建设提质增效要求,梳理和完善各领域基层党建标准化规范化体系。健全“立标、对标、达标、创标”机制,运用可量化、可操作、可考核的指标,推动基层党组织“一个都不少”逐个提升,充分激发基层党组织的生机活力。

三是以错位争先提升基层党建水平。通过项目化运作、品牌化建设,结合各党(工)委地域特点、发展目标和党员干部队伍实际,创造推广一批有实效、有影响的基层党建工作新做法、新经验。紧紧抓住基层党建工作责任制这个“牛鼻子”,强化各级党组织和党员干部抓基层党建的主体责任、主角意识和主动精神,切实推动基层党建各项任务落细落实。

(三)从严抓好队伍建设,锻造昌江发展“战斗队”。按照忠诚干净担当的标准,选好、管好干部,教育引导干部守住纪律底线、不碰法律红线,锻造最讲政治、最讲执行、最讲团结、最讲担当的战斗队。

一是在“忠诚”上讲规矩。规矩,是一种准则,更是一种分寸。各级党员领导干部要把讲规矩摆在首要位置,牢固树立规矩意识,讲原则、作表率。要讲政治规矩,讲工作规矩,讲生活规矩,讲作风规矩,不能在贯彻决策部署上打折扣、做选择、搞变通,任何时候、任何情况下都不能越轨、不能逾矩。

二是在“选管”上下功夫。坚持新时期好干部标准,实行“揭榜挂帅”,让实绩突出的干部有前途,让群众认可的干部有通道,让敢于担当的干部有舞台。加强年轻干部、党外干部、女干部的培养使用力度,优化干部结构。加强干部日常监管,重视考察结果运用,将其作为干部培养、使用和奖惩的重要依据,真正让“能者上、优者奖、庸者下、劣者汰”成为鲜明导向。

三是在“纪法”上守底线。严格落实中央八项规定精神,整治形式主义、官僚主义和“怕慢假庸散”作风顽疾。严格执行“两个准则”“四个条例”等党纪党规,真正把权力关进制度的“笼子”。落实“两个责任”,履行“一岗双责”,加强警示教育,紧盯重点领域,抓住“关键少数”,大力整治群众身边的不正之风和腐败问题,一体推进不敢腐、不能腐、不想腐。

区委将努力加强自身建设,支持区人大及其常委会、区政府、区政协依法、依章程履职尽责,支持和保障司法机关依法独立公正行使审判权和检察权,支持民主党派、工商联、无党派人士积极发挥作用,加强统一战线、民族宗教工作,做好新形势下工会、共青团、妇联、科协、残联、文联、社联等群团工作,抓实外事侨务和对台工作,推进史志、档案工作,发挥老干部作用,加强党管武装工作,不断为昌江改革发展汇聚磅礴力量。

大道至简,实干为要。征途漫漫,惟有奋斗!各位代表,同志们!昌江发展已经站在新的历史起点,让我们紧密团结在以习近平同志为核心的党中央周围,一步一个脚印,一年一个台阶,一届一份答卷,一往无前、永不懈怠,开拓进取、勇开新局,为推动昌江区高质量跨越式发展,实现“工业强区、文明新城、开放融合、幸福共享,全面建设现代化魅力新昌江”美好蓝图而努力奋斗!

昌江区人民政府工作报告

——在区第十届人民代表大会第六次会议上

（2021 年 4 月 1 日）

区委副书记、区人民政府区长　倪卫春

各位代表：

现在，我代表区人民政府向大会报告工作，请予审议，并请区政协委员和列席人员提出意见。

一、2020 年和“十三五”时期工作回顾

2020 年是“十三五”收官之年，面对突如其来的新冠肺炎疫情和特大洪涝灾害，我们坚持以习近平新时代中国特色社会主义思想为指导，全面贯彻中共十九大、十九届二中、三中、四中、五中全会和习近平总书记视察江西重要讲话精神，在市委、市政府和区委的坚强领导下，在区人大和区政协的监督支持下，紧紧依靠全区人民，贯彻新发展理念，沉着有力应对各种风险挑战，统筹推进疫情防控和经济社会高质量发展，扎实做好“六稳”工作，全面落实“六保”任务，较好地完成了区十届人大五次会议确定的各项目标任务。

——经济运行稳步复苏。全区实现生产总值 236.8 亿元，增长 3.6%；财政总收入 18.2 亿元，增长 0.3%；规模以上工业企业[1]增加值增长 3.6%；规模以上服务业[2]完成营业收入 28.52 亿元，增长 11.2%，全市排名第二；固定资产投资额实现 57.7 亿元，增长 10.3%，全市排名第二；引进内资 54.71 亿元，增长 8.3%；实际利用外资 2804 万美元，增长 6.1%；外贸出口 1.69 亿美元；社会消费品零售总额完成 110.9 亿元，增长 2.3%，全市排名第二；城镇、农村居民人均可支配收入分别增长 5%、7.3%。

——疫情防控有力有序。新冠肺炎疫情发生后，我们坚决贯彻党中央国务院决策部署，认真落实省、市防控工作要求，坚持把人民生命安全和身体健康放在第一位，全力打好疫情防控的人民战争、总体战、阻击战。及时启动重大突发公共卫生事件一级响应，第一时间构建区、乡镇（街道）、村（社区）三级疫情防控体系，严格落实“四早”要求，依法科学、精准有序做好疫情防控。进入常态化防控阶段之后，密切关注国内外疫情发展态势，强化境外人员返景信息排查、接转和隔离措施，慎终如始做好重点场所、重点人群等防控，切实做到了外防输入，内防反弹。

——创成国家全域旅游示范区。举全区之力，高位推动国家全域旅游示范区创建工作，在全市率先创成国家全域旅游示范区。高质量编制全域旅游发展总体规划及专项规划，对标对表完成 9 大类 200 多项创建具体任务。投入 4000 余万元，推进昌江区旅游集散中心、香江路美食街文旅项目建设。持续扩充旅游元素，推进“旅游 +”融合发展，旅游新业态新产品不断推出。

——积极融入国家陶瓷文化传承创新试验区建设。围绕景德镇国家陶瓷文化传承创新试验区建设“一轴一带一区多点”空间布局，全年安排重点建设项目 45 个，总投资 182.59 亿元，年度投资完成 21 亿元。全力服务好国家陶瓷文化传承创新试验区重点工程项目建设，仅用 5 天完成 G206 国道改扩建征迁，8 天完成昌景黄高铁项目 90 户房屋征收，9 天完成富祥生物医药项目 1000 亩用地征收，16 天完成官庄堤防洪工程项目 311 户房屋征收，自西河水系征收项目以来不断刷新效率至上、大干快干的“昌江速度”，工作成绩得到市委、市政府主要领导高度肯定。同时，加大丽阳古窑保护力度，大力推进三间庙城中村棚改项目，加强三间庙明清历史街区保护。有序推进三河堤排涝站、鲇鱼山镇防洪工程，全力支持昌江河西区综合开发项目二期工

程建设,助力建设全市昌江百里风光带。

事非经过不知难,看似寻常最奇崛,成如容易却艰辛。一年来,我们重点做了以下工作:

(一)聚焦精准施策,全力打好三大攻坚战[3]

脱贫攻坚如期完成。全年投入财政专项扶贫资金2807万元,130户贫困户危房应改尽改,676户1229名贫困人口纳入低保或特困人员救助供养范围,徐湾、丰田等4个省级贫困村全部摘帽退出,建档立卡702户1879人脱贫攻坚任务圆满收官。污染防治持续加强。区、乡、村三级河长体系实现全覆盖,大力推动林长制制度化、规范化、信息化。20个省环保督察"回头看"反馈问题全部整改落实,工业废气、餐饮油烟、工地扬尘得到有效管控。投入2000余万元,启动鱼山、良港、丽阳、童坊等14个农村生活污水治理项目建设。境内主要流域监控断面水质全部达标,空气优良天数比例达97.5%。积极应对疫情影响财政减收增支的压力,开源节流、量入为出,削减不必要的财政支出,争取抗疫特别国债、洪涝灾后重建、一般地方债券等各项资金5.8亿元。抓好地方政府隐性债务风险管控,超额完成政府隐性债务和民营企业拖欠账款年度化解任务。

(二)聚焦提质增效,全力促进产业转型升级

"六稳""六保"重点推进。出台实施应对疫情支持中小企业共渡难关"30条"政策,倾心倾力帮扶企业发展。发放"财园信贷通""财政惠农信贷通"贷款2.7亿元。为4家复工复产企业争取贷款6380万元,助推2家企业纳入国家疫情防控重点保障企业名单。累计减税降费6360万元,为企业优惠电费1251万元。大力推进"映山红行动"助推企业上市,15家企业挂牌展示,2家企业正在进行股改。全区新增5户规模以上工业企业,规模以上工业企业总数27户,区属规模以上工业总产值同比增长22%,全市排名第一;工业技改投资增速344.2%,全市排名第一;规模以上工业利润总额增速55.9%,全市排名第一。有序开展"腾笼换鸟"行动,清理僵尸企业、淘汰落后产能、收回闲置用地,积极释放存量空间,已清理2家僵尸企业、收回135亩闲置用地。

现代农业提质增效。2000亩高标准农田建设即将完成,全年粮食产量稳定在3.3万吨以上。积极培育壮大龙头企业,大力推进农业产业化发展,新增2家市级现代农业示范园,省市级现代农业示范园达6家。培育新型农业经营主体,现有市级以上龙头企业20家、农民专业合作社167家、家庭农场173家。助力陈氏蛇业成功转型,获得全国人大领导肯定。第三产业繁荣发展。中国陶瓷城、豪德贸易广场等商业中心日益繁荣。卡服物流服务个体司机8000户,营业收入完成9.23亿元,上缴税收2027万元。园林、昌南大道农贸市场建设稳步推进,电商物流、金融保险、房地产等现代服务业快速发展。

(三)聚焦改革开放,全面激发发展动力活力

纵深推进"放管服"改革。深化行政审批中介改革,梳理中介服务事项28项。"赣服通"昌江分厅上线运行依申请事项112项、无证办理4项、"一链办理"2项。新增登记注册企业1549户、个体工商户8455户。深入开展财税体制改革,充分调动乡镇街道的积极性。大力推进财政零基预算改革,提高财政资金使用效益。高位推动国资公司运营改革,成功申报康养中心、公办幼儿园、标准化厂房等5个专项债,融资总额度达到4.6亿元,区属国资公司资产从2亿元壮大至26亿元规模。坚持把招商引资作为促进发展的重要抓手,克服疫情影响,利用云招商平台,落户亿元项目1个,5000万元以上项目3个。对接世界500强企业,与太平洋建设集团签订战略合作框架协议。组织9家外贸企业参加第三届进博会。我区"提供定制服务,助推数字经济发展"经验做法,在江西二套推介报道。

(四)聚焦品质提升,全面推进城乡融合发展

城市功能品质稳步提升。自2017年10月全面启动城市"双创双修"[4]以来,投入资金约6.6亿元,完成背街小巷改造513条,优化提升老旧小区266个,新建改建文化站(中心)33个,新建改建公厕61座,新增绿化面积24.3万平方米。市容环境治理、交通秩序整治、文明志愿服务、道德模范和身边好人评选深入开

展，文明风尚蔚然成风，市民文明素质明显提升，城市长效管理机制不断完善，为我市成功创建全国文明城市、国家卫生城市贡献了昌江力量，被市委、市政府授予集体二等功。农村环境面貌极大改善。农村人居环境整治三年行动顺利通过省级验收。投入1550万元推进60个新农村点位建设，如期实现新农村建设“扫一遍”目标任务。农村卫生户厕普及率达95.6%，村庄生活垃圾有效治理率100%。22个行政村自来水城乡一体化工程基本完成。完成25.6公里“四好农村路”建设。丽阳镇江联村在第一届全国美丽宜居村庄短视频擂台赛中，获“环境优美型”优秀作品奖。

（五）聚焦共建共享，全面提升民生福祉水平

十件民生实事基本完成。全年累计投入社会保障和就业资金3.46亿元。城镇新增就业2204人，农村劳动力转移就业3058人，城镇登记失业率3.5%。发放创业担保贷款4637万元，就业创业培训324人，新增残疾人就业51人。建成并投入使用胜利社区逸享昌南长者之家，在养老模式、建造标准、服务质量等方面均走在全省前列。全面改造提升鲇鱼山镇敬老院，为全区失能特困人员提供集中供养和护理服务。建成9个农村“爱心食堂”，为农村留守老人解决“吃饭”难题。通过新建、盘活、回收等措施，新增公办幼儿园学位4800个，公办幼儿园在园幼儿占比50.4%，“入园难、入园贵”问题得到有效缓解。新建昌江一中、金桥小学、第十一小学等7栋中小学教学楼，新增塑胶操场面积1.6万平方米，建成新高考平台及标准化考场，城区部分学校启用智慧校园人脸门禁系统。及时足额发放教师奖励性工资和乡镇教师乡镇补贴、边远津贴，确保教师平均工资待遇不低于当地公务员水平。全区公共文化服务体系不断健全。2021中国景德镇国际陶瓷博览会期间组织举办了张五常明代金属藏品展。《昌江文艺》刊物质量进一步提升，10名区书协会员成功晋升为省、市级书协会员。投入729万元，新建一块标准化社会足球场。竞技体育成绩斐然，少儿体校摔跤队获全省摔跤锦标赛团体第一名、全省摔跤冠军赛团体第一名，运动员程水燕勇夺全国摔跤锦标赛暨奥运会资格选拔赛季军，成为江西省唯一入选国家队集训的女子摔跤运动员。城乡居民基本医疗保险参保9.96万人，职工医疗保险参保2.23万人。全力实施异地就医直接结算。建成昌江区核酸检测中心，完成村级卫生室网络信息化建设，实现医保“村村通”即时结算。

全面落实市域社会治理现代化试点工作任务，群众安全感指数位列全省第30位，区人民法院、检察院、司法局工作满意度均列全省前10位。纵深推进扫黑除恶专项斗争，扫黑除恶群众满意度位列全省第六、全市第一。深入开展安全生产大检查和隐患排查治理，全年未发生较大生产安全事故。全力以赴做好“7·7”特大洪灾抢险救灾工作，转移安置群众3.5万人，援助被困高考考生90余人，确保“不垮一堤、不倒一库、不死一人”，我区抢险救灾先进事迹被中央电视台报道。加强社会矛盾排查，化解各类矛盾纠纷730件，无一起赴省进京非访，无一起恶性群访事件，无一例重大安全事故。

（六）聚焦转变作风，切实加强政府自身建设

不断巩固扩大“不忘初心、牢记使命”主题教育成果。区政府获评全省“五型”政府建设先进单位。办理市、区人大代表建议、政协委员提案共107件，办复率均为100%。收到并办结社会监督平台《问政江西》网友发帖建议27项。全面开展政务服务“好差评”工作，收集群众评价400余条，满意率100%。江西广播电视台《党风政风热线》户外直播节目《走进昌江》反馈问题全部整改落实。持续深入整治“怕、慢、假、庸、散”作风顽疾，查处形式主义、官僚主义作风问题63起104人，查处违反中央八项规定精神问题20起，给予纪律处分10人。

与此同时，区退役军人事务工作获全省先进单位，“尊崇工作法”在全省大会上作经验交流发言；区人防工作获全省县级人防建设优秀单位；统战、外事、供销、老龄、社联、科协、工青妇、地方志、人民武装、国防动员、红十字会、机关事务、公共节能、第七次全国人口普查等各项工作均取得一定成绩。

各位代表！2020年目标任务的圆满完成，标志着“十三五”胜利收官。过去五年，是昌江发展进程中极不平凡的五年，面对重大历史机遇和复杂严峻挑战，全区上下齐心协力、埋头苦干，促成诸多大事，做成很多实事，克服许多难事，“十三五”规划确定的主要目标任务全面完成，经济实力稳步提升，转型发展步伐加快，

三次产业结构进一步优化。人均GDP位列全省"第一方阵"。较"十二五"末,财政总收入增长70.1%,规模以上工业增加值增长36%,社会消费品零售总额增长67%,社会固定资产投资增长74%,经济发展总体平稳、稳中向好、稳中有进。

五年来,我们坚持把学习贯彻习近平新时代中国特色社会主义思想作为首要政治任务,从更高层次贯彻落实习近平总书记对江西工作的重要要求,把习近平总书记对景德镇的殷殷嘱托和李克强总理对昌江的勉励与昌江发展紧密结合,在学懂弄通做实中攻坚克难、开拓进取,政府治理能力和工作效能显著提升。

五年来,我们贯彻新发展理念,深刻把握区情实际,准确提出"五区"建设发展路径,引进猎户星空、卡服物流等一批优质企业,形成生物医药、人工智能、电子信息、现代物流四大创新板块,推进完成重点工程项目100余个,圆满完成西河水系综合治理、森林公园、五金厂片区等32个棚改项目、7030余户186万平方米房屋征收任务,为服务全市大局、顺利实现"十三五"目标任务打下了坚实基础。

五年来,我们坚决打好蓝天、碧水、净土保卫战,开展城乡环境大整治、城市"双创双修",实施乡村振兴战略、新农村建设、农村"厕所革命",推进城乡环卫一体化、城市功能与品质提升三年行动,对辖区内老旧小区、背街小巷进行改造提升,拆除违章建筑近38万平方米,完成20余个样板村、270个新农村点位建设,全面完成71座农村公厕、1000座农户厕所新改建任务,开通运营9条"村村通"镇村公交专线,人居环境持续改善。

五年来,我们坚持人民至上、生命至上,成功抗击新冠肺炎疫情和特大洪涝灾害,建档立卡贫困户全部脱贫,区实验学校、区中心幼儿园、易照护长者之家、西郊街道创新基层社会治理试点获得省、市领导点赞,义务教育均衡发展以全省第六、全市第一的好成绩通过国家督导评估,区人民法院被授予"全省优秀法院"称号,公众安全感满意度持续位列全省第一方阵,人民群众的幸福感、获得感、安全感明显增强。

五年来,我们进位赶超、创优争先,获得一大批分量重、含金量高的荣誉。先后获"第二批国家全域旅游示范区""全国信访工作'三无'[5]县(市、区)""国家知识产权强县工程试点县""第五批国家慢性病综合防控示范区"等称号,连续十年被评为"全省森林防火平安县(市、区)",连续八届被评为"全省双拥模范区"。人民群众分享到更多改革发展成果。

各位代表!回望是为了更好地前行,总结是为了更好地出发。昌江区发展取得的每项成绩和进步,都离不开市委、市政府和区委的科学决策、正确领导,离不开区人大、区政协和社会各界的有效监督、大力支持,离不开全区人民的拼搏努力、共同奋斗。在此,我代表区政府,向辛勤工作在各行各业的广大干部群众,向大力支持政府工作的人大代表、政协委员、各民主党派、各人民团体和各界人士,向关心帮助昌江发展的同志们、朋友们,表示衷心的感谢并致以崇高的敬意!

在肯定成绩的同时,我们也清醒地认识到经济社会发展还存在不少困难和问题:受新冠肺炎疫情影响,经济运行下行压力有增无减,经济体量不大、产业结构较为单一等问题仍然存在,财政收支矛盾加剧,推动稳增长、调结构、促转型还需付出艰苦努力;用地约束、环境保护的压力不断加大,实现高质量发展面临严峻挑战;城乡发展还不平衡,农村基础设施亟待改善,公共卫生、社会治理等领域还有不少短板弱项;政府行政效能、执行力、服务水平还有提升空间。面对这些困难和挑战,我们将坚持问题导向、目标导向和结果导向,拿出更大的魄力和更实的举措,迎难而上、认真研究解决。

二、"十四五"发展主要目标任务

"十四五"时期是我国开启全面建设社会主义现代化新征程的第一个五年,根据区委十一届十四次全会部署要求,区政府制定《昌江区国民经济和社会发展第十四个五年规划和二〇三五年远景目标纲要(草案)》,提请大会审议。

"十四五"时期经济社会发展的主要预期目标是:到2025年,地区生产总值超过350亿元,全省位次前移3—5位,年均增长8%;财政总收入年均增长7%;500万元以上固定资产投资年均增长12%;社会消费品零售总额年均增长11%;出口总额年均增长12%;实际利用外资年均增长9%;城镇、农村居民人均可支配收入分别达到67500元、31570元，年均增长分别为8.5%、9%；三次产业结构比调整为2:55:43，工业增加值达到180亿元，服务业增加值达到172亿元。

为确保上述目标实现，“十四五”时期重点把握好八个方面的工作：

（一）全力聚焦国家陶瓷文化传承创新试验区建设

紧紧围绕国家陶瓷文化传承创新试验区“两地一中心”[6]战略定位，谱写昌江“一轴两廊三区”陶瓷文化发展新篇章。加强陶瓷文化历史遗产保护和利用，着力抓好丽阳窑址、三闾庙明清历史街区等合理开发利用。运用5G、VR[7]等数字技术，加强手工制瓷非遗代表性传承人队伍、“非遗”项目数据库建设，让保护传承见人见物见生活。加快发展陶瓷文化创意产业，以瀚唐、宁封窑、巴宝利、名镇瓷毯等企业为龙头，打造陶瓷文化创意发展平台。大力推动卡地克陶瓷、初心璞真等企业发展壮大，引进知名企业和陶瓷行业上下游产业链企业落户。推动航空与陶瓷产业深度融合配套，抢抓航空陶瓷产业红利。大力实施“旅游+”战略，持续巩固国家全域旅游示范区创建成果。

（二）构建现代产业新体系

着力壮大生物医药、电子信息、人工智能、陶瓷创意四大重点产业，围绕“两地一中心”全市产业布局，打好产业基础高级化、产业链现代化攻坚战，培育壮大特色优势产业。大力发展以电子商务、现代物流、绿色金融为重点的生产性服务业，以商贸流通、健康养老为重点的生活性服务业，促进现代服务业提档升级。加快发展特色种植业和特种养殖业，推动农业高质量发展。抢抓产业数字化和数字产业化重大机遇发展数字经济，促进大数据、云计算、人工智能、区块链[8]与实体经济深度融合。

（三）培育创新发展新动力

突出企业主体，建立企业研发投入正向激励机制，重点支持富祥药业、猎户星空、宏亿电子在昌江建立研发中心，激发企业自主创新活力，促进科技成果转移转化。强化协同创新，推进校地深度融合，鼓励和引导景德镇陶瓷大学、景德镇学院及市外科研机构以产学研合作形式，组建一批高水平研发机构落户昌江，提升区域科创浓度。激发人才活力，扩大柔性引才渠道，引进一批“假日专家”和“候鸟式人才”，服务好“景漂”“景归”人才。

（四）探索协调发展新路径

立足“服务中心大局、做实做优昌江”的发展理念，构建“一核引领、三轴驱动、三区协同”的城乡空间格局。完成政府驻地搬迁工作，拉大城市框架，在全市发展大局中走前列、做示范。大力提升城市功能品质，对标国际化理念，增加国际化元素，全力开展城市更新行动，深入推进老旧小区、背街小巷改造。大力发展智慧社区、智慧环卫、智慧安防，建设新型智慧城区。优先发展农业农村，全面推进乡村振兴，统筹城乡融合发展，加快补齐农村和民生短板，促进农业全面升级，农村全面进步、农民全面发展。

（五）开启交通强区新征程

抢占交通强省政策机遇，启动交通强区建设工作，把昌江区打造成联动昌（江区）景（德镇市）的重要门户枢纽。打通航空大道断头路，建成荷航公路。对接景德镇机场迁建项目，力争景德镇新机场落户昌江。以推进世纪水运工程浙赣粤运河建设为契机，推动昌江航道疏浚工程项目实施。扎实推进“四好农村路”[9]建设和危桥改造，加强乡镇道路与高速公路、国道省道和重要交通枢纽的连接，构建便捷交通网络。

（六）形成绿色发展新方式

积极践行“绿水青山就是金山银山”发展理念，发挥昌江生态优势，重点抓好生态文明示范区建设，以更高标准打造“生态昌江”升级版。纵深推进生态文明建设，持续提升生态环境质量。大气、水体、土地质量继续提高,主要污染物排放总量大幅下降,垃圾分类收集处置能力显著提升,城镇生活污水集中处理率和生活垃圾无害化处理率均达到100%。产业生态化、生态产业化取得新进展,绿色产业体系基本形成,绿色生产方式和生活方式加快形成,生态产品供给不断增加。

(七)开创改革开放新局面

继续深化供给侧结构性改革,重点在政府职能转变、营商环境优化、市场主体活力激发、闲置资源盘活、政府债务管理等领域取得突破。紧紧抓住国家"一带一路"、长江经济带、内陆开放型经济试验区等战略发展机遇,加快提升开放型经济水平。抓住国内国际"双循环"所呈现的市场机遇,突出区域资源、区位、市场优势,争取更多类型优质产业、项目落地。加大产业链招商、平台招商、园区招商、以商招商的力度,加快引进一批铸链补链延链强链项目。

(八)构筑共享发展新格局

坚持以人民为中心发展思想,进一步强化民生福祉保障,全力满足人民群众美好生活向往。千方百计稳定和扩大就业,多渠道增加城乡居民财产性收入。健全社会救助体系,推进养老服务、残疾人保障等各项事业稳定发展。全面优化义务教育资源布局,建设更高质量的教育强区。深化健康昌江建设,推动爱国卫生、疾病防控、卫生监督、妇幼保健等全面深入发展。创新实施文化惠民工程,推进基层文体设施建设。擦亮昌江文化名片,建设更高水平的全国文明城区。坚持安全发展理念,深化法治昌江、平安昌江创建,提升应急处置能力,始终保持治安防控的高压态势,确保人民安居乐业、社会安定有序。

各位代表!美好蓝图令人鼓舞,宏伟目标催人奋进。我们坚信,有市委、市政府和区委的坚强领导,有长期发展奠定的良好基础,有全区广大干部群众的共同奋斗,经过五年努力,昌江一定能够谱写辉煌壮丽的篇章,建成生态宜居的美丽家园!

三、2021年重点工作

2021年是"十四五"开局之年,也是中国共产党建党100周年。做好今年的政府工作,必须以习近平新时代中国特色社会主义思想为指导,全面贯彻中共十九大和十九届二中、三中、四中、五中全会以及中央经济工作会议精神,深入落实习近平总书记视察江西重要讲话精神,认真落实省委"24字"工作方针[10]和市委"三个五"战略部署,坚持稳中求进工作总基调,立足新发展阶段,贯彻新发展理念,构建新发展格局,大力弘扬荷塘精神,扎实做好"六稳"工作,全面落实"六保"任务,围绕建好景德镇国家陶瓷文化传承创新试验区这条主线,服务中心大局、做实做优昌江,推动我区高质量跨越式发展,确保"十四五"开好局、起好步,奋力谱写美丽富裕智慧昌江新画卷,以优异成绩庆祝建党100周年。

全区经济社会发展预期目标是:地区生产总值增长8%,财政总收入增长6%,一般公共预算收入增长5%,区属规模以上工业增加值增长10%,固定资产投资增长8.5%,社会消费品零售总额增长9%,实际利用外资增长6%,城乡居民人均可支配收入分别增长8%、8.5%,居民消费价格总水平涨幅控制在3%左右,城镇登记失业率控制在4.5%以内,节能减排完成国家和省市下达任务。

围绕上述目标,重点抓好以下七个方面的工作:

(一)坚持感恩奋进,着力融入景德镇国家陶瓷文化传承创新试验区建设

全面贯彻习近平总书记"要建好景德镇国家陶瓷文化传承创新试验区,打造对外文化交流新平台"重要指示精神,全力以赴完成省委省政府、市委市政府建设国家陶瓷文化传承创新试验区决策部署,以强烈的历史使命感和紧迫感,全力融入国家陶瓷文化传承创新试验区建设。高品质融入"两地一中心"的发展蓝图,支持陶瓷企业做强做大,谋划一批陶瓷文旅项目。进一步加大丽阳窑址的发掘、保护力度,全力支持古窑AAAAA景区拓展服务功能。依托景德镇工业发展主平台、服务窗口主阵地的特殊优势,承担好全市框架拉

开重要任务，重点服务好昌飞、航空小镇、电厂，全力、全方位支持高新区发展壮大，谋划一批配套产业、配套工程，高标准、高质量、高要求推动产城融合发展。高标准完成全省旅发大会项目，大力实施“旅游+”战略，打响国家、全省全域旅游示范区品牌，加快打造昌南里、陶青台、昌南瓷宴、世博江西馆等一批旅游新亮点和旅游品牌。高质量服务好省市重大工程项目，坚持把目标细化到项目上，把行动落实到项目上，把效果体现到项目上，继续发扬“昌江精气神”，打造项目推进“昌江速度”，逐一建立项目推进现场议事协调机制，挂图作战、专班推进，在切实抓好我区重点项目的同时，全力以赴服务省市重大工程项目快速完成。

（二）坚持科学施策，着力抓好常态化疫情防控

筑牢疫情防控防线。始终保持外防输入、内防反弹不放松，控好源头、守住防线。严格实行境外、疫情重点地区来昌江人员闭环管理，重点人群核酸检测做到“应检尽检”。加强冷链食品全链条管控、全过程追溯，管严渠道、管住市场、管牢货物。加强公共场所、特殊场所、集中隔离点防控，规范设置发热门诊，严防医疗机构院感。强化应急保障，备齐防护物资，提升全员核酸检测能力。有序开展新冠肺炎疫苗接种工作，筑牢疫情防控严密防线。

补齐公共卫生短板。健全突发公共卫生事件监测预警、预防控制、医疗救治等机制，完成区卫生服务中心综合楼建设，提高公共卫生治理能力和水平。提升城区及乡村卫生健康服务能力，加强村级卫生室规范化建设，不断提高村医诊疗水平。落实中医药强省战略，推广中医药适宜技术，完善中西医临床协作长效机制。加大医疗卫生人才引进力度，培养一批医德高尚、医术精湛的学科带头人。

提升全民健康水平。巩固国家卫生城市创建成果，深入开展爱国卫生运动，倡导文明健康、绿色环保的生活方式，坚决守好慢性病防控示范区国家级金字招牌。广泛开展全民健身运动，增强群众体质。突出食品药品领域专项整治，让群众吃得放心、用得安心，争创省级食品安全示范区。

（三）坚持转型升级，着力构筑现代产业体系

加速壮大新型工业。实施工业倍增三年行动，全力助推工业企业实现“小升规”，力争规上工业企业净增8家以上。聚焦陶瓷、航空、电子信息、智能制造、生物医药等工业企业，加快引进产业链核心企业和上下游配套企业，延长产业链条，壮大产业集群。加快推进富祥生物医药产业园建设，全力抓好生物医药产业园扩园征地工作，力争完成征收1000亩工业用地。推动猎户星空做大做强。紧盯全市“3+1+X”产业布局，发展航空配件、汽车配件等配套产业，推动建材、家具产业向中高端迈进。

做活做强现代服务业。持续壮大金融产业，支持重点金融企业在区内打造标志性总部基地，引导更多资金投入本地实体经济和中小微企业。繁荣商贸流通，扭住扩大内需战略基点，合理布局商业网点，加快推进香江路美食街等商业特色街建设，培育综合超市、大型购物中心、高档餐饮娱乐等商业业态。大力发展电子商务，完善电商“区、乡、村”三级服务体系，加快发展农产品电商，推行直播带货等形式，争取行政村电商全覆盖。支持远航物流等现代物流企业做大做强。

做精做优现代农业。落实最严格的耕地保护制度，制止“非农化”、防止“非粮化”，培育推广优良品种，完成2万亩高标准农田建设，稳定粮食生产。继续扩大甘蔗、西瓜特色种植播种面积，打造西瓜、甘蔗农产品区域公用品牌。大力实施生猪复产增养行动计划，确保年底生猪产能恢复到正常水平。培育壮大农业产业化龙头企业，促进农产品多层次、多环节转化增值，重点培育天祥牧业、庆春蔬菜等农业品牌。

大力发展数字产业。抢抓产业数字化、数字产业化赋予的机遇，高起点、高标准布局数字经济产业，引进和培育一批数字企业，服务好猎户星空、卡服物流等创新企业，加快培育形成智能制造产业集群。促进大数据、云计算、人工智能、区块链与实体经济深度融合，重点支持“两新一重”建设[11]。加快推进5G基站建设，支持5G、气象服务等本土应用推广扩面。

（四）坚持改革创新，着力培育壮大新发展动能

优化营商环境建设。深化“放管服”改革，让“只进一扇门”“最多跑一次”成为常态，推动政务服务事项

“同城通办”、高频事项“省内通办”“跨省通办”。树立“以企为本”“该办的事痛快办”“该办的事不痛快办就是错”的鲜明导向,用心用情为企业排忧解难,进一步提升各类市场主体和广大群众的认同感、获得感。进一步健全完善“县级领导挂点企业、一个窗口办证、专项联席会议”三种模式,立体化打造优质高效的营商环境。驰而不息落实企业“一企一策”帮扶措施,大力弘扬企业家精神,保护企业家合法权益,构建亲清政商关系。落实落细减税降费、稳岗援企等政策,帮助企业降成本、增效益。加大市场主体培育,新增市场主体1.2万户,培育“四上”企业[12]19家,助推5家重点企业达产扩能新增产值达3.8亿元。

提升科技创新能力。以建设省级创新型县(区)为依托,支持鼓励企业加大研发投入,提升产品科技含量和竞争力。加大高新企业的培育力度,力争年内高新企业数达25家以上。学习借鉴上海、杭州等发达地区经验,环月亮湖打造高科技产业园区。深入推进国家知识产权强县示范区建设,强化知识产权全链条保护,争取专利年增长率达20%以上。抓紧科技统计平台设计,确保年内推出使用。

推进重大项目攻坚。牢固树立“项目为王”理念,实施重大项目攻坚行动,以项目论英雄、以项目促发展。全年谋划编制重点建设项目43个以上,力争总投资额达157.6亿元,年内完成投资26.2亿元。激发民间投资活力,社会类重大项目年度投资占比加大,着力形成“大项目顶天立地、小项目铺天盖地”的项目建设火热局面。全力服务好富祥药业、冷链物流、鱼山码头等项目建设,加快推进鱼丽工业园标准化智能厂房建设。

做好招大引强文章。瞄准国内外500强企业,突出招龙头、引总部、聚相关、留人才,合理利用有限资源,变招商引资为招商选资、招商引才,围绕生物医药、人工智能等主导产业体系,有针对性地开展“补链、延链、强链”工程,重点培育产业链“链主”企业和高精特新中小优质企业。坚持招商引资“一号工程”“一把手工程”,大力开展“走出去、请进来”招商,深入开展以情招商、以商招商。确保引进1个、力争突破2个“5020”(亿元)项目,引进3—5个亿元项目落户昌江。

夯实重要平台基础。加强园区基础设施建设,提升工业园区发展能级。开展闲置用地和僵尸企业整治回收专项行动,清理3—5家僵尸企业,规范和整治工业厂房出租转租行为。及时兑现奖励政策,做大做强楼宇经济、总部经济。创新投融资机制,积极推行政府与社会资本合作、组合融资、基金投资等新模式,激发社会资本投资活力。整合辖区内经营性、非经营性、资源性国有资产,统一纳入区国资公司运营管理,做大做强政府投融资平台,争取国资公司资产超50亿元。

(五)坚持示范引领,着力推进城乡统筹发展

加快推进城乡一体化。统筹编制城乡总体规划、控制性详规及各类专项规划,建立“多规合一”协调运行机制。让G206国道“动”起来,打造G206国道产业经济走廊,发挥桥梁纽带作用,促进昌江区、乐平市、上饶市鄱阳县凰岗镇与景德镇市核心区产业融合发展。让荷塘“活”起来,启动荷航公路建设,缩短荷塘与市区路程,充分发挥荷塘绿色、红色资源优势,全力推进荷塘乡全域乡村振兴。让月亮湖“靓”起来,依托月亮湖生态环境优势,精准施策,把月亮湖打造成“科技与山水共一色”的高科技产业园。

持续提升城市品质。巩固创建“全国文明城市”“国家卫生城市”成果,变集中创建为长效建设、常态管理,坚持不懈把“双创”工作推向深入。大力推进城市更新,全力实施谭家山、哪吒庙、韭菜园及市公安局片区棚改,全年争取完成征收2000户以上。高标准推动老旧小区综合改造,健全供水、供电、供气等管网设施。抓好三河堤西河桥段达标工程项目建设,提升防洪减灾安全保障能力。巩固打击两违成果,全力消除存量违建,坚决遏制新增违建。重点疏通鱼丽路口、鲇鱼山镇中心街等交通堵点,改善周边人居环境。

深入推进乡村振兴。做好巩固拓展脱贫攻坚成果同乡村振兴有效衔接,严格落实“四个不摘”要求,实施长效扶贫接续工程。片区化开展示范村建设,着力打造G206国道、S207省道及环月亮湖沿线“五美”乡村。全力支持荷塘乡创建全域乡村振兴示范区,为景德镇实施乡村振兴战略提供“荷塘方案”,打造“荷塘样板”。接续整治提升农村人居环境,建立健全农村自建房审批体制机制。大力建设“四好农村路”,着力推进农村饮水巩固提升工程。出台农村集体经济高质量发展政策,推动要素配置、资金投入、公共服务向农村倾斜,引导农村产权规范有序流转,提升集体经济造血功能,促进农民持续增收。

持续加强生态文明建设。坚持不懈打好污染防治攻坚战,深入开展黑臭水体整治、农村生活污水处理等专项治理,按时保质保量完成中央、省环保督察和"回头看"反馈问题整改。持续抓好工地扬尘、工业废气、餐饮油烟等专项整治和城区禁止燃放烟花爆竹工作,确保空气质量优良率持续稳定。全面落实河长制、林长制,打破信息壁垒,搭建联合执法平台。持续抓好农业面源污染治理,加快推进农村生活污水治理项目建设,坚决取缔"散乱污"企业,确保重点流域断面水质稳定达标,集中式生活饮用水水源地水质达标率100%。

(六)坚持惠民利民,着力提升群众幸福指数

持续关爱"一老一小"。大力推进社区嵌入式养老服务机构建设,推进"医养结合"融入居家养老、社区养老、机构养老,满足社会化养老需求,让老有所养、老有所乐。加快新建、回收公办幼儿园信息化建设,加大幼师招聘力度,切实提高办园水平。加快推进第五小学、第十五小学、第十一小学、第二十一小学等学校新教学楼及综合楼建设,启动昌江一中分校、华风小学校园扩建,完善提质中小学办学条件。主动适应高考改革需要,加快推进昌江一中改扩建,创新办学思路,立足江西省特色高中平台,打造省优质品牌高中。

繁荣发展文体事业。大力推进区文化馆、图书馆建设,提升乡镇(街道)综合文化站、村(社区)文化服务中心功能,常态化开展文化惠民活动,让群众文化生活更加丰富多彩。加大文物保护力度,合理开发利用历史文化资源,大力发展文化产业。加快昌江省级跆拳道后备人才训练基地建设,推动体育产业规模化发展。

提升社会保障水平。统筹抓好高校毕业生、退役军人、农民工、失业人员等群体就业,支持创新创业,新增城镇就业2000人,零就业家庭动态清零。保障农民工工资支付,坚决打赢"根治欠薪"攻坚战。推进社会保障卡创新应用服务,实现多领域覆盖。推进医疗保险、医疗救助、慈善救助等保障制度有机衔接,减轻群众就医负担。落实城乡低保、特困人员救助标准自然增长和动态调整机制,确保应保尽保、应助尽助。

创新推进社会治理。加快推进市域社会治理现代化试点,全力建设更高水平的平安昌江。圆满完成村(社区)"两委"换届选举,夯实基层基础。深化双拥共建,做好退役军人服务管理保障工作。实施"八五"普法,增强全社会法治意识。坚守安全生产底线,夯实安全生产基础。启动"智赣119"消防物联网建设,不断加强和创新社会消防安全管理。强化社会治安防控和舆情管控,常态化推进扫黑除恶专项斗争。全面提升国防动员能力,深入推进军民融合发展。强化民兵队伍编建,发挥民兵分队应急作用,军地合力维护社会稳定。

办好十件民生实事。坚持以人民为中心,全力解决群众最关心、最直接、最需要的民生问题,重点办好10件实事。

(1)完成新接管8所幼儿园信息化改造,启动森林、嘉和幼儿园等公办幼儿园建设;(2)全域推进嵌入式居家养老中心项目建设;(3)解决村、社区干部养老保险问题;(4)发放创业贷款5000万元,提供公益性岗位300个;(5)实施谭家山、韭菜园、哪吒庙、市公安局片区棚改项目;(6)推动15个老旧小区3834户综合改造;(7)完成三河防洪堤建设;(8)完成塔荷公路建设,启动荷航公路建设,提升荷塘交通条件;(9)完成鲇鱼山中心集镇一期改造提升;(10)高标准建成昌江区疾控中心,提升改造昌江区中医医院、景航医院。

(七)坚持依法行政,着力提高政府治理效能

持续深化"五型"政府[13]建设,加快推进政府治理能力现代化,努力建设人民满意的政府。

加强政治建设。始终坚持以习近平新时代中国特色社会主义思想为指引,深入贯彻落实习近平总书记视察江西重要讲话精神,不断增强"四个意识"、坚定"四个自信"、做到"两个维护"。认真落实意识形态工作责任制。严格党内政治生活,确保上级和区委各项决策部署不折不扣贯彻落实。抓好中央第五巡视组巡视江西省反馈意见有关问题及省委巡视"回头看"反馈问题整改落实。

推进法治建设。强化法治思维,将政府活动全面纳入法治轨道,做到法定职责必须为、法无授权不可为。严格重大行政决策程序,健全科学、民主、依法决策机制。依法接受区人大法律监督、工作监督和区政协民主监督,高质量办好人大代表建议和政协提案。主动接受监察监督、司法监督和社会各方监督,让权力运行更阳光更透明。

提速智慧建设。围绕景德镇"打造一座与世界对话的城市"的战略定位,推动大数据、人工智能、区块链

等新一代信息技术在政府治理中的应用。着力打通"数据孤岛",大力推进"互联网+政务服务",探索快速、精准、高效的电子信息化办公流程新模式,高标准建设数字政府。

抓好廉政建设。从严从紧落实全面从严治党主体责任和"一岗双责",以反复抓、抓反复的韧劲,以钉钉子精神贯彻落实中央八项规定精神,深入整治"怕慢假庸散"作风顽疾,持续纠治形式主义、官僚主义。强化政府过紧日子、群众过好日子措施,管住用好财政资金。加强重点领域全程管控和审计监督,严肃查处各类违纪违法问题,让干部更清正、政府更清廉、政治更清明。

各位代表!征途漫漫,惟有奋斗。让我们更加紧密地团结在以习近平为核心的党中央周围,在市委、市政府和区委的坚强领导下,在区人大、区政协的监督支持下,永葆初心、牢记使命,感恩奋进、披荆斩棘,主动服务全市发展大局,用情用力办好昌江事情,在打造与世界对话的国际瓷都中,努力实现昌江高质量跨越式发展,以优异成绩迎接建党100周年!

注 释:

1. 规模以上工业企业:年主营业务收入2000万元以上(含)的工业企业。

2. 规模以上服务业:年主营业务收入达到1000万元以上或者从业人数达到50人以上的服务企业。

3. 三大攻坚战:防范化解重大风险、精准脱贫、污染防治。

4. "双创双修":"双创"即创建"全国文明城市"、创建"国家卫生城市","双修"即生态修复、城市修补。

5. 信访"三无":无进京越级上访、无大规模集体上访、无因信访问题引发的极端恶性事件。

6. 两地一中心:国家陶瓷文化保护传承创新基地、世界著名陶瓷文化旅游目的地、国际陶瓷文化交流合作交易中心。

7. VR技术:是Virtual Reality的缩写,中文的意思就是虚拟现实,也称灵境技术或人工环境。

8. 区块链:是一个共享的、不可更改的账本,可以促进在业务网络中记录交易和跟踪资产的过程。资产可以是有形的,也可以是无形的。几乎任何有价值的东西都可以在区块链网络上进行跟踪和交易,从而降低各方面的风险和成本。

9. 四好农村路:建好、管好、护好、运营好。

10. 省委"24字"工作方针:省委十四届六次全会提出,"创新引领、改革攻坚、开放提升、绿色崛起、担当实干、兴赣富民"工作方针。

11. "两新一重"建设:新型基础设施建设,新型城镇化建设,交通、水利等重大工程建设。

12. "四上"企业:是规模以上工业企业、资质等级建筑业企业、限额以上批零住餐企业、国家重点服务业企业等这四类规模以上企业的统称。

13. "五型"政府:忠诚型、创新型、担当型、服务型、过硬型政府。

昌江区人民政府工作报告

——在区第十一届人民代表大会第一次会议上

（2021 年 10 月 24 日）

区委副书记、区人民政府区长　伊文斌

各位代表：

现在，我代表区人民政府向大会报告工作，请予审议，并请区政协委员和列席会议的同志提出意见。

一、过去五年工作回顾

过去五年，是昌江区发展历程中极不平凡、极为珍贵的五年。面对错综复杂的国际形势和艰巨繁重的改革发展任务，面对突如其来的新冠肺炎疫情和超历史大洪水的严峻考验，全区上下坚持以习近平新时代中国特色社会主义思想为指导，在市委、市政府和区委的坚强领导下，在区人大、区政协的监督支持下，感恩奋进、担当实干，凝心聚力、共识共为，全力打好防范化解更大风险、精准脱贫、污染防治“三大攻坚战”，扎实做好“六稳”工作，全面落实“六保”任务，如期全面建成小康社会，全区经济社会发展取得全面进步。

——五年来，我们千方百计抓发展、稳运行、求突破，综合实力大幅提升

“十三五”期末，全区地区生产总值达 236.8 亿元，人均 GDP 全市第一、全省前列；财政总收入超 18.2 亿元，年均增长 14.2%；社会消费品零售总额[1]超 110 亿元，年均增长 13.7%；规模以上工业增加值[2]年均增长 12%；固定资产投资年均增长 9.3%；引进内资年均增长 5.2%；实际利用外资年均增长 5.6%；城镇居民人均可支配收入年均增长 7.6%；农村居民人均可支配收入年均增长 8.6%。

——五年来，我们全力以赴抓扶贫、治污染、防风险，三大攻坚成效显著

脱贫攻坚战取得全面胜利，投入财政专项资金 6989 万元，2 个省级贫困村、12 个市级贫困村全部达标退出，706 户 1890 名建档立卡贫困人口全部实现高质量脱贫。污染防治攻坚战取得阶段性成果，主要流域监控断面水质全部达标，森林覆盖率达 56.08%，全面落实“河湖林长制”[3]，成功创建全省第三批生态文明示范区。防范化解重大风险成效明显，我区债务风险被国务院评为绿色等级，妥善化解一批历史遗留隐性债务。疫情防控和抗洪救灾工作取得重大胜利，全区安全生产形势持续稳定向好。

——五年来，我们坚定不移调结构、抓项目、提效能，产业发展转型升级

“十三五”期末，全区市场主体达 2.93 万户，三产结构比例为 2.5∶56.3∶41.2。每年粮食产量稳定在 3.3 万吨左右，6 家市级以上现代农业示范园、167 家农民专业合作社发展态势良好，陈锋蛇业等农业龙头企业成功转型升级。富祥科技（一期）竣工投产，凌富医药破土动工，宏亿电子并购重组上市，生物医药、电子信息两大主导产业发展框架加速形成，鱼山医药产业园和鱼丽电子信息产业园建设步伐加快。十大商业银行、券商、保险公司总部汇聚昌江，金融业年均税收突破 2 亿元。12 家企业被认定为省级“专精特新”企业[4]，冷链物流、G206 国道改造等重点项目加速推进，区国资公司资产增长 16 倍、突破 32 亿元，发展后劲明显增强。

——五年来，我们持之以恒抓环境、补短板、提品质，城乡面貌焕然一新

大力开展城乡环境大整治和“双创双修”[5]，实施城市功能品质提升三年行动，推进城乡环卫一体化，农村人居环境整治三年行动顺利通过省级验收。完成西河水系综合治理、官庄防洪堤等 32 个棚改征收项目，累计投入 6.6 亿元完成 151 个老旧小区、513 条背街小巷改造提升，新增绿化面积超 60 万平方米。助力景德镇成功创建全国文明城市、国家卫生城市，区委、区政府被市委、市政府授予集体二等功荣誉。

——五年来,我们用情用力解民忧、办实事、谋幸福,社会保障坚实有力

“十三五”期间,累计投入民生资金63.42亿元,占一般公共预算支出比重突破80%。教育事业长足发展,完成14所中小学改造提升,新改建15所公办幼儿园,共新增学位17430个。以优异成绩通过义务教育均衡发展国家督导评估,昌江一中被评为江西省特色高中,竞技体育走在全市前列。城镇新增就业1.56万人,农村劳动力转移就业1.24万人。逐步提高村(社区)“两委”干部工资待遇,解决村(社区)“两委”干部养老保险问题。汪王庙、胜利社区长者之家成为全市养老行业新标杆,区卫生服务中心综合大楼正式投入使用,交通出行、医疗保障、扶残助残等各项民生事业硕果累累。平安昌江建设扎实推进,“七五”普法工作成绩突出,公众安全感指数、扫黑除恶群众满意度位于全省前列,区人民法院获“全省优秀法院”称号。民兵基层建设达标步伐加快,民兵分队转型强能纵深推进,高素质兵员征集比例逐年攀升,国防动员质效不断提升。

——五年来,我们坚持不懈抓作风、强服务、勇争先,政府效能不断提升

深入开展“两学一做”学习教育、“不忘初心、牢记使命”主题教育、党史学习教育,筑牢信仰之基、补足精神之钙、把稳思想之舵。持续深化“放管服”改革,全面完成区乡党政机构改革,统筹推进财税体制、社会体制、农业农村等重点领域改革。高质量办理人大代表议案建议及政协委员提案542件。先后获得全国信访工作“三无”县、国家全域旅游示范区、国家慢性病综合防控示范区等一批“国字号”荣誉,入选国家知识产权强县工程和第二批省级创新型县(市、区)建设试点,区政府获全省“五型”政府[6]建设先进集体,连续十年被评为“全省森林防火平安区”,连续八届被评为“全省双拥模范区”,人防建设获评全省先进,退役军人事务、军民融合、民族宗教、审计、外事、供销、老龄、档案、地方志、红十字会、机关事务、公共节能等工作都取得良好成绩。

各位代表!五年来的成绩,是习近平新时代中国特色社会主义思想科学指引的结果,是市委、市政府正确领导、亲切关怀的结果,是区委统揽全局、科学决策的结果,是历届班子驰而不息、共同努力的结果,是区人大、区政协有效监督、积极支持的结果,是全区广大干部群众团结奋斗、顽强拼搏的结果,也是社会各界广泛参与、鼎力支持的结果。在此,我谨代表昌江区人民政府,向各位人大代表、政协委员,向各民主党派、工商联、人民团体,向所有参与支持昌江建设发展的老领导、老同志、广大干部群众、企业家、朋友们,致以崇高的敬意并表示衷心的感谢!

各位代表,过去的五年,成绩来之不易,经验弥足珍贵,我们深切地感受到:必须始终坚持党的全面领导,不折不扣落实党中央、省委、市委和区委决策部署,确保事业沿着正确方向前进;必须始终坚持贯彻新发展理念,紧扣高质量发展主题,推动经济社会发展行稳致远;必须始终坚持求真务实工作作风,把雷厉风行和久久为功有机结合起来,勇于攻坚克难,以钉钉子精神做实做细做好各项工作;必须始终坚持以人民为中心,解决好事关群众切身利益的问题,不断增强人民群众的获得感幸福感;必须始终坚持依法行政,加强法治政府建设,自觉运用法治思维和法治方式开展工作。

在肯定成绩的同时,我们也清醒地认识到,昌江的发展仍存在不少困难和不足,主要表现在:主导产业集聚效应还没有得到充分发挥;工业倍增缺乏大的平台载体支撑;区域融合发展还需进一步破题;公共服务领域还有一些短板;少数干部思想还不够解放,执行力有待加强等等。对此,我们将在今后工作中采取有力措施,切实加以解决。

二、今后五年工作安排

各位代表!今后五年,是我区跨越发展、大有可为、大有作为的黄金机遇期和重要窗口期。市委、市政府对昌江区未来五年的发展寄予厚望,要求我区推动产业大发展,经济实力大提升,努力成为G206国道工业发展轴的重要支撑。区第十二次党代会确立“工业强区、文明新城、开放融合、幸福共享,全面建设现代化魅力新昌江”的奋斗目标和“3344”战略行动[7]。这是新一届区委站在新起点乘势而上的科学考量,是置身新方位顺势而为的战略选择,是承载新使命因势利导的历史担当。全区上下要进一步解放思想、抢抓机遇、聚焦目标、接续奋斗。

今后五年,政府工作的指导思想是:坚持以习近平新时代中国特色社会主义思想为指导,深入贯彻中共十九大和十九届二中、三中、四中、五中全会精神,立足新发展阶段,贯彻新发展理念,构建新发展格局,积极融入景德镇国家陶瓷文化传承创新试验区(以下简称“国家试验区”)建设,认真落实市委“五新”战略行动[8]、坚决完成市委“六个坚定不移”[9]重点任务,围绕区第十二次党代会确立的奋斗目标,解放思想、改革攻坚、开放创新、担当实干,奋力谱写高质量跨越式发展昌江新篇章。

今后五年的主要预期目标是:地区生产总值全省位次前移,年均增长7.5%左右;财政总收入年均增长7%左右;规模以上工业增加值年均增长8.5%左右;固定资产投资年均增长12%左右;社会消费品零售总额年均增长11%左右;出口总额年均增长12%左右;实际利用外资年均增长9%左右;城镇、农村居民人均可支配收入年均增长分别为8.5%、9%左右;城镇登记失业率控制在2.6%以内,全面完成节能减排任务。

实现上述目标,需要我们主动融入全市发展大局,坚决贯彻落实市委、市政府和区委决策部署,集中力量、集聚资源、集成政策,重点抓好以下五个方面工作。

(一)聚焦感恩奋进,围绕国家陶瓷文化传承创新试验区建设,推动陶瓷文化大繁荣

始终牢记习近平总书记殷殷嘱托,主动融入国家陶瓷文化传承创新试验区建设,紧紧围绕“两地一中心”[10]战略定位,在服务国家陶瓷文化传承创新试验区建设中讲格局、勇担当,在融入国家陶瓷文化传承创新试验区建设中寻机遇、求发展。

抓好陶瓷文化传承创新。加强文物修复保护和陶瓷历史文化研究,突出抓好丽阳窑址、三闾庙明清古街的保护利用,创新打造“秀美乡村+非遗传承创新+研学交流”平台。运用5G[11]、VR[12]等数字技术,加强非遗传承人队伍建设、非遗项目库建设,让保护传承见人见物见生活。加快陶青台文创园、宁封窑国际陶艺村等传承创新平台建设,常态化举办各类陶瓷文创活动,做实直播基地,推动陶瓷文化+旅游深度融合。

打造陶瓷文化旅游品牌。建好国家全域旅游示范区,推动我区旅游产业高质量发展。挖掘昌江陶瓷文化和自然人文资源,推进昌江文旅综合服务中心等重点项目建设。以农垦精神、红色文化为内核,创建荷塘乡全国爱国主义教育基地。以乡村振兴为契机,打造集爱国主义教育、农垦精神研学、生态健康运动、田园文化体验、亲子休闲度假为一体的荷塘乡村文旅综合体。办好昌江区文化旅游节、美丽乡村徒步旅游节、特色果蔬采摘节等节庆活动。建好昌江区全域旅游集散中心,开通旅游公交专线。推进塔荷公路、荷航公路建设,完善冷水尖、郭璞峰等景点景区基础设施建设。力争到2025年,新增AAAA级景区2家、AAA级景区5家以上,唱响“瓷都原乡、画里昌江”文旅品牌。

搭建陶瓷文化交流平台。支持陶青台文创园打造中外陶艺家创作交流“景漂村”,建好陶瓷交易展示平台。鼓励支持“三河·中国淘宝村”做大做强陶瓷电商产业,培育京东陶瓷电商园区,建好线上孵化平台。提升中国陶瓷城、锦绣昌南等陶瓷集贸市场。支持卡地克、名镇瓷毯、巴宝利等本地陶瓷企业发展壮大,引进一批先进陶瓷企业,完善陶瓷产业链发展,打造陶瓷文化特色产业集群。

(二)聚焦工业强区,围绕特色产业发展新高地战略,推动优势产业大发展

工业强,则产业强;产业强,则区域强。全力推进工业强区战略,坚定实施工业倍增三年行动计划,以优势产业集群发展,打造G206国道工业发展轴重要支撑。

高标准做实平台。加快鱼山医药产业园建设,进一步延链补链强链,促进产业大聚集、规模大提升,力争培育百亿级“链主”企业1家,50亿级企业2家,打造300亿级鱼山医药产业园,建成全国知名医药中间体生产基地。组织鱼丽工业园申报省级工业园区,建好鱼丽电子信息产业园,加快美科、晨丰等项目落地,打造全国LED产业头部平台[13]。高标准规划月亮湖高科技产业园区,打造成为我区科创新载体。推进产业数字化、数字产业化,建设卡服物流大数据中心,快速发展直播带货等新经济新业态。深化“亩产论英雄”,开展“节地增效”行动,大力实施“腾笼换鸟”,力争园区亩均投资强度超500万元、亩均营业收入超1000万元。新建工业标准化厂房15万平方米以上,让企业轻装上阵、轻资产运营。按照现代企业管理制度,围绕商贸、投资、康养、房地产、文化旅游、建筑施工、人力资源管理等主营业务,做大做强区国资平台,力争到2025年,

区国资公司资产规模突破200亿元,打造AA级以上集团公司。

高质量做好招商。把招商引资作为“一号工程”,发扬硬着头皮、厚着脸皮、磨破嘴皮、踏破脚皮的精神,瞄准生物医药、电子信息两个首位产业,尽锐出战,招大引强,招才引智。创新招商方法,配强招商队伍,发挥平台优势,大力推进以商招商、产业链招商、资本招商和第三方合作招商,力争5年内引进、落地100亿元项目1个、50亿元项目5个、20亿元项目10个,亿元项目80个。深入开展企业梯次培育行动,大力扶优扶强,建立政府引导基金和产业发展基金,与优质企业同呼吸、共命运、齐发展。助力富祥药业、凌富医药产值迈入百亿级大关。全力实施“映山红行动”[14],支持引导中小微企业走“专精特新”道路,培育扶持企业上市。力争到2025年,全区规模以上工业企业翻两番,主营业务收入突破500亿元,2—3家企业成功上市。

高层次做强科创。支持企业研发创新,推进新旧动能加速转换,通过“技改扩能”[15]“数字赋能”[16],推动产业转型升级。实施紧缺人才招聘计划、高层次人才引进计划、高技能人才培养提升计划,打造人才聚集新高地。切实增强科技创新带动力,探索在粤港澳、长三角地区建设“科创飞地”[17],引导企业与高等院校、科研院所等组建创新协同体。力争到2025年,区内高新技术企业达到80家以上。

高品质做优环境。营商环境就是生产力。要持续深化“放管服”改革,充分激发市场主体活力,开展营商环境优化提升行动,严格落实企业帮扶制度,有效配置生产要素,不断降低企业生产性成本和制度性交易成本。打造全市一流的区政务服务大厅,发挥好非公有制企业帮代办服务中心作用。严格落实挂点领导“包项目签约落地、包项目立项开工、包项目施工环境、包项目进度质量、包项目竣工投产”的“五包”责任制,全力为投资者提供“零距离”“全天候”“保姆式”服务。要全面落实“双随机一公开”,探索推行“综合查一次”联合执法,切实做到“有呼必应、无事不扰”,让企业家、投资者“身在昌江,宾至如归”。

(三)聚焦文明新城,围绕新型人文城市新范例战略,推动功能品质大提升

发挥昌江区作为全市行政中心、金融中心、工业枢纽、交通枢纽的区位优势,提升西市区功能品质,打造更高颜值、更加智慧、更显魅力的国际瓷都城市会客厅。

推进城市更新。加快推进谭家山片区城市更新攻坚行动,坚持系统化思维和专业化论证,加快完成国土空间编制规划,以建设海绵城市[18]、韧性城市[19]为标准,聘请国内一流设计团队,对标国内先进城市,进一步融合人文景观、自然景观、建筑文化,打造富有瓷都韵味、昌江风情的街巷空间,将谭家山片区城市更新项目建设成西市区标杆工程。要强化底线思维和前瞻思考,量入为出、量力而行,有序推进谭家山、老公安大楼等棚改征收项目,补齐西市区基础设施短板,让昌江成为“近者悦、远者来”的好地方。

优化城市管理。常态长效抓好全国文明城市创建工作,全力支持配合景德镇争创全国文明典范城市[20]。坚持既重“面子”更重“里子”,持续推进老旧小区和背街小巷改造提升,稳妥推进老旧小区加装电梯工程,推进园林、昌南、古城、河西农贸市场建成使用,加快完善防洪堤、排涝站、停车场等一批公共基础设施建设。持续保持打击“两违”高压态势。深化城管体制改革,优化网格化管理,创新无物业老旧小区管理模式,有效提升城市精细化管理水平。

提升城市能级[21]。利用五大国有银行总部汇集昌江的有利条件,加强政银企对接,搭建桥梁纽带,拓展深度合作,提升金融服务实体经济能力。依托泰豪缤纷广场、豪德建材市场、锦绣昌南、中国陶瓷城等市场优势,发展楼宇经济[22]、总部经济[23]、电商经济、物流经济。培育创造消费新热点,发展网红经济[24]、街区经济、夜间经济[25],引进建成2—3家城市商业综合体。打造香江路美食街区,昌南里文化景区,将铂骊酒店打造成国际瓷都高端酒店,让现代商贸、住宿餐饮、电商物流等现代服务业成为昌江经济增长新引擎。

(四)聚焦开放融合,围绕全域融合发展新格局战略,推动区域经济大提速

以“跳出昌江看昌江、跳出昌江谋昌江”的格局视野,探索融合发展新路径,让交通互联更加便捷、城乡结合更加紧密、资源共享更加通畅、区域发展更加协同。

合作共赢开创市域融合新路径。实践证明,不开放不发展,大开放大发展,高水平开放高质量发展。建设现代化魅力新昌江,既要培育内生动力,也要注重借势发力。要联手园区,支持高新区调区扩区,服务航空

产业发展壮大，探索合作建立"园中园"[26]，打造昌（江区）高（新区）飞地经济产业协作园，推进昌（江区）高（新区）一体融合发展。要联结新区，与昌南新区实现资源共享、协同发展，共同打造产城融合新高地。要联动乐平，以高铁乐平北站建设为契机，着力打造乐（平市）昌（江区）产业协作示范园，为推动景（德镇）乐（平）一体化提供昌江实践。加强与市国控集团、城投公司、陶文旅集团等平台深度合作，进一步拓宽投融资渠道。深入开展"赣企入景"[27]"三请三回"[28]等系列活动，引导带动社会资本共谋发展。

做强枢纽跑出区域融合新速度。抢抓交通强省战略机遇，发挥皖赣铁路、昌景黄高铁、济广高速、昌德高速、G206国道穿境而过，高铁乐平北站、景鹰高速景南出口、鱼山码头坐落昌江的优势，培育发展远航物流等一批集货运、仓储、配送于一体的现代物流企业。积极融入江西内陆开放型经济试验区建设，推进外向型经济发展，拓宽对外贸易大门，探索建立无水港，加快发展跨境电商，为打造赣东北地区内陆国际物流枢纽和口岸高地贡献昌江力量。

优化配置培育区域融合新动能。鼓励各地突出特色、放大优势，因地制宜、错位发展，不断提高城乡融合发展水平。西郊街道、新枫街道要围绕行政中心、金融中心，做优服务，做美环境，做活经济，做强治理。积极推进吕蒙乡撤乡改街道、撤村改居，促进全域融合、一体发展。扎实开展美丽乡镇建设五年行动。鲇鱼山镇要担当作为，推进重点项目建设，高标准实施中心集镇改造提升，打造新型城镇化昌江范本；丽阳镇要依托月亮湖周边美丽生态，发展田园综合体，打造精品城市后花园；荷塘乡要以"荷航公路"建设为契机，充分挖掘荷塘精神，促进文旅深度融合。

（五）聚焦幸福共享，围绕共同富裕实践新样本战略，推动民生福祉大改善

坚持把群众的关注点、期盼点作为民生工作的切入点和着力点，共建共享持续增进民生福祉，让老百姓的生活芝麻开花节节高。

实施乡村振兴。脱贫成果再巩固，严格落实"四个不摘"，坚决守住不发生规模性返贫底线。用足用好乡村振兴衔接资金，着力壮大村集体经济，力争全区所有村集体经济经营性收入达到15万元以上。产业振兴再提速，推进高标准农田建设，培育"一村一品、一镇一业"，打造庆春蔬菜、四季果业等全季节特色品牌。到2025年，建设高标准农田4.5万亩，新增"两品一标"认证产品12个以上，建成市级以上农业产业化龙头企业达到25家，建成现代农业示范园10个以上。乡村建设再发力，开展好村庄整治、庭院整治、美丽宜居示范创建、村庄环境长效管护、美丽活力乡村+民宿联动建设等"五大专项提升行动"，形成"连点成线、拓线成面、突出特色、整体推进、产村融合、建管同步"的新风貌，全面提升农村人居环境质量。深入推进移风易俗，打造新时代"五美乡村"[29]。

筑牢生态屏障。落实碳达峰[30]、碳中和[31]部署，强化"三线一单"[32]管控、能耗双控，遏制"两高"项目[33]发展。强化领导干部自然资源资产离任审计、生态环境损害赔偿、生态环保执纪问责，压实"河湖林长制"工作责任。动态清零"散乱污"企业，高效整改各类环保问题，对污染破坏环境行为"零容忍"，持续打好蓝天、碧水、净土保卫战。实施农村人居环境整治项目，持续推进农村改厕、垃圾、污水等"三大治理行动"，创建一批省级森林村庄和省级水生态文明村。拓展"两山"转化[34]通道，守护好绿水青山，促进人与自然和谐共生。

发展社会事业。民生连着民心，民心汇聚民力。坚持每年实施一批民生工程，办好一批民生实事。着力扩大就业规模，改善就业结构。优先发展教育，落实"双减"政策，推进学前教育普及普惠、义务教育优质均衡、高中教育深化改革、职业教育融合发展，支持竞技体育快速发展。充分发挥典型示范和激励引领作用，大力实施名校、名校长、名师培育工程，打造西市区响当当的教育品牌。落实好"三孩"及其配套政策，促进人口长期均衡发展。全面建设健康昌江，加快推进昌江区中医医院建设，管好用好医疗保障基金。常态化抓好疫情防控。推进文化强区建设，新建昌江区工人文化宫和文化三馆[35]。进一步完善社会救助体系，大力推进具有昌江特色的养老体系建设，统筹推进退役军人、妇女、儿童、残疾人等各项民生事业发展。

创新社会治理。持续推进市域社会治理现代化试点工作。坚持和发展新时代"枫桥经验"[36]，强化矛盾纠纷和信访积案化解。加强金融风险监测预警，依法打击非法金融活动。建立健全突出违法犯罪和治安

问题专项打击整治机制，推进扫黑除恶斗争长效常治。加快推进鲇鱼山镇区域国家队一级消防救援站建设，加强食品、药品、特种设备安全监管。加强应急管理体系和能力建设，持续抓好防汛抗旱、气象灾害防御、森林防火等防灾减灾工作，扎实推进自然灾害综合风险普查工作。严格落实安全生产责任制，坚决防范较大以上生产安全事故发生。建设更高安全感和满意度的和谐平安昌江。继续推进民兵基层规范化建设，编实建强民兵组织，军地合力推动全区民兵工作走深走实，有效提升民兵分队遂行任务能力。

各位代表，实现"十四五"宏伟目标，我们要大力传承和弘扬荷塘精神，深入推进"五型"政府建设，不断提高政府治理现代化水平，锻造一支最讲政治、最讲执行、最讲团结、最讲担当的战斗队，打造人民更加满意政府。我们将淬炼忠诚之心。把坚持和加强党的全面领导贯穿政府工作全局，增强"四个意识"，坚定"四个自信"，做到"两个维护"，不断提高政治判断力、政治领悟力、政治执行力，确保党中央大政方针决策部署不折不扣在昌江落地生根、开花结果。我们将弘扬实干之风。把"高的标准、快的效率"作为干好一切工作的准绳，做到立说立行、件件有声，谋实事、出实招、求实效，狠抓责任落实、任务落小、政策落细。切实改进干部作风，加强和规范临聘人员管理。做到"我的岗位我负责，我的职责我担当，我的工作请放心"。我们将履行法治之责。严格落实"三重一大"制度。依法接受人大法律监督、工作监督，自觉接受政协民主监督，主动接受社会和舆论监督。坚决执行人大及其常委会的决议决定，认真办理人大代表议案建议、政协提案。我们既要攻坚克难，又要依法行政，确保政府各项工作在法治轨道上运行。我们将恪守廉政之要。坚决扛起全面从严治党主体责任，严格履行"一岗双责"，深入推进政府系统党风廉政建设，全面落实中央八项规定及其实施细则精神。艰苦奋斗、勤俭节约，永葆为民、务实、清廉的政治本色，营造风清气正的政治生态。

各位代表！实干托举梦想，奋斗成就未来。让我们更加紧密地团结在以习近平为核心的党中央周围，高举习近平新时代中国特色社会主义思想伟大旗帜，在区委的坚强领导下，团结和依靠全区人民，不忘初心、牢记使命，奋勇争先、担当实干，为全面建设现代化魅力新昌江而努力奋斗！

注　释：

1. 社会消费品零售总额：指企业(单位)通过交易售给个人、社会集团，非生产、非经营用的实物商品金额，以及提供餐饮服务所取得的收入金额。

2. 规模以上工业增加值：指年主营收入大于2000万元的工业企业在报告期内生产过程中新增加的价值。

3. 河湖林长制：即由各级党政主要负责人担任"河长""湖长""林长"，负责组织领导相应河湖的管理和保护工作，负责督促指导相应责任区内森林资源保护发展工作。

4. "专精特新"企业：指具有"专业化、精细化、特色化、新颖化"特征的工业中小企业。

5. "双创双修"："双创"指创建全国文明城市、国家卫生城市，"双修"指生态修复、城市修补。

6. "五型"政府：指忠诚型、创新型、担当型、服务型、过硬型政府。

7. "3344"战略行动：区第十二次党代会提出，强化三地联动、打造三大平台、坚持四种路径、推动四项工程。

8. "五新"战略行动：市第十二次党代会提出，全力实施人文城市新范例、特色产业发展新高地、全域融合发展新格局、共同富裕实践新样本、对外文化交流新平台战略行动。

9. 六个坚定不移：市第十二次党代会提出，坚定不移推进国家陶瓷文化传承创新试验区建设，在引领城市发展上扬优势；坚定不移推动工业强市，在壮大发展实力上求突破；坚定不移推进城乡统筹，在全域融合发展上勇争先；坚定不移推进改革开放创新，在提升发展动能上迈大步；坚定不移加强民主法治建设，在凝聚发展合力上谱新篇；坚定不移促进共同富裕，在共享发展成果上践初心。

10. 两地一中心：根据国务院批复，景德镇国家陶瓷文化传承创新试验区建设的战略定位是"两地一中心"，即把景德镇建设成为国家陶瓷文化保护传承创新基地、世界著名陶瓷文化旅游目的地、国际陶瓷文化交流合作交易中心。

11. 5G：第五代移动通信技术(5th Generation Mobile Communication Technology 简称"5G")。

12. VR：Virtual Reality 的缩写，中文的意思就是虚拟现实，也称灵境技术或人工环境。

13. 头部平台：指在行业内排名靠前的平台。

14. 映山红行动:江西省加快推进企业上市的行动。

15. 技改扩能:指通过技术改造扩大生产能力。

16. 数字赋能:指以数字化变革催生新的发展动能,实现更高质量、更具韧性的发展。

17. 科创飞地:指让科创园区、科创平台跨越区域限制,实现科创要素和产业要素的对接。

18. 海绵城市:指城市能够像海绵一样,在适应环境变化和应对自然灾害等方面具有良好的“弹性”,下雨时吸水、蓄水、渗水、净水,需要时将蓄存的水释放并加以利用。

19. 韧性城市:指城市能够凭自身的能力抵御灾害,减轻灾害损失,并合理地调配资源以从灾害中快速恢复过来。

20. 全国文明典范城市:全国文明城市的“升级版”。在全国文明城市评选周期中,选取部分有较强示范引领作用的全国文明城市,先行开展全国文明典范城市创建试点工作。

21. 城市能级:指一个城市的现代化程度和对周边地域的影响力。

22. 楼宇经济:以商务楼、功能性板块和区域性设施为主要载体,以开发、出租楼宇引进各种企业,从而引进税源,以带动区域经济发展为目的,体现集约型、高密度为特点的一种经济形态。

23. 总部经济:指一些区域由于特有的优势资源吸引企业总部集群布局,形成总部集聚效应,并通过“总部—制造基地”功能链条辐射带动生产制造基地所在区域发展,由此实现不同区域分工协作、资源优化配置的一种经济形态。

24. 网红经济:指依托互联网特别是移动互联网传播及其社交平台推广,通过大量聚集社会关注度,形成庞大的“粉丝”群体和定向营销市场,从而将“粉丝”转化为购买力的一个过程。

25. 夜间经济:现代城市业态之一,指从当日下午6点到次日早上6点所包含的经济文化活动,其业态囊括晚间购物、餐饮、旅游、娱乐、学习、影视、休闲等。

26.“园中园”:在已经建成的园区内再建造一座微型专业园,为入驻企业“量身定制”研发、生产、办公场所。

27.“赣企入景”:推动全省优质企业来景德镇发展。

28.“三请三回”:指开展“请乡友回家乡、请校友回母校、请战友回驻地”活动。

29.“五美乡村”:指产业兴旺之美、自然生态之美、文明淳朴之美、共建共享之美、和谐有序之美。

30. 碳达峰:指我国承诺2030年前,二氧化碳的排放不再增长,达到峰值之后逐步降低。

31. 碳中和:指企业、团体或个人测算在一定时间内直接或间接产生的温室气体排放总量,通过植树造林、节能减排等形式,以抵消自身产生的二氧化碳排放量,实现二氧化碳“零排放”。

32.“三线一单”:指生态保护红线、环境质量底线、资源利用上线和生态环境准入清单,是推进生态环境保护精细化管理、强化国土空间环境管控、推进绿色发展高质量发展的一项重要工作。

33.“两高”项目:指高耗能和高污染项目。

34.“两山”转化:指“绿水青山”与“金山银山”双向转化。

35. 文化三馆:指文化馆、美术馆、公共图书馆。

36. 枫桥经验:全国政法战线一个脍炙人口的典型,“枫桥经验”的核心要义是“为了群众、相信群众、发动群众和依靠群众”。

专　记

回眸2020年：一份极不平凡的昌江答卷

不平凡的2020年，对于昌江区来说，是面临风险挑战最为严峻、最为集中、最为突出的一年，机遇与挑战并存，希望与压力同在。这一年，昌江区真抓实干、攻坚克难，战胜一个个挑战，打赢一场场硬仗。这一年，每一个昌江人都在努力奔跑，取得的每一次进步，背后都是满满的激励；获得的每一份成就，背后都是数不尽的汗水。

4月，昌江区荣获全国信访工作"三无"县(市、区)称号；6月，昌江区入选第五批国家慢性病综合防控示范区；12月，文化和旅游部公布第二批国家全域旅游示范区名单，昌江区成功入选……

如果2020是一部电影，身处其中的每个昌江人无疑都是主角。我们一起，经历悲伤与感动，经历遗憾与圆满，经历坎坷与希望……无数瞬间镌刻进生命，凝成难以磨灭的记忆。

坚持人民至上 携手战疫抗洪

2020年的春天，注定被历史铭记。农历庚子年新春临近、万家团聚之时，面对突如其来的新冠肺炎疫情，昌江区紧紧依靠人民，广泛发动群众，坚持人民至上、生命至上，切实维护人民生命安全。

时间就是生命，防汛就是与洪水赛跑。面对"7·7"超历史性特大洪涝灾害，全区上下团结一致，积极开展抗洪抢险自救，确保"不垮一堤、不倒一库、不死一人"，取得抗洪抢险救灾全面胜利。

在抗洪救灾中，涌现出一幕幕感人事迹。鲇鱼山镇良港村小伙谭明强跃入洪水中，勇救被困群众；丽阳镇古田村两兄弟史业飞、史业豹成功营救坠桥漂流一夜的女子；鲇鱼山镇上徐村村干部汪厚新、刘保喜，跳入湍急的河水中，堵住防洪堤漏洞，及时化解险情；丽阳镇用冲锋舟紧急护送临盆产妇就医；昌江区党员干部、官兵冒雨护航，帮助考生顺利到达考场参加考试……这些画面将永远留在昌江人心中。

全区提前下拨应急防汛储备资金575万元，紧急转移分散安置受灾群众3.5万人，精准转移贫困群众116户、265人，援助被困高考考生90余人。洪水退后，及时全面开展清扫、防疫和生产自救工作。

为最大限度克服疫情、洪水带来的不利影响，昌江区多措并举做好"六稳""六保"工作，为复工复产企业争取贷款，对小微企业给予1个月免租金、2个月租金减半的优惠政策，有效缓解企业资金困难。帮助贫困群众销售鸡鸭，解决扶贫产品滞销问题，切实保障群众的生活需求。

践行新发展理念 推动高质量发展

5天时间完成206国道改扩建拆迁，8天时间完成昌景黄高铁90户项目征收，8天安全圆满完成富祥生物医药项目征地任务，16天时间完成官庄堤防洪工程311户项目征收……这是效率至上、大干快干的"昌江速度"。

2020年，是昌江区大干项目年。这一年，昌江区狠抓45个重点项目建设，把其作为促投资、稳增长、高质量发展的重要抓手，争分夺秒抢抓施工进度，多个重点项目取得了突破性进展。项目的快速落地、高效推进，充分体现昌江区雷厉风行抓落实的效率和作风，展现昌江重商亲商的诚意和态度。2020年，昌江区坚定不移贯彻新发展理念，决不简单以GDP增长率论英雄，决不以破坏生态环境为代价搞发展，决不走粗放式发展的路子，切实把创新、协调、绿色、开放、共享的新发展理念落到实处，推动全区经济社会高质量跨越式发展。

在高标准农田建设现场是一派繁忙景象，推土机、挖掘机往来穿梭，平整土地。2020年，昌江区投资600万元，打造2000亩高标准农田，亩均粮食综合生产能力提高50公斤以上，将改变以往无水到农田、机械难下田、流转土地慢、防洪抗旱难的状况。这是昌江区扎实推进产业结构优化升级的有效举措之一。在新兴产业发展方面，该区把准产业定位，精准务实招商，聚力科技创新，强化数字赋能，加快产业优化升级。全区27家规模以上企业总体运行平稳，以富祥药业、猎户星空、宏亿电子、卡服物流等企业为龙头的生物医药、智能制造、电子信息、现代物流等四大创新板块驱动引领作用日益凸显，新经济新动能加速转换。

走绿色发展之路　绘美丽生态画卷

"只有居住过哪吒庙社区的人才知道，这里就是一个'贫民窟'，但现在不一样，通过'双创'改造，环境大变样。"居民汪祥生脸上挂满笑容。

2020年，景德镇市成功摘牌"全国文明城市"。在12月11日景德镇市成功创建全国文明城市表彰大会上，昌江区作为先进单位代表作经验交流发言。会上，昌江区被市委、市政府授予集体二等功，多个集体和个人受表彰。

这份荣誉实属不易。这一年，昌江区严格落实区四套班子领导牵头负责、乡镇（街道）属地责任、区直各部门各单位共建帮扶责任制，以"聚焦国检标准，精准对标抓整改；聚焦基础设施，精美呈现抓项目；聚焦市容秩序，精细运行抓管理；聚焦'三率一度'，精心营造抓宣传"四个聚焦打好创文夺牌战。正是全区上下的共同努力，为景德镇成功创建全国文明城市和国家卫生城市贡献昌江力量，展现昌江精神。

走进农村，碧蓝如洗的天空映衬着宽阔洁净的乡道，孩子们你追我赶，老人们步履健硕，好一幅勃勃生机的场景。2020年，昌江区持续开展农村人居环境整治提升工作，农村环境卫生状况实现翻天覆地的变化，群众切身体会到整洁环境带来的好处。

2020年，昌江区成功入选国家全域旅游示范区。这一年，昌江区设立旅游发展专项资金，积极推进丽阳古窑遗址、郭璞峰等文物保护项目，全力推进5G+人工智能城市会客厅、区旅游集散中心、香江路美食街等文旅项目建设，加快完善全景牌、导览牌、警示牌等旅游景区基础设施。始终把发展全域旅游作为推动区域经济社会转型发展的重要抓手，坚持基础先行，充分融入旅游元素，提升交通干线风貌，打造特色风景道、最美乡村公路，放大区内生态资源优势，实现创建成果与民共享，人民群众的幸福感和获得感不断提升。

绿色是昌江的底色和价值，生态是昌江的责任和潜力。一直以来，昌江区走的是一条环境优美、产业升级、人民幸福的绿色发展之路，"双创双修"、乡村振兴、全域旅游等各项工作的扎实推进，"绿色含量"增高，生态环境显著改善，更好地满足人民群众对美好生态环境的向往。

民生无小事　枝叶总关情

2020年，昌江区深入践行以人民为中心的发展思想，持续保障和改善民生，用心用情用力办好民生实事。

小康承载梦想，小康点燃希望。在决战决胜全面小康的关键节点上，昌江区坚决打好脱贫攻坚战，着力保障和改善民生。徐湾、丰田等4个省级贫困村全部摘帽退出；新冠肺炎疫情暴发期间，出台《昌江区2020年产业扶贫实施意见》，积极应对疫情对扶贫产业的不利影响；进一步规范学生资助工作，做到建档立卡学生资助全覆盖；在2019年顺利完成94户农村危房改造任务的基础上，2020年昌江区提前启动农村危房8户改造任务……一项项精准扶贫政策落地见效，一个个扶贫产业开花结果，一座座贫困村美丽蝶变，这一切生动地展示着昌江区脱贫攻坚的实践成效。

2020年,昌江区从百姓最关切的操心事、烦心事、揪心事入手,在幼有所育、学有所教、劳有所得、病有所医、老有所养、住有所居、弱有所扶上不断取得新进展。8月13日,昌江区、市城投集团分别与四三二一天乐幼儿园、盛世峰景小区大地幼儿园成功签约,完成收购工作。这一年,昌江区加快推进中心城区小区配套幼儿园整治工作,力争早日完成全区公办幼儿园建设的目标任务,用心用情,打造让每位家长放心的公办优质幼儿园,推动昌江区学前教育资源安全、优质发展。

为做好和提升老年人生活服务,昌江区不断"试水"行之有效的养老方案,走出一条居家养老、社区养老和机构养老深度融合的新路子。2020年,西郊街道胜利社区"逸享昌南长者之家"养老服务中心正式投入运营;在农村广建爱心食堂为老年人提供助残服务;枫树山医养院增设安宁疗护病区,帮助减轻晚期病人身心痛苦……10月28日,江西日报头版刊登《夕阳红 幸福路——昌江区探索养老服务新路子》,聚焦昌江区养老服务工作。

民心连着民心,做好保障和改善民生工作,事关群众福祉和社会和谐稳定。扫黑除恶作为民生实事工作之一,昌江区经过三年扫黑除恶专项斗争的开展,社区治安环境不断改善,人民群众的幸福感和安全感不断增强。12月21日,以"向人民报告、向新年献礼"为主题的昌江区三年扫黑除恶专项斗争工作专题成果展启动仪式举行,既是对三年专项斗争的全面检阅,也是对扫黑除恶一线工作人员精神风貌的生动展现;既是向全社会和广大人民群众的一次集中汇报,也是严厉打击和防范黑恶势力违法犯罪的一次警示教育;既是推动专项斗争圆满收官的再动员,也是推进长效常治的有力举措。

回眸2020,我们历经风雨,收获满满;展望2021,我们意气风发,信心百倍。

站在新的历史起点上,昌江区将继续奋力向前。

致敬2021年:高质量发展引领昌江速度

2021年是中国共产党成立100周年,"十四五"开局之年,也是向着第二个百年奋斗目标奋进的起步之年。

一年来,昌江区全面落实中央、省、市各项决策部署,动员广大党员和干部群众,直面风险挑战,锐意攻坚克难,厚积高质量发展新动能,有力推动经济社会平稳较快发展,党的建设全面加强,取得奋战"十四五"的良好开局。

一年来,一个个产业星火燎原,惠民项目硕果累累,乡村面貌焕然一新……昌江区牢牢把握高质量发展机遇,统筹推进抓项目、稳增长、促改革、惠民生、防风险等各项工作,取得积极成效,迈出昌江区经济社会高质量发展的铿锵步伐。

用心学党史　用情办实事

2021年,昌江区荷塘乡童坊村殊源坞洪家大院人流不断,一批批游客慕名而来,亲身感受红色文化的精神洗礼。这里不仅设有景德镇地方党史文献(文物)展,还组织开展"流动课堂",以老百姓喜闻乐见的方式,推动党史学习教育深入人心。自3月份到年底,洪家大院共接待200余批次前来参观学习的学员,开设党课60余节,举办活动20场次。

从机关到企业,从社区到农村,从线上到线下,一次次激荡心灵的学习研讨,一场场接地气、冒热气、聚人气的基层理论宣讲,一次次缅怀革命先烈的红色之旅,一桩桩察民情、解民忧、聚民心的实事,让昌江区党员干部从党的奋斗历史中汲取前进力量,老百姓幸福指数持续攀升。全年累计召开党史学习教育领导小组会议、区委理论学习中心组集体学习会等会议20余次，办结“我为群众办实事”重点民生项目24项，开展12批次近500人次“红色走读”活动，开展主题宣讲100余场，让党的创新理论飞入寻常百姓家。

为民办实事、办好事，不仅是锤炼党员干部履职为民的“磨刀石”，也是检验初心使命的“试金石”。昌江区坚持把“我为群众办实事”实践活动作为检验党史学习教育成效的重要载体，聚焦群众“急难愁盼”问题，用心用情用力为群众办实事、办好事、解难题，真正把党史学习教育成果转化为实实在在的惠民实效。2021年7月，昌江区公布“我为群众办实事”重点民生项目清单，涉及巩固拓展脱贫攻坚成果、保障基本民生、深化政务服务改革等6大类24项民生实事，进一步回应和解决好群众的“急难愁盼”问题，推动办实事工作走深走实。12月，昌江区办结完成“我为群众办实事”重点民生项目24项。

促产业升级　抓项目建设

9月28日，投资69亿元的富祥科技一期竣工投产，投资50亿元的凌富医药项目破土动工；10月28日，鱼丽电子信息产业园和美科项目破土动工；7天完成官庄堤防洪工程二期征收任务，4天完成吴家新村征收任务，再次刷新昌江速度……

发展高质量，产业项目“挑大梁”。2021年以来，对标昌江区第十二次党代会报告提出“工业强区、文明新城、开放融合、幸福共享，全面建设现代化魅力新昌江”的未来五年发展定位，围绕“联手园区、联结新区、联动乐平”做足文章，以更加开放融合的姿态，构建融合发展新平台，积极对接“两区（高新区、昌南新区）一市（乐平）”，抓紧推进鱼山医药产业园认定工作，以建设高铁乐平北站新区为契机，全力打造乐（平）昌（江）产业合作示范园。

昌江区全力推动工业强区和招大引强“一号工程”，以“工业倍增三年行动计划”为主抓手，以打造G206国道工业支撑轴为目标，聚焦生物医药和电子信息两个优势产业，通过以商招商，以企业带动企业，引进富祥科技和凌富医药2个“50”（亿元）项目，晨丰电子、美科LED2个“20”（亿元）项目，预计全年新增“四上”企业入库可突破40家，其中规模以上工业企业净增11家，工业营业收入完成166亿元，工业增加值同比增长11%。2021年，区党政主要领导多次外出招商，集中精力谋项目、落项目、推项目，奋力开创工业发展新局面。

回看昌江2021年，深化改革硕果累累。昌江区把全面深化改革作为推进整体工作的“金钥匙”，拓展推出政务服务“亲民化”建设。6月1日，昌江区政务服务中心正式揭牌运行，实行“一门办理、一窗受理、集成服务”，做到应进必进，让企业和群众办事不再东奔西跑。同时，深化“放管服”改革、事业单位改革、财税体制改革、“零基”预算改革，探索推进生态文明、农业农村、医药卫生等体制机制改革。并高分通过国家知识产权强县试点验收，西郊街道昌南湖社区入选“全国综合减灾示范社区”、华风社区获评第八批“全国民主法治示范村（社区）”，“昌江最舒心、找我无难事”的营商品牌更加深入人心。

以绿色发展　促环境提升

常态长效文明创建不是一朝一夕的事情，没有休止符，只有进行曲。2021年，昌江区以始终在路上的决心，持续推动常态长效创建全国文明城市工作向纵深发展，创新性开展物业小区管理试点工作，持续掀起创建热潮，把“文明城市”金字招牌越擦越亮。据统计，围绕问题整改开展六大整治行动，清理垃圾死角365处，新增施划机动车停车泊位10188个，拆除“两违”建筑57处1230平方米。

农村要美，干净整洁是基本要求，开展厕所革命，是深入推进农村人居环境整治的重要抓手，是全面实施乡村振兴战略的一场硬仗。2021年，昌江区稳步实施1.5万户农村户厕摸排整改工作，加快推进20个新农村建设点建设。如今，村民们正享受着厕所改造带来的卫生便利，都夸国家政策好，人居环境整体得到明显改善。

为深入推进巩固拓展脱贫攻坚成果同乡村振兴有效衔接工作，昌江区整改完成2020年度脱贫攻坚考核反馈的4个方面10个问题，对44户、100人等不稳定户、边缘户、困难户实施“点对点”监测，并加快推进2

万亩高标准农田建设,农村生活垃圾无害化处理率100%。

坚持绿色发展,必须守住生态底线。昌江区切实抓好生态保护和环境治理,坚定不移走生态优先、绿色发展之路。2021年,完成人工造林294亩,除治松枯死木1.2万余株;整改完成中央第四环保督察组交办的6件信访件和省环保督察“回头看”反馈问题3件、信访件30件。

增民生福祉　生活更甜蜜

“以前因接送难,只能把孩子送到托管班,每月花费不少钱,现在学校启动课后延时服务,感觉一下子减轻不少负担。”学生家长江涛感慨万分。

2021年12月,昌江区实验学校和区中心幼儿园获评“全国围棋特色学校”。昌江区强力推进“双减”工作各项任务落实落地,不断强化学校教育主阵地作用,深化校外培训机构治理,促进学生全面发展和身心健康,切实办好人民满意的教育。查处无证校外培训机构2所,下达责令停办通知书4份,下达治理告知书43份。新(扩、改)建公办幼儿园9所,增加学位2280个,全区公办幼儿园率93%。

针对“一老”问题,昌江区瞄准“老有颐养”,建立老年人养老“幸福乐园”,投资600万元打造园林社区居家养老服务中心,在全市率先完成养老服务信息平台建设。园林社区居家养老服务中心项目5月开工建设,10月完工并投入使用,进一步满足辖区内老人享受就近、便捷、廉价的助餐、托养、娱乐等需求,并实行价格优惠政策,以保障居民享受到全面、实惠、高质量的服务。

西郊街道蟠龙岗社区荣获“全国巾帼文明岗”称号、西郊街道昌南湖社区入选“全国综合减灾示范社区”、华风社区获评第八批“全国民主法治示范村(社区)”、丽阳镇枫林村获评“全国乡村治理示范村”……2021年,昌江区以市域社会治理现代化试点工作为抓手,着力提高平安昌江建设水平,全年矛盾纠纷化解率99.3%,突出矛盾纠纷化解率100%,党政领导21件包案全部化解。常态长效推进扫黑除恶工作,安全生产、应急救援、农产品质量安全、公共安全等工作全面加强,有效维护社会大局平安稳定。

为更好地满足群众消费需求,昌江区在文化旅游上下足功夫,圆满完成2021全省旅游产业发展大会各项任务,打造“昌南瓷宴”、昌南里夜游等精致文旅品牌。持续巩固国家全域旅游示范区成果,宁封窑、陶青台项目基本完工,大力实施“文化惠民”工程,丽阳窑址保护力度进一步加大,全区文化氛围欣欣向荣。

以党建引领　聚力开新局

“基层党组织必须坚强,党员队伍必须过硬”。2020年是换届之年,昌江区不断优化干部队伍,村党支部书记、村委会主任“一肩挑”实现100%,圆满完成乡镇领导班子换届,选拔、调整、任用一批优秀年轻干部,开展招才引智活动69场次,干部年龄结构逐步优化,文化程度逐年提高。

2021年,昌江区发展党员215人、入党积极分子(发展对象)430名。选优配强新班子,是实施抓党建促发展的一个缩影。

在强化阵地建设上,昌江区牢牢掌握意识形态工作领导权,推出《昌江志愿服务的星辰大海》《为民办实事项目巡礼》等一系列新闻作品,深受群众喜爱。《帮你办》服务品牌不断增强公共服务属性,区融媒体中心在全省考核中进入全省前20名。

在筑牢廉洁底线上,昌江区严格履行全面从严治党主体责任,制定2021年度责任清单和任务安排,全年研究党风廉政建设工作5次。落实中央八项规定精神,全过程监督换届工作,大力整治形式主义、官僚主义和“怕慢假庸散”作风顽疾,落实基层减负专项工作机制,重点精简类文件制发减少26.91%。扎实开展政法队伍教育整顿工作,办结信访举报、问题线索16件,处理8人。运用监督执纪“四种形态”,共立案76件,处理183人次。

学习百年党史　汲取奋进力量

基本情况

自3月16日全区党史学习教育动员会开展以来,全区上下认真贯彻习近平总书记重要指示精神和党中央决策部署,按照学史明理、学史增信、学史崇德、学史力行的要求,精心组织实施,有力有序推进,达到了"学党史、悟思想、办实事、开新局"的目的。

一是在"用功学"上下功夫,推动学习贯彻习近平新时代中国特色社会主义思想往深里走、往实里走。我们聚焦学好百年党史、感悟思想伟力,推动广大党员干部在思想政治上受教育、受洗礼。强化理论学党史。发挥县级领导的"头雁效应",以上率下,围绕"四个专题"以及习近平在庆祝中国共产党成立100周年大会上的重要讲话精神和中共十九届六中全会精神等主题内容,举办区委中心组学习、集体读书班等各类会议18次,邀请江西财经大学教授刘晓根、江西省委党史研究室副主任刘津等专家学者作专题辅导报告,为深化党史学习教育打下坚实理论基础。"红色走读"学党史。利用荷塘丰富的红色资源,分批次组织全区广大党员、干部开展"红色走读"现场教学活动,实现区、乡、村三级干部全覆盖,让广大党员干部切身感受荷塘创业者的艰辛历程,荷塘垦殖场巨大变化和取得的辉煌成就,自觉当好红色基因的传承者、宣传者、践行者。创新形式学党史。举办"学习百年党史·汲取奋进力量"昌江区庆祝中国共产党成立100周年党史学习教育知识竞赛,在荷塘殊源坞新时代文明实践中心举办景德镇地方党史文献文物展,拍摄全市首部党史类纪录片《寻访1926》,举办活动30余场次,成为全市党史学习教育网红打卡首选地。

二是在"用情讲"上下功夫,教育引导广大党员、干部和群众增强历史自觉、把握历史主动、担当历史使命。把宣讲党史学习教育摆在突出位置,发挥平台载体的支撑作用,让党史学习教育飞入寻常百姓家。开展"流动课堂"特色宣讲。组建区委理论宣讲团和"流动宣讲小分队",邀请退伍老兵、退休干部、理论学者、农技专家,以"流动课堂"的形式,通过喜闻乐见、机动灵活的形式,深入田间地头、农家大院、项目工地、企业车间、村组社区进行宣讲,把习近平总书记在庆祝中国共产党成立100周年大会上的重要讲话精神和中共十九届六中全会精神,送到基层群众的心坎里。全年共开展集中理论宣讲102场次,"流动课堂"宣讲85场次。推出"党史专栏"特色宣讲。深入挖掘和广泛传播昌江本地红色文化,对全区的革命故事、遗址遗迹进行重新梳理,制作VR作品,推出《党史耀初心》《AI主播读党史》专栏,以H5、AI主播诵读等新媒体传播形式进行推送。营造浓厚学习氛围。编发党史学习教育工作简报41期,被市级简报采用10篇、省级简报13篇,在全省100个县(区)中与广信区、袁州区并列第二。用好媒体平台讲好红色故事,全年共刊发相关报道1200余篇,在中央、省级媒体上稿123篇,荷塘精神红色教育基地成功晋级为省级爱国主义教育基地,庆祝中国共产党成立100周年的氛围越来越浓厚。

三是在"用力做"上下功夫,深入开展"我为群众办实事"实践活动,有力提升群众获得感、幸福感、安全感。我们牢牢把握党员受教育、群众得实惠的定位,深入开展我为群众办实事实践活动,化解了一批长期困扰群众的堵点难点问题。紧盯民生"小"事。通过梳理汇总群众意见建议、信访反映反响、部门突出问题、网络民意心声等民生问题线索,共办理为民解忧事项2010件,"小事不小"事项643件。通过压实领办责任、建立台账管理、实行限时办结,变"等群众上门"为"送服务上门",增强为民办实事的精准性、实效性。关注民生所需。把"民生小事"当作"头等大事",从老旧社区改造到解决"行路难""停车难"问题,从教育"双减"到解决"就业难""看病难"问题,24项"我为群众办实事"重点民生项目已全部办结,办结率达100%,老百姓的幸福感获得感不断增强。真诚服务企业。以"企业服务日"为契机,针对企业和群众反映强烈的办事难、办事慢、办事繁等问题,区领导带头深入挂点企业和项目一线,帮助解决发展难题。全年共签约落户"5020"(亿元)项目各2个,亿元以上项目14个,5亿元以上项目6个,新增"四上"企业44家,为全区各类市场主体提供就业岗位2105个,发放创业贷款6100万元,累计减税降费近亿元。

经验启示

通过党史学习教育,全区广大党员干部政治上思想上受教育,工作上作风上有改进,人民群众获得感、幸福感、安全感大幅提升,达到了“学党史、悟思想、办实事、开新局”的目的。同时,也为新时代开展党内集中教育、加强党的建设积累了宝贵经验,为以史为鉴、开创未来,走好新时代赶考之路注入了强大动力。具体来说,主要有4个方面经验启示:

一是必须始终捍卫“两个确立”。中共十九届六中全会确立了习近平党中央的核心、全党的核心地位,确立了习近平新时代中国特色社会主义思想的指导地位,反映了全党全军全国各族人民的共同心愿。实践证明,坚定捍卫“两个确立”、自觉做到“两个维护”,抓住了党史学习教育的“根”和“魂”,必将激励我们更好地凝聚在党的旗帜下,坚定不移地沿着习近平总书记指引的方向奋勇前进,在新时代新征程上,努力创造无愧于党、无愧于历史、无愧于人民的新业绩。

二是必须始终做到“以上率下”。区委扛起主体责任,带头开展专题学习、专题研讨、专题培训和基层宣讲。区领导发挥头雁效应,认真抓好对分管领域、分管部门的学习教育工作落实,带头参加所在支部专题组织生活会,带头领衔我为群众办实事实践活动、民生重点项目。各级领导班子成员,特别是主要负责人先学一步、深学一层,干在实处、走在前列。实践证明,以关键少数示范带动绝大多数,一级抓一级、层层抓落实,必将有力推动党史学习教育落实见效。

三是必须始终践行“为民初心”。我们坚持从提高群众的幸福感和获得感为出发点,以“我为群众办实事”活动为抓手,聚焦矛盾最突出、意见最集中、能够立行立改的问题,重点解决了一批群众急难愁盼问题。实践证明,只要我们认真践行以人民为中心的发展思想,切实维护好群众的根本利益、共同利益、长远利益,就一定能够推动党史学习教育取得实实在在的成效,让群众看到变化、得到实惠,切实感党恩、听党话、跟党走。

四是必须始终坚持“知行合一”。我们坚持把学习党史同总结经验、关照现实、推动工作结合起来,大力弘扬荷塘精神的实干作风,引导党员干部在换届冲刺中交接班、在项目建设中比作为、在重大任务中比奉献,把换届之年变成了大干之年、争先之年。实践证明,只要我们把党史学习教育激发出来的政治热情,转化为攻坚克难干事创业的强大动力,就一定能奋力开创昌江高质量发展新局面。

巩固成果

深刻总结党史学习教育的经验启示,在巩固拓展党史学习教育成果中全面建设现代化魅力新昌江。自觉把党史学习教育作为一项长期的政治任务,把学好党史、用好党史作为每一名党员干部的终身课题,建立常态化长效化制度机制,在常学常新上下功夫,在常学常悟上见真章,在常学常用上求实效,牢牢掌握昌江各项事业发展的历史主动。

一是要始终强化政治忠诚第一品格,在捍卫“两个确立”、践行“两个维护”上展现新作为。中共十九届六中全会作出“两个确立”的重大政治论断,是中共十八大以来最重要的政治成果,也是历史选择、民心所向。我们要深刻领会“两个确立”的决定性意义,树牢“四个意识”、坚定“四个自信”、做到“两个维护”,更加坚定不移地在感情上拥戴核心、思想上高度信赖核心、政治上坚决维护核心、行动上紧跟追随核心。要始终把加强党的政治建设摆在首位,以党的旗帜为旗帜、以党的意志为意志、以党的使命为使命,突出政治标准,牢记总书记殷殷嘱托,胸怀“两个大局”,把握“国之大者”,不断提高政治判断力、政治领悟力、政治执行力,努力把总书记擘画的宏伟蓝图变成美好现实。

二是要始终强化政治学习第一本领,在武装头脑、指导实践、推动工作上开辟新境界。习近平新时代中国特色社会主义思想是当代中国马克思主义,是当代中国共产党人的思想旗帜,是引领中华民族伟大复兴的指路明灯。要把学习贯彻习近平新时代中国特色社会主义思想作为首要政治任务，坚持领导干部带头学、广大党员跟进学、线上线下结合学、全社会广泛学，引导全区上下不断坚定信仰信念信心。要在学懂弄通做实上下功夫，在全面学习、系统学习、跟进学习上下功夫，多读原著、勤学原文、深悟原理，不断学出新境界、新担当、新追求。要坚持把学习“四史”作为必修课、常修课，更加自觉地赓续红色血脉，坚持唯物史观和正确党史观，在稳增长、强产业、优环境、防风险、惠民生等各方面久久为功、持续用力，切实把学习成果转化为推动发展的生动实践。

三是要始终强化人民群众第一位置，在更加务实地为群众办实事、做好事、解难事上见到新成效。习近平总书记教导我们“民之所忧，我必念之；民之所盼，我必行之”。之所以讲发展快一点、发展好一点，也就是想让更多的发展成果惠及民生，在高质量发展中扎实推进共同富裕。要坚持正确政绩观，想问题、作决策、办事情，都要想一想是不是站在人民的立场上，决不干劳民伤财的事，决不干违背民意的事，决不干自以为领导满意却让群众失望的事。要走好新时代党的群众路线，健全完善“我为群众办实事”的长效机制，抓住“七有”（幼有所育、学有所教、劳有所得、病有所医、老有所养、住有所居、弱有所扶）“七位”（托幼园位、上学座位、就业岗位、养老点位、医疗床位、停车车位、如厕厕位）等老百姓最关心、最直接、最现实的利益问题，既尽力而为，又量力而行，一件事情接着一件事情办，一年接着一年干，不断增强发展活力，增进人民福祉。

四是要始终强化发展第一要务，在更加昂扬地全方位推动高质量发展上实现新突破。以坚定的历史自信和强烈的历史主动，深入贯彻省、市党代会精神，认真落实“工业强区、文明新城、开放融合、幸福共享”工作方针，统筹推进“3344”战略行动，推动产业转型、乡村振兴、区域融合、民生改善和党的建设等各方面工作迈上新台阶。要坚持把招商引资作为“一号发展工程”不动摇，大力开展延链补链强链壮链工程，用好“三请三回”“三企入赣”（央企、民企、外企入赣）这个有力抓手，力争2022年签约落地“50”（亿元）项目1个、“20”（亿元）项目3个、5亿元项目5个、亿元以上项目15个。要坚持把优化营造环境作为“一号改革工程”不动摇，通过常委挂帅、专班推进、出台政策、全员行动、网格管理、平台监测等一系列有力举措，力争2022年底全区营商环境跻身全省中游行列。坚持把项目建设作为经济发展的重中之重，全力服务好省、市重大项目，谋划入库一批大项目、好项目，加快推进鱼山医药产业和鱼丽电子信息产业园建设，力争2022年10月底，凌富项目一期全面竣工、投产试运行，鱼山医药产业园产值达到30亿—40亿元；2022年6月底美科绿色LED照明产业园项目竣工投产，10月底Mini电路板项目竣工投产，鱼丽电子信息产业园产值达到10亿元。要坚持把创先争优作为推动工作的“关键一招”不动摇，贯彻落实好省委书记易炼红放大“坐标系”、找准“参照物”的指示要求，以“跳起来摘桃子”的勇气，把九江市柴桑区和浙江省台州市黄岩区作为对标先进，紧盯目标、压实责任、挂图作战，推动一批重大项目快马加鞭、大上快上，全力推进区域经济高质量发展各项工作，以优秀的成绩单，以崭新的面貌和精气神，迎接正月初八市“四套班子”巡察项目。

五是要始终强化从严治党第一准则，确保风清气正，在更加有效地净化政治生态上呈现新气象。习近平总书记反复告诫我们，全面从严治党永远在路上，决不能滋生已经严到位、严到底的情绪。要始终保持赶考的清醒，切实把管党治党政治责任扛在肩上，抓在手上，一体推进不敢腐、不能腐、不想腐体制机制建设，真正使党员干部因敬畏而不敢、因制度而不能、因自觉而不想。同时，全区各级党组织要认真组织开好党史学习教育专题民主生活会，严肃认真地开展批评和自我批评，切实抓好检视中发现问题的整改落实，确保开出高质量、好风气。

奋力谱写全域旅游高质量发展新篇章

瓷都原乡,画里昌江。

近年来,昌江区以建设景德镇国家陶瓷文化传承创新试验区为契机,打好“组合拳”,扎实推进文化强区,不断开创文旅深度融合和全域旅游高质量发展新局面。

昌江区因贯穿全境的景德镇母亲河——昌江而得名,区位优越,交通便利;区内青山绿水、风光秀丽,陶瓷文化、红色文化、航空科技文化、农耕文化精彩纷呈、交相辉映。昌江区不仅有丰富的文化和生态旅游资源,而且旅游景点全域布局,旅游资源连点成线。多年来,昌江区委、区政府在不断探索经济社会高质量发展过程中,走出一条“文化 + 旅游”深度融合的创新发展之路。自 2016 年以来,昌江区累计建设各类旅游项目 175 个,投入项目资金 305 亿元。2020 年,接待游客 466 万人次,实现旅游收入 76 亿元。2020 年 11 月,昌江区成功创建国家全域旅游示范区。

着力配套建设完善服务体系

干净、整洁、方便、有文化韵味,这是外来游客对昌江区的第一印象。昌江区坚持基础先行,建设外通内联的现代旅游交通道路体系,其中主干道充分融入旅游元素,提升干线风貌,同时打造特色风景道、最美乡村公路;同步建设休憩场所、游步道、观景平台,有机组合特色餐饮街区、五星级酒店与民宿、大型陶瓷购物综合体;着力提升瓷博会、荷塘乡节庆、美食节、主题音乐会、绿色骑行赛事等系列活动的影响力。全区推进“厕所革命”,增容停车场建设,设置全域旅游标识牌,完善旅游交通网络与旅游标识系统。举办旅游企业服务标准化培训班,建设区旅游集散中心和大数据中心,健全旅游咨询、信息发布、在线预订、行业管理等功能。搭建智慧旅游平台,提供智能导游、电子讲解等服务,实现“吃、住、行、游、购、娱”电子地图在线查询,创新试点门票预约制度。搭建国际化陶瓷产业链交易平台,拓展陶瓷特色系列游,以文化传承为依托,实现全域旅游服务全覆盖。

注重资源整合发挥禀赋优势

昌江区依托景德镇国家陶瓷文化传承创新试验区建设,实施“旅游 + ”战略,向着全域、全景、全业、全民格局昂首挺进。按照“多规合一”原则,出台《昌江区旅游产业发展实施意见》,制定特色小镇、智慧旅游、景区提升等专项计划,构建全域旅游规划体系。

一花独放不是春,万紫千红春满园。在昌江区,旅游景点全域布局,旅游资源连点成线。全区现有 AAAAA、AAAA、AA 级景区各 1 个,AAAAA 旅行社 1 个,中国陶瓷博物馆、国家级森林公园、昌南湖湿地公园、国家级水利风景区山田水库、文物保护遗址、省级森林公园各 1 个。此外,昌江区区位优势明显,交通网络呼应南北、连贯西东,皖赣铁路、206 国道在此交会,九景衢快速铁路穿境而过,九景高速、景鹰高速在此连接,位于市区北郊的机场可供波音 737 大中型客机起降。

坚持项目推动　聚力产业融合

昌江区紧跟新时代,以项目为支撑,形成多元合力,成功构筑“旅游 + ”产业融合的全域旅游战略格局。推进“旅游 + 文化”,放大 AAAAA 级景区景德镇古窑民俗博览区和中国陶瓷博物馆辐射效应,开展陶瓷研学、红色研学,加速古今配套景观、设施及各类文化项目建设,推进城区景区化建设。建设荷塘特色小镇,做强做大“洪家大院”红色旅游。推进“旅游 + 农业”,依托良好的自然生态、田园风光、民居村落、民俗文化等优势资源，着力打造生态观光、休闲度假、农耕体验、民宿经济、康体养生等多种类型的乡村旅游产品。推进“旅游+工业”，以陶瓷文创园、航空小镇建设为平台，推广陶瓷创意研修体验游、现代陶瓷工业游和航空工业游。推进“旅游+人工智能化”，作为AI+5G智慧城市示范标杆的“人工智能+5G”城市会客厅，以中医院为代表的智能医院、昌江区实验学校为代表的智慧校园、汪王庙社区为代表的智慧社区等，均在昌江区落地、生根、发芽。

创新体制机制 塑造品牌体系

近年来，昌江区坚持将景区景点打造提升和旅游基础设施建设项目纳入五年规划旅游发展实施意见，探索旅游治理新机制，开启文旅融合创新和全域旅游高质量发展新模式。以建设全国文明城市、建设国家卫生城市为目标，以生态修复、城市修补为抓手，落实“300米见绿、500米见园”策略，推进昌江百里风光带、复合式绿色廊道建设，形成一批集休闲、赏景、度假、娱乐为一体的户外休闲游憩地，整体提升城乡环境功能品位。建立涉游单位联合执法机制，推动诚信体系建设。加大旅游专业人才引进和培训力度，设立旅游专项引导资金，出台旅游人才、营销配套支持政策，成立旅游产业发展专家智库，建设一支高素质的从业队伍。举行最美导游最佳服务员、服务技能大比拼等行业评比活动，让文明旅游蔚然成风。推出文化创意突出、山水特色鲜明、生态文化独特、深受游客喜爱的旅游目的地和集散地。成立旅游集团，优化建设全域旅游集散中心，借助瓷博会、各种文化旅游招商活动、推介会等对外交流平台，立体塑造共建共享全域旅游品牌体系。

做好特色文章 打造精品景区

5月8日以来，昌南里街区夜晚人头攒动，啤酒龙虾节、露天派对等十大主题活动引发热潮，成为昌江区全域旅游发展的一个新景象。

昌江区牢固树立全域旅游发展理念，积极发展“有看头、有玩头、有说头”的“必到必游”昌江精品特色旅游线路。集文化展览、艺术体验、餐饮娱乐、酒店住宿、时尚休闲于一体的昌南里文化景区，以及全方位展现昌江水与土，瓷与窑，生产、生活与生态之间的古窑印象综合体将在这次全省旅发大会上惊艳亮相。以陶瓷文化创意和手工制瓷展示为主导的综合性平台——陶青台陶瓷文化创意园也蓄势待发，宁封窑国际陶艺村、香江路美食街、大梦瓷谷、瓷源山庄驿站等一批以文化体验、休闲度假餐饮娱乐等为主题的旅游新业态项目正如火如荼地建设，推动昌江区旅游品牌全面提升，形成多点支撑、多业共生、多元融合的昌江大旅游产业。

感恩奋进新时代，风起云涌昌江潮。站在新的历史起点，身处开启“十四五”新征程和迎来中国共产党成立100周年等重要历史时刻，昌江区将以成功创建国家全域旅游示范区为先机，以承办全省旅发大会为契机，展现新担当、新作为；以只争朝夕的拼搏精神、奋勇直前的豪迈激情，抢抓机遇，乘势而上，奋力谱写全域旅游高质量发展新篇章。

传好接力棒　启航乡村振兴新征程

广袤田野美丽如花,乡村道路四通八达,特色产业生机盎然,民生福祉持续改善,发展潜能加快释放。这是2021“十四五”开局之年,昌江区乡村振兴交出的一份出色答卷。

2021年,昌江区立足区情实际,紧扣补短板、促发展两个主题,在巩固拓展脱贫攻坚成果基础上,接续推进县域经济高质量发展和群众生活改善,一幅幅乡村振兴的美好图景在昌江大地徐徐铺展,全区上下正在以更加昂扬的姿态,谱写乡村振兴新篇章。

“三线”筑坝　守牢防止返贫底线

巩固脱贫攻坚成果,健全防止返贫动态监测和帮扶机制是最重要、最核心的任务。

7月,昌江区制订下发《中共昌江区委农村工作领导小组关于健全防止返贫动态监测和帮扶机制的实施意见》,健全完善防止返贫动态监测体系,加强部门信息对接共享,强化监测预警响应,落实针对性帮扶措施,真正实现早发现、早干预、早帮扶。并通过农户自主申报、基层干部排查、部门筛查预警等三线并行的方式,昌江区完成5期脱贫户与监测户收入信息采集,与相关行业部门进行10次信息比对,印制《昌江区防返贫监测与帮扶宣传册》进村入户大宣传,快速让每一个脱贫户、困难农户家庭都知道如何申报使用,真正做到让防止返贫相关政策和手机填报操作家喻户晓、人人明白。

昌江区有脱贫户及监测对象共719户、1912人。其中,脱贫户691户、1846人。监测对象45户、105人。对脱贫户、边缘易致贫户、突发严重困难户继续落实小额贷款、技能培训、产业帮扶、公益性岗位政策,切实提高贫困劳动力就业兜底保障,合理有效规范管理好公益性岗位。

特色产业　擦亮脱贫成果底色

2021年11月底,昌江区鲇鱼山镇徐坊村甘蔗糖厂一派繁忙景象,随处可见村民忙碌的身影,他们正抓住冬闲时间收甘蔗、熬红糖,整个村里处处弥漫着红色糖浆的浓浓香味。“这是扶贫产业,每年所产生收益的49%给脱贫户分红,51%是村集体经济,用于基础设施建设等公益事业。17户脱贫户既有产业分红,又在基地务工。”甘蔗糖厂负责人徐守坚说。

发展产业是巩固拓展脱贫攻坚成果的治本之策,更是推动乡村振兴的重要基础。昌江区持之以恒巩固“1+5”模式,坚定不移推进“四个一”工程提升,始终坚持立足于发展特色产业扶贫项目,2021年共投入各级资金2362.99万元,批复项目衔接资金2062.63万元,涉及项目17个。

正是有了产业带动,巩固脱贫攻坚成果才有了扎扎实实的底气。昌江区丽阳镇将洪家村200余亩现代农业示范园作为试点,引进高端农业科技要素的投入,进行现代化经营管理,促进产业链条各个环节良性互动,带动周边脱贫户及监测户务工增收近万元。2021年带动周边农户务工近30余人,其中带动脱贫人口5人,人均年增收1000多元,并确保丽阳镇年收益20万元,统筹用于全镇各村乡村振兴。还利用衔接资金650万元兴办农副食品加工厂,优化农产品储存、销售深加工链条,推动一二三产融合发展,推进丽阳镇由农业大镇向农业强镇转变。待运营后预计带动全镇273户脱贫户、19户监测户年均增收600元。

产业发展得好,更要销得出、卖得好,才能转化为帮扶群众实实在在的收益。鲇鱼山镇开展“公益助农、有你有我”扶贫产品展销活动,增加农副产品销售渠道,积极与全市各主流媒体、网络大咖、网红带货主播对接,为鲇鱼山镇扶贫产品发声,献言献策。并与各级党政机关、企事业单位和社会团体等加强沟通,借助开展“以购代捐”“以买代帮”消费帮扶活动,为各类帮扶农产品销售保驾护航。全年销售收入共计7万余元,带动脱贫人口20人,人均年增收3500多元。

走心暖心 多元化兜底保障帮扶

去年以来,昌江区不断巩固“两不愁三保障”成果,多元化兜底保障帮扶,紧盯就业、教育、医疗、住房等方面政策落实,以实实在在的措施使得致贫返贫风险因素被基本消除,巩固脱贫攻坚成果底色大大提升。

——就业有岗位。2021 年,昌江区公益性岗位累计吸纳就业 147 人次,让更多脱贫劳动力实现就近就业;扶贫专岗累计吸纳脱贫劳动力 64 人次,提高扶贫专岗补助标准,扶贫专岗补助标准由 2020 年的每人每月 700 元提高至 1000 元;全年累计发放扶贫小额贷款 145 笔、391. 93 万元,2021 年新增小额贷款 25 户、115. 5 万元,均未发生逾期及不良贷款等情况。

——健康有保障。2021 年,昌江区脱贫户报销人次 747 人,总金额 525. 2 万元,脱贫人口医疗费用个人自付累计总额为 52 万元,脱贫人口个人自付比例为 10% 的适度水平;区域内定点医疗机构总数 9 家,累计实现一站式结算区域内定点医疗机构总数 9 家,各医疗机构开展自查、整改,实现“先诊疗后付费”“一站式结算”全覆盖;脱贫户总人数 1862 人,脱贫户人口签约服务 1806 人,签约服务率 97% ,履约 1806 人,履约率 100% ;全区共有 29 家公有产权村卫生室,各村卫生室均至少有 1 名乡村医生在岗执业,村医工作负责基本公共卫生服务及基本医疗服务,极大方便村民就诊。

——教育有依靠。2021 年,昌江区共资助脱贫户、监测户、城乡低保户等八类家庭经济困难学生 5514 人次,惠及金额 3107638 元。春、秋两季分批补助脱贫家庭子女“雨露计划”共 114 人次、补助资金共 18. 4 万元。

——住房有安全。昌江区开展农村房屋安全隐患排查,制订《昌江区 2021 年农村危房改造实施方案》,建立农村低收入群体住房安全动态监测台账,建立巡查报告制度,及时组织实施危房改造,改善农村住房条件,保障脱贫户和监测户的住房安全。通过排查发现“存在非脱贫户 C、D 级房屋 20 栋”,20 户已全部完工验收,补助资金已全部发放到位。

脱贫摘帽不是终点,而是新生活、新奋斗的起点。昌江区将继续做好巩固拓展脱贫攻坚成果同乡村振兴有效衔接工作,传好“接力棒”,写活乡村振兴大文章。

2021 年:昌江大事不断喜事连连

2021 年,是昌江区发展史上极不平凡的一年,全区上下万众一心众志成城,经济社会发展保持了稳中有进的良好势头。这一年,有许多事令人难以忘记,尤其是昌江区第十二次党代会隆重召开,选出新一届区委领导班子,提出“工业强区、文明新城、开放融合、幸福共享,全面建设现代化魅力新昌江”的未来五年发展定位,交出沉甸甸的“答卷”。

年度事件 1:1 月 11 日,中共昌江区委十一届十四次全体(扩大)会议隆重召开。全会听取和讨论倪卫春受区委常委会委托作的工作报告,审议通过《中共昌江区委关于制定全区国民经济和社会发展第十四个五年规划和 2035 年远景目标的建议》《中共昌江区委十一届十四次全体(扩大)会议决议》。

年度事件 2:自 3 月 21 日昌江区深化事业单位改革试点工作动员部署会召开以来,昌江区吹响新一轮全区事业单位改革号角。4 月以来,全区 24 个事业单位在经过组建、整合、更名后先后挂牌成立,区四套班子领导出席仪式并揭牌,标志着全区事业单位发展进入一个全新阶段。

年度事件 3:2021 年江西省旅游产业发展大会 5 月 17—19 日在景德镇举办。17 日晚,由昌江区承办的“昌南瓷宴”活动作为本次旅发大会的第一站,揭开帷幕,喜迎宾客。18 日晚,与会嘉宾来到昌江区昌南里文化景区,潮玩昌南里,感受昌江“夜生活”。昌江区加快文旅融合发展步伐,探索一条具有本土特色的文旅融合发展之路,“瓷都原乡,画里昌江”的文旅特色品牌不断打响。

年度事件4:6月1日,昌江区政务服务中心正式揭牌运行,实行“一门办理、一窗受理、集成服务”,做到应进必进,让企业和群众办事不再东奔西跑。

年度事件5:6月19日,昌江区乡村振兴局正式挂牌成立。自打响脱贫攻坚战以来,昌江区现行标准下706户,1890人农村贫困人口全部实现高质量脱贫。并在2019年、2020年度省级考核中,昌江区均被评为“好”的等次,为脱贫攻坚战吹响胜利号角。

年度事件6:6月25日,昌江区隆重召开“七一”表彰大会,一批优秀共产党员受表彰。

年度事件7:7月,省委宣传部新命名22家基地为第六批江西省爱国主义教育基地,昌江区荷塘精神红色教育基地榜上有名。

年度事件8:7月9日,昌江区工业倍增三年行动暨招商引资誓师大会召开,吹响工业倍增三年行动和招商引资攻坚战号角。

年度事件9:7月25日,15岁的昌江姑娘程玉洁在东京奥运会上,与队友合作,获得女子4×100米自由泳接力决赛第7名,刷新该项目的亚洲纪录。并在全运会游泳项目上获得1金1银1铜的好成绩。

年度事件10:8月1日,昌江区召开全区领导干部大会,宣布省委、市委关于昌江区委、区政府主要领导职务调整的决定。会议宣布:倪卫春任昌江区委书记,不再担任昌江区委副书记、区长职务;伊文斌任昌江区委副书记、区人民政府党组书记,提名为区长候选人。

年度事件11:8月12日下午,昌江区召开四套班子领导干部会议,宣布市委对昌江区县级领导班子换届人事调整的决定。14日上午,履新的区委书记倪卫春,区委副书记、代区长伊文斌,区委副书记江智峰,区人大常委会主任李恩清,区政协主席陈华清等区四套班子领导就冒雨赶赴荷塘乡开展党史学习教育,赓续荷塘精神、汲取奋进力量,凝心聚力推动昌江高质量跨越式发展。

年度事件12:8月14日,随着富祥生物医药项目及电厂周边房屋征收项目最后1户在签约合同上按下手印成功签约,至此,仅用4天时间就完成了鲇鱼山镇良港吴家新村63户村民住宅户和2家企业厂房的征收签约,拆迁总建筑面积约5.4万平方米。仅用7天时间就完成官庄堤防洪工程二期征收任务,再次刷新昌江速度。

年度事件13:8月29日,中共昌江区第十二次代表大会第一次大会隆重召开。区委书记倪卫春代表中共昌江区第十一届委员会作报告。报告提出,昌江区未来五年的发展定位是:工业强区、文明新城、开放融合、幸福共享,全面建设现代化魅力新昌江。实现昌江区未来五年的奋斗目标,要强化“三地联动”,打造“三大平台”,坚持“四种路径”,推动“四项工程”。

8月31日,中共昌江区第十二届委员会第一次全体会议召开。会议以无记名投票方式选举倪卫春为中共昌江区第十二届委员会书记,伊文斌、江智峰为副书记;倪卫春、伊文斌、江智峰、周淮钦、李龙江、乐先锋、余世建、汪德胜、彭新建、曾亚平、周薇为中共昌江区第十二届常务委员会委员。

年度事件14:9月28日,投资69亿元的富祥科技一期竣工投产,投资50亿元的凌富医药项目破土动工。既是实施“以商招商”“产业链招商”的重大成果,也为全市招大引强提供重要经验,对全市做大做强产业实力、优化升级产业结构,都具有重要意义。

年度事件15:10月18日,由中国肢残人协会、江西省残疾人联合会主办的2021中国景德镇国际陶瓷博览会“昌建杯”第二届全国肢体残疾人书画文化节暨江西省聋人工艺美术作品展隆重开幕。

年度事件16:10月23—26日,中国人民政治协商会议景德镇市昌江区第九届委员会第一次会议、昌江区第十一届人民代表大会第一次会议隆重召开并圆满完成预定的各项议程后胜利闭幕。

大会依法选举李恩清为区第十一届人大常委会主任;选举伊文斌为新一届区人民政府区长;选举占文军、陈菊明、王建安、程振火、彭金岭为区人大常委会副主任;选举乐先锋、彭新建、张碧珍、凌辉、刘方孟、汪维、聂刚为区人民政府副区长;选举周淮钦为区监察委员会主任;选举周理为区人民法院院长;选举程家敏为区人民检察院检察长。

陈华清当选为政协昌江区第九届委员会主席;汪农、段嗣斌、吴集才、程厚宏、陈东升、徐国明分别当选为政协昌江区第九届委员会副主席;金红华当选为政协昌江区第九届委员会秘书长。

年度事件17:10月28日,昌江区鱼丽电子信息产业园和美科项目破土动工。昌江区鱼丽电子信息产业园项目,总占地面积456亩,总投资约42.5亿元。其中,包含高标准智能化厂房及美科绿色LED照明产业园、Mini显示屏Pcb产业园2个“20”(亿元)投资项目。

年度事件18:11月5日,救火英雄、昌江区鲇鱼山镇礼城村村民周发春获第八届全国道德模范提名奖荣誉称号。

年度事件19:中共十九届六中全会胜利召开后,昌江区第一时间学习宣传贯彻全会精神,区主要领导先学一步、深学一层,率先垂范。11月28日,区委书记倪卫春深入鲇鱼山镇新柳村、鱼丽电子信息产业园项目建设现场,走访慰问脱贫户,宣讲中共十九届六中全会精神;区委副书记、区长伊文斌深入鲇鱼山镇关山村、丽阳镇枫林村和山田村,开展中共十九届六中全会精神宣讲。

年度事件20:12月14—17日,2021年中日韩陶瓷文化艺术与旅游周在景德镇举行。15日下午,130余名中外嘉宾来到昌江区辖区的古窑民俗博览区参观考察,现场观看匠人手工制瓷,感悟陶瓷文化之美。

年度事件21:2021年,昌江区多个村(社区)获得国家级荣誉:昌江区西郊街道蟠龙岗社区荣获“全国巾帼文明岗”称号、西郊街道昌南湖社区入选“全国综合减灾示范社区”、华风社区获评第八批“全国民主法治示范村(社区)”、丽阳镇枫林村获评“全国乡村治理示范村”、西郊街道景航社区获评“全国示范性老年友好型社区”、区实验学校和区中心幼儿园获评“全国围棋特色学校”。

一个事件一个脚印,历经风雨,收获满满。展望2022年,昌江区将继续奋力向前,奋力谱写新时代全面建设现代化魅力新昌江的华彩篇章!

大　事　记

1 月

4 日,全区启动对重点人群新冠肺炎疫苗免费接种工作。村(社区)、公安、交通、一线医疗卫生等关键岗位公共服务人员和重点岗位工作者率先接种疫苗。

同日,区委副书记、区长、区疫情防控应急指挥部指挥长倪卫春专题调度全区疫情防控工作。他要求相关单位严格落实超市、农贸市场、银行等人员密集场所的口罩佩戴、体温监测、扫码进出等各项防控措施,做好消毒消杀、卫生整治、食品安全等工作,确保各项措施落实、落细、落到实处。

9 日,区委召开理论学习中心组(扩大)学习会,邀请省委宣传部常务副部长郭建晖作关于意识形态工作专题辅导报告。区委副书记、区长倪卫春主持会议并讲话。区委副书记吴艳、区人大常委会主任李恩清、区政协主席陈华清等区委理论学习中心组成员,区委各部门、区直各单位、各乡镇(街道)负责人等参加学习会。

11 日,中共昌江区委召开十一届十四次全体(扩大)会议。全会听取和讨论倪卫春受区委常委会委托作的工作报告,审议通过《中共昌江区委关于制定全区国民经济和社会发展第十四个五年规划和二〇三五年远景目标的建议》《中共昌江区委十一届十四次全体(扩大)会议决议》。倪卫春就《建议(讨论稿)》起草情况向全会作说明,并对全区经济工作作总结部署。

15 日,昌江区召开国土空间规划专项专题对接会。区委副书记、区长倪卫春,市自然资源和规划局党组成员、总规划师郭扬等参加会议。北京清华同衡规划设计研究院人员解读《国土空间总体规划(2021—2035 年)》具体内容,介绍昌江区核心现状特征、存在问题及未来区域发展思路。会上,区领导、各乡镇(街道)、区直各部门负责人结合各自分管领域,对该规划提出意见建议。

17 日,省委宣传部常务副部长郭建晖到新枫街道太阳船社区,就新时代文明实践站建设和疫情防控等工作进行调研。市委宣传部副部长、市文明办主任周清平,区领导倪卫春、程步才陪同调研。

27 日,全区 2020 年度基层党建工作述职评议会议召开,区委副书记、区长倪卫春主持会议。

是月,西郊街道蟠龙岗社区获得 2021 年“全国巾帼文明岗”称号、西郊街道华风社区被司法部、民政部命名为第八批“全国民主法治示范村(社区)”、昌江一中被省教育厅确定为“全省第二批普通高中特色学校”,区人防办获评“全省县级人防建设优秀单位”,荷塘乡童坊村入选省文化和旅游厅会同省发展和改革委联合开展遴选的“第二批全省乡村旅游重点村”名录。

2 月

3 日,省军区副司令员、少将刘殿荣,省军区战备建设局副局长程宝根、参谋周红球等省森林防火督查调研组一行到区督查调研森林防灭火工作。市委常委、市常务副市长黄金龙,市委常委、景德镇军分区司令员孙安敏,市应急管理局局长汪来金,区委常委、区常务副区长陈忠豪,区委常委、区人武部部长李龙江等陪同。

6 日,区委常委班子召开 2020 年度民主生活会。市委副书记、市高新区党工委书记王前虎,市纪委副书记、市监委副主任王志明,市委组织部副部长、市委老干部局局长汪春艳,市委政研室副主任朱俊到会指导。昌江区委副书记、区长倪卫春主持会议并作总结讲话。区委常委班子全体成员参加会议,区人大常委会主任李恩清、区政协主席陈华清列席会议。

9 日,区第十一届纪律检查委员会召开第六次全体会议,总结2020年纪检监察工作,部署2021年任务。区委副书记、区长倪卫春出席会议并讲话。区委副书记吴艳、区人大常委会主任李恩清、区政协主席陈华清等区四套班子领导和法检“两长”出席大会。市纪委监委蔡景平到会指导。

24日,召开全区领导干部会议,宣布市委关于昌江区委主要领导调整的决定。市委决定:罗文军任中共昌江区委委员、常委、书记。市委常委、组织部部长出席会议并讲话。新任区委书记罗文军讲话,区委副书记、区长倪卫春主持会议并作表态发言。市委组织部四级调研员胡燕宣布市委任免决定。

是月,区政府下发《昌江区统筹整合资金推进高标准农田建设2021年度实施方案》。方案明确,2021年,全区将新建高产稳产、旱涝保收的高标准农田2万亩,亩均粮食综合生产能力提高50公斤以上。项目总投资6000万元,涉及鲇鱼山镇和丽阳镇2个乡镇的9个村委会。建设期为2021年3月至2022年3月。

3 月

2日,昌江区召开全区信访工作联席会议暨村(社区)“两委”换届选举工作推进会议。区委书记罗文军出席会议并讲话。区委副书记、区长倪卫春主持会议。会上,各乡镇(街道)负责人汇报村(社区)“两委”换届选举工作及信访工作情况,区委信访局负责人传达省市两会期间会议精神并布置信访工作,区民政局负责人布置村(居)委员会换届选举工作。

3日,省工信厅党组成员、副厅长钱昀率队到区调研,督导重点工业企业做好复工复产和一季度经济运行工作。副市长孙鑫,市工信局党组书记、局长洪明华,区委副书记、区长倪卫春等陪同调研。

6日,区委书记罗文军到景德镇猎户星空智能科技有限公司调研,研究推进昌江区人工智能领域产业发展。

8日,昌江区隆重举行纪念三八国际妇女节111周年暨三八红旗手(集体)表彰大会。区委书记罗文军出席并讲话,区委副书记、区长倪卫春出席大会。

12日,昌江区召开深化事业单位改革试点工作动员部署会。区委书记罗文军,区委副书记、区长倪卫春出席会议。

同日,《景德镇陶瓷文化通识教材》首发仪式举行。该教材为景德镇国家陶瓷文化传承创新试验区建设的文化类项目之一,分为《景德镇陶瓷史话》《景德镇陶瓷文化》两册,由中共昌江区委、景德镇市教育局和景德镇学院联合编纂。

16日,全区党史学习教育动员会召开。区委书记罗文军出席会议并讲话。区委副书记、区长倪卫春主持会议。区人大常委会主任李恩清、区政协主席陈华清等区四套班子领导出席会议。

25日,昌江区人武部召开党委第一书记任职大会。景德镇军分区政委卓健、政治工作处主任石锦葵,区委书记罗文军,区委常委、区人武部部长李龙江,区人武部政委汤海兵,区人武部干部文职职工、各乡镇(街道)党(工)委书记、专武干部、民兵连长共70余人参加大会。

同日,省政法队伍教育整顿第三驻点指导组组长易小明到昌江区检查指导政法队伍教育整顿工作。区委书记罗文军陪同。

26日,区委书记、区政法队伍教育整顿领导小组组长罗文军为全区政法系统讲授专题党课。区领导、区政法队伍教育整顿领导小组副组长,区政法队伍教育整顿领导小组成员,区委政法委机关和区政法各单位干部干警,乡镇(街道)政法委员等参加。

26日,昌江区召开区委农村工作会议,区委书记罗文军出席会议并讲话。会议传达中央、省委、市委农村工作会议精神。

31日至4月1日,区政协第八届委员会第六次会议召开。125名政协委员参加会议。区委书记罗文军出席开幕式并讲话。

是月,市紫晶国际会议中心主体建筑完工。会议中心位于昌江区新平路168号,总用地面积71939.46平方米,总建筑面积40250.44平方米,总投资3.7亿元。由景德镇黑猫集团投资建设,中建一局施工。

4 月

1—2日,区第十届人民代表大会第六次会议召开,125名代表参加会议。区委书记罗文军出席大会。区人大常委会主任李恩清主持大会。大会选举周淮钦为昌江区监察委员会主任。大会表决通过《关于昌江区人民政府工作报告的决议》《关于昌江区国民经济和社会发展第十四个五年规划和二〇三五年远景目标纲要的决议》等决议。

2日,市委书记刘锋,市委副书记、市政府党组书记、市长候选人胡雪梅一行到区走访慰问市级离退休老干部。区委书记罗文军,区委副书记、区长倪卫春陪同。

同日,昌江区2021年全省旅游产业发展大会"昌南瓷宴"筹备工作调度会召开。区委副书记、区长倪卫春主持会议。

5日,市委副书记、市政府党组书记、市长候选人胡雪梅到荷塘开展党史学习教育,先后参观荷塘精神红色文化教育基地和殊源坞新时代文明实践点。她强调,荷塘精神是宝贵的精神财富,要在保护好红色文化资源的同时,深入挖掘红色文化内涵,传承红色基因,努力让"自力更生、艰苦奋斗、勇于开拓"的荷塘精神在新时代绽放新光芒。市政府秘书长张维汉,昌江区委书记罗文军,区委副书记、区长倪卫春,区委常委、区委宣传部部长程步才陪同。

6日,经江西省旅行社星级评定委员会评定,景德镇紫晶国际旅行社获评"五星级旅行社",为景德镇市首个五星级旅行社。

9日,荷塘乡童坊村被省委组织部、省委宣传部、省委党史研究室、省农业农村厅联合命名为第一批"省级红色名村"。

15—16日,教育部副部长田学军率调研组在景德镇市调研。教育部国际司司长、港澳台办主任刘锦随同调研。在位于昌江区的景德镇二中新校区,田学军详细询问学校对学生作业、睡眠、手机、读物、体质"五项管理"的做法,鼓励学校坚持立德树人,贯彻五育并举,培养德智体美劳全面发展的社会主义建设者和接班人。在昌江区实验学校AI编程教室,他强调广大教职工要紧紧抓住新一轮科技革命的契机,不断提高信息化素养以及实用信息技术的教学能力,不断加强与相关高新技术企业间的产教融合,在教育信息化方面走前列作表率。

16日,市委书记刘锋到昌江区调研。他强调,昌江区有城有乡、伴山伴水,在产业、文化、生态方面具有很好的基础和优势,要进一步解放思想、开拓创新、善谋实干,为全市高质量跨越式发展作出新的更大贡献。

同日,市委常委、市常务副市长黄金龙带领全省旅游产业发展大会预演嘉宾组,在昌江区点位体验游览。区委书记罗文军,区委副书记、区长倪卫春陪同。

19日,市委副书记、代市长胡雪梅到昌江区调研经济社会发展情况。她强调,昌江区要紧扣国家陶瓷文化传承试验区建设这条主线,服务全市中心大局,盘活现有资源,担当实干,持续发力,为景德镇实现高质量跨越式发展贡献"昌江力量"。市政府秘书长张维汉,昌江区领导罗文军、倪卫春陪同调研。

20日,昌江区召开荷塘乡总体概念性规划设计初步方案汇报会。区委副书记、区长倪卫春主持汇报会。

21日,党史学习教育市委宣讲团宣讲报告会在昌江区举行。市委宣讲团成员、市委统战部副部长、市民宗局局长黄涛以《中国共产党百年辉煌》为题作宣讲报告。昌江区委书记罗文军主持报告会。区四套班子领导、区委各部门、区直各单位、各人民团体主要负责人等160余人参加报告会。

23日,昌江区融媒体中心、昌江区综治中心举行成立揭牌仪式。区委书记罗文军分别参加仪式。

24日,景德镇市羽毛球协会在区政府西二楼会议室召开第四届代表大会。区人大常委会主任李恩清出席会议。全市64名羽协代表参加会议。

25日,区经济合作交流中心举行成立挂牌仪式。至此,全区24个事业单位在经过组建、整合、更名后先后挂牌成立。此次机构改革挂牌成立的事业单位有:区委党史地志办公室、区委政策研究中心、区融媒体中心、区综治中心、区经济合作交流中心、区重点项目推进中心、区机关事务管理中心、区社会保险事业服务中心、区就业创业服务中心、区财政公共服务中心、区政府和社会资本合作服务中心、区国有资产服务中心、区廉政文化教育中心、区食品药品安全技术保障中心、区交通运输事业发展中心、区人才发展服务中心、区党群服务中心、区机构编制实名制管理中心、区乡村振兴发展中心、区水资源保护中心、区城镇发展服务中心、区生态公益林保护中心、区现代商贸业发展中心、区卫生健康综合监督执法局。

26日,由省农业农村厅、省文明办联合举办的2021年江西农业大讲堂下基层宣讲活动,走进昌江区。

是月,新枫街道十八渡排涝站工程完工。该工程是市防洪体系补短板重点民生工程之一，由景德镇市水利局投资建设，葛洲坝集团市政工程有限公司施工，总投资3170万元。建成后，能有效保障周边1.2万平方公里1.5万人的生命财产安全，基本缓解西片区汛期内涝积水问题。

是月，西郊街道蟠龙岗社区获2021年“全国巾帼文明岗”称号。

5月

4日，丽阳窑址保护安置地项目建设调度会召开，协调解决项目推进过程中存在的问题。区委副书记、区长倪卫春出席会议并讲话。

同日，昌江一中新校门揭牌仪式暨优秀校友表彰典礼举行。区委副书记、区长倪卫春，区人大常委会主任李恩清出席活动并致辞。区委常委、区委宣传部部长程步才主持揭牌仪式。倪卫春、李恩清共同为昌江一中新校门揭牌。李恩清、张碧珍等为优秀校友颁发荣誉证书。

10日，省委党史学习教育第五巡回指导组组长黄晓波率队在景德镇指导工作。在荷塘乡童坊村，指导组一行瞻仰革命烈士纪念塔，参观殊源坞新时代文明实践点景德镇地方党史文献文物展。

14日，区委理论学习中心组（扩大）学习会暨党史学习教育专题读书班在区政府综合楼401会议室开班。邀请上海徐汇区凌云街道社区党委委员、尚艳华书记工作室带教书记尚艳华作专题辅导报告。

12—14日，区委书记罗文军率队到浙江杭州、绍兴和广东深圳考察项目，区委常委、副区长余刚陪同。

17—19日，2021年全省旅游产业发展大会在景德镇市召开。会议对2020年以来在全省旅游产业发展工作中做出突出贡献的单位进行表彰，景德镇市获评2020年度全省旅游产业发展先进设区市。国家AAAAA级旅游景区庐山西海景区和国家全域旅游示范区石城县、靖安县、武宁县、昌江区获通报表扬。17日，副省长吴浩等领导和各界嘉宾共赴由昌江区承办的“昌南瓷宴”活动。罗文军、倪卫春陪同。

19日，文化和旅游部产业发展司司长高政到古窑景区的古窑印象文旅综合体，考察文旅产业发展情况。古窑印象文化商业旅游综合体共3层，建筑面积约2万平方米，是集购物、休闲、展陈、科教、餐饮、文化传播为一体的旅游服务体。

6月

1日，区政务服务新大厅改造搬迁项目完工并投入使用。区政务服务新大厅项目在原景德镇市行政服务中心基础上分两期进行升级改造，一期项目约3200平方米，共投资1600万元，2020年10月底启动改造项目建设。原暂借区疾控中心一楼办公的区行政服务中心集中搬入，办公面积和硬件设施有了质的提升。

4日，昌江区“6·9”国际档案日红色档案征集座谈会在荷塘乡殊源坞荷塘精神专题档案馆召开。

7日，省人大常委会副主任曾文明率队到昌江区，就上半年经济运行、国家陶瓷文化传承创新试验区建设等相关情况进行调研。

10日，区委党史学习教育领导小组第三次会议暨全区党史学习教育座谈会召开。区委书记、区委党史学习教育领导小组组长罗文军出席会议并讲话。

11日，景德镇市统计局、景德镇市第七次全国人口普查领导小组办公室发布《景德镇市第七次全国人口普查公报》。全市常住人口总数为1618979人。昌江区总人口数为20.1363万人，占全市人口的比例为12.44%。

18日，区“光荣在党50年”纪念章集中颁发仪式举行。区委常委、区委组织部部长王天才出席仪式并讲话。全区共有535名老党员获“光荣在党50年”纪念章。

19日，区乡村振兴局正式挂牌成立。自实施脱贫攻坚战以来，全区706户、1890人农村贫困人口实现全部脱贫。在2019年、2020年度省级考核中，昌江区均被评为“好”的等次。区乡村振兴局由原昌江区扶贫开发办公室更名组建。

21日，区党史学习教育“红色走读”现场教学在荷塘精神红色教育基地举行。区委书记罗文军等区四套班子领导参加活动。在殊源坞新时代文明实践点，罗文军、李恩清共同为“昌江区中共党史教育基地”揭牌。

25日，召开全区“七一”表彰大会，庆祝中国共产党成立100周年。区委书记罗文军出席会议并讲话,区委副书记、区长倪卫春主持会议并讲话。会议宣读了《中共昌江区委关于表彰“两优一先”(优秀共产党员、优秀党务工作者和先进基层党组织)的决定》,罗文军、倪卫春等为获得“优秀共产党员”“优秀党务工作者”“先进基层党组织”称号的代表颁奖。

29日,江西省高级人民法院召开全省法院“争创一流”工作表彰会,区人民法院获评“全省法院争创一流工作先进法院”。

7 月

3日,副省长任珠峰率队到景德镇市检查指导防汛工作。在渡峰坑水文站,任珠峰参观昌江历史洪水记录墙,察看昌江水文站点、河道水位和正在兴建的景德镇水利枢纽工程;在官庄堤龙井路排涝站,任珠峰察看排涝站主体工程建设及排涝设施配置工作进展,强调要在保证工程质量安全的前提下,加快项目建设进度,努力打造质量过硬、品质一流的水利工程、民生工程,不断提升城市防洪排涝能力。

6日,市委书记刘锋到挂点帮扶企业江西富祥药业股份有限公司、江西祥太生命科学有限公司、景德镇华迅特种陶瓷有限公司(景德镇特种工业陶瓷技术研究院),察看项目建设现场,协调解决发展难题,为企业发展创造良好条件。副市长、昌南新区党工委书记徐耀纯,高新区管委会主任高唤虎,昌江区委书记罗文军分别陪同。

25日,在东京奥运会女子4×100米自由泳接力决赛上,来自昌江区的程玉洁与队友朱梦惠、艾衍含和吴卿风组成的中国队以3分34秒76的成绩获得第七名,打破亚洲纪录。

28日,市长胡雪梅到枫树山农贸市场巡查常态长效创建全国文明城市工作。她强调,各级各有关部门要坚持以人民为中心的发展思想,以服务百姓为出发点、落脚点,全力以赴推进常态长效创建工作,持续提升人民幸福指数。市委常委、市委宣传部部长、市指挥部常务副指挥长刘朝阳,国家陶瓷文化传承创新试验区管委会专职副主任刘子力一同巡查。昌江区委书记罗文军,区委常委、区委宣传部部长、区指挥部常务副指挥长程步才陪同。

是月,经省委、省政府批准同意,省委宣传部新命名22家基地为“第六批江西省爱国主义教育基地”。昌江区荷塘精神红色教育基地入选,成为全区唯一一家以红色为主题的省级爱国主义教育基地。

8 月

1日,召开全区领导干部大会,宣布省委、市委关于昌江区委、区政府主要领导职务调整的决定。会议宣布:倪卫春任昌江区委书记,不再担任昌江区委副书记、区长职务;伊文斌任昌江区委副书记、区人民政府党组书记,提名为区长候选人;罗文军不再担任昌江区委书记、常委、委员职务。市委常委、市委组织部部长出席会议并讲话。会议由罗文军主持。市委组织部四级调研员胡燕宣读任免决定。倪卫春、伊文斌分别作表态发言。

4日,学习贯彻习近平在庆祝中国共产党成立100周年大会上的重要讲话精神市委宣讲团在昌江区举行专题宣讲报告会。市委宣讲团成员、市史志办主任李雪海作宣讲报告。区委书记倪卫春主持会议并讲话。区人大常委会主任李恩清、区政协主席陈华清等区四套班子领导聆听报告会。

9日,中共昌江区第十一届委员会第十六次全体(扩大)会议召开。会议传达省委十四届十三次全体(扩大)会议和市委十一届十一次全体(扩大)会议精神,审议通过《关于召开中国共产党昌江区第十二次代表大会的决议》,听取区委书记倪卫春代表区委常委会作的工作报告。区委副书记、区长候选人伊文斌总结2021年上半年经济工作,部署下半年全区经济工作。

10日,省长易炼红在景德镇市调研统筹疫情防控和经济社会发展情况,先后到位于昌江区的江西昌兴航空装备股份有限公司、富祥生物医药公司调研指导。他详细了解项目建设情况,察看设备安装进度,鼓励企业和地方加强以商招商和产业链招商,吸引带动更多上下游关联企业落户,进一步延链补链强链,激发“链式”效应,实现集群发展,推动产业链不断迈向中高端。

11日,区十届人大常委会第三十六次会议召开。昌江区委书记倪卫春列席会议并宣读《关于提请伊文斌任职的议案》,伊文斌宣誓就职昌江区人民政府代理区长。

12日,昌江区召开四套班子领导干部会议,宣布市委对昌江区县级领导班子换届人事调整的决定。

14 日，刚履新的区四套班子领导冒雨到荷塘精神红色教育基地开展党史学习教育，赓续荷塘精神、汲取奋进力量，凝心聚力推动昌江区高质量跨越式发展。区委书记倪卫春，区委副书记、代区长伊文斌，区委副书记江智峰，区人大常委会主任李恩清，区政协主席陈华清等四套班子领导参加活动。活动由伊文斌主持。

19 日，学习贯彻习近平在庆祝中国共产党成立100 周年大会上的重要讲话精神专题宣讲报告会在昌江区举行。省委党史学习教育宣讲团成员、省委党史学习教育领导小组办公室材料简报组组长、省委党史研究室副主任刘津作专题宣讲报告。报告会由区委书记倪卫春主持。

同日，省委党史学习教育领导小组办公室材料简报组副组长、省委党史研究室办公室副主任吴自锋一行到昌江区调研指导党史学习教育开展情况，推进党史学习教育走深走实。市委党史学习教育领导小组办公室材料简报组组长、市史志办副主任江北等陪同调研。

23 日，区委书记倪卫春，区委副书记、代区长伊文斌调研全区教育"双减"工作。区委常委、区委宣传部部长汪德胜，副区长张碧珍，副区长、昌江公安分局局长凌辉，区政府党组成员王三改陪同调研。

26 日，昌江区召开人武部党委第一书记任职大会。景德镇市委常委、军分区司令员孙安敏出席会议并宣读《景德镇军分区党委关于倪卫春担任昌江区人武部党委第一书记的通知》。昌江区委书记、区人武部党委第一书记倪卫春作任职讲话。

同日，"浙企入景"客商团队到区富祥生物医药项目二期调研。市政府副秘书长，市瓷局党组书记、局长方霞云，昌江区委副书记、代区长伊文斌，副区长候选人聂刚，区政府党组成员李志勇陪同调研。

28 日，鱼山中心幼儿园开园仪式举行。该幼儿园投资 2000 万元，占地面积 6700 平方米，按照市级一级一类园所的标准打造。

29—31 日，中共昌江区第十二次代表大会在区政府综合楼会议室召开。区委书记倪卫春代表中共昌江区第十一届委员会作报告。会议通过十一届区委报告的决议、十一届区纪委工作报告的决议，选举产生中共昌江区第十二届委员会委及候补委员、中共昌江区第十二届纪律检查委员会委员。31 日，中共昌江区第十二届委员会第一次全体会议，选举倪卫春为中共昌江区第十二届委员会书记，伊文斌、江智峰为副书记；倪卫春、伊文斌、江智峰、周淮钦、李龙江、乐先锋、余世建、汪德胜、彭新建、曾亚平、周薇为区委常委。

9 月

4 日，区委书记倪卫春主持召开官庄堤安置房工作暨沿江西路拆迁工作推进会。区委常委、区委政法委书记余世建，副区长候选人汪维参加会议。

6 日，中央农村工作领导小组办公室、农业农村部、中央宣传部、民政部、司法部、国家乡村振兴局，联合命名丽阳镇枫林村为"第二全国批乡村治理示范村镇"。

9 日，昌江区庆祝第 37 个教师节暨全区教育工作大会召开。区委书记倪卫春出席会议并讲话。全区尊师重教先进单位、十佳师德标兵和优秀教师受到表彰。

10 日，副省长张鸿星在景德镇市调研棚户区和老旧小区改造。他到官庄堤防洪工程项目和棚改项目现场实地听取介绍，观看展板，详细了解防洪工程建设、房屋征收补偿、棚改新建项目等相关情况。他指出，棚改既是民生工程也是发展工程，事关城市更新修复、群众安居乐业，要结合"我为群众办实事"实践活动，把城市内涝问题解决掉、居住环境改善好；要加大力度、加快进度，圆满完成全年棚改任务，让广大群众共享城市发展成果。

14 日，区委副书记、代区长伊文斌在区会见中国三峡精工能源投资有限公司董事长余志武和投资总监李纯龙、浙江惠阳科技有限公司总经理陈怡冰、浙江新赣商旅游文化发展有限公司董事长陈何样、浙江华艺水秀有限公司董事长朱经德一行，就昌江区光伏整区推进及集中式风、光、储、氢项目合作进行洽谈。

16 日，区委书记倪卫春主持召开十二届区委第一次常委会会议。传达学习习近平总书记在中央党校(国家行政学院)中青年干部培训班开班式上的讲话精神，省、市近期有关重要会议及文件精神，学习 2021 年新修订的《中华人民共和国安全生产法》，传达学习省委书记刘奇、省长易炼红在全省扩大开放推动经济高质量跨越式发展工作大会上的讲话。

22 日，市委常委、市委宣传部部长林蓉到市第十一小学、昌江区实验学校，调研“双减”“五项管理”工作。市教育局局长冯国平，区委书记倪卫春，区委常委、区委宣传部部长汪德胜，副区长张碧珍参加调研。

24日，(南)昌景(德镇)黄(山)高铁乐平北站协商会议召开，乐平市委书记林卫春，昌江区委书记倪卫春及两地领导吴艳、伊文斌、彭建和、汪维等参加会议。会议围绕昌景黄高铁乐平北站建设有关事项进行协商。双方一致认为加快推进乐平北站建设是落实景德镇市第十二次党代会精神的具体行动，是推动景(德镇)乐(平)一体化发展的必然要求，是加快乐平、昌江两地高质量发展的重要举措，符合两地人民的共同愿望。

25日，“中国农民丰收节”江西活动拉开序幕。《江南都市报》同步揭晓第三届“江西十大秀美乡村”公益评选结果。吕蒙乡古城村位居全省第三。

28日，区委书记倪卫春到各重点项目现场，调研全区“5020”(亿元)项目推进情况，加快推动昌江区电子信息产业园、美科LED光电产业园、晨丰信息产业园、凌富医药等“5020”(亿元)项目扎实落地。

同日，富祥科技(一期)竣工暨凌富医药项目开工仪式举行，市委书记刘锋出席仪式，并宣布富祥科技(一期)竣工和凌富医药项目开工。富祥科技项目于2020年5月开工，占地1000亩，计划总投资超50亿元，共分三期五年完成建设。其中一期项目投资13.5亿元，包含生物制药、化学制药等制药项目，以及新能源和新材料项目。三期项目全部达产后，可实现年产值超100亿元，实现税收超10亿元，并带动周边就业2000余人。凌富生物医药项目由江西富祥药业股份有限公司与上海凌凯医药科技有限公司共同打造，项目计划总投资50亿元，分二期建设，其中一期投资20亿元，计划在2023年建成投产。项目全部建成达产后，可实现年产值不低于50亿元，年利税不少于6亿元，解决就业岗位600余个。

29日，昌江区委书记倪卫春主持召开十二届区委第二次常委会会议暨区委理论学习中心组市第十二次党代会精神专题学习会，传达学习有关精神，审议有关事项，研究部署有关工作。

同日，市委书记刘锋到昌江区部分“5020”(亿元)项目现场，调研项目推进情况并主持召开调度会，他强调，昌江区要认真贯彻落实市第十二次党代会精神，争分夺秒奋力开展项目建设百日大会战，千方百计破解发展难题，想方设法为企业提供优质服务，努力打造G206国道工业发展轴重要支撑。

29日，江西省发展改革委下达2021年第二批省重点项目建设计划，昌江区申报项目江西凌富生物科技有限公司创新原料药及CDMO核心中间体项目列入该计划。

30日，区中心幼儿园被省教育厅遴选公布为“全省第二批学前教育质量提升计划(2020—2025年)实验园”。

同日，在中华人民共和国成立72周年之际，昌江区开展爱国主义教育，在区实验学校举行国庆升国旗仪式。区委书记倪卫春，区委副书记、代区长伊文斌等区四套班子领导参加升旗仪式。

是月，区人民检察院获“2017—2020年度全国群众体育先进单位”称号。

10月

6—9日，区委书记倪卫春率队赴浙江宁波、温州招商引资。区委常委、副区长候选人乐先锋陪同前往。

9日，省委常委、省委统战部部长陈兴超率调研组到景德镇市调研统战工作期间，深入昌江区区属企业江西富祥药业股份有限公司和景德镇宏亿电子科技有限公司调研。区委书记倪卫春、区委副书记、代区长伊文斌陪同调研。

11日，区委副书记、代区长伊文斌会见清华大学材料系博士罗俊、学士陈小刚一行，双方围绕瓷都高新材料研究院项目进行洽谈。

11—14日，区委副书记、代区长伊文斌率队到杭州就文旅产业、数字产业进行招商。

13日，学习宣传贯彻市第十二次党代会精神宣讲报告会在昌江区举行。市委宣讲团成员、市史志办主任李雪海作专题辅导。区委书记倪卫春主持报告会并讲话。

同日，省军区副司令员吴学军率工作组到昌江区检查指导民兵工作，景德镇军分区政委卓健，区委书记倪卫春，区委常委、区人武部部长李龙江陪同。

15日，赣州市委宣传部一级调研员明心平率领赣州市考察团一行8人到区交流学习全国文明城市常态化管理工作。赣州市文明办副主任黄继辉、赣州市文广新旅局党组成员雷军、赣州市城市管理局四级调研员王存彬参加考察。

18日，2021中国景德镇国际陶瓷博览会“昌建杯”第二届全国肢体残疾人书画文化节暨江西省聋人工艺美术作品展开幕。区委书记倪卫春致辞。区委副书记、代区长伊文斌主持开幕仪式。

19日，由中共昌江区委、昌江区人民政府主办，区委宣传部，丽阳镇党委、镇政府承办的“寻历史印迹、秀醉美昌江”张五常西周曹姬侯青铜展，在张五常收藏艺术陈列馆开幕。本次展览，共展出商周青铜器、汉代玉器及书画等精美作品70余件。

20日，景德镇航空与电子产业专题汇报会在紫晶国际会议中心召开。市政府党组成员、高新区党工委书记罗文军出席并致辞。区委书记倪卫春主持会议。高新区管委会副主任曾志峰，昌南新区党工委委员、管委会副主任王俊祥，昌江区政府党组成员、副区长候选人聂刚，高新区财政局局长蔡珉，高新区新材料产业小分队、航空产业小分队、新能源产业小分队，昌江区商务局，昌南新区招商局负责人及45家参训企业代表参加会议。

23—25日，政协昌江区第九届委员会第一次会议举行。大会通过区政协九届一次会议决议，选举产生昌江区政协新一届领导班子、秘书长、常务委员。陈华清当选政协昌江区第九届委员会主席；汪农、段嗣斌、吴集才、程厚宏、陈东升、徐国明当选副主席。

24—26日，区第十一届人民代表大会第一次会议举行。159名正式代表出席会议。会议听取并通过伊文斌所作的《昌江区人民政府工作报告》。大会选举李恩清为区第十一届人大常委会主任；伊文斌为新一届区人民政府区长；占文军、陈菊明、王建安、程振火、彭金岭为区人大常委会副主任；乐先锋、彭新建、张碧珍、凌辉、刘方孟、汪维、聂刚为区人民政府副区长；周准钦为区监察委员会主任；周理为区人民法院院长；程家敏为区人民检察院检察长；大会选举产生区十一届人大常委会委员，选举产生昌江区出席景德镇市第十六届人民代表大会代表。

28日，区鱼丽电子信息产业园暨美科项目开工仪式举行。市委副书记吴隽出席仪式，并宣布项目开工。鱼丽电子信息产业园以及美科、晨丰项目，总投资额超50亿元，年产值超55亿元，税收超1.8亿元，可吸引上下游配套企业15家，带动周边群众就业超万余人。区鱼丽电子信息产业园项目，总占地面积456亩，总投资约42.5亿元。其中包含高标准智能化厂房及美科绿色LED照明产业园、Mini显示屏PCB产业园两个“20”(亿元)项目。

28—30日，区委书记倪卫春率队到江苏、上海考察医药化工项目。区委常委、副区长、丽阳镇党委书记彭新建陪同前往。

同日，区委副书记、区长伊文斌率队到南昌市招商引资。副区长汪维陪同前往。

31日，2021年昌江区“魅力新昌江杯”羽毛球比赛在市金鼎羽毛球馆落幕。区人大常委会主任李恩清，区人大常委会副主任、区总工会主席占文军出席闭幕式并为获奖团体和选手颁奖。本次羽毛球比赛分为混合团体、单项等项目，来自全区共20支队伍300余人参加比赛。

是月，西郊街道景航社区被评为2021年“全国示范性老年友好型社区”。

11月

5日，第八届全国道德模范表彰活动在北京举行，周发春获提名奖。活动期间，中共中央总书记、国家主席、中央军委主席习近平在人民大会堂亲切会见第八届全国道德模范及提名奖获得者。周春发，男，昌江区鲇鱼山镇礼城村人，2018年6月5日凌晨2点，他不顾个人安危三闯火海勇救因电线老化致家中起火的邻居。曾获得“江西省道德模范”“江西好人”等称号。

10日，区文联召开2021年文艺工作座谈会。区委常委、区委宣传部部长汪德胜出席会议并讲话。

13日，昌江长天酒店项目委托管理合同签约仪式，在南昌市江西长天集团有限公司举行。江西长天集团党委书记、董事长何国群，江西长天集团党委副书记、总经理江春林，区委书记倪卫春等出席仪式。

同日，“瓷都原乡 · 画里昌江”昌江区第二届柑橘文化旅游节在礼城村四季果业合作社开幕。四季果业农民专业合作社是集林业示范、科普宣传、观光采摘、休闲体验、餐饮娱乐、旅游度假为一体的生态林业观光园，拥有500亩橘园，关联带动60多户脱贫户。

22日，区第九届政协委员培训班开班式在区委党校举行。区委副书记、区委党校校长江智峰，区政协主席陈华清出席仪式。培训班为全封闭式，共分

3期,每期2天。

24日,经省城乡环境综合整治工作领导小组办公室公布,鲇鱼山镇、丽阳镇、荷塘乡纳入全省美丽乡镇建设五年行动。

27日,昌江区委书记倪卫春主持召开区委理论学习中心组学习会,就学习宣传贯彻中共十九届六中全会精神开展研讨交流,示范带动全区上下迅速掀起学习宣传贯彻热潮,把学习宣传贯彻全会精神不断引向深入。

30日,昌江区召开先进陶瓷产业发展专题培训班。邀请景德镇陶瓷大学材料学院院长、博士生导师汪永清教授作专题授课。

同日,昌江区召开全区领导干部会议,传达学习省第十五次党代会精神。

是月,景德镇国家粮食储备库建成交付使用。该粮库位于丽阳镇,总投资3.7亿元,历时3年建成。该粮库具有16万吨仓容的大型粮库,共有仓房41座,配备粮库业务管理系统、智能出入库系统、智能仓储管理系统、智能安防系统、综合监管系统、移动管理系统、决策支持系统、智能化办公系统等八大智能系统,是目前全省最先进的智慧粮库。

12 月

1日,中共十二届昌江区委召开第六次常委会会议,传达学习中央、省、市重要会议及讲话精神,听取有关工作情况汇报,审议通过相关事宜。区委书记倪卫春主持会议。会议传达学习中央有关重要会议及讲话精神、中国共产党江西省第十五次代表大会会议精神、省委书记易炼红在省委党校2021年秋季主体班中青年干部座谈会上的讲话及省、市重要会议及讲话精神。

2日,区非公有制经济发展服务中心和非公有制企业维权服务中心成立。

3日,十一届区人民政府召开第二次常务会议,传达学习中共十九届六中全会精神,习近平总书记重要讲话和中央、国务院近期重要文件、会议精神,省第十五次党代会精神和省领导近期讲话精神,听取有关汇报,审议有关事项。区委副书记、区长伊文斌主持会议。

7日,市政协党组书记、主席俞小平到G206国道昌江段拓宽改造项目施工现场,查看工程进度,现场协调解决存在问题,加快推进项目建设。

同日,十二届昌江区委第一轮巡察工作动员部署会召开。会议传达学习十九届中央第八轮巡视工作动员部署会精神,宣布本轮巡察任务分工决定,对区委第一轮巡察工作进行动员部署。根据区委统一部署,2021年12月8日至2022年1月26日,十二届昌江区委第一轮巡察将组建3个巡察组,采用与乐平市、珠山区开展交叉巡察的方式,对区委编办、区市场监督管理局、区住房和城乡建设局、区城市管理局、区供销合作社、区行政服务中心6个单位党组织开展常规巡察。

8日,市委副书记、市长胡雪梅到昌江区宣讲中共十九届六中全会和省第十五次党代会精神,调研全区经济社会发展情况并现场办公。她强调,要把学习贯彻中共十九届六中全会精神作为首要政治任务,在"贯彻、结合、转化"上下足功夫,进一步提高站位、拓宽思路、打开格局,想明白、干到底、抓落实,为建设社会主义现代化国际瓷都贡献昌江力量。

13日,十二届区委召开第七次常委会会议,传达学习习近平总书记重要讲话精神,省、市有关重要会议及讲话精神,研究贯彻12月8日市长胡雪梅在昌江区调研时的讲话精神,听取有关汇报,审议有关事项。区委书记倪卫春主持会议。

14日,"以心相交,成其久远——2021中日韩陶瓷文化艺术与旅游周"在景德镇市正式拉开序幕。景德镇市是江西省唯一入选2023年"东亚文化之都"的候选城市。15日,以中日友好协会常务副会长、驻日本大使馆前大使程永华带队的130余名中外嘉宾到古窑民俗博览区,观看匠人手工制瓷,感悟陶瓷文化之美。

17日,学习贯彻中共十九届六中全会精神市委宣讲团在昌江区举行专题宣讲报告会。市委宣讲团成员、市委办公室副主任余红有作宣讲报告。区委副书记、区长伊文斌主持会议并讲话。

21日,昌江二中(昌江区职教中心)整体搬迁工作启动。昌江二中始创于1965年,位于鲇鱼山镇凤岗村汪金坦,曾用名荷塘林业中学(简称"林中")、鱼山初级中学、昌江中学,现有在校师生900多名。因支持配合景德镇航空小镇建设,学校新建并搬迁至梧桐大道与致远路交叉口以北(朱家坞)。

22日,昌江区召开巩固脱贫攻坚成果专项小组调度会,安排部署全区巩固拓展脱贫攻坚成果工作。会议传达学习相关文件和会议精神,通报2021年度全省巩固脱贫攻坚成果实地考核反馈问题。会上，对村庄规划、2013—2015年扶贫项目资产确权登记、驻村帮扶责任落实等问题，与相关部门进行具体协调。

21—22日，区委副书记、区长伊文斌率队到南昌市招商引资，走访多家企业，并到省直相关经济部门汇报工作。

24日，昌江区八方工艺瓷画院（大梦瓷谷）“侨胞之家”揭牌仪式暨廉政文化陶瓷笔会举行，市侨联党组书记、主席郑铁，昌江区委统战部相关负责人出席揭牌仪式。

是月，鲇鱼山镇乡村文旅建设项目启动。项目分两期实施。一期工程总投资0.79亿元，主要建设内容包含鲇鱼山镇改造提升工程，包括市政工程、鱼山大道提升工程、S207省道提升工程以及鱼山铁路涵洞内涝点整治工程；二期工程主要包含新建农贸市场、停车场及商业配套设施。外立面改造工程沿街S207省道全长约1500米；鱼山大道外立面施工，全长480米。

是月，丽阳镇被评为“全省第二批‘五型’政府建设示范乡（镇、街道）”，昌江区实验学校被评为2021年“全国围棋特色学校（幼儿园）”，西郊街道汪王庙社区入选“江西省高品质智慧社区建设试点社区（项目）”。

昌江区概览

【概况】 昌江区位于享誉“世界瓷都、首批国家历史文化名城、中国直升机工业摇篮、国家文明城市”等称号的江西省景德镇市西南部,是景德镇市的行政中心、金融中心、通信中心和交通枢纽。

国家级景德镇高新技术开发区、中航工业吕蒙昌飞公司、江西富祥药业、景德镇焦化工业集团、景德镇发电厂等产业及能源基地位于区境,(南)昌景(德镇)黄(山)高速铁路、九(江)景(德镇)衢(州)快速铁路、皖(安徽芜湖)赣(江西鹰潭)铁路、G35济(南)广(州)高速景(德镇)鹰(潭)段、206国道(烟汕线)和昌江(属江西五大水系饶河水系,发源于安徽省祁门县,大致由北向南的走向注入鄱阳湖)穿境而过,区境建有昌景黄高铁乐平北站、皖赣铁路景德镇南站、景鹰高速景德镇南出口、景德镇水利枢纽、景德镇农产品批发市场、景德镇冷链物流园、景德镇国家粮食储备库、鱼山码头等重大基础设施和民生工程;国家AAAAA级旅游景区古窑民俗博览区、全国重点文物保护单位丽阳窑址、国家一级博物馆景德镇中国陶瓷博物馆、国家水利风景区山田水库、全国历史文化保护街区三闾庙明清古街(以纪念楚三闾大夫屈原命名)、全国重点镇鲇鱼山镇以及被誉为“社会主义时代南泥湾”的荷塘垦殖场等均坐落区境。

近几年来,昌江区先后获全省生态文明示范县、全省创新型县区、全省首届十大人文魅力县区、全省计划生育工作先进县区等称号,连续八年获评全省双拥模范区,连续十一年获评全省森林防火平安县区,入列全国信访工作“三无”县区、第二批国家全域旅游示范区、国家慢性病综合防控示范区、国家知识产权强县工程试点县区、中国慈善公益百佳县市等榜单。

【区划沿革】 昌江区成立于1970年,因流经景德镇市城区的最大河流——昌江河而得名。位于北纬29°6′~29°27′,东经117°1′~117°17′,南邻本市乐平市,北交本市浮梁县,西接上饶市鄱阳县,东与本市珠山区隔昌江相望。区人民政府驻地景德镇市昌江区瓷都大道836号。

昌江区现辖地清代时属浮梁县的镇市都、里仁都、长芗都、湖田都。民国时分别属于浮梁县景德镇公所二区、四区、新平乡、三龙乡及上饶鄱阳县鲇鱼山乡。中华人民共和国成立初期,除鲇鱼山、荷塘外,分别属于景德镇南市区、浮梁县一区和三区的里仁、银坑、三宝、新厂、青塘等乡。1970年3月,景德镇市城区组建景南区、景北区,景南区即昌江区的前身,辖太白园、昌江、东郊、竟成4个人民公社。1979年3月,江西省革委会批复景南区为县级行政区,并更名为“昌江区”,辖太白园、周路口、昌江、里村、新厂、昌河6个街道和西郊垦殖场、竟成人民公社。1980年12月,昌江区革委会撤销,成立昌江区人民政府。1983年10月,昌江区接管从上饶市波阳县划出的荷塘垦殖场和鲇鱼山公社。同年12月,浮梁县鹅湖区的古城公社(今吕蒙乡)、珠山区的朝阳垦殖场(今旧城乡)、先锋垦殖场、国营枫树山林场划入辖区,辖区的周路口、昌江、里村、新厂、昌河街道划归珠山区。1984年,先锋垦殖场划归蛟潭区。同年改乡建制,辖太白园街道、竟成乡、旧城乡、鲇鱼山乡、荷塘乡及西郊垦殖场、枫树山林场。1987年从辖区的鲇鱼山乡划分出部分区域成立区丽阳乡。1989年鲇鱼山撤乡设镇,同年旧城乡划归鹅湖区管辖。1992年11月,在城区新风路南面增设枫树山街道。1994年竟成乡撤乡设镇。

2002年8月,辖区太白园街道划归珠山区,珠山区西郊街道划入辖区。2005年7月,区吕蒙乡成建制移交市高新区管理。2013年底,景德镇市推进“划江而治”,对昌江、珠山“两区”的“插花”区域进行调整。将区竟成镇“一分为二”,河西区域的昌南湖、金岸名都2个居委会调整给区西郊街道,三河、河西2个行政村调整给区新枫街道,保留河东区域的竟成镇建制,并划入珠山区,由市高新区代为管理的吕蒙乡划还昌江区。2014年1月,丽阳乡撤乡设镇。2020年7月，区吕蒙乡下辖的石岭村、二亭村和区新枫街道旸府滩社区划给市昌南新区，区西郊街道官庄社区、吕蒙社区、历尧社区、黎明社区调整给区吕蒙乡，新组建枫树山社区由区西郊街道管辖，新组建嘉和社区由区新枫街道管辖。同年11月，区西郊街道凤凰山社区、油榨套社区调整给区新枫街道管辖。

【面积、人口】 2021年，全区辖2镇（鲇鱼山镇、丽阳镇）、2乡（吕蒙乡、荷塘乡）、2街道办事处（西郊街道、新枫街道）。总面积405平方千米，耕地面积3733公顷，森林面积1.7万公顷，森林覆盖率54.8%。户籍总人口20.1万人，其中城镇人口15.9万人，以汉族为主，人口自然增长率为3.48‰。

【自然环境】 昌江区属亚热带季风性湿润气候，光照充足，气候温和，雨量充沛，四季分明，无霜期长，年平均气温在17.3℃左右，非常适合多种农作物和植物的生长。全区矿产和自然生态资源十分丰富，有沙金、沙石、紫砂、瓷土、煤、泉水等，开发利用价值巨大。2015年，昌江区鲇鱼山镇焦元坞地区发现大型紫砂陶土矿，储量约3160万吨，远景储量超亿吨。

【区位优势】 昌江区是景德镇市的行政中心、金融中心、通信中心、交通枢纽。景德镇市行政中心“西迁”，给昌江区的空间结构调整、人口资源汇集、基础配套提升带来了历史性机遇；五大国有银行（中国工商银行、中国农业银行、中国银行、中国建设银行、交通银行）总部和证券金融公司的集中落户，有效促进全市金融产业聚集，提升了资本市场活力；国家级景德镇高新区“千亿产业园”全速推进，全市工业向西、向南集聚，鱼山医药产业园产业链聚群发展，为昌江区工业腾飞插上政策与平台的“双翅”；昌景黄高铁乐平北站、皖赣铁路景德镇南站、景鹰高速景德镇南出口、景德镇发电厂、鱼山码头坐落昌江，为推动昌江区经济发展创造了更为有利的条件。

【经济社会】 昌江区产业基础雄厚，国家级景德镇高新技术开发区、鱼丽工业平台位于区境。全区生物医药、电子信息、现代物流、人工智能四大创新板块驱动引领作用日益凸显。拥有江西富祥药业、新航科技两家区属上市公司，和陶青台、唐龙陶瓷、众臣电子等一批年销售额超千万和亿元的陶瓷电商企业，三河村获“中国淘宝村”称号。农业基础地位得到进一步巩固，是景德镇市重要的粮食、蔬菜及经济作物生产基地。文化旅游、电子商贸、现代物流、酒店餐饮等第三产业发展迅猛，成为新的经济增长点。

区内有三甲医院2家，各乡镇（街道）、村（社区）卫生医疗防疫机构健全，城市居民和农民医疗保障体系完善。全区共有中、小学校48所，其中小学37所、初级中学3所、九年一贯制学校5所（含民办学校2所）、完全中学2所、职业高中1所。共有中、小学在校学生21240名，其中小学生13152人、初中学生5206人、普通高中学生2416人、职高学生466人。共有幼儿园96所，在园幼儿8222人。辖区还分布有景德镇市第二、第五、第七中学和景德镇市实验学校（九年一贯制），教育资源十分丰富。全区已实现“村村通”硬化路和镇村公交，家家通广播电视卫星信号和互联网，以及城乡环卫一体化、城乡供水一体化的全部到位，人民群众的幸福感、获得感成色十足。

2021年，昌江区始终牢记习近平总书记“建好景德镇国家陶瓷文化传承创新试验区，打造对外文化交流新平台”的殷殷嘱托，按照区第十一、十二次党代会确立的奋斗目标和战略部署，感恩奋进、担当实干，扎实做好“六稳”工作，全面落实“六保”任务，如期全面建成小康社会，全区经济社会发展取得全面进步。2021年，全区地区生产总值275.5亿元，同比增长8.7%。其中第一产业增加值6.02亿元，增长6.3%；第二产业增加值157.3亿元，增长7.9%；第三产业增加值112.18亿元，增长9.8%。财政总收入19.3亿元，增长6.1%，其中税收占比82.4%。城镇居民人均可支配收入47111元，增长8%；农村居民人均可支配收入21727元，增长8.6%。工业总产值104.05亿元，增长32.8%，占地区生产总值的比重37.77%。规模以上工业增加值26.68亿元，增长10.7%。固定资产投资65.3亿元，增长9.4%，社会消费品零售总额增长16.2%。区本级连续十一年获“全省森林防火平安县区”称号，丽阳镇枫林村获评“第二批全国乡村治理示范村”，西郊街道华风社区获评“第八批全国民主法治示范社区”、昌南湖社区获评“全国综合减灾示范社区”。

【历史人文】 历史上，昌江区区境属饶州鄱阳县、浮梁县管辖，徽州、饶州文化叠加，尤其是景德镇陶瓷文化遗迹遗存星罗棋布。近几年来，昌江区大力发展文化、文物事业。全区共有不可移动文物35处，其中全国重点文物保护单位1处（丽阳窑址）、江西省文物保护单位1处（鲇鱼山郭璞峰摩崖石刻）、市级文物保护单位5处、县级文物保护单位4处，重要历史风貌建筑1处，不可移动文物点23处。共有省级以上非物质文化遗产2个、市级6个、区级13个；市级以上传承人5名、区级传承人14名。荷塘“手工艺竹编”，技艺精湛，2009年列入省级“非物质文化遗产”名录。景德镇陶瓷装饰技艺（薄胎瓷艺）2013年列入省级“非物质文化遗产”名录。昌江区木船营造技艺、陶瓷浮雕、根雕、糖画、叫花子灯等非物质文化遗产，历史悠久，传承有序，工艺成熟。此外，传统榨油、手工压榨麦芽糖以及水碓、砖木瓦房、土坯房等营造技术，值得挖掘、保护和传承。

昌江区历代人物辈出。北宋状元彭汝砺（1042—1095）、宝文阁待制程节（1033—1104）、“政声直入明光宫”程筠（1036—?）、“江东夫子”史邈（生卒年不详）、南宋抗蒙名将彭大雅（生卒年不详）、明代江西诗派代表人物刘彦昺（1331—1399），理学家余祐（1465—1528）、史桂芳（1518—1598），山东参议刘莘（1384—1467）、廉吏陈文衡（生卒年不详），抗倭名将蓝芳威（生卒年不详）等一大批，曾在中国历史以及古代饶州历史上显赫一时的人物从这里走出。有多部诗文集收入《四库全书》《豫章丛书》。

【旅游风光】　昌江区地处景德镇市城乡接合部，为积极策应景德镇国家陶瓷文化传承创新试验区建设和景德镇市“建好国家陶瓷文化传承创新试验区，开启全面建设社会主义现代化国际瓷都新征程”的奋斗目标和“五新”（新型人文城市新范例、特色产业新高地、全域融合发展新格局、共同富裕实践新样本、对外文化交流新平台）战略行动，昌江区审时度势，在“建设魅力昌江、做靓瓷都门户，在打造与世界对话的国际瓷都中实现新跨越”和“工业强区、文明新城、开放融合、幸福共享，全面建设现代化魅力新昌江”的奋斗进程中，全力推进“五区”（重点产业集聚区、创新创业示范区、生态文明样板区、文化旅游拓展区、幸福都市生活区）建设和“3344”（“三地联动”“三大平台”“四种路径”“四项工程”）战略行动。近几年来，随着文化旅游拓展区和文明新城建设步伐的不断加快，全区文化旅游事业发展空前繁荣。2019年获评江西省全域旅游示范区，2020年成功创建国家全域旅游示范区。

昌江区山川钟秀，风景独好。拥有国家级水利风景区山田水库、国家湿地公园昌南湖、国家森林公园枫树山，省级森林公园郭璞峰、昌江百里风光带等自然风光；有国家AAAAA级旅游景区古窑民俗博览区、国家AAAA级旅游景区江西直升机科技馆、国家一级博物馆景德镇中国陶瓷博物馆、国家级历史文化街区三闾庙明清古街、省级爱国主义教育基地荷塘精神红色教育基地、江西十大文化古镇丽阳镇等众多人文景区景点；有宁封窑国际陶艺村、中国陶瓷城、中国瓷园等陶瓷文化旅游观光、休闲购物景区；有紫晶宾馆、长天酒店、西山湖凯莱大酒店、开门子大酒店和香江美食街等众多星级宾馆酒店以及特色美食街区；且名人效应聚集，张五常收藏艺术陈列馆、王鲁湘工作室、李可染画院景德镇陶瓷艺术分院落户昌江区。

中共昌江区委员会

综　述

【概况】 2021 年是中国共产党成立 100 周年，是全面建成小康社会、实现第一个百年奋斗目标，向第二个百年奋斗目标进军的第一年，也是“十四五”开局之年。区委始终坚持以习近平新时代中国特色社会主义思想为指导，深入学习贯彻中共十九届六中全会精神，认真落实省委总体部署和市委工作要求，准确把握“三新一高”要求，敢于担当、克难攻坚，团结带领全区 20 万名干部群众推动昌江经济社会发展和党的建设各项工作迈上新台阶。

8 月 29—31 日，中共昌江区第十二次代表大会召开

【开展党史学习教育】 区委系统、融合、整体推进党史学习各项工作，组织学习宣传贯彻习近平在庆祝中国共产党成立 100 周年大会上的重要讲话精神、中共十九届六中全会精神，召开区委常委会、区委理论中心组学习会、全区领导干部会和区委党史学习教育领导小组会等各类会议共计 70 余次，办结“我为群众办实事”重点民生项目 24 项，开展 12 批次、近 500 人次“红色走读”活动，在全区上下掀起党史学习教育热潮。

【学习贯彻省市党代会精神】 传达学习省党代会精神，迅速动员全区干部群众将思想和行动统一到省党代会精神上来，紧扣“作示范、勇争先”总体定位、“24 字”发展定位和“五个推进”重要要求，对标“五个高”的战略布局和“五个一流”（一流生态环境、一流人居环境、一流营商环境、一流社会治理、一流发展态势和成效）的工作导向，紧盯“六个江西”（创新江西、富裕江西、美丽江西、幸福江西、和谐江西、勤廉江西）、“六个坚持”，以及省党代会报告中对景德镇市提出的目标任务，全方位、多角度融入全省战略布局，为推动昌江区高质量发展提供指引和遵循。及时传达学习市第十二次党代会精神，出台《昌江区贯彻市第十二次党代会报告任务分解落实方案》，制定 7 大类、28 个方面、98 项具体举措，以有力有效的举措，推动“五新”战略行动和 6 个“坚定不移”重点任务以及对昌江区提出的“联手园区、联结新区、联动乐平”和“努力成为 G206 国道工业发展轴的重要支持”的目标要求在昌江区落地见效。

【召开区第十二次党代会】 8 月 29—31 日，召开区第十二次党代会，大会充分肯定十一届区委的工作，明确“工业强区、文明新城、开放融合、幸福共享，全面建设现代化魅力新昌江”的发展定位，提出强化“三地联动”、打造“三大平台”、坚持“四种路径”、推动“四项工程”的“3344”战略行动，选出新一届区委、区纪委班子。区十二次党代会的召开，标志着昌江区从新的历史起点上整装出发，接过薪火相传、继往开来的接力棒，全面吹响建设“现代化魅力新昌江”的集结号。

8月31日，中共昌江区第十二届委员会第一次全体会议选举产生的中共昌江区第十二届常务委员会委员合影

【搭建融合发展新平台】 昌江区作为全市行政中心、金融中心、工业枢纽、交通枢纽的特殊优势，坚持在“联手园区、联结新区、联动乐平”上做足文章，积极对接“两区一市”，占地1700亩的鱼山生物医药产业园和占地500亩的鱼丽电子信息产业园陆续开工建设，以乐平高铁北站建设为契机打造的乐(平市)昌(江区)产业合作示范园有序推进，市域经济融合发展新格局在昌江区破冰成形。

【取得招商引资新成效】 7月9日，出台《昌江区招商引资实施意见》。成立9支招商小分队，深化“以商招商、以企业带动企业”招商模式，聚焦“高大上、链群配”，围绕生物医药和电子信息两个优势产业，依托富祥药业、宏亿电子等龙头企业，开展招商引资活动近50余次，成功引进凌富医药、晨丰电子、美科LED等“50”(亿元)项目1个、“20”(亿元)项目2个、亿元以上项目14个。

【推动项目建设新高潮】 9月28日，投资69亿元的富祥科技一期竣工投产，投资50亿元的凌富医药项目破土动工；10月28日，鱼丽电子信息产业园和美科项目破土动工。全年推进44个重点工程项目建设，凌富医药、陶青台等32个项目有序推进，富祥生物科技一期等一批项目竣工投产，7天完成官庄堤防洪工程二期征收任务，4天完成吴家新村征收任务。

【推进深化改革工作】 2021年，推动生态文明、农业农村、医药卫生等体制机制改革，统筹推进事业单位改革，强力推动财税体制改革、城管体制改革、国资平台改革等10余项改革措施，完成财政“零基”预算改革试点工作，国资公司资产突破50亿元，高分通过国家知识产权强县建设验收，西郊街道昌南湖社区入选“全国综合减灾示范社区”，华风社区获评第八批“全国民主法治示范村(社区)”。

【优化营商环境工作】 持续深化“放管服”改革，成立帮办代办服务中心，深化“一件事一次办”改革，设立企业开办、婚姻登记与婚检“一链办”专区，变群众“多次跑”为“一次办”。对120余项事项编制第一批办事指南，投资2000万元的区政务服务大厅正式揭牌运行，为2022年推出“昌快办·畅快办”政务服务品牌打下基础。

【有序推进城市人居环境更新】 推进城市功能与品质提升三年行动，常态长效开展全国文明城市创建工作，实施六大整治行动，新增施划机动车停泊位10188个，拆除“两违”建筑260处、1.3万平方米，完成4个、7万平方米棚改征收项目，推进15个老旧小区改造和37条背街小巷改造提升，顺利通过全国文明城市复评，进一步夯实文明城市创建成果。

【脱贫攻坚与乡村振兴衔接工作】 全年整改完成2020年度脱贫攻坚考核反馈的4个方面、10个问题，推进2021年度脱贫攻坚交叉考核反馈的3个方面、8个问题，对44户、100人等不稳定户、边缘户、困难户实施“点对点”监测。推进2万亩高标准农田建设，粮食生产再次实现粮食丰收。开展乡村治理，推动20个点位开展新农村建设，农村生活垃圾无害化处理率达100%，实施1.5万户农村户厕摸排整改工作。丽阳镇枫林村被认定为“第二批全国乡村治理示范村”。

【守住生态环境原则底线】　区委把"碳达峰、碳中和"纳入生态文明建设,同部署、同落实。全面落实"只能增绿、不能减绿"的总体要求,完成人工造林294亩,除治松枯死木1.2万余株。扎实推进河长制,开展昌江区鄱阳湖生态环境专项整治工作,积极推进农村生活污水治理。持续开展污染防治攻坚战,整改完成中央第四环保督察组交办的6件信访件和省环保督察"回头看"反馈问题3件、信访件30件。

【提升民生保障水平】　区委常态化抓好疫情防控工作,全年无新增病例,累计接种疫苗40.7万剂次。投资600万元打造园林社区居家养老服务中心,在全市率先完成养老服务信息平台建设。大力推进学前教育普及普惠均衡发展,新(扩、改)建公办幼儿园9所,增加公办学位2310个。落实"双减"要求,全区义务教育阶段学科类校外培训机构全面清零,压减率达100%。完成三河、官庄排涝站建设,彻底解决西市区城市内涝问题。养老就业、医保救助、残疾人事业等各项民生保障稳步推进。

【全力维护社会稳定】　区委以市域社会治理现代化试点工作为抓手,扎实推进平安昌江建设。区司法局拍摄的《照进裂缝的光》被中国长安网等中央媒体、司法部微信公众号、"学习强国"学习平台采用,全年矛盾纠纷化解率达99.3%,突出矛盾纠纷化解率达100%,党政领导21件包案全部化解。常态长效推进扫黑除恶工作,深入开展六大行业领域整治,电信网络诈骗等重点领域立案135起,止付、冻结涉案资金2200万余元。应急救援、安全生产、农产品质量安全、公共安全等工作全面加强,社会大局安定有序。

【扎实推进文旅融合】　圆满完成全省旅发大会各项任务,打造"昌南瓷宴"、昌南里夜游等精彩文旅品牌。巩固全域旅游品牌,成功举办第二届全国肢体残疾人书画文化节和张五常西周曹姬侯青铜展,昌南里文化景区、大梦瓷谷成功创成国家AAA级旅游景区。实施"文化惠民"工程,《昌江十里过丽阳》宣传片在全省、全市引起热烈反响,全年送电影630场、送戏下乡53场,开展各类文体活动14次。加强文物巡查安全保护工作,对丽阳窑址实施保护工程。

【强化思想政治建设】　1月,先后出台《中共昌江区委关于加强区委常委会自身建设的意见》《中共昌江区第十二届委员会全体会议工作规则》等制度文件。召开党史学习教育专题组织生活会,区委常委班子带头过好"双重"组织生活。牢牢掌握意识形态工作领导权,依托区委宣讲团、新时代文明实践中心、"学习强国"学习平台等载体,陆续推出《昌江志愿服务的星辰大海》《为民办实事项目巡礼》等一系列优秀新闻作品,区融媒体中心在2021年度全省县级融媒体中心建设评估中位列第一方阵,《帮你办》服务品牌不断增强公共服务属性,人民网、央广网等中央和地方媒体对"洪家大院说党史"系列宣讲创新做法进行报道,鲇鱼山镇礼城村村民周发春入选全国见义勇为模范候选人名单和第八届全国道德模范提名奖获得者名单。

【加强全区干部队伍建设】　7月,圆满完成乡镇领导班子换届工作,选优配强乡镇(街道)领导班子。制定《关于进一步激励广大干部新时代新担当新作为实施意见》《昌江区新时代优秀年轻干部培养选拔工作实施方案》,全年选拔、重用、调整科级干部150人次,开展招才引智活动69次,推荐一批、及时奖励一批在重点工作中表现突出的干部,干部的年龄结构逐步优化,文化程度逐年提高。

【不断夯实基层基础】　全面推进"三化"工作提质增效,推动整合街道"五办一中心"。加强红色名村建设,荷塘精神红色教育基地获批为第六批江西省爱国主义教育基地。庆祝中国共产党成立100周年之际,颁发"光荣在党50年"纪念章537枚。圆满完成村(居)民委员会换届选举工作,村党支部书记、村委会主任"一肩挑"实现100%。全年累计发展党员215人、入党积极分子(发展对象)430名。

【不断筑牢廉洁底线】　严格履行全面从严治党主体责任,全过程监督换届工作,制定2021年度责任清单和任务安排,全年研究党风廉政建设工作5次。研究制定十二届区委巡察工作规划,对6家单位开展巡察"回头看",开展涉粮问题专项巡察,对6家单位开展十二届区委首轮巡察。落实中央八项规定精神,大力整治形式主义、官僚主义,重点精简类文件制发减少26.91%。扎实开展政法队伍教育整顿工作,办结信访举报、问题线索16件,处理8人。运用监督执纪"四种形态",共立案64件,处理139人次。

重要会议

【十一届区委第114次常委会(扩大)会议】 1月8日,区委副书记、区长倪卫春主持召开。会议听取2020年昌江区委全面深化改革工作情况汇报;传达学习全省6起违反中央八项规定精神典型问题的通报;听取昌江区履行全面从严治党工作情况汇报;听取区人大常委会党组、区政府党组、区政协党组、区人民法院党组、区人民检察院党组2020年度工作情况汇报;听取昌江区2020年度党建工作情况汇报;研究审议并原则同意《关于将中共昌江区应急管理局党组改设为党组性质党委的请示》;听取昌江区2020年度意识形态工作情况汇报;听取关于昌江区隐性债务化解情况的汇报;研究审议《中共昌江区委十一届十四次全体(扩大)会议工作方案》《中共昌江区委常委会2020年工作报告》《中共昌江区委关于制定国民经济和社会发展第十四个五年规划和二〇三五年远景目标的建议》;研究审议并原则同意《关于康家花园幼儿园资产收购的请示》;研究审议并原则同意区国资公司提请审议的《关于收购景德镇新宏建塑业有限公司资产的请示》。

【十一届区委第115次常委会(扩大)会议】 1月30日,区委副书记、区长倪卫春主持召开。传达学习领导干部个人事项报告有关法规文件;传达学习《中共中央、国务院关于全面推进乡村振兴加快农业农村现代化的意见》以及习近平总书记、胡春华副总理在中央农村工作会议上的讲话精神;传达学习《中央国安办关于认真学习贯彻习近平总书记在中央政治局第二十六次集体学习时重要讲话精神的通知》;传达学习中国共产党第十九届中央纪律检查委员会第五次全体会议精神、《中央办公厅印发〈关于加强巡视巡察上下联动的意见〉的通知》以及《省委巡视办关于十四届省委第九轮巡视发现问题倾向性问题的通报》;传达学习全省政法工作会议精神;传达学习省委书记刘奇、省长易炼红在江西省抗击新冠肺炎疫情表彰大会上的讲话;传达学习《中国共产党统一战线工作条例》和全国统战部长会议精神;传达学习《关于贯彻〈党委(党组)意识形态工作责任制实施办法〉的实施细则》,通报全区近期网络舆情热点,听取2020年全区网信工作情况汇报;听取全区近期脱贫攻坚工作情况汇报。全区建档立卡贫困户702户1879人已全部脱贫,4个省级贫困村已全部摘帽退出,全区脱贫攻坚取得决定性成果。会议还研究审议《2020年度区委常委班子民主生活会方案》以及《中共昌江区委常委班子对照检查材料》《昌江区深化事业单位改革试点工作实施方案》。

【十一届区委第116次常委会会议暨区委常委议军会】 1月30日,区委副书记、区长倪卫春主持召开。会议传达学习习近平总书记关于国防和军队建设重要指示精神、《中国人民解放军政治工作条例》有关内容以及市委常委议军会主要精神,听取区人武部工作情况汇报,研究部署2020年度党管武装考评工作,审议其他若干事项。会议明确如下事项,原则同意区人武部提请审议的《春节期间开展"双拥"活动经费事宜》;原则同意区人武部提请审议的《研究推进基层武装部战备建设相关经费》,用于基层武装部战备建设。

【十一届区委第117次常委会(扩大)会议】 2月3日,区委副书记、区长倪卫春主持召开。会议传达学习省十三届人大五次会议精神和省政协十二届四次会议精神;研究审议并原则同意《关于召开区纪委十一届六次全会的请示》《在中国共产党昌江区第十一届纪律检查委员会第六次全体会议上的工作报告》,确定于2月9日召开区纪委十一届六次全会。会议还研究审定有关人事事项。

【十一届区委第118次常委会(扩大)会议】 3月11日,区委书记罗文军主持召开。会议传达学习习近平在中央政治局第二十七次集体学习时的重要讲话、在党史学习教育动员大会上的重要讲话精神以及省委书记刘奇、市委书记钟志生在省、市党史学习教育动员大会上的讲话精神;传达学习习近平在全国脱贫攻坚表彰大会上的重要讲话精神以及全国、全省、全市巩固拓展脱贫攻坚成果同乡村振兴有效衔接工作会议精神;传达学习省委书记刘奇、省纪委书记马森述在省纪委十四届六次全会上的讲话、报告精神,集中学习《领导干部严重违纪违法典型案例警示教育材料汇编(2020年)》《关于1起党员干部醉驾典型问题的通报》等文件精神;传达学习《中央第五巡视组巡视反馈意见整改工作方案》《省委办公厅关于印发〈中央第五巡视组关于巡视江西省的反馈意见〉和杨晓渡、杨晓超、省委书记刘奇在中央巡视反馈有关会议上的讲话的通知》以及市委书记钟志生在省委巡视“回头看”反馈意见整改工作动员部署会议上的讲话；传达学习《关于严肃换届纪律加强换届风气监督切实营造风清气正换届环境的通知》；传达学习《中共中央关于开展全国政法队伍教育整顿的意见》，研究审议《关于成立全区政法队伍教育整顿领导小组及办事机构的通知》《昌江区政法队伍教育整顿工作方案》。会议研究审议并原则同意《关于请求将新枫街道谭家山、哪吒庙和韭菜园片区纳入2021年度棚户区改造项目的请示》《关于请求将西郊街道枫树山黎明路片区、新枫路片区纳入2021年度棚户区改造项目的请示》《景德镇市三河堤“昌南江畔”旅游改造提升建设项目事宜》《昌江区深化事业单位改革试点工作实施方案》《区供销合作社联合社职能配置、内设机构和人员编制规定》。

【十一届区委第119次常委会会议】　3月26日，区委书记罗文军主持召开。会议传达学习习近平总书记在中央政治局第二十八次集体学习时的重要讲话精神；传达学习省委书记刘奇在全省领导干部会议上的讲话精神；传达学习全省、全市统战部长会议精神。会议研究审议并原则同意《关于在全区开展党史学习教育的实施方案》《关于全面推进乡村振兴加快农业农村现代化的实施意见》；研究审议区十届人大六次会议相关事宜以及《区人大常委会工作报告》《区人民政府工作报告》《昌江区国民经济和社会发展第十四个五年规划和二〇三五远景目标纲要》(《昌江区2020年国民经济和社会发展计划执行情况与2021年国民经济和社会发展计划草案的报告》《昌江区2020年财政预算执行情况和2021年财政预算草案的报告》《区人民法院工作报告》《区人民检察院工作报告》；研究审议区政协八届六次会议相关事宜以及《政协第八届委员会常务委员会工作报告》《政协第八届委员会常务委员会提案工作报告》，原则同意区政协八届六次会议相关事宜。会议还研究审议《区委常委会2021年工作要点》《关于落实“三重一大”事项集体决策制度的实施办法(试行)》；听取十一届区委第八轮巡察反馈问题整改落实情况及线索处置情况、十一届区委第九轮巡察综合情况汇报。

【十一届区委第120次常委会会议】　4月14日，区委书记罗文军主持召开。会议传达学习《中共中央关于加强对“一把手”和领导班子监督的意见》《中共中央关于加强新时代党外知识分子思想政治工作和无党派人士队伍建设的意见》《中央办公厅关于庆祝中国共产党成立100周年组织开展“永远跟党走”群众性主题宣传教育活动的通知》以及市委党史学习教育部署调度会议精神，研究部署全区党史学习教育相关工作。会议传达学习市委书记刘锋在高新区调研座谈会上的讲话精神；传达学习全市组织部长会议暨县乡换届工作会议精神，研究审议《关于成立昌江区区乡换届工作领导小组的通知》以及《昌江区第十二次党代会筹备工作领导小组及各工作组建议名单》；传达学习《市委办公室关于认真做好县乡领导班子换届工作的通知》以及市纪委书记饶华东在严肃换届纪律强化换届风气监督专题谈心谈话会上的讲话精神，研究审议《昌江区乡镇领导班子换届工作方案》以及《2020年度科级领导班子和科级领导干部考核工作实施方案》。会议听取昌江区禁毒工作汇报，研究审议并同意《关于常态长效建设全国文明城市工作的实施意见》。

【十一届区委第121次常委会会议】　4月30日，区委书记罗文军主持召开。会议传达学习全市重点产业项目招商工作调度会议精神，并对全区招商引资工作进行部署。会议传达学习全国疫情防控工作电视电话会议精神，听取昌江区疫情防控工作情况汇报；研究审议并原则同意《昌江区2021年老旧小区改造实施方案》《关于实施昌江区2021年老旧小区改造项目的请示》；听取昌江区乡村振兴工作情况汇报，传达学习《省委省政府关于进一步推动江西革命老区振兴发展的实施意见》。会议传达学习《关于我省5起破坏营商环境典型问题的通报》《领导干部干预司法活动、插手具体案件处理的记录、通报和责任追究规定》《司法机关内部人员过问案件的记录和责任追究规定》《关于进一步规范司法人员与当事人、律师、特殊关系人、中介组织接触交往行为的若干规定》以及省委书记刘奇在全省第一批政法队伍教育整顿工作推进会上的讲话精神，听取区政法队伍教育整顿工作情况汇报。会议还研究其他事项。

【十一届区委第122次常委会会议】　5月20日，区委书记罗文军主持召开。会议讨论区纪委领导班子换届会议继续提名人选以及推荐建议人选相关事宜。

【十一届区委第123次常委会会议】 6月11日,区委书记罗文军主持召开。会议传达学习习近平总书记在中央政治局第二十九次集体学习时的讲话精神,省委书记刘奇、省长易炼红在县(市、区)委书记座谈会上的讲话精神和《中共中央国务院关于新时代推动中部地区高质量发展的意见》;传达学习《中共中央国务院关于新时代加强和改进思想政治工作的意见》《中共中央办公厅关于在全社会开展党史、新中国史、改革开放史、社会主义发展史宣传教育的通知》和省委书记刘奇在全省党史学习教育座谈会上的讲话精神,研究审议《昌江区党史学习教育红色走读现场教学工作方案(送审稿)》《昌江区庆祝中国共产党成立100周年活动总体方案(送审稿)》《昌江区关于在全社会开展"永远跟党走"宣传教育的通知(送审稿)》;传达学习《中国共产党机要密码工作条例》《关于2020年度全国窃密泄密案件情况的通报》《关于夯实筑牢农村基层党组织战斗堡垒防范和整治村霸问题的意见》《关于规范民办义务教育发展的意见》;传达学习《关于我市党员干部公职人员酒驾情况的通报》《关于我市4起餐饮浪费典型问题的通报》和赵乐际、杨晓渡在全国巡视工作会议暨十九届中央第七轮巡视动员部署会上的讲话精神;传达学习《中共中央办公厅关于北京市开展违建别墅清查整治工作情况的通报》《中共中央国务院关于加强基层治理体系和治理能力现代化建设的意见》《关于常态化推进扫黑除恶专项斗争的若干措施》和省委书记刘奇在全省扫黑除恶斗争总结表彰大会上的讲话精神。会议研究审议并原则同意《昌江区法治社会建设实施纲要(2021—2025年)》《区委全面依法治区委员会2021年工作要点》《法治昌江建设规划(2021—2025年)》《关于开展"践行习近平法治思想提升人民群众法治获得感满意度"主题实践的意见》《昌江区行政复议体制改革实施方案》。会议研究审议并原则同意《昌江区行政服务中心"一门办理、一窗受理"改革实施方案》;听取关于景德镇市三河堤"昌南江畔"旅游改造提升建设项目施工协议签署情况报告和关于启动昌江区三个地方政府专项债券建设项目情况报告,研究审议并原则同意《关于制定昌江区国资公司内控管理制度的请示》和《关于成立景德镇市昌江区全域旅游基础设施建设有限公司的请示》;听取全区人才住房工作情况汇报、研究审议《庆祝中国共产党成立100周年暨"两优一先"表彰会议方案和建议人选》,原则同意区委组织部提请审议的会议方案和建议人选。

【十一届区委第124次常委会会议】 6月21日,区委书记罗文军主持召开。会议研究人事议题。

【十一届区委第125次常委会会议】 6月28日,区委书记罗文军主持召开。会议传达学习《中共江西省委江西省人民政府关于加快推进新时代民政事业高质量发展的意见》;传达学习省人大市委会副主任刘强和赵力平在全省县乡两级人大换届选举工作会议上的讲话精神。会议研究审议并原则同意《2021年度昌江区政协协商工作计划》。

【十一届区委第126次常委会会议】 6月29日,区委书记罗文军主持召开。会议研究人事议题。

【十一届区委第127次常委会会议】 7月6日,区委书记罗文军主持召开。会议传达学习习近平总书记在"七一勋章"颁授仪式上的重要讲话精神、中共中央办公厅《关于认真学习贯彻〈习近平总书记在庆祝中国共产党成立100周年大会上的讲话〉的通知》。会议强调,全区各级党组织和广大党员干部要认真贯彻中办通知要求,把学习贯彻习近平在庆祝中国共产党成立100周年大会上的重要讲话精神作为当前理论武装工作的重中之重,作为党史学习教育的核心内容,精心组织专题学习和研讨,广泛开展宣传宣讲。要深刻领会习近平在庆祝中国共产党成立100周年大会上的重要讲话的重大意义、丰富内涵、核心要义、实践要求,切实把思想和行动统一到习近平总书记重要讲话精神和党中央决策部署上来,以一往无前的奋斗姿态和永不懈怠的精神状态,奋力开创昌江高质量跨越式发展新局面。

【十一届区委第128次常委会(扩大)会议】 7月15日,区委书记罗文军主持召开。会议传达学习习近平总书记在中央政治局第三十一次集体学习时的讲话,省委书记刘奇、省长易炼红在全省脱贫攻坚总结表彰大会上的讲话等。会议研究审议区委换届事宜,原则同意区委组织部提请审议的《关于中国共产党景德镇市昌江区第十二次代表大会有关筹备事项的请示》;听取全区2021年上半年落实意识形态工作情况汇报，研究审议《昌江区拟推荐申报景德镇市第十七届文明单位名单》《昌江区拟推荐申报景德镇市第八届文明村镇名单》；传达学习市委书记刘锋、市长胡雪梅在全市工业倍增三年行动暨招商引资誓师大会上的讲话；研究审议《昌江区人民政府关于通报表彰2020年度综合十强及纳税十强企业的决定》《昌江区工业倍增三年行动计划（2021—2023年）》《昌江区2021年度招商引资实施意见》以及凌富生物医药项目合同、LED照明项目合同、与长天集团战略合作协议、综合智慧能源战略合作协议等相关事宜。

【十一届区委第129次常委会（扩大）会议】 7月29日，区委书记罗文军主持召开。会议传达学习省委十四届十三次全体（扩大）会议精神，省委书记刘奇、省长易炼红在全省生态文明建设先进表彰暨建立健全生态产品价值实现机制推进大会上的讲话，《江西省中央生态环境保护督察报告》、省委书记刘奇在中央第四生态环境保护督察组督察江西省情况反馈会上的讲话，省委书记刘奇、省长易炼红在全省安全风险防范工作会议暨安全生产防汛救灾表彰大会上的讲话，《关于我省2起影响高质量发展典型问题的通报》等文件。会议听取全区疫情防控工作情况汇报，强调要进一步提高防控认识，加快推进新冠病毒疫苗接种工作，进一步提升防控能力。

【十一届区委第130次常委会会议】 8月6日，区委书记倪卫春主持召开。会议传达学习市委十一届十一次全体（扩大）会议精神，研究审议区委十一届十六次全体（扩大）会议相关事宜；研究审议并原则通过《关于召开中国共产党景德镇市昌江区第十二次代表大会的请示》《关于召开中国共产党景德镇市昌江区第十二次代表大会的决议》；研究审议并原则通过《关于做好全区区乡两级人民代表大会换届选举工作的意见》《关于成立区乡两级选举委员会、街道选举指导组的请示》。

【十一届区委第131次常委会会议】 8月15日，区委书记倪卫春主持召开。会议研究审议区第十二次党代会相关事宜，原则通过区委组织部提请审议的《关于调整昌江区区乡领导班子换届工作领导小组的通知》《关于调整区第十二次党代会筹备工作领导小组及各工作小组组成人员的通知》《区第十二届区委委员、候补委员候选人初步人选名单》；研究审议区乡两级人大换届选举工作相关事宜，原则通过区人大常委会办公室提请审议的《关于确定区乡两级人大代表选举日的请示》《昌江区区、乡两级人大换届选举工作实施方案》，请区人大常委会办公室按法定程序执行。原则通过区委组织部提请审议的《区十一届人大代表选举选区及名额分配方案》；审议并原则通过《中共昌江区十二届区纪委委员候选人初步人选推荐建议名单》；审议并原则同意《昌江区委领导班子成员分工》。

【十二届区委第1次常委会会议】 9月16日，区委书记倪卫春主持召开。会议传达学习习近平总书记在中央党校（国家行政学院）中青年干部培训班开班式上的讲话精神。会议要求，全区各级党组织要把学习总书记在开班式上的讲话作为当前的中心工作、重点任务，结合中心组学习、党史教育学习等对标学习、辩证学习、结合学习。各级党员干部要真正沉到一线事业、沉到经济主战场、沉到重点项目中学习，理论和实践相结合，深入践行“刀要在石上磨、人要在事上练”精神。传达学习全省工业强省推进大会会议精神。会议要求，要牢牢抓住“工业倍增三年计划”主线，引导企业转型升级，推进冷链物流园、鱼山医药产业园、电子信息产业园等重大项目建设，形成重大项目“热火朝天”的局面。要全力打造乐（平市）昌（江区）产业合作示范园、昌（江区）高（新区）飞地经济产业协作园，做优做强鱼丽电子信息产业示范基地，瞄准生物医药、电子信息等先进领域，以商招商、招大引强，形成完备的产业链条。要更加注重优化营商环境，坚定不移推进“放管服”改革，完善企业帮办代办制度，切实落实县级领导挂点帮扶重点企业制度，深入推进“企业服务日”活动。传达学习2021年新修订《中华人民共和国安全生产法》，省委书记刘奇、省长易炼红在全省扩大开放推动经济高质量跨越式发展工作大会上的讲话，全省社会稳定风险评估工作南康会议精神，2021年全省宣传工作会议精神。会议还听取全区维稳工作情况汇报、全区信访工作情况汇报，审议并同意《昌江区2021年重点工程建设项目计划表》。

会议听取区国资公司关于向九江银行申请综合授信的情况汇报、区国资公司关于昌江区鱼丽工业园标准化厂房建设项目施工协议签署的情况汇报、区国资公司关于收购景德镇绿地城昌南里铂骊酒店情况汇报、区国资公司关于启动2022年昌江区8个政府专项债项目申报的情况汇报;审议并原则同意《张五常商周时期青铜器展实施方案》《关于调整景德镇市瓷都大道西侧公安大楼周边片区棚改项目领导小组的通知》《关于2021年度服务期满“三支一扶”高校毕业生拟安置岗位的请示》《关于2021年度昌江区事业单位公开招聘三级联考计划申报的请示》;审议第九届区政协委员建议人选相关事宜。

【十二届区委第2次常委会会议】 9月29日,区委书记倪卫春主持召开。会议传达学习中共景德镇市第十二次代表大会会议精神;传达学习市委书记刘锋在昌江区调研“5020”(亿元)项目时的讲话精神;传达学习市委书记刘锋在全市先进陶瓷产业发展推进领导小组第一次会议上的讲话精神;传达学习《江西省人民政府办公厅关于国庆假期做好常态化疫情防控促进商贸旅游消费等工作的通知》《江西省乡村振兴促进条例》;审议并原则同意《昌江区村(社区)“两委”干部参加基本养老保险暂行办法》《县级领导挂点、部门包村(社区)安排表》《关于办理2018年特岗教师转正入编、工资等手续事宜的请示》。

【十二届区委第3次常委会会议】 10月11日,区委书记倪卫春主持召开。会议传达学习中共中央办公厅、国务院办公厅印发《关于建立健全审计查出问题整改长效机制的意见》的通知;传达学习《刘奇、易炼红在第二轮中央生态环境保护督察问题整改动员部署会上的讲话》;传达学习全省抓党建促乡村振兴电视电话会议精神;传达学习《关于李锦林严重违纪违法案件中暴露出有关突出问题的通报》;传达学习全省、全市粮食购销领域腐败问题专项整治工作部署会议精神,部署昌江区粮食购销领域腐败问题专项整治工作;审议并原则同意《关于成立区非公有制经济发展服务中心(区非公有制企业维权服务中心、区非公有制企业帮代办服务中心)的请示》、区国资公司关于区老旧小区及市政设施提升改造项目设计施工协议签署的情况汇报、区国资公司关于区高标准智能化厂房建设项目施工协议签署的情况汇报;听取区国资公司关于荷塘乡乡村振兴文旅综合体(一期)项目启动招标的情况汇报、关于启动区办证大厅二期装修项目的情况汇报、关于收购初心璞真陶瓷艺术文化园项目E5、E6号楼的情况汇报;审议并原则同意《关于建设昌江区农村生活水处理项目的请示》;听取2021年度招募昌江区“三支一扶”高校毕业生拟服务岗有关工作汇报;审议并原则关于召开区十一届人大一次会议相关事宜、政协昌江区委员会第九届一次会议相关事宜、政协昌江区第九届常委会组成人员建议名单;审议2020年度科级领导班子和科级领导干部年度考核情况。

【十二届区委第4次常委会会议】 10月16日,区委书记倪卫春主持召开。会议传达学习习近平总书记在纪念辛亥革命110周年大会上的重要讲话精神、习近平总书记在中央民族工作会议上的重要讲话精神、习近平总书记在河北承德、西藏考察期间的重要讲话精神;传达学习中共江西省委办公厅转发《省纪委省监委关于刘奇赴抚州市开展政治谈话情况的报告》的通知、关于江西省4起违反中央八项规定精神典型问题的通报;听取昌江区2021年上半年依法治区工作情况汇报;审议并原则通过《昌江区人大常委会工作报告》《昌江区人民政府工作报告》《昌江区人民法院五年工作报告》《昌江区人民检察院工作报告》,以及昌江区第十一届人大常委会组成人员建议名单。

【十二届区委第5次常委会会议】 11月8日,区委书记倪卫春主持召开。会议传达学习习近平总书记、栗战书委员长在中央人大工作会议上的讲话精神;传达学习省委书记易炼红在省委常委会(扩大)会议上的讲话精神;传达学习市十六届人大一次会议、市政协十四届一次会议精神;传达学习《中共景德镇市委组织部转发〈中共中央组织部关于领导干部及时报告个人有关事项的通知〉》;审议并原则同意《关于成立昌江区经济高质量发展考核暨昌江区直机关绩效考核工作领导小组的通知》;审议并原则通过《昌江区军地协同机制》《昌江区军地联席会议制度》《昌江区军地互涉案件处理办法》《昌江区军地隐蔽斗争协作工作实施意见》《常态化推进扫黑除恶斗争重点任务分工》《常态化开展扫黑除恶斗争巩固专项斗争成果的实施意见》《十二届区委巡察工作规划》;听取十一届区委巡察工作情况汇报、区委第十轮巡察综合情况汇报、区委第九轮巡察整改及线索处置情况汇报;审议并原则通过《区委领导挂点联系乡镇(街道)安排》。

【十二届区委第6次常委会会议】 12月1日，区委书记倪卫春主持召开。会议传达学习李克强总理关于今冬明春电力煤炭供应保障和能源改革发展的讲话精神、中国共产党江西省第十五次代表大会会议精神、省委书记易炼红在省委党校2021年秋季主体班中青年干部座谈会上的讲话精神、省纪委书记马森述在南昌市警示教育大会上的讲话精神；传达学习《关于袁守旺严重违纪违法问题及其教训警示的通报》；审议并原则通过《关于调整昌江区委党建工作领导小组成员的通知》《关于开展基层党建“对标管理、错位争先”行动的实施方案》《关于推进全区基层党建信息化建设的工作方案》；审议并原则同意区民政局《关于昌江区吕蒙乡撤乡设街道的请示》《关于成立昌江区吕蒙乡撤乡设街道工作领导小组的通知》《昌江区吕蒙乡撤乡设街道组织实施方案》；听取全区意识形态工作专项督查情况汇报；审议并原则通过区统计局《2021年度昌江区部门经济高质量发展考核方案》《2021年度昌江区乡（镇、街道）经济高质量发展考核方案》；审议并原则通过《昌江区关于市第十二次党代会工作报告分解落实方案》《关于加强区委常委会自身建设的意见》；听取关于昌江区全面推进乡村振兴工作情况汇报、关于区国资公司关于部分项目推进情况汇报；审议并原则同意区林业局《关于落实我区2021年林业定向培养毕业生安置的请示》。

【十二届区委第7次常委会会议】 12月13日，区委书记倪卫春主持召开。会议传达学习习近平总书记在全国宗教工作会议上的重要讲话精神；传达学习《转发〈赣州市纪委市监委关于刘伟民诬告陷害他人等严重违纪违法问题及其教育警示的通报〉的通知》；传达学习并研究贯彻12月8日市长胡雪梅在昌江区调研时的讲话精神；审议《区委领导与新的社会阶层人士联谊交友列名制度》；审议并原则通过区人社局《2020年度昌江区区直机关绩效考核方案（试行）》、区住建局《昌江区人才住房管理实施方案》、关于实施昌江区2020年老旧小区周边环境整治二期项目相关事宜、关于景德镇市再生资源回收体系建设项目用地报批规费相关事宜；审议并原则同意区卫健委《关于安置彭昌林、王强强、冯桦蓓3名农村订单定向医学毕业生的请示》、关于区国资公司关于部分项目推进情况汇报；传达学习省、市食品安全委员会会议精神，听取2021年度昌江区食品安全工作情况汇报。

【十二届区委第8次常委会会议】 12月31日，区委书记倪卫春主持召开。会议传达学习习近平总书记关于粮食安全问题的系列重要讲话和重要指示批示精神、习近平总书记对做好“三农”工作重要指示精神暨中央农村工作会议精神；传达学习中央经济工作会议及省委经济工作会议精神；传达学习省委书记易炼红、代省长叶建春在全省发展非公有制经济表彰电视电话会议上的讲话精神；传达学习《关于习近平总书记视察江西重要讲话精神贯彻落实情况的综合督查报告》《关于十四届省委巡视整改和成果运用抽查发现普遍性典型性问题的通报》；传达学习市委十二届二次全体（扩大）会议暨市委经济工作会议精神；学习市委书记刘锋、市委副书记吴隽在市先进陶瓷产业发展推进工作调研座谈会上的讲话；研究部署“双节”期间安全生产、疫情防控、社会稳定等重点工作；审议原则通过区司法局《2021年度全面依法治区考评细则》；审议关于原则通过区委办提请审议的关于召开区委十二届三次全体（扩大）会议相关事宜；审议并原则通过《关于落实“三重一大”事项集体决策制度的实施办法（试行）》、区委机构编制委员会相关工作事宜；审议并原则通过区文广新旅局提请审议的《关于促进旅游产业高质量发展的意见（试行）》；听取关于区国资公司关于部分项目推进情况汇报；审议关于加强基础教育经费保障和教师待遇保障相关事宜；听取区委第一巡察组关于涉粮问题专项巡察情况汇报。

区委办公室

【概况】 2021年，区委办贯彻“三服务（服务发展、服务决策、服务落实）、五个坚持”的理念，坚持把对上负责和对下负责统一起来，充分发挥领导参谋助手、上下联系纽带、办文办会办事、督促检查落实四大职能作用，不断加强自身建设，认真落实上级各项决策部署，较好完成各项工作任务。

【高质高效办文办会】 起草十一届及十二届区委全体会议等一系列重要领导讲话、文件，做到紧贴工作实际、体现领导意图、指导作用突出。组织起草领导讲话稿100余篇；上级部门收文623份，印发各类文件225份;全区全口径文件较上年缩减18.8%,重点精简类文件较上年缩减41.09%。在区委各类大型会议召开前,做到早安排、早部署,对会议的议题、议程、报告起草、文件资料的制发,到会通知、会场布置、报到、记录、宣传报道、会议服务进行精心安排。全年共承办区委常委会、全委会、常委办公会、重点项目建设调度会等各类大小会务50余次,同时积极协助相关部门做好会务工作。

【扎实开展督查工作】 2021年,重点抓好区委重大决策落实,市、区领导重要批示、指示,群众关注的难点、热点问题的督查工作。围绕市区重大决策开展重点督查。服务市、区工作大局,突出重点工作和重大决策部署,及时对市、区全会和各次重大会议作出的决定、决策部署,重点工程项目的推进等情况进行跟踪督查。牵头会同区有关部门扎实有效地开展对全区项目推进、棚户区改造等区委中心工作的督查。紧扣领导批示件开展专项督查。本着认真细致、快速准确、及时反馈、完整有序的原则,坚持"一事三催",抓好市、区领导批示批办件的督办反馈。重点抓好就全区重点工程建设项目、棚改征迁等区委中心工作进行专项督查。积极办理省、市"民声通道"交办件近60余件,上报市委督查材料11篇,办结率100%。

【不断提高信息工作质量】 坚持把信息作为党委科学决策、民主决策、依法决策的重要依据,着力在提高更加优质高效的信息服务上下功夫,举办1次业务培训会,下发《全区党委办公业务工作指南》,明确各项工作特别是信息工作的基本要求和重点内容,拓宽信息沟通渠道,建立信息工作责任考评机制,实行定期通报。全年上报信息稿件210篇,被省委办公厅采用3篇,被市委采用120余篇。

【规范严谨做好机要保密】 2021年,对全区党政部门文件、计算机加密系统等进行多次督查,严格进行管理,实行涉密计算机隔离制度,做到涉密计算机不上网,上网计算机不涉密。加强保密管理,严防泄密事件发生。落实党政领导干部保密工作责任制,加强对涉密文件、涉密会场和重要考试的保密管理。多措并举加强国家安全教育宣传,国家安全工作扎实有序开展。

【稳步推进深化改革工作】 对各领域的每一项改革任务都明确责任领导、责任单位和完成时限,定期调度督促,多次召开常委会、专题会研究改革工作,确保各项改革任务落实到位。多次组织召开区委深改委会议,将中央、省、市委深改委会议精神进行重点传达,并审议区委深改委相关工作事项,助推2021年全区深化改革工作圆满完成。

【扎实做好巡察整改工作】 2021年,先后召开巡察整改工作动员会和5次主任办公会研究办公室党风廉政建设和巡察反馈意见整改工作,自觉对标中央和省、市、区委要求,准确把握新形势、新任务,切实履行好党风廉政建设主体责任,不断织牢织密制度之网,坚持用制度管权、管事、管人、管物,针对巡察反馈整改意见做到照单全收、明确责任、细化分工,切实做到立行立改、举一反三,确保从严治党各项工作部署到位、责任到位、落实到位。

(谭　颖)

主要负责人名录

主　任:江　斌(至2021.8)

梁　毅(2021.10任)

副主任:李镒岚(2019.2任)

副主任、经济合作交流中心主任:

方桂平(女,2021.10任)

副主任、信访局局长:戚丽莲(女,2021.10任)

组织人事人才

【概况】 全区共有基层党(工)委13个;基层党总支30个;基层党支部241个;基层党组织271个。全区共有党员6805人,其中正式党员6594人、预备党员211人,男性党员5157人,女性党员1648人,汉族党员6797人、少数民族党员8人。

党员年龄情况:65岁及以上496人,56—65岁1458人,46—55岁1612人,36—45岁1489人,35岁及以下1750人。

党员学历情况:研究生96人,本科生1393人,大专1637人,中专905人,高中、中技1229人,初中及以下1545人。

党员职业分布情况:公有制经济单位在岗职工2408人,其中党政机关工作人员806人,事业单位管理人员298人,事业单位专业技术人员566人,企业管理人员15人,企业专业技术人员29人,工勤技能人员183人。非公有制企业单位137人，其中企业管理人员49人，企业专业技术人员40人，工勤技能人员48人；社会组织21人，其中管理人员10人，专业技术人员2人，工勤技能人员9人；农牧渔民1396人；离退休人员1673人；其他1688人。总和为7323人。

【“三化”建设提质增效】 压实责任抓推进，把“三化”建设提质增效作为“一号工程”“书记工程”，作为乡村两级党组织书记抓基层党建年度述职评议考核和村（社区）党组织书记备案管理工作重要内容，以责任落实推动工作落实。采取定期和不定期、重点督查与全面督查、暗访与明查相结合的方式，对照基层党建标准化、规范化、信息化“三化”建设《操作示意图解》和《资料台账整理建档指南》进行督查，确保基层党组织抓“三化”建设不停步不松劲。直面问题抓整改，通过“一周一动态、半月一销号、一月一例会”等措施，对“三化”建设情况进行分析研判。对措施软、工作松的党组织，及时约谈提醒其书记和组织委员，并跟踪问效。

【深化城市基层党建】 做优工作机制。结合推进基层整合审批服务执法力量工作，将街道原有的20余个内设机构整合为“五办一中心”，强化管理服务职能；推动街道“五项权力”落实，扩大街道经济社会管理权限。做细基层治理。制定《关于加强城市网格党建引领基层治理工作方案》，累计设置社会治理网格142个，并按照每个网格5—6名网格员的标准，配备专兼职网格员720余名。以泰豪珑源物业党支部为试点，推进“红色物业”工作。做实基础保障。落实《城市社区工作者职业化体系建设办法（试行）》，社区“两委”干部月平均收入达3800元左右，党组织书记月平均收入达4300元左右，并统一为村（社区）“两委”干部购买养老保险。依托“金霞党建工作室”项目，新招录党建社工14名。

【提升农村基层党建】 完成村“两委”换届。村党支部书记、村委会主任“一肩挑”实现100%，大专以上文化程度占比70%，平均年龄较换届前降低5岁，致富能手占比87.9%。及时开展岗前培训，帮助199名村“两委”干部、30名驻村第一书记和工作队员提升履职本领和综合能力。壮大村级集体经济。按照“1+N+1”集体经济联村发展模式，引导各村抱团发展、互助共进。开展村集体资金、资产、资源清查，“一村一策”引导各村盘活存量，做优增量，确保今年年底所有村集体经济经营性收入达到10万元以上。加强红色名村建设。改造提升荷塘童坊村（省级红色名村）的基础设施和沿线环境，组建专职讲解员队伍，讲好红色故事，赓续红色基因。7月，荷塘童坊红色教育基地升格为省级爱国主义教育基地。同时，建立月调度例会制度和预警机制，常态化开展软弱涣散村党组织摸排整顿。

【推进党员发展和教育管理】 提高发展党员质量。加大非公有制企业、社会组织的政策引导和计划倾斜力度，注重在生产工作一线、高知群体等重点领域和人群发展党员。量质并举，速效并重，发展党员215人，已完成年度任务的93.5%。总结上年全区试点经验，采取“四查四访一联审四比对”方式，启动对2020年7月以来新发展156名农村党员的全面排查。加强党员教育管理。各领域累计培训党员940名、入党积极分子（发展对象）430余名。结合党史学习教育，组织各基层党组织和广大党员深入开展“党旗在基层一线高高飘扬”活动，共开展点亮“微心愿”活动198次、换届后“开门一件事”活动89次、为身边群众办实事好事8632件。开展党内评选表彰和走访慰问活动。累计颁发“光荣在党50年”纪念章537枚，推荐全省“两优一先”表彰对象2名、全市“两优一先”表彰对象11名，评选出全区优秀共产党员30名、优秀党务工作者30名和先进基层党组织40个，推荐“新时代赣鄱先锋”选树学对

12月31日，全区基层党建信息化建设信息员培训会举行

象6名,走访慰问优秀党员、老党员、生活困难党员等325人。

【完成乡镇领导班子换届】 2021年,聚焦"关键少数"配强正职。坚持把公道正派、胸襟开阔、严以律己、经过多岗位锻炼的优秀干部选拔到党政正职岗位上。注重"一贯表现"选用干部。坚持真正把最优秀的干部选放到最需要的岗位上,把最能干的干部选派到最关键的战场上。此次乡镇领导班子换届人选80%从乡镇产生,其中具有2年以上乡镇工作经历的占比达90%。着眼"功能提升"优化结构。选拔8名30岁以下优秀年轻干部进入乡镇领导班子,班子成员平均年龄由换届前的38.8岁下降到37.3岁。12名乡镇(街道)党政正职中,有2名博士研究生,3名硕士研究生。

【推动干部担当作为】 加强培训锻炼。紧扣区中心工作,聘请国内名校、名企的高层次专家、教授,围绕招商引资、乡村振兴、产业发展等内容进行培训。积极选派新提任科级干部参与工作,选派驻村第一书记助力乡村振兴,选派区乡村三级干部参与"双创双修"、征地拆迁等重点项目,让干部在实践中经风雨、见世面、壮筋骨。加强干部考核。继续推行乡镇干部工作绩效考核工作,做到月考核、季汇总、年总评。把公务员平时考核作为全区加强公务员日常管理的重要抓手,以真考实考促担当作为,激励引导公务员干在平时、比在平时。加强职级激励。牢固树立一线识别、一线晋升导向,注重为在重点项目、中心工作中做出贡献的干部和平时表现突出的干部晋升职级,注重为急难险重任务中做出贡献且群众公认度高的干部晋升职级,注重为"老黄牛"式的干部晋升职级。

【加强招才引智工作】 创新理念集聚人才。始终坚持党管人才原则,根据工作需要及时调整区委人才工作领导小组成员,充实人才工作力量。积极对接市委、市政府出台的"3+1+X"人才政策,开展招才引智活动69次。及时对接富祥科技一期、凌富生物医药、美科、Mini显示屏等在建拟建的"5020"重点项目,主动做好人才落地工作。搭建平台培养人才。采取"签约式""互派式""见习式"等模式,打造"企校合作"人才平台。卡迪克、陶青台、宁封窑、古窑等陶瓷企业、陶瓷艺术景区,积极拓展与景德镇陶瓷大学、江西理工大学等高校合作,着力挖掘培养陶瓷人才。优化服务关爱人才。把自然环境、政务环境、营商环境作为招才引智的"软硬环境"进行巩固提升,成立区项目代办联审中心,让人才项目、企业注册审批"只跑一次"或"一次不跑";建立县级领导干部和区直部门挂点联系全区规模以上企业和在建的重点项目机制,从生产、建设一线摸清人才需求,真心实意关爱人才。

【组工宣传成效显著】 拍摄制作《向你走来》微视频,先后在《中国组织人事报》电子版和"学习强国"学习平台上推送。办好"昌江组工"微信公众号,推送微信376篇,其中原创70篇。在"江西组工微讯"微信公众号上用稿5篇,在省级平台发表评论文章5篇。在《江西组工信息》《中组组工通讯》上稿,累计积分165分。

6月6日,2021年昌江区金霞党建工作室公开招聘合同制党建社工笔试举行

【市领导到区调研指导村(社区)"两委"换届工作】 3月17日,市委副书记、高新区党工委书记王前虎到"联县包乡"联系点吕蒙乡调研村(社区)"两委"换届工作。王前虎先后来到吕蒙乡黎明社区、官庄村,实地查看村(社区)党群服务中心功能设置运行和基层党建标准化、规范化、信息化"三化"建设情况,询问了解村(社区)"两委"换届选举进展以及"两委"班子配备、结构优化、来源渠道等情况。3月17日,市委常委、市委组织部部长到"联县包乡"联系点昌江区荷塘乡调研指导村(社区)

"两委"换届工作。市委组织部副部长、市委非公有制经济组织与社会组织工委书记徐华,区委书记罗文军,区委常委、区委组织部部长王天才陪同调研。

【区党群服务中心、区人才发展中心揭牌】 4月25日,区委组织部下设的两个副科级事业单位区党群服务中心(区远程办更名)、区人才发展服务中心举行揭牌仪式。区委常委、区委组织部长王天才出席。

【举行"光荣在党50年"纪念章颁发仪式】 6月18日,昌江区举行"光荣在党50年"纪念章颁发仪式,向全区党龄达到50周年、一贯表现良好的老党员代表集中颁发"光荣在党50年"纪念章。区委常委、区委组织部部长王天才出席仪式并讲话。

【召开"七一"表彰大会】 6月25日,昌江区召开"七一"表彰大会,庆祝中国共产党成立100周年。区委书记罗文军出席会议并讲话。区委副书记、区长倪卫春主持会议并讲话。区人大常委会主任李恩清,区政协主席陈华清等区四套班子领导及区法检"两长"参加。

【组织新发展党员代表开展入党宣誓活动】 6月30日,昌江区组织新党员代表集中开展入党宣誓活动。区委书记罗文军领誓并讲话,区人大常委会主任李恩清、区政协主席陈华清等区四套班子党员领导和区委委员、候补委员参加活动,区委常委、区委组织部部长王天才主持。

6月30日,昌江区新发展党员入党宣誓活动举行

【举办新发展党员培训班】 7月11日至13日,昌江区举办2020年度新发展党员培训班,全区各基层党(工)委2020年以来新发展的110余名新党员参加培训。

(陈文怡)

主要负责人名录

区委常委、区委组织部部长:王天才(至2021.8)
曾亚平(2021.8任)
常务副部长:程振火(至2021.12)
陈进辉(2021.12任)
副部长、人社局局长:史方立(副部长至2021.12,人社局局长至2021.10)
吴田兰(2021.2任副部长,2021.10任人社局局长)
副部长:周庆辉(2021.12任)
副部长、老干部局局长:鲁锐翔(至2021.12)
宁俊锋(2021.12任)
部务委员:施启权(2021.1任)

宣传思想

【概况】 2021年,中共昌江区委宣传部深入学习贯彻习近平新时代中国特色社会主义思想,感恩奋进,守正创新,内聚力量,外树形象,自觉承担起"举旗帜、聚民心、育新人、兴文化、展形象"的使命任务,科学谋划、精心实施,各项工作取得新进展、新成效。

【理论学习走深走实】 2021年,区委理论学习中心组采取研讨交流、专题读书班、现场教学专家辅导等形式集中开展18次中心组学习。基层理论宣讲氛围浓厚,区领导先后带头深入村(社区)宣传宣讲习近平在庆祝中国共产党成立100周年大会上的重要讲话精神和中共十九届六中全会精神;区委宣讲团进机关、进农村、进企业、进学校进行宣讲;理论骨干、退伍老兵、优秀红色宣讲员深入全区各新时代文明实践中心(所、站)、田间地头,以"听党话、感党恩、跟党走"为主题开展形式多样的宣讲;全年累计开展主题宣讲100多场。"洪家大院说党史"系列宣讲,《景德镇日报》头版、人民网、中新网、央广网等媒体先后对其创新做法进行报道。线上学习积极主动,"学习强国"学习平台覆盖率、人均积分等排名均稳居全市前列,“学习强国”学习平台已成为推动习近平新时代中国特色社会主义思想重要平台。

【意识形态抓细抓常】 对区委拟推荐、提拔或重用、评优评先的400多人次进行落实意识形态工作责任制、执行党的宣传纪律专项考核,并把考核结果作为使用和奖惩的重要依据。区委宣传部对6个乡镇(街道)党(工)委、区财政局等单位进行专项督查;联合区委巡察办对西郊街道、区教体局等6家单位进行“回头看”专项巡察。区网信办加强与市网信办联系,开通昌江区网络应急指挥系统,24小时值班制度;加大对区域内各类网站的巡查管理力度,对全区512家网站整改任务,有效剔除大量不安全网站,坚决守住“不发生重大网络安全事件”的底线。全区意识形态领域总体态势向上向好。

【新闻宣传有声有色】 在承办2021全省旅游产业发展大会、项目征收、招商引资、优化营商环境、常态长效创建文明城市等活动和工作中主动作为、精心策划,通过微信、微博、客户端、抖音、视频号等新媒体平台发出昌江好声音。制作市党代会、区党代会、区两会宣传展板,拍摄宣传片,为党委政府中心工作的顺利开展营造氛围、凝心聚力、保驾护航。推出《劳模贺岁、先进拜年》《昌江志愿服务的星辰大海》《少年》《疫情防控情景剧》《六一关注残疾儿童特辑》《这里是昌江》《为民办实事项目巡礼》《航拍昌江》等融媒体新闻作品。全年发布原创本土新闻4000多条,涵盖政务、民生、服务、教育、文化等体系,全方位宣传昌江、展示昌江。整合基层新闻资源,在6个乡镇(街道)成立昌江融媒记者联络站;面向全市招募,成立50多名团员的昌江拍客团,用短视频的形式积极推介昌江;打造“帮你办”服务品牌,搭建政务、民生双向服务桥梁。在全省融媒体中心考核中,区融媒体中心成为全市唯一进入全省前20的县(市、区)。

4月23日,昌江区融媒体中心揭牌

【文化活动丰富多彩】 3月12日,由区委宣传部主动牵头编纂的中学生陶瓷文化通识教材举行首发仪式。10月18—22日,2021中国景德镇国际陶瓷博览会期间,承办第二届全国肢体残疾人书画文化节、张五常西周曹姬侯青铜展。积极开展农村文化“三项活动”。全区共送戏下乡演出49场次,观众达13720余人次,送电影下乡放映525场次,观众达18500余人次,组织乡镇开展各类文体活动14次,观众达4480余人次,文艺演出深受老百姓得欢迎。

【精神文明建设出新出彩】 全年推荐并创评131家市级文明单位,2家文明村镇,4所省级文明校园;另外45家省级文明单位和6家全国文明单位正在公示中。“好人文化”建设持续深化,辖区7人被评为“瓷都好人”;7人获评市级道德模范,2人获评省级道德模范,见义勇为道德模范周发春获全国道德模范提名奖;方小兵、黎冬胜入围“中国好人”侯选人;胡美娟、王小芳2人获2021年全市“新时代好少年”称号。志愿服务广泛开展,全区注册志愿者数31119人,志愿组织数363个,项目数7023个,总服务时长166.47万小时,新时代文明实8个专项志愿服务队累计开展活动50余场,参与人数达2000多人。区常态长效创建全国文明城市工作扎实推进,网上申报材料由昌江区牵头的9项材料,并全部完成。

【党史学习教育见行见效】 扎实推进全区党史学习教育各项工作,共组织召开6次党史学习教育领导小组会议,10次办公室会议;区委理论学习中心组集体学习党史相关内容12次;区融媒体中心宣传平台共刊发党史学习教育相关报道715篇,在中央、省级媒体上稿116篇;编发简报24期,在市简报上稿9篇,省简报上稿6篇;全区24项重点民生项目中的20项全部完成,办结率83.3%;帮助居民群众积极解决“为民解忧事项”1868件、“小事不小事项”614件。全区62家学教单位紧扣“规定动作”做到位，“自选动作”有特色，因地制宜，创新形式，在为民办实事上形成“一镇一品”。比如：鲇鱼山镇“嫂子帮帮团”、丽阳镇“一地鸡毛信箱”、新枫街道24小时服务热线、西郊街道“小蜜蜂在行动”志愿服务队。

【陶瓷文化教材出版发行】 3月12日，《景德镇陶瓷文化》校本教材出版发行，并在景德镇市第五中学举行首发式。该校本教材分为初一年级读本《景德镇陶瓷史话》和初二年级读本《景德镇陶瓷文化》，前者纵向讲述灿烂辉煌的景德镇陶瓷历史知识，后者横向讲述丰富多彩的陶瓷文化知识。教材的出版发行，为普及陶瓷知识、弘扬陶瓷文化、促进地方文化教育具有重要作用。该教材的编辑出版由中共昌江区委宣传部发起，昌江区、市教育局和景德镇学院共同参与编纂。

【“亲情连线”工作室上线运行】 7月16日，丽阳镇洪家村新时代文明实践站，3名留守儿童与远在浙江务工的父母进行视频通话，实现网上团聚。党史学习教育开展以来，区委宣传部依托新时代文明实践中心，在各村（社区）统一设立“亲情连线工作室”，为广大群众特别是留守老人、留守儿童提供与家人常态化联系交流的空间和服务平台。

“亲情连线”工作室上线运行。图为丽阳镇留守儿童通过视频连线与父母联系

【开展“流动课堂”基层宣讲】 11月23日，区委宣传部组织“流动课堂”，深入荷塘乡殊源坞新时代文明实践点的农家大院，宣讲中共十九届六中全会精神，当地党员干部与村民一同围坐在一起聆听宣讲。活动还在全区各乡镇、街道村（社区）开展。此项举措，有助于基层党员群众深入理解和准确把握中共十九届六中全会的丰富内涵和精神实质，同时推动党的创新理论“飞入寻常百姓家”。

（夏子俊）

主要负责人名录

区委常委、区委宣传部部长：程步才（至2021.8）
汪德胜（2021.8任）

常务副部长：许荣崽（2014.8任）

副部长：周庆辉（至2021.10）
陈玉芳（女，至2021.10）
王志强（2021.11任）

统一战线

【概况】 2021年，全区统一战线工作在市委统战部的精心指导和区委的正确领导下，各领域统战工作有序平稳开展，统一战线凝聚力更加增强，重要法宝作用更加彰显，创新发展基础更加坚实，呈现出开拓创新、奋发有为、团结和谐的良好局面，为全区经济社会高质量发展做出积极贡献。

【全面加强统一战线工作】 2021年，区委统战部发挥参政党服务大局作用。通过召开党外人士通报会、协商会、座谈会等，落实好区委领导与各民主党派、工商联、无党派人士联谊交友工作，建立健全区委常委与新社会阶层代表人士列名联席制度，为党外人士参政议政、发挥作用，搭建平台，创造条件。组织开展全区统一战线大调研。充分发挥“党外智库”作用，支持各民主党派、工商联和无党派人士围绕常态长效创建、国家陶瓷文化传承创新试验区建设、区第十二次党代会确定目标任务等中心工作积极建言献策。加大工作经费保障。区委、区政府在每年5万元工作经费的基础上，另下拨30万元专项经费，助力各民主党派、知联会、新联会开展活动和用于加强自身建设。认真落实中央和省、市关于支持民营经济发展各项政策措施，扎实搞好服务企业工作，在搞好政策宣传、抓好融资平台、拓展服务内容等方面持续发力，并在全市率先挂牌成立非公有制经济发展服务中心和非公有制企业维权服务中心，不断推动各项惠企政策落地落实落细，努力把优化营商环境行动引向深入。做好党外人士工作。根据部门职能，对党外人士情况进行全面摸底调查，进一步完善党外代表人士人才库，做好非公经济代表人士综合评价，坚持政治标准，切实把那些政治上能够与党同心同德、有较强的参政议政能力和组织领导能力，德才兼备、能充分发挥先锋模范作用的优秀党外人士选拔上来，密切配合区人大、区政协圆满完成换届选举工作。做好侨务工作。建立挂点联系侨资企业制度，关心帮助侨胞侨眷发展，做好服务，认真摸排在景港澳台同胞及乡亲信息，积极培养海外代表人士队伍，成立八方工艺瓷画院“侨胞之家”，并举办第一次侨胞侨眷交流联谊“廉政文化陶瓷笔会”活动。

【确保宗教领域和谐稳定】　加强对宗教工作领导。把相关工作纳入党委意识形态工作责任制，纳入重要议事日程，及时调整宗教工作领导小组，确保各项政策和工作落到实处。破解宗教难点问题。全力破解宗教领域重点难点问题。抓好宗教学习宣传。抓好学习培训和宗教政策法规学习宣传，通过开展全区宗教干部培训会，印发《宗教工作应知应会手册》等方式，有效提升各级领导干部处理宗教事务的能力和全区宗教界的法治意识。夯实宗教工作基础。进一步加强宗教工作基层基础建设，严格落实宗教工作三级网络两级责任制，确保宗教工作有人做、宗教场所有人巡的机制落地。抓好宗教规范管理。持续推进宗教活动场所“四进”活动有效覆盖，通过建立完善信教群众、教职人员、宗教活动场所等台账，抓好宗教工作的规范管理。消除宗教场所安全隐患。在继续做好疫情防控措施的基础上，开展消防安全培训并完成景德禅寺、甘露寺、旸俯寺3个场所的微型消防站建设，为加快推进宗教场所“微型消防站”建设的有效覆盖打下基础。

【区新联会赴南昌开展考察联谊活动】　7月16日，区委统战部率昌江区新联会一行13人赴南昌市东湖区新联会开展考察联谊活动。考察团一行先后参观东湖区新联会依托自身资源打造的鸿基伟业装修行业消费者权益保护创新示范基地、北京市京师(南昌)律师事务所社会组织创新实践基地，并举行座谈会。

【吴财锋到昌江区调研统战工作】　9月15日，市委常委、市委统战部部长吴财锋到昌江区调研统战工作。市城投集团党委书记、董事长陈鸿云，昌江区委书记倪卫春，区委常委、区委统战部部长周薇等陪同。

9月15日，市委常委、市委统战部部长吴财锋(前排中)在昌江区调研统战工作

【区非公有制经济发展服务中心和维权服务中心成立】　12月2日，区非公有制经济发展服务中心和非公有制企业维权服务中心举行揭牌仪式。市委统战部副部长、工商联党组书记谭学军，昌江区委书记倪卫春为仪式揭牌。

(甘　泉)

主要负责人名录

区委常委、区委统战部部长：乐先锋(至2021.8)
周　薇(女，2021.8任)
常务副部长：唐建昌(至2021.9)
张小乐(2021.9任)
副部长、工商联党组书记：江燕红(女，至2021.9)
吴祖爱(2021.9任)

深化改革

【概况】　2021年，区委全面落实党中央和省委、市委有关改革工作的各项决策部署，坚持问题导向和目标导向，强化协同，聚力攻坚，较好完成全年深化改革各项目标任务，为全面建设现代化魅力新昌江注入强大动力。

【推动营商环境持续优化】　1月20日,区行政服务大厅卫健窗口正式“一站式”办理重大疾病免费救治审批。昌江区创全市一流政务服务大厅,投入资金近2000万元,打造区政务服务大厅并投入使用。推动政务服务法治化、规范化、标准化,完成第一批120余项办事指南编制工作。深化“一件事一次办”改革,设立企业开办、婚姻登记与婚检“一链办”专区,变群众“多次跑”为“一次办”。创新推出免费刻制、免费帮代办、免费复印、免费邮寄证照、延时预约等服务,改进24小时自助服务区建设,推进政务服务“好差评”“无证办理”“异地通办”“惠企政策兑现”等举措。

【推动财政资金提质增效】　11月,出台《昌江区“零基预算改革实施方案”》,将绩效理念作为实行“零基”预算的重要支撑,实行预算执行中预算单位绩效目标运行监控与区财政绩效目标重点评价“双监控”,落实“三保”(保工资、保运转、保民生)和“三减”(压减一般性项目支出、压减公用经费、压减资本性支出)要求,从零开始,全口径、科学编制预算。全区85家预算单位纳入“零基”预算改革试点范畴,收回结余结转资金1938万元,节约财政资金2147万元,可用财力较上年增加1000万元。积极推进预算管理一体化改革、财政电子票据改革、政府采购改革,保障全区各部门有序运转。

【激发市场主体活力】　11月30日,高分通过国家知识产权强县试点建设验收。昌江区实施国家知识产权强县工程试点工作,成立领导小组,制定出台《昌江区实施国家知识产权强县工程试点工作实施方案》以及一系列知识产权管理配套政策,举办知识产权培训班10余次,试点期间,全区28家企业获得“区知识产权优势示范企业”,80家企业通过国家高新技术企业认定,成功获得专利授权795件,万人拥有专利5.35件,市场主体突破3万户。

【工业倍增成效显著】　9月28日,鱼山医药产业园暨凌富医药项目顺利开工;10月28日,鱼丽电子信息产业园项目正式开工;11月30日,占地132亩、投资20亿元的美科绿色LED照明产业园项目正式签约,可为周边群众提供就业岗位1200余个。围绕生物医药和电子信息两个优势产业,依托富祥药业、宏亿电子等龙头企业,大力开展招商引资和招大引强。全年落地50亿元项目1个、20亿元项目1个、亿元以上项目14个。

【经济体制改革持续深化】　落实经济体制改革任务67项,并取得阶段性成果。探索“一园区一平台”建设,推动美科、晨丰等“20”(亿元)项目落地,加快推进鱼丽电子信息产业园,全力推进鱼山医药产业认定工作,着力打造全国LED产业头部平台。围绕乐平高铁北站做足文章,加快推进乐(平市)昌(江区)产业协作示范园建设。组织20余家企业参加“赣出精品”评选活动,江西富祥药业股份有限公司入选首届“赣出精品”认定名单。推进“映山红行动”,共有8家企业正式对接。

【深化生态文明改革体制】　落实生态文明体制改革任务30项。制定《昌江区加强塑料污染治理的实施方案》,推进河长制、林长制工作,全面启动全域土地综合整治试点工作和国土空间生态修复规划工作。出台《2021年昌江区推进长江经济带发展工作要点》《昌江区护绿提质量2021年行动》等文件,指导8家企业成功申报省级专项资金,推进4个贫困村建设村级光伏扶贫电站。以“护绿提质2021行动”为抓手,完成人工造林294亩,退化林修复1001亩,封山育林3309亩,森林抚育12000亩次。丽阳镇山田村通过省级森林村庄审核工作。推进生态文明示范区、示范基础建设,开展昌江区2021年生态文明宣传月活动,联合市直相关部门开展生态文明宣传月、节能宣传周、世界环境日等重大活动。

【深化农业农村改革】　落实农业农村体制改革任务17项。围绕郭璞峰及月亮湖环线,集中打造20个新农村建设点。巩固脱贫攻坚成果,选优配齐村“两委”班子,按照“五个一批”目标,共选派驻村干部53人;投入资金2000万元,推进光伏、油茶、马家柚、甘蔗糖、养鸡等产业扶贫项目37个,基本形成城乡供水一体化格局。推进2万亩高标准农田项目。建立完善理事会、监事会和社员代表大会“三会”的供销合作社体制机制,成立区易农供销发展有限公司,基本完成“互联网+第四方物流”供销集配体系建设。推进农村人居环境整治,制定印发《昌江区村庄整治建设专项提升行动实施方案(2021—2025年)》等文件,积极开展“清洁家庭”评比、“清扫农村田间地头卫生”等系列活动，全区农村垃圾无害化处理率达100%。推进村级社会治理试点工作，丽阳镇枫林村被认定为第二批“全国乡村治理示范村”。

【深化民主法制改革】　落实民主法制领域改革任务4项。制定出台《昌江区人民代表大会常务委员会关于加强国有资产管理情况监督的决定》。健全区政协协商工作机制。通过区委常委会、区委理论学习中心组学习等形式，集中学习《中国共产党统一战线工作条例》，并将其纳入区委党校教学内容。推进区委党校用学术讲政治教学改革，先后开发党史教学课程、习近平在庆祝中国共产党成立100周年大会上的讲话精神课程、中共十九届六中全会精神等重点课程12节次，打造习近平新时代中国特色社会主义思想教学培训课、特色课程、精彩现场，共培训50多课次、1300余人。

【深化文化体制改革】　落实文化体制改革任务9项。紧扣中国共产党成立100周年主题，组织做好全区庆祝活动。结合党史学习教育，开展近百余场各类形式的宣传教育活动，开展各类形式活动2400余次，在全区掀起学习宣传热潮。落实省委宣传部关于促进全省全民阅读工作的若干举措，组织开展各类阅读活动。深化拓展新时代文明实践中心、所、站建设试点，重点打造徐湾村、江联村、童坊村、官庄村、十八渡分场5个新时代文明实践站，累计开展活动150余场、受众2000多人。区融媒体中心第三季度获全省县级融媒体中心评估考核前20名的好成绩。建立外宣工作联席会议机制，健全志愿服务体系、应急志愿服务协调机制。全年组织开展志愿服务活动50余场，在册志愿者3.1万人，志愿组织数363个，项目数7023个，总服务时长突破166万小时。

【深化社会体制改革】　落实社会体制改革任务28项。在全系统扎实开展政法队伍教育整顿，全年共接收、受理涉及政法系统干警、单位的信访举报11件、问题线索6件，办结16件，共处理8人，给予纪律处分4人。完善党委政法委执法监督机制。全年共排查涉法涉诉信访案件6件，完成率100%。全面推进一站式多元解纷和诉讼服务体系建设。深入推进民事诉讼监督一体化办案机制改革，组建民事诉讼监督案件一体化办案组，全年共受理案件6件，办结4件。拓宽公益诉讼案件范围，积极稳妥办理安全生产、公共卫生、文物和文化遗产保护等领域公益诉讼案件。全年共办理3起文物和文化遗产保护案件、10余起公共环境卫生案件、3起安全生产案件。深化公安“放管服”改革。开展上门、预约服务60余人次，完成亲友代办服务370件，开展省内迁移急办件服务71件。深化网格化管理，提升社会治理智能化水平。目前，全区网格总数达171个、新增28个，实现1000人一个网格，全区6个乡镇（街道）、71个村（居）委会均成立综治中心，实现区、乡、村三级综治中心建设全覆盖。

【深化党建制度改革】　落实党建制度改革任务5项。推进党的组织制度改革。贯彻落实《中国共产党组织工作条例》，召开全区组织工作会议。推进党的基层组织建设制度改革。贯彻落实新修订的《中国共产党地方组织选举工作条例》，研究制定《昌江区村（社区）党组织和第十一届村（居）民委员会选举工作实施方案》，高标准完成村（社区）“两委”换届选举工作，“一肩挑”工作完成率100%，大专以上文化程度较换届前提高34%，平均年龄较换届前降低5岁，致富能手较换届前提高63.7%。贯彻落实《中央关于选派第一书记长效机制的意见》，下发《关于持续做好区派单位2021—2023年定点帮扶工作的通知》，向全区21个村持续选派驻村工作队和“第一书记”。

【深化纪检体制改革】　全年落实纪检体制改革任务8项。强化党对反腐败工作的集中统一领导。印发《关于落实党风廉政建设和反腐败任务分工的通知》。推进纪检监察工作规范化法治化建设。举办审查调查安全专题学习会，组织纪检监察干部参加市纪委市监委举办的审查调查安全业务培训。推进执纪执法贯通、有效衔接司法。健全完善《昌江区反腐败协调小组工作规则》，加强驻区人民检察院纪检监察组的人员配备、待遇保障。坚持依法依规、审慎稳妥做好区监委向区人大常委会报告专项工作，加强对乡镇（街道）监察办向本级人大常委会报告专项工作的统筹指导。深化派驻机构改革。定期召开驻在单位“党风廉政建设工作推进会”及“驻在单位工作联席会”，完善《关于对乡镇（街道）纪（工）委实施年度单列考核的工作方案》。深化巡视巡察整改成果运用。出台《关于加强区委巡察机构与区纪委区监委有关部门协作配合的意见》《昌江区纪委区监委落实常委（委员）分片负责制工作实施方案（试行）》等文件，实行巡察整改情况由区纪检机关、组织部门、巡察办、巡察组共同审核把关，推动巡察整改情况“四方联审”制度执行到位。大力开展政治谈话。制定《关于区委、区政府领导开展政治谈话有关安排的建议》《区委主要领导开展政治谈话工作方案》，在全区范围深入开展政治谈话。扎实开展监督执纪。全年共处置问题线索166件，立案64件，结案35件，给予党纪政务处分33人，涉嫌犯罪移送检察机关2人，运用四种形态处理139人次。

【强化深化改革工作】 区委深改委由区委主要领导牵头抓总。针对各项改革任务，结合区委督查工作计划，区委深改委确定19项年度督查事项，定期听取进展情况汇报或开展现场督查，统筹协调推进。修改完善《区委深改委工作规则》《区委深改委改革专项小组工作规则》《区委改革办工作细则》等规则，并制定出台《区委深改委2021年工作要点》和八个专项小组《2021年工作计划》。

党史地志

【概况】 区委党史工作办公室成立于1970年，始称区史组，1980年改称“区史办公室”，1996年易现名。根据昌办发〔2003〕19号文件精神，区委党史办为区委直属参照执行公务员制度的正科级全额拨款事业单位，核定编制数为4个，领导职数为1正、1副。2019年机构改革时未涉改，2021年事业单位改革时不再保留，并与同步撤销的区地方志办工作职能合并，新组建区委党史地志办公室，为区委直属公益一类正科级全额拨款事业单位，核定人员编制为8名，领导职数为主任1名、副主任2名。

2021年，区委史志办紧抓庆祝中国共产党成立100周年和全党开展党史学习教育的历史契机，紧扣主责主业，充分发扬“一天当作两天用，三步并作两步走”的工作作风，用心用情谋划工作，一心一意抓好落实，圆满完成全年各项工作任务。

【抓好《党史文苑》杂志学刊用刊工作】 1月，共组织全区各单位征订2022年度《党史文苑》杂志（省委唯一党史期刊）335份，连续10余年超额完成省委党史研究室下达的“年度300本”工作任务，一直保持在全省前十的排位，并连续10多年为全区30余名离退休老干部赠阅该杂志。

【罗文军到荷塘党史教育基地接受教育】 2月25日，于2月24日履新的区委书记罗文军首站到荷塘乡调研。他首先来到荷塘市级中共党史教育基地瞻仰革命烈士纪念塔。并表示作为党委第一责任人，到昌江区工作后，非常有必要来到荷塘党史教育基地与大家一起重温党史、缅怀先烈，倡导发扬荷塘精神。区领导吴艳、刘泽巍陪同。

【胡雪梅到荷塘党史教育基地接受教育】 4月5日，于4月1日履新的市委副书记、市政府党组书记、市长候选人胡雪梅到荷塘党史教育基地开展党史学习教育，向革命烈士敬献鲜花，深切缅怀革命先烈丰功伟绩。她强调，荷塘的革命斗争史和建设史，既是一部可歌可泣的奋斗史，也是共产党人坚守初心、担当使命的生动写照。荷塘精神是全市宝贵的精神财富，要在保护好红色文化资源的同时，深入挖掘红色文化内涵，传承红色基因，努力让“自力更生、艰苦奋斗、勇于开拓”的荷塘精神在新时代绽放新光芒。市政府秘书长张维汉，区领导罗文军、倪卫春、程步才陪同。

【童坊村获评第一批省级红色名村】 4月9日，省委组织部、省委宣传部、省委党史研究室、省农业农村厅联合下发《关于确定第一批省级红色名村名单

8月20日，区委史志办召开创全省精品年鉴研讨会

的通知》（赣组字〔2021〕19 号）文件，全省共有 90 个村获评“第一批省级红色名村”。童坊村作为闽浙（皖）赣革命根据地区域入选，是全市 3 个入选的红色名村之一。7 月初，位于该村的荷塘精神红色教育基地，入选省委宣传部新命名的 22 家“第六批江西省爱国主义教育基地”名单，填补全区无省级红色爱国主义教育基地的空白。

【中共昌江区委党史地志办公室揭牌】　4 月 23 日，中共昌江区委党史地志办公室揭牌仪式举行，区领导王天才参加仪式。根据 3 月 11 日《区委办、区政府办关于印发〈昌江区深化事业单位改革试点工作实施方案〉的通知》（昌办发〔2021〕1 号）和 3 月 27 日《区编委关于组建中共昌江区委党史地志办公室的通知》（昌编发〔2021〕34 号）文件精神，不再保留区委党史工作办公室和区地方志编纂委员会办公室，组建区委党史地志办公室，原在编人员整体划转至区委党史地志办公室。

【黄晓波到荷塘党史教育基地接受教育】　5 月 10 日，省委党史学习教育第五巡回指导组组长黄晓波率队到景德镇市指导党史学习教育工作。期间，黄晓波深入荷塘党史教育基地瞻仰革命烈士纪念塔，向革命烈士敬献鲜花，参观红色文化教育展馆，深入了解昌江红色历史及革命先烈事迹，充分感悟“自力更生、艰苦奋斗、勇于开拓”的荷塘精神。市委常委、市委宣传部部长刘朝阳，区领导罗文军、程步才陪同。

【全市史志工作会议在区召开】　6 月 2 日，全市史志工作会议在昌江区荷塘乡殊源坞新时代文明实践点召开。市党史和地方志工作办公室全体人员和各县（市区）党史办（地方志办）主任参加会议。会议对上半年工作进行小结，对下半年工作进行部署和调度。区分管领导王天才代表区委到现场看望全体参会人员。

3 月 30 日，中共景德镇第一个党小组创始人向法宜及刘肩三后人座谈会在昌江区举行

【殊源坞中共党史教育基地揭牌】　6 月 21 日，作为全区党史学习教育“红色走读”现场教学首次活动的主要内容之一，中共昌江区党史教育基地揭牌仪式在荷塘乡童坊村殊源坞新时代文明实践点冒雨举行，区领导罗文军、李恩清共同为教育基地揭牌，陈华清致辞，并宣布中共景德镇地方党史文献文物展开幕。一年来，该教育基地共接待参观学习的单位或人员近 200 批次，“红色讲堂”免费开讲“中共景德镇地方党史”党课 60 余场次，成为省内响当当的党史学习教育品牌，省、市、区各级领导给予充分肯定，中国共产党新闻网、人民网等媒体和省委党史学习教育工作简报作报道或转载。

【区四套班子领导到荷塘开展党史学习教育】　8 月 14 日，于 8 月 12 日履新的区四套班子领导到荷塘党史教育基地开展党史学习教育。倪卫春、伊文斌、江智峰、李恩清、陈华清等区四套班子领导参加活动。活动由伊文斌主持。

【省委党史研究室领导到区作专题宣讲报告】　8 月 19 日，省委党史学习教育宣讲团成员、省委党史学习教育领导小组办公室材料简报组组长、省委党史研究室副主任刘津，应邀来区作学习贯彻习近平在庆祝中国共产党成立 100 周年大会上的重要讲话精神专题宣讲报告。区委书记倪卫春主持报告会并讲话。区领导伊文斌、江智峰、李恩清、陈华清等区委理论学习中心组成员参加学习。此次宣讲报告会，由区委党史办负责做好沟通对接、陪同等相关具体工作。

【做好《区委书记和区委副书记、区长执政实录》资料收集】　12 月底，2021 年度《区委书记执政实录》《区委副书记、区长执政实录》资料收集工作全面完成。成为全市唯一一个自 2016 年换届以来，坚持为县（市、区）委书记记录工作纪实的县（市、区）。为进一步做好该项工作，自元月 1 日起，同步启动《区委副书记、区长执政实录》资料收集工作。

【参与区委中心工作】 积极参与区委党史学习教育领导小组办公室及材料简报组工作。自3月16日全区党史学习教育动员会召开以来,全年共编发区本级工作简报42期,在市委工作简报用稿10篇、省委工作简报用稿13篇。其中,省委工作简报用稿数量与乐平市并列全市第一,整段篇幅的综合用稿数与广信区、袁州区并列全省第二。

【多举措发挥党史资政育人作用】 4月中旬,与区融媒体中心联合拍摄的《党史学习教育生动教材——市级中共党史教育基地昌江区荷塘》短视频制作完成,并积极向省、市党史部门推荐;4月19日,与区委宣传部、区社联联合下发《关于开展“学党史、感党恩”主题征文活动的通知》(昌社字〔2021〕2号),启动为期近2个月的党史学习教育征文和评选活动;6月4日,与区档案馆联合在殊源坞新时代文明实践点召开红色档案征集座谈会;自全区党史学习教育启动以来,与区融媒体中心在区官方微信公众号“魅力昌江”联合推出《党史耀初心》栏目,将区域内党史遗址遗迹、革命故事、革命人物搬到“线上”;8月5日,与景德镇广电报业传媒联合拍摄的全市首部地方党史纪录片——《寻访1926》制作完成,并自即日起在景德镇广播电视台连续播出。

【《昌江年鉴(2021)》编纂工作启动】 4月15日,区委办、区政府办转发《区地方志办关于〈昌江年鉴(2021)〉编纂方案》的通知(昌发电〔2021〕4号)文件下发,标志着《昌江年鉴(2021)》编纂工作正式启动。根据国家地方志指导小组关于建立“一年一鉴,公开出版”长效机制的工作要求,省、市、县三级综合年鉴必须在第二年内实现公开出版。

【事业单位机构改革】 根据3月11日《区委办、区政府办关于印发〈昌江区深化事业单位改革试点工作实施方案〉的通知》(昌办发〔2021〕1号)和3月27日《区编委关于组建中共昌江区委党史地志办公室的通知》(昌编发〔2021〕34号)文件精神,不再保留区地方志编纂委员会办公室,与同步撤销的区委党史办工作职能合并,新组建区委党史地志办公室。为区委直属公益一类正科级全额拨款事业单位,核定人员编制为8名,领导职数为主任1名、副主任2名。区委史志办的成立,结束自2013年11月以来,区地方志办无在编在岗人员、日常工作均由区政府办工作人员临时代管的尴尬局面。4月23日,中共昌江区委党史地志办公室揭牌,区划片责任领导王天才参加揭牌仪式。

【参加全国地方志工作机构新任负责人培训班】 7月18—24日,区委党史地志办负责人作为全省100个县市区的4名代表之一,参加在山东济宁干部政德教育学院举办的全国地方志工作机构新任负责人培训班,并作为近150名学员中的4名学员代表之一,在结业式上做交流发言,介绍昌江区地方志工作情况和学习体会。

【参加全省地方志工作机构负责人会议暨业务培训班】 12月7—9日,区委党史地志办负责人在南昌参加全省地方志工作机构负责人会议暨业务培训班。其中,7日省社科院党组成员、副院长兼省地方志研究院院长甘根华在工作报告中,2次点名表扬昌江区地方志工作,并将其纳入随后播放的《2021年设区市地方志工作亮点展》短视频和“方志江西”官方微信公众号进行推送。

【徐坊村村史馆建成】 12月底,经过近一年时间的深入挖掘和精心整理,由区委党史地志办负责的鲇鱼山镇徐坊村村史馆圆满完成资料展陈工作。该村史馆的建成,实现全区村史馆建设“零”的突破。

【加大地方文化挖掘和宣传力度】 2021年,编纂完成全区历史文化调查系列丛书“古镇丽阳文化概览”。指导丽阳镇拍摄“昌江十里过丽阳”地情资料片和古镇丽阳、三闾庙明清古街、《昌江古代诗文选集》出版发行等信息,先后在省地方志研究院官方微信公众号“方志江西”推出。

(施启权)

主要负责人名录

主　任:施启权(2015.1任)

党校教育

【概况】 区委党校创建于1976年10月,现为区委直属公益一类事业单位,正科级。在职人员2名。

2021年以来,在区委的正确领导下,区委党校以庆祝中国共产党成立100周年为契机,努力克服新冠肺炎疫情带来的不利影响,积极采取应对措施履责尽职。全年共举办各层级党员干部培训轮训班24个班次,培训人员1950人次以上。开展送党课下基层活动20场次以上。

【党员干部培训中心启用】 3月,区委党校党员干部培训中心投入使用。该中心于2020年9月依托原荷塘中心校舍进行改造,并于2020年底改造完成。2021年,培训中心先后举办各类培训班18个,参加学习人数1500余人次。

【党史学习教育主题课程实现全覆盖】 提前筹措党史学习教育专题教学课程,为基层党组织开展党员学习教育专题培训提供高质量教学服务。一年来,先后有6个乡(镇)、街道、12个区直部门和6个村(社区)党组织开展党史学习教育专题培训,参加培训的学员超800人次。协助开展全区"红色走读"活动,为12批次"红色走读"提供教育教学资源支持近500人次到党校参加学习。

【举办全区科级干部轮训班】 受区委组织部委托,按照"1+6"方式,举办全区科级干部学习贯彻中共十九届五中全会精神培训班6个班次、330余名科级干部在培训中心参加学习。

【举办全区政协委员履职培训班】 11月,举办区第九届政协委员培训班。培训共分作3期进行,先后安排党史及政协史专题、履职能力提升专题、中共十九届六中全会精神专题、弘扬荷塘精神专题教学,160余名政协委员参加培训。

5月20—22日,全区领导干部学习贯彻中共十九届五中全会精神专题研讨暨能力提升培训班举办

【举办"流动课堂"送课进基层】 区委党校先后与区委宣传部、区社科联合作开展送党课下基层活动,为鱼山村、慈义村、芦源村、十八渡社区、昌江实验学校等基层党组织送课10余节;先后组织4名理论宣讲骨干(兼职教师)参与基层理论宣讲,开展宣讲20场次以上。

【通过全省党校办学质量评估】 7月,区委党校接受市委党校的办学质量评估。此次评估是根据省委组织部、省委党校的统一部署进行的。区委党校认真进行准备工作,既对工作中的成绩进行实事求是的总结,又对自身存在的诸多不足进行认真查找。11月上旬,顺利通过市委党校评估。

【现场教学课在省网络干部学院上线】 由区委组织部、区委党校联合拍摄的现场教学课程"弘扬荷塘精神 感悟初心使命 勇做新时代的奋斗者",文本入选省委党校编纂的现场教学教材《推进红色基因传承》。教学视频于12月起在江西省网络干部学院作为选学课程上线,选课人数已超6000人次。

【理论及资政研究取得新成效】 兼职教师王芳申报的课题"关于我市森林康养产业发展的必然性与未来路径的思考"在市社科联立项并顺利结项;课题"以人民为中心的发展理念是强化国家韧性的根本要素"在市委党校立项;课题"关于伟大建党精神与荷塘精神的比较研究"获区社科联立项,并形成预定成果顺利结项。

(范惠清)

主要负责人名录

校　长:吴　艳(至2021.3)
江智峰(2021.8任)
常务副校长:姜进雪(2016.12任)

机构编制

【概况】 1989年4月28日,区机构编制委员会成立,下设办公室,办公室与区劳动人事局合署办公。2004年下设副科级事业单位登记管理局。2009年区机构编制委员会办公室单独设立,列区委工作序列。2015 年事业单位登记管理局增挂事业单位机构编制储备管理中心的牌子。2019 年 1 月更名为区委机构编制委员会办公室,作为区委工作机关,归口区委组织部管理;2016 年 3 月,设立中共昌江区机构编制委员会办公室党支部,2019 年 1 月更名为中共昌江区委机构编制委员会办公室支部,共 3 人,现有工作人员 4 人。2021 年 3 月设立区机构编制实名制管理中心,撤销事业性质的区事业单位登记管理局,同时在区委编办综合股加挂区事业单位登记管理局牌子。

【深化事业单位改革试点】 2021 年,区委、区委编委高度重视全区深化事业单位改革试点工作,主要领导亲自挂帅,靠前指挥,各责任单位密切配合,协同推进,各涉改部门主动担当,积极作为,在规定时限内顺利完成改革试点各项任务。改革后,全区涉改事业单位由 78 个精简为 59 个,精简率 24.35%,其中正科级事业单位 11 个,副科级事业单位 21 个,股级事业单位 27 个。

3 月 12 日,昌江区深化事业单位改革试点工作动员部署会召开

【重大制度机制和职责调整】 6 月 19 日,区扶贫办公室重组为区乡村振兴局,仍为区政府工作部门,正科级,由区农业农村水利局统一领导和管理。不再保留区扶贫开发领导小组,其职能并入区委农村工作领导小组。主要负责巩固拓展脱贫攻坚成果、统筹推进实施乡村振兴战略有关具体工作。区扶贫办公室承担的水库移民管理职责划转至区农业农村水利局。将区乡村振兴发展中心更名为区农业农村产业发展服务中心,仍为区农业农村水利局所属副科级公益一类事业单位。各乡镇(街道)挂牌设置的扶贫工作站,统一更名为乡村振兴工作站。积极承接原市粮食局昌江分局承担的行政职能。根据《市委办公室、市政府办公室关于印发〈景德镇市深化事业单位改革试点工作实施方案〉的通知》(景办发〔2021〕3 号)文件精神,承接原市粮食局昌江分局承担的行政职能,并划转至区农业农村水利局。

【机构编制核查工作】 根据省委、市委编办关于开展机构编制核查工作的相关要求,及时印发《第二次全区机构编制核查实施方案》,成立工作专班,积极与组织、财政、人社等部门协调,全力开展机构编制核查各项工作。本次核查为全口径核查,包括机构编制管理范围内的全区各类机关和事业单位。重点核查机构批复和实际设置、编制核定和实有人员、领导职数核定和配备情况及实名制数据等。本次核查与 2021 年度机构编制统计及实名制数据报送工作统筹推进,数据采集标准时点为 2021 年 12 月 31 日,以年报数据上报。通过核查,实名制系统中的机构信息全部核对调整到位,机构编制台账全部梳理完成,各单位人员信息实现应填尽填,并与组织、人社、财政等部门相关数据进行比对。

【机构编制日常管理】 对全区党政机构的内设机构设置进行规范和调整。调整社区矫正机构设置,在区司法局内设的社区矫正管理股(安置帮教工作股)加挂区社区矫正管理局牌子,依法承担区政府社区矫正工作职责。加强人员上下编管理。制定《关于进一步规范全区机关事业单位人员上下编程序的通知》文件,对各单位编制的核定以及人员上下编的程序进行规范;加强全区人员编制实名制动态管理,实时掌握全区编制使用情况,有效地促进全区机构编制的规范管理。积极探索体制机制创新。为有效解决公办幼儿园教职工编制严重缺乏的情况,积极探索公办幼儿园人员总量管理制度,着力构建编内编外相结合和购买服务的多元用人机制,拓宽公办幼儿园教职工来源渠道。

【事业单位登记管理】 全年共办结 142 项事业单位登记事项,其中设立登记 6 家、变更登记 17 家、年度报告 105 家、注销登记 13 家、证书补领 1 家。为 19 家党政群机关单位变更了统一社会信用代码证。统一社会信用代码赋码工作实现全覆盖。

(黎 玲)

主要负责人名录

主　任:汪立琴(女,2018.2任)
副主任:孔　伟(2016.12任)

信访化解

【概况】 区委信访局成立于2002年,下设督查室、接访室、办公室以及下属事业单位"12345"为民服务热线中心。

2021年,区委信访局接待群众来访共232批、437人次(同比上年批次上升8.96%,人次下降9.52%)。其中,初访118批、283人次(同比上年批次下降11.94%,人次下降18.91%),重复访114批、154人次(同比上年批次上升46.1%,人次上升14.93%);集体访24批、180人次(同比上年批次下降17.24%,人次下降15.89%)。

区为民服务热线中心共受理市热线中心交办件1575件(同比上年上升97.4%),网上信访件160件(同比上年下降63.7%),均按时限进行办结。全区信访件及时受理率99.1%(较上年下降0.6个百分点),责任单位及时受理率100%(较上年上升0.5个百分点),及时办结率100%(较上年上升0.5个百分点),群众对信访部门满意率42.86%(较上年下降52个百分点),群众对责任部门满意率35%(较上年下降62个百分点)。

【举办全区信访干部信访业务知识培训会】 9月16日,在区委党校培训中心举办全区信访干部党史教育及信访业务知识培训会,区有关单位、部门负责信访工作的人员以及各乡(镇)、街道分管领导、信访办主任参加会议。

【持续推动专项治理工作】 4月,落实省、市《关于开展集中治理重复信访、化解信访积案专项工作实施方案》文件要求,开展"奋战60天、全面化解信访积案"专项工作。9月底,国家信访局第一批交办的23件重复信访积案,化解录入23件,并全部经省局、国家局审核通过。同时,省级交办1件,仍在进一步处理中;市局交办1件,已化解;区本级排查交办的6件,已全部化解。

【印发信访有关工作安排】 12月28日,区委信访办公室印发《2021年上半年昌江区县级领导接待群众来访工作安排》的通知,就全区2021年上半年县级领导接待群众来访作出具体安排,领导干部定期接待群众来访,积极化解人民内部矛盾。

【领导干部接访和领导包案下访】 区委信访局就区县级领导接访作出妥善安排。区党政主要领导带头接访、下访处理信访问题。全区各级各部门认真贯彻落实省、市、区关于加强领导干部接访、下访的有关规定,坚持领导轮班接访、带案下访、回访制度,提高领导干部接访、下访解决突出问题的效果。区委信访局规范领导接访工作,建好领导接访台账,做好领导接访记录,进行跟踪督办,积极主动向责任单位了解办理情况。对领导包案工作进行动态管理,在建好领导包案台账的基础上,及时掌握信访事项的办理情况并及时向包案领导报告。全年,区党政领导共包案21件,全部化解到位,化解率100%。

(钟海宁)

主要负责人名录

局　长:胡国华(至2021.10)
　　　　　戚丽莲(女,2021.10任)
副局长:蔡秀梅(女,2021.10任)

老干部

【概况】 区委老干部局成立于1990年,行政机构,人员编制2人。2021年,区委老干部局坚持"以人为本,服务为先"理念,认真落实好老干部政治生活待遇工作,不断转变作风和创新工作方式,发挥老干部政治优势。全年为老干部征订150份《老友》《老年报》等杂志。10月29日,区委老干部局组织退休老干部开展秋游活动。

【组织开展党史学习教育】 5月27日,组织全区离退休老干部22人及局全体党员干部到荷塘精神红色教育基地开展党史学习教育,重温入党誓词,邀请党史专家为老干部和党员作党史学习教育专题授课。

【组织老干部健康体检】 11月6日,组织老干部在第一人民医院体检中心进行健康体检。体检结束后,体检报告及时发放给每位老干部,使老干部通过体检能及时发现问题,加强日常保健,达到体检的目的。工作人员及时掌握老干部的身体情况，有针对性指导离退休老干部寻医、住院、取药，做到有病早发现、早预防、早治疗，让老干部真切感受到组织温馨的关爱之情。

【开展“冬送温暖”走访活动】 11月26日至12月3日，组织开展“冬送温暖”走访活动，走访慰问全区离休干部以及副县级以上退休干部，让老干部们感受到党和政府的关怀与温暖。

【为离退休老干部“送学上门”】 12月27—31日，采取登门入户、逐一拜访等方式，将中共十九届六中全会精神、党史学习教育资料汇编以及区委党代会报告、区人民政府工作报告等学习资料送到老党员手中。同时，宣讲党的最新方针政策，认真征求老同志对党史学习教育的意见建议，详细询问他们的身体状况、生活情况，把党组织的关怀和温暖送到每位老干部。

（汪艳梅）

主要负责人名录

局　长：鲁锐翔（至2021.7）
宁俊锋（2021.10任）
副局长：张克鹏（至2021.8）
汪金花（女，2021.10任）

关心下一代

【概况】 2021年，全区各级关工委紧密配合，上下联动，认真做好关心关爱各项工作，切实承担党赋予的工作责任，取得可圈可点的工作成绩。先后被省、市关工委授予先进集体称号，获中国关工委青少年法治宣传教育先进单位，关心下一代工作实现全国、省、市“三连冠”，开创区关工委成立30年来的最佳工作业绩，向中共党的百年大庆献上一份厚礼。

【开展中共十九届五中全会精神的宣讲】 上半年，组织编写《中共十九届五中全会精神宣传纲要》，分发到基层关工委及“五老”人员，系统学习中共十九届五中、六中全会精神。7月11日，组织全区关工委系统工作人员在荷塘乡召开学习习近平总书记在中国共产党成立100周年大会上的讲话座谈会议。组织全区各级的“五老”人员，深入各乡、镇、街道、村、中小学校和机关单位分期分批组织学习宣讲活动。做到宣讲计划统一制定、宣讲材料统一编纂、宣讲成员统一安排、宣讲对象统一组织。

【开展青少年思想道德教育】 年初，区关工委主任胡世英到丽阳中学、丽阳小学讲党的百年奋斗史。老干部、老战士曹水保为鱼山中学200多名师生讲述抗美援朝故事。3—7月，全区“五老”人员进校宣讲党史、国史、家乡史、英雄史20多场次，覆盖全区中、小学校，受教育学生达2.6万人次。

【开展留守儿童和困难学生关爱行动】 春节期间，区关工委开展“把爱送回家”为主题的送温暖活动，为全区中、小学校的100多名留守儿童和困难学生送去关爱、送去温暖。高考后，对10位高考入学的困难学生给予助学资金。

【召开全区学雷锋精神暨征文表彰会议】 3月19日，召开全区学雷锋精神暨征文表彰会议。各乡镇、街道和区教体局关工委主任，区属中、小学校参加“学雷锋精神，争做时代新人”征文比赛获奖学生，昌江一中、丽阳中学、鱼山中心小学和官庄小学4个“学雷锋薪火小组”师生，区关工委驻会干部、区委宣传部负责人，受邀参加会议的市关工委副主任占和平，共50多人参加会议。

【举行清明节祭扫悼念活动】 4月2日，市、区关工委在荷塘乡，举行清明节祭扫悼念活动。参加祭扫活动的机关干部、学校师生200多人来到纪念碑前，手捧鲜花肃立默哀。少先队员代表发言，市关工委常务副主任余昭安作追思讲话，区关工委胡世英主任宣读祭扫悼词，区老干部、老战士曹水保追忆先烈、赞颂荷塘精神，代表全体人员表达对先烈们无尽哀思和继承先烈遗志。此外，鱼山镇、荷塘乡、教体局机关工作人员和学校师生前往烈士纪念碑进行清明祭扫，缅怀先烈活动56场次，参加人数2万多人。

【召开全区防溺水工作会议】 6月24日，区关工委在区教体局召开全区防溺水工作会议。全区43所中、小学校负责安全工作副校长，各乡镇、街道、教体局关工委主任，区政府分管教育张碧珍副区长，共60多人参加会议。会议要求，全区各中小学防溺水宣传教育工作，要进一步抓紧抓实，充分认识到防溺水工作的重要性、长期性,积极探索长效机制,遏制学生溺水事件的发生。

(汪金花)

负责人名单

主　任:胡世英(2015.5 任)
执行副主任:余　青(女,2015.6 任)
副主任兼秘书长:楼兴进(2003.6 任)

档案管理

【概况】　区档案馆成立于 1978 年 7 月,区档案局成立于 2003 年 8 月,原为“两块牌子,一套内设机构和人员”。于 2019 年 3 月份全区机构改革将档案局改为档案馆,原档案局行政职能划归区委办,档案馆为区委直属公益一类事业单位。主要职责:负责整理、鉴定、接收、收集、征集、保管、寄存、查阅、利用档案等。核定人员编制规模数 7 名,控编 2 名;现有在编在岗 2 人。

2021 年,共收集区直部门移交的文书档案,共 2597 件,专业档案 237 卷、629 件,资料接收 25 册,对各单位档案整理业务指导 16 次,开展扶贫档案整理业务办培训班 2 次。加大对红色档案的征集力度,珍贵档案百余件并于 10 月展出。在“6・9”国际档案日前夕,召开全区各乡镇(街道)档案工作者座谈会。

【加大档案基础设施设备投入力度】　2021 年,增加档案基础设施,添置档案整理编目、资料、档案目录查阅室,机房、库房配备门禁系统。为确保数字化档案的数据安全,11 月,与宜春市档案馆开展异地备份工作。不断强化档案安全防范措施,明确责任人,落实工作责任制,坚持日常巡查与节假日大检查相结合,重点加强档案库房温湿度记录与控制,定期对档案进行杀虫、消毒,对消防器材进行更换,做到存在隐患及时整改,确保技防、物防、人防保障到位,抽调人员对馆内资料进行全面清点、编目,在资料管理上取得很大成效。

6 月 4 日,区档案馆、区委党史办联合召开红色档案征集座谈会

【切实做好档案查询服务工作】　全年来馆查档共 1000 余人次,查阅档案资料 1735 卷,打印复印资料 4300 余张。做到热情接待,为提高服务水平,自主延时服务,将下午上班时间提前至 13 时 30 分;为方便群众查询,设置查阅室,置办专门的桌、椅,服务大厅内加添便民存放柜等设备。

【优秀档案微视频获一等奖】　5 月,制作《守望》视频,讲述荷塘精神研究文献专题馆洪东亮的文献收藏故事。该视频在 2021 年全市“6・9”国际档案日集中宣传周被评为全市优秀档案微视频一等奖。

【实现档案数据异地备份】　11 月 4—5 日,区档案馆负责人一行,前往宜春市档案馆学习考察,进行工作交流,达成档案异地备份合作协议,实现档案数据异地备份。

(董明娣)

主要负责人名录

馆　长:陈玉芳(女,至 2021.10)
雷良晨(2021.10 任)
副馆长:徐梅芬(女,至 2021.10)

接待工作

【概况】　中共昌江区委昌江区人民政府接待办公室(简称“区接待办”),成立于 2012 年。现有编制人数 4 人,全额拨款事业编制 3 人,实有 5 人,其中事业编制 3 人、临聘 2 人。

2021 年,负责接待的来宾有清华大学博士高新材料研究院一行、省政协代表团、上饶市委老干部考察团、宜春市委考察组一行、南昌航空大学副校长一行、省军区、市军区考察组、全国人大领导一行等;协助其他部门的接待有省机关节能考核组一行、省防疫督导组、信访督导组、省公安调研指导森林防火灭火工作组、省红十字会、省妇联等,共计130余次。

【圆满完成省旅发大会“昌南瓷宴”接待活动】 按照景德镇市“2021年全省旅游产业发展大会”指挥部的统一部署,2021年5月中旬“全省旅发大会”开幕。区接待办同其他部门协作,依据昌江本土特色菜同景德镇市千年瓷都文化相结合的“昌南瓷宴”成为大会中作为景德镇“三宴”之一。“瓷宴”前期筹备经过2次预演,10余次的试菜,从餐具定制、食材备选、用餐时的观赏节目甄选等环节皆是经过层层把关确定;省旅发大会开幕当天,“昌南瓷宴”接待人数超过千人,16人位主桌、10人位主桌、自助餐等方式同时开宴;接待期间随时做好客房需求准备,医疗、消防、城管等随时待命以备应急需要。

【参与“2021中国景德镇国际陶瓷博览会”期间的接待活动】 10月中下旬,区接待办主要负责“2021中国景德镇国际陶瓷博览会”期间、“昌建杯”第二届全国肢残人(口足)书画文化节、张五常西周曹姬侯青铜展相关人员食宿的接待事项,活动期间接待人数共计100余人。接待活动中,依据主办方对接待活动的要求,在食宿安排上力求为与会人员创造舒适的会务环境;接待办人员开展相关培训,在着装、礼仪方面精益求精,杜绝消极怠工、带情绪上岗、服务不规范等现象发生。

(程　飞)

主要负责人名录

主　任: 王　倩(女,2019.11任)

副主任: 王　珍(女,至2021.10)

方　健(2021.10任)

昌江区人大常委会

综　述

2021年,区人大常委会深入学习贯彻中央人大工作会议精神,坚持党的领导、人民当家作主和依法治国有机统一,认真贯彻落实中央和省、市、区委重大决策部署,不断推动全过程人民民主,切实履行宪法和法律赋予的职责,积极探索新形势下人大工作新思路、新方法、新形式,常委会的各项工作得到不断提升。

全年,共组织召开主任会议10次,常委会议7次,组织听取审议专项工作报告21个,组织执法检查、工作视察、专题调查6次,对16件规范性文件进行备案审查,做出决议、决定和审议意见6项,有力保障区委决策落地见效,支持"一府一委两院"工作扎实推进,确保区委主张通过法定程序得到顺利实现,为推动全区经济社会高质量跨越式发展做出积极贡献。

代表大会

【十届区人大第6次会议】 3月31日至4月2日,区第十届人民代表大会第六次会议在区综合楼会议室举行。会议听取和审议区人民政府区长倪卫春作关于区人民政府工作的报告、区人大常委会副主任陈菊明作关于区第十届人民代表大会常务委员会的工作报告、区人民法院院长陈翰朋作关于区人民法院的工作报告、区人民检察院检察长程家敏作关于区人民检察院的工作报告,大会表决通过相关报告决议,表决通过大会选举办法。大会依法进行选举,采取无记名投票方式,选举周淮钦为区监察委员会主任。

3月31日—4月2日,昌江区第十届人民代表大会第六次会议召开

【十一届区人大第1次会议】 10月23—26日,区十一届人民代表大会第一次会议在区综合楼会议室举行。会议听取和审议代区长伊文斌作关于区人民政府工作的报告、区人大常委会主任李恩清作关于区人民代表大会常务委员会的工作报告、区人民法院代院长周理作关于区人民法院的工作报告、区人民检察院检察长程家敏作关于区人民检察院的工作报告。大会表决通过区十一届人大一次会议选举办法。大会依法选举李恩清为区第十一届人大常委会主任;选举伊文斌为新一届区人民政府区长;选举占文军、陈菊明、王建安、程振火、彭金岭为区人大常委会副主任;选举乐先锋、彭新建、张碧珍、凌辉、刘方孟、汪维、聂刚为区人民政府副区长;选举周淮钦为区监察委员会主任;选举周理为区人民法院院长;选举程家敏为区人民检察院检察长;大会还选举产生区十一届人大常委会委员,选举产生昌江区出席景德镇市第十六届人民代表大会代表。

10 月 24—26 日，昌江区第十一届人民代表大会第一次会议召开，并举行《宪法》宣誓仪式

常委会会议

【十届区人大第 32 次常委会会议】 1 月 8 日，区十届人大常委会召开第三十二次会议。区人大常委会主任李恩清，副主任占冬英、姜涛、王建安、陈菊明等人大常委会组成人员出席。区人民政府副区长朱志梁、区人民法院院长陈翰朋、区人民检察院检察长程家敏，区监察委副主任熊艳梅、区政府办、区科技局、区城市管理局、昌江公安分局及被测评单位等部门负责人，鲇鱼山镇人大主席、西郊街道人大工委主任以及部分人大代表列席会议。会议由王建安主持。

会议首先学习传达中央经济工作会议精神及市委十一届十次全会精神。会议听取区人民政府《关于昌江区科技工作情况的汇报》、区人民法院《关于二个一站式中心建设工作情况的汇报》、昌江公安分局《关于打击电信网络违法犯罪工作情况的汇报》；听取并审议区人民政府《关于代表建议、批评和意见办理工作情况的汇报》《关于城市建成区建筑工地扬尘整治工作情况的汇报》。

会议重点就 2019 年审计查出问题的区妇联、商务局、扶贫办整改情况进行满意度测评。会议还补选饶华东、高唤虎、周淮钦、王天才、黄元进、章敏、周洪波 7 人为市第十五届人大代表。

【十届区人大第 33 次常委会会议】 3 月 22 日，区十届人大常委会召开第三十三次会议，区人大常委会主任李恩清出席并讲话，副主任占冬英、姜涛、欧阳毅文、陈菊明及人大常委会组成人员出席。鲇鱼山镇人大主席、西郊街道人大工委主任等列席会议。会议由占冬英主持。会议首先学习中央和省市区纪委全会精神，中央和省市区党史教育动员会精神，全国和省两会精神以及中央和省委关于换届纪律的要求。会议审议通过关于确认罗文军等代表资格的决定，并原则通过区十届人大六次会议有关材料。

会议表决通过吴艳、汪立胜、王志红 3 人提出的辞去区十届人大代表职务的辞呈。

【十届区人大第 34 次常委会会议】 3 月 29 日，区十届人大常委会召开第三十四次会议，区人大常委会主任李恩清，副主任占冬英、欧阳毅文、王建安、陈菊明及人大常委会组成人员出席。区发改委主任李展图、鲇鱼山镇人大主席、西郊街道人大工委主任等列席会议。会议由占冬英主持。

会议审议通过关于确认宁烨琳等代表资格的报告。会议审议并表决通过《关于调整 2020 年国民经济和社会发展计划部分指标的报告》《关于召开区十届人大六次会议的决定》。区十届人民代表大会第六次会议召开时间定于 2021 年 3 月 31 至 4 月 2 日。

【十届区人大第 35 次常委会会议】 6 月 18 日，区十届人大常委会召开第三十五次会议。区人大常委会主任李恩清，副主任占冬英、欧阳毅文、王建安、陈菊明等人大常委会组成人员出席。鲇鱼山镇人大主席列席会议。会议由占冬英主持。

会议首先学习习近平总书记在中央政治局第三十次学习上的重要讲话精神、省委书记刘奇在全省党史学习教育座谈会上的讲话精神和全市工业倍增三年行动暨招商引资誓师大会精神。会议听取区人民政府《关于疫情防控工作情况汇报》《关于林下经济发展情况的汇报》；审议并表决通过《关于重新确认昌江区属乡镇人民代表大会代表名额的决定》。

【十届区人大第 36 次常委会会议】 8 月 11 日,区十届人大常委会第三十六次会议召开。区委书记倪卫春列席会议并宣读《关于提请伊文斌任职的议案》。会议任命伊文斌为区人民政府副区长,决定其为代理区长。区人大常委会主任李恩清出席并主持会议,区人大常委会副主任占冬英、欧阳毅文、王建安、陈菊明等人大常委会组成人员出席。各乡镇人大主席、街道人大工委主任候选人等列席会议。

会议审议有关人事任免议案,以举手表决或无记名投票表决的方式,决定接受倪卫春辞去区人民政府区长职务,任命伊文斌为区人民政府副区长、决定其为代理区长。李恩清为伊文斌颁发任命书。

会议还学习栗战书关于推动地方人大加强对政府债务的审查监督的讲话精神,省委十四届十三次、市委十一届十一次、区委十一届十六次全会精神;听取和审议区政府关于 2020 年财政决算和 2021 年 1—6 月份财政预算执行情况的汇报;审议通过区财政局关于区级财政预算调整的报告;审议成立区乡两级选举委员会、街道选举指导组。

【十届区人大第 37 次常委会会议】 8 月 18 日,区十届人大常委会第三十七次会议召开。区人大常委会主任李恩清,区人大常委会副主任占冬英、欧阳毅文、王建安、陈菊明等出席。各乡镇人大主席、街道人大工委主任候选人等列席会议,会议由占冬英主持。会议审议通过关于区十一届人大代表名额分配的方案、区乡两级人大换届选举工作实施方案、关于确定区乡两级人大代表换届选举日定为 9 月 10—12 日。

【十届区人大第 38 次常委会会议】 9 月 7 日,区十届人大常委会召开第三十八次会议。区人大常委会主任李恩清,副主任占冬英、王建安等人大常委会组成人员出席。区人民法院院长候选人周理、副院长黄征,各乡镇人大主席、街道人大工委主任候选人等列席会议,会议由占冬英主持。

会议首先学习传达区第十二次党代会精神。会议审议并全票通过,任命周理为区人民法院副院长、审判委员会委员,决定其代理院长职务,区人大常委会主任李恩清向周理代院长颁发任命书。

会议表决通过《关于接受陈翰朋辞去昌江区人民法院院长职务的决定》;会议还表决通过部分区、乡两级选举委员会成员关于辞去区、乡选举委员会职务的辞呈。

【十届区人大第 39 次常委会会议】 9 月 23 日,区十届人大常委会召开第三十九次会议。区人大常委会主任李恩清,副主任占冬英、陈菊明、王建安等人大常委会组成人员出席。各乡镇人大主席、街道人大工委主任候选人等列席会议,会议由占冬英主持。

会议传达学习习近平总书记在中央党校(国家行政学院)中青年干部培训班开班式上的重要讲话精神。会议审议通过区人大常委会代表资格审查委员会提出的关于区第十一届人大代表资格的审查报告,确认此次选举的 166 名昌江区第十一届人大代表资格有效。

【十届区人大第 40 次常委会会议】 10 月 18 日,区十届人大常委会召开第四十次会议。区人大常委会主任李恩清,副主任占冬英、陈菊明、王建安等人大常委会组成人员出席。区人民法院副院长黄征,各乡镇人大主席、街道人大工委主任候选人等列席会议,会议由占冬英主持。

会议首先学习传达习近平总书记在中央人大工作会议上的重要讲话精神。会议表决通过任命周理为区人民法院审判员的议案。会议审议并表决通过关于召开区十一届人大一次会议的决定,并原则通过区十一届人大一次会议相关材料。区十一届人民代表大会第一次会议召开时间定于 2021 年 10 月 23—26 日。

【十一届区人大第 1 次常委会会议】 12 月 17 日,区十一届人大常委会举行第一次会议,对区政府工作部门主要负责人进行随届任命,并进行相关人事任免。区人大常委会主任李恩清,区人大常委会副主任占文军、陈菊明、王建安、程振火、彭金岭及区人大常委会组成人员出席会议。区委副书记、区人民政府区长伊文斌、区人民法院院长周理、区人民检察院检察长程家敏、区监察委副主任熊艳梅、区人大财经办负责人侯志军,拟任职的区政府 24 名组成部门主要负责人及区人民法院吴蕊等 3 人,于莹等 7 位区人大代表列席会议。会议应到委员 27 名,实到委员 22 名,符合法定人数。

会议首先学习传达党的十九届六中全会精神。会议表决通过人事任免事项,任命新一届区人大常委会1名委办主任和2名街道人大工委主任；任命新一届区政府24个组成部门负责人，拟任人员依次向区人大常委会作供职发言。区人大常委会组成人员，以无记名投票的方式进行表决。区人大常委会主任李恩清为通过任命人员颁发任命书，通过任命人员现场进行庄严的宪法宣誓。

会议听取区人民政府《关于2021年1—6月国民经济和发展计划执行工作的情况汇报》《关于"七五"法治宣传规划实施情况的汇报》《关于2020年预算执行和其他收支情况的审计报告》《关于2019年度审计查出问题整改情况的汇报》。

审议通过区人民政府《关于调整预算支出的报告》《关于在全区公民中开展法治宣传教育的第八个五年规划(2021—2025年)》并作出决议及区人大常委会《关于成立区十一届人大常委会代表资格审查委员会的议案》。会议还听取区人大常委会关于规范性文件备案审查工作情况的报告。

法律法规工作

12月17日，常委会听取和审议通过区人民政府《关于在全区公民中开展法治宣传教育的第八个五年规划(2021—2025年)》。

监督工作

【加强对财政经济工作的监督】 围绕发展经济大局开展调研、视察、检查、听取工作汇报。对全区招商引资、规模工业运行、经济综合运行及研判、科技创新和科技兴区、重大项目建设和项目资金使用、重大投融资及国有资金管理等一系列经济发展问题进行调研、视察，听取专项工作报告。推动财政规范健康运行。常委会着力改进和完善预算监督方式，将监督贯穿于预算编制、执行、调整和决算的全过程和各环节。常委会听取和审议区人民政府《关于2020年财政决算和2021年1—6月预算执行情况的汇报》《关于2021年1—6月国民经济和发展计划执行工作的情况汇报》《关于2020年度预算执行及决算草案和其他财政收支审计报告》《2020年度预算执行及决算草案和其他财政收支审计发现问题整改情况的报告》。同时，对于重大资金的预算调整，均要求报区人大常委会审议批准。

【加强对民生改善工作的监督】 常委会围绕社保、医保、就业、教育、公共卫生服务、安全生产、环境卫生管理等一批广大人民群众关切的问题进行调研视察，督促政府抓经济发展的同时，在民生工程上投入更多的资源，切实让广大群众有获得感。常委会把各级代表进站接待选民群众作为了解社情民意，维护群众权益的重要渠道，通过热情接待，对群众提出的问题进行认真分析，提出合法、合理、合情的交办、督办意见，保障群众合法权益、维护社会和谐稳定。

【加强对生态文明建设工作的监督】 常委会围绕水土保持、耕地保护、环境污染治理等问题开展视察调研，进一步增强生态保护意识，对保护生态环境，合理利用生态资源，加快发展生态经济，努力提高生态效益等方面取得积极的推动作用。

【加强对公检法司工作的监督】 全面促进全民普法工作。听取和审议区人民政府关于"七五"普法工作情况，对全区法律进机关、进乡村、进社区、进学校、进企业、进单位"六进"活动进行视察调研，全区普法宣传的广泛性、针对性和实效性得到有效提升。常委会通过视察、调研、执法检查等形式，对"一府一委两院"贯彻实施法律法规情况进行执法检查，

10月22日，出席区两会的人大代表、政协委员集中视察区重点项目

通过检查,加强监督,"一府一委两院"依法行政意识进一步提高。三是依法促进公正司法。常委会要求区公安机关加强对社会治安安全隐患的预防和控制,法检"两院"切实加强司法能力建设,主动服务全区发展大局,为昌江区发展保驾护航。

决定重大事项

常委会听取和审议区人民政府《关于2020年财政决算和2021年1—6月预算执行情况的汇报》《关于2021年1—6月国民经济和发展计划执行工作的情况汇报》《关于2020年度预算执行及决算草案和其他财政收支审计报告》《2020年度预算执行及决算草案和其他财政收支审计发现问题整改情况的报告》。同时,对于重大资金的预算调整,均要求报区人大常委会审议批准。

选举和任免

全年依法任免国家机关工作人员51人次,均高票当选,确保区委人事意图坚决贯彻。共选举产生新一届区人大代表166名,乡镇代表231名,选举昌江区出席市人大代表46名,圆满完成区乡两级人大换届选举。

(卢钰章)

主要负责人名录

党组书记、主任:李恩清(2016.8任)
党组成员、副主任:占文军(2021.10任)
副主任:陈菊明(女,2020.5任)
党组成员、副主任:王建安(2016.8任)
程振火(2021.10任)
彭金岭(2021.10任)
党组成员、办公室主任:马文胜(2015.1任)

昌江区人民政府

重要会议

【十届区政府第92次常务会议】 1月5日,区委副书记、区长倪卫春主持召开。会议学习传达省委书记刘奇、省长易炼红在省委经济工作会议上的讲话,省委书记刘奇、省长易炼红在江西省双拥模范城(县)命名表彰大会上的讲话,《关于江西省6起违反中央八项规定精神典型问题的通报》《关于5起违反中央八项规定精神典型问题的通报》;学习讨论《景德镇市2020年全省生态环境警示片披露问题整改方案(征求意见稿)》;研究审议并原则通过《昌江区贯彻落实省生态环境保护督察"回头看"反馈意见整改方案》;研究审议并原则同意关于将莲花公墓纳入区级城乡公益性公墓相关事宜、《恒耀电子科技招商引资协议》;听取昌江区意外伤害保险工作情况汇报;研究审议关于昌江区智慧综治+智慧公安(二期)建设相关事宜;研究审议并原则通过《昌江区大中型水库移民后期扶持"十四五"规划报告(2021—2025年)(审议稿)》;研究审议并通过《关于申请昌江区全域9条公交专线2020年度政府补贴的请示》;研究审议并原则同意关于收购景德镇新宏建塑业有限公司资产相关事宜;研究审议关于划转昌江林场与荷塘垦殖场林地林权资产相关事宜,同意成立"景德镇昌瑞林业发展有限公司",昌江林场林地、林权资产评估后划入该公司,区国资公司占股51%,昌江林场占股49%;同意成立"景德镇荷瑞旅游开发有限公司",荷塘垦殖场林地、林权资产评估后划入该公司,区国资公司占股51%,荷塘乡占股49%;研究审议关于康家花园幼儿园资产收购相关事宜;研究审议《关于成立景德镇市昌江区鲇鱼山镇新老城区改造提升建设项目部的请示》《关于成立昌江区鲇鱼山镇金桥村党群服务中心及经济发展中心大楼建设项目部的请示》;研究讨论关于昌江区2020年中央冬春救助资金分配相关事宜、《关于成立昌江区吕蒙乡龙井路片区房屋征收棚改项目部的请示》《关于请求增加昌江区政务服务中心外立面及食堂等附属设施改造项目的报告》。

【十届区政府第93次常务会议】 2月2日,区委副书记、区长倪卫春主持召开。会议学习传达《中共中央、国务院关于全面推进乡村振兴加快农业农村现代化的意见》,习近平总书记、胡春华副总理在中央农村工作会议上的讲话,研究部署昌江区2021年统筹整合资金推进高标准农田建设工作。会议原则通过《关于调整昌江区统筹整合资金推进高标准农田建设领导小组的通知》《昌江区统筹整合资金推进高标准农田建设2021年度实施方案》;同意推进2万亩高标准农田建设项目等项;学习传达中国共产党第十九届中央纪律检查委员会第五次全体会议精神;学习传达《关于全省人防工作的批示》《江西省人民政府办公厅关于印发江西省推进人民防空高质量发展三年行动计划(2020—2022年)的通知》、全省设区市人防办主任会议精神;学习传达省委书记刘奇、省长易炼红在江西省抗击新冠肺炎疫情表彰大会上的讲话,听取关于昌江区卫生服务中心综合楼增加工程项目情况的汇报,研究审议《关于向区国资公司暂借区卫生服务中心综合楼建设经费的请示》《关于请求调整区老龄工作委员会主任的报告》;学习传达《〈江西省优化营商环境条例〉贯彻实施方案》;研究审议关于2017年特岗教师转正入编、2021年招聘昌江一中教师工作相关事宜;研究审议《关于请求解决景德镇市冷链农产品批发市场项目用地征收缺口资金的报告》《关于请求拨付鲇鱼山镇中心幼儿园建设资金的请示》;研究审议关于原江西立信有限公司地块处理、农村环境整治工作相关事宜;研究审议关于"昌南瓷宴"工作相关事宜;研究审议关于调整陶阳路项目部法人代表相关事宜;研究审议《关于请求拨付S207省道改造工程(昌飞公司至新桥段)工程款的报告》;研究审议《景德镇市昌江区吕蒙乡龙井路片区棚改项目房屋征收补偿安置方案》、关于官庄堤防洪工程项目征收顺吉物流相关事宜。

【十届区政府第94次常务会议】 3月5日,区委副书记、区长倪卫春主持召开。会议学习传达省委书记刘奇、省长易炼红在省委农村工作会议上的讲话,省纪委《关于江西省7起党员干部、公职人员酒驾典型问题的通报》,市纪委《关于1起党员干部醉驾典型问题的通报》;听取昌江区推进全面依法治区工作及法治政府建设工作情况汇报;研究审议并原则通过《关于拟确认公告区本级部门单位行政执法主体资格(第三批)》;研究审议关于昌江区WJBS(违法行为)问题清查整治工作领导小组及办公室人员调整相关事宜;研究审议关于成立谭家山片区棚改项目领导小组相关事宜、《关于吕蒙乡梧桐大道两侧(古城段)棚改项目房屋征收补偿安置方案》;研究审议《关于请求将新枫街道谭家山、哪吒庙和韭菜园片区纳入2021年度棚户区改造项目的请示》《关于请求将西郊街道枫树山黎明路片区、新枫路片区纳入2021年度棚户区改造项目的请示》;研究审议关于嘉和中心幼儿园项目建设相关事宜;听取关于2020年全区内资、外资引进和外贸出口情况及2021年上半年工作打算的汇报;听取关于景德镇三河堤道路工程情况汇报;研究审议丽阳镇“三边六沿”坟墓迁移所需资金相关事宜、《关于将区级政务服务大厅延时补贴列入区行政服务中心预算的请示》。

【十届区政府第96次常务会议】 4月14日,区委副书记、区长倪卫春主持召开。会议研究审议并原则通过《关于调整区政府领导分工的通知》;学习传达省委书记刘奇、省长易炼红在全省市厅级主要领导干部学习贯彻中共十九届五中全会精神专题研讨班上的讲话;研究审议《昌江区政府办公室关于2021年省〈政府工作报告〉重点工作责任分工方案的通知》;研究审议《关于调整昌江区地质灾害应急指挥部成员的通知》《昌江区2021年地质灾害防治方案》《关于调整昌江区地质灾害防治领导小组成员的通知》《关于建立企业破产涉企业不动产执行案件处置府院协调联动机制的工作方案》《昌江区关于在全区开展打击毁林专项行动的通知》;研究审议《昌江区2021年老旧小区改造实施方案》《关于实施昌江区2021年老旧小区改造项目的请示》;研究审议关于乡镇政府专职消防队员相关事宜;研究审议关于景德镇市瓷都大道西侧公安大楼周边片区棚改项目的相关事宜;研究审议《关于景德镇市昌江区重点文化片区改造提升规划服务采购项目签订合同的请示》;研究审议《关于收购郭璞峰相关资产的请示》;研究审议关于收购景德镇佳骏机械有限公司资产的相关事宜;研究审议《关于调整规范区属国有企业领导人员管理方式的请示》《关于请求拨付康家花园示范性托育服务机构中央预算内资金的报告》《关于申请区青藤青少年培训中心项目建设用地的请示》;听取关于昌江区国资公司融资情况汇报、研究审议《关于增资扩股景德镇市中小企业融资担保有限公司的报告》;研究审议《关于申请昌江区国有资产经营管理有限公司大楼项目建设用地的请示》;研究审议关于拨付江西美琳康大药业有限公司完成股份制改造奖励资金相关事宜。

【十届区政府第97次常务会议】 5月24日,区委副书记、区长倪卫春主持召开。会议学习传达李克强总理在经济形势部分地方政府主要负责人视频座谈会上的讲话、《关于景德镇市7起党员干部、公职人员酒驾典型问题的通报》《关于景德镇市党员干部公职人员酒驾醉驾情况的通报》,研究审议《2021年〈区人民政府工作报告〉重点工作责任分工方案》《国务院安委会办公室关于近期重大及典型事故情况通报》《区人民国家森林草原防灭火指挥部关于认真贯彻落实国务院领导批示精神进一步加强当前森林草原防灭火工作的紧急通知》《省安委办关于2021年一季度全省安全生产形势的通报》《景德镇市安全生产委员会会议纪要》;研究审议关于区应急管理局生活类救灾物资采购相关事宜;学习传达全国政协经济委副主任宋秀岩、生态环境部副部长赵英民、省委书记刘奇在中央第四生态环境保护督察组对江西省开展生态环境保护督察工作动员会上的讲话;研究审议《关于开展“践行习近平法治思想提升人民群众法治获得感满意度”主题实践的意见》《区委全面依法治区委员会2021年工作要点》《法治昌江建设规划(2021—2025年)》《昌江区法治社会建设实施纲要(2021—2025年)》《昌江区行政复议体制改革实施方案》;研究审议《昌江区政务服务中心“一门办理、一窗受理”改革实施方案》、关于新政务服务中心运行经费相关事宜;学习传达省纪委《关于江西省5起破坏营商环境典型问题的通报》、省发改委主任张和平在2021年一季度固定资产投资指标约谈会议上的讲话、《防范和处置非法集资条例》《江西省地方金融监督管理条例》;研究审议关于调整昌江区打击和处置非法集资工作领导小组成员相关事宜;研究审议《关于成立昌江区不动产权属争议调处工作领导小组的通知》《昌江区确权登记争议解决机制问题整改工作方案》、关于成立昌江区清查整治问题相关事宜、关于加强队站建设落实乡镇街道专职防火人员编制及公共消防设施建设相关事宜、关于报送昌江区2022年老旧小区改造计划相关事宜、关于全区人才住房工作情况汇报、研究审议《昌江区人才住房工作整改方案》;研究审议关于昌南大道农贸市场项目建设相关事宜等。

【十届区政府第98次常务会议】 6月16日,区委副书记、区长倪卫春主持召开。会议学习传达习近平总书记、李克强总理对湖北十堰市张湾区艳湖社区集贸市场燃气爆炸事故作出重要指示批示和省领导刘奇、易炼红、殷美根关于贯彻落实中央领导指示批示的要求;听取关于近期生产安全事故的通报;学习传达《国家森林草原火灾应急预案》,研究审议《昌江区森林火灾应急预案》;学习传达国务院、省、市深化“放管服”改革着力培养和激发市场主体活力电视电话会议精神;听取关于开展民营企业诉求办理情况汇报;学习传达全国疫情防控工作电视电话会议精神;学习传达全省住房和城乡建设工作、全省城市功能与品质提升工作会议精神,学习传达全市城市功能品质提升暨三项重点工作推进会精神,学习传达全省、全市城乡环境综合整治工作电视电话会议精神;研究审议《昌江区城市功能与品质提升三年行动2021年工作方案》;学习传达市委、市政府《关于全面推进乡村振兴加快农业农村现代化的实施意见》;研究审议《昌江区2021年法治政府建设工作要点》《昌江区人民政府行政复议委员会工作规则》、关于成立昌江区人民政府行政复议委员会事宜、开展第三方无人机服务相关事宜、研究审议关于宁封窑办理柴窑复烧相关手续事宜、关于成立市陶阳资产管理运营有限公司相关事宜;研究审议关于乐平市塔前镇至昌江区荷塘乡公路改建工程设计调整相关事宜、关于“僵尸船”切割补偿相关事宜、关于申请批准丽阳镇镇区控制性详细规划事宜、关于昌江区新接管公办幼儿园消防改造相关事宜;听取关于丽阳窑址保护建设情况汇报、关于昌江区国资公司融资情况汇报;研究审议关于成立景德镇市昌江区教育投资有限公司相关事宜等。

【十届区政府第99次常务会议】 7月7日,区委副书记、区长倪卫春主持召开。会议学习传达习近平总书记在庆祝中国共产党成立100周年大会上的讲话、习近平总书记在“七一勋章”颁授仪式上的讲话;研究审议《昌江区人民政府关于通报表彰2020年度工业十强及纳税十强企业的决定》《昌江区工业倍增三年行动计划(2021—2023年)》《昌江区2021年度招商引资实施意见》《关于防范和惩治统计造假弄虚作假的具体措施》;研究审议凌富生物医药项目合同、LED照明项目合同、与长天集团战略合作协议、综合智慧能源战略合作协议等4个项目合同相关事宜;研究审议①关于与江西建工第二建筑有限责任公司、广西中泽建筑设计有限公司签订老旧小区施工协议相关事宜;②关于与官庄村签订战略开发合作协议相关事宜;③关于与上海均和集团成立合资公司相关事宜;④关于与发达控股集团签订战略合作协议相关事宜;⑤关于成立京东陶瓷电商孵化基地相关事宜;⑥关于启动国资大楼装修项目相关事宜;⑦关于启动鱼山集镇及G206国道鱼丽路口改造项目相关事宜;⑧关于与江西有色建设集团有限公司、江西昌南建设集团有限公司签订青藤培训中心建设项目施工协议相关事宜;⑨关于成立景德镇昌鼎盛商务咨询有限公司相关事宜;研究审议《昌江区富祥生物医药项目及电厂周边房屋征收与补偿安置方案》《鱼山医药产业园控制性详细规划》费用相关事宜、关于实施2020年老旧小区周边环境整治二期项目相关事宜、关于收购莲花山公墓情况汇报、研究审议关于拨付2021年长效管护区级配套资金相关事宜、听取关于昌江区2021年新增第二批专项债券项目安排情况汇报;研究审议关于将区工信局下属单位区属企业资产管理中心经费纳入区财政预算相关事宜;研究审议关于全区校园安防“四个一”工程建设相关事宜;研究审议关于人武部营房提升改造相关事宜等。

【十届区政府第100次常务会议】 8月17日,区委副书记、区政府党组书记、代区长伊文斌主持召开。会议研究区政府领导分工事宜;学习近期中央、省、市重点文件、会议精神;学习传达省委十四届十三次、市委十一届十一次、区委十一届十六次全体(扩大)会议精神;学习传达省长易炼红在景调研期间讲话精神;学习传达全市招商引资工作调度会议精神;听取“大棚房”专项清理整治行动“回头看”工作情况汇报;研究审议《关于请求明确鱼山医药产业园认定申报材料编制费用支付事宜的报告》《关于落实我区2021年度退役士兵安置单位的请示》;传达学习全省粮食收购工作电视电话会议精神。

【十届区政府第101次常务会议】　9月1日,区委副书记、区政府党组书记、代区长伊文斌主持召开。学习传达学习习近平总书记重要讲话精神和近期中央、国务院重要文件、会议精神;研究审议《昌江区义务教育阶段学校课后服务工作实施方案》、关于昌景黄高铁项目(昌江段)征迁情况汇报、关于昌江区鱼丽工业园标准化厂房建设项目施工协议签署的情况汇报、关于向九江银行申请3亿元综合授信的情况汇报、关于收购初心璞真陶瓷艺术文化园项目E5、E6号楼的情况汇报;研究审议关于2021年度服务期满“三支一扶”高校毕业生拟安置岗位的相关事宜、关于2021年度昌江区事业单位公开招聘三级联考计划申报的相关事宜;研究审议《昌江区2021年农村危房改造实施方案》《瓷都大道西侧公安大楼周边片区棚改征收项目房屋征收与补偿安置方案》《关于调整景德镇市瓷都大道西侧市公安大楼周边片区棚改项目领导小组的通知》。

【十届区政府第102次常务会议】　9月15日,区委副书记、代区长、区政府党组书记伊文斌主持召开。会议传达学习习近平总书记重要讲话精神和近期中央、国务院重要文件、会议精神,学习习近平总书记在中央全面深化改革委员会第21次会议上的重要讲话精神、国务院坚决遏制“两高”项目盲目发展电视电话会议精神、新修订的《中华人民共和国安全生产法》等;传达学习近期省、市重要文件、会议精神,学习全省第二轮中央生态环境保护督察问题整改动员部署会议精神、省委书记刘奇专题调研金融风险防范化解工作指示精神、省纪委《关于江西省3起违规设立和使用“小金库”典型问题的通报》;听取全区上半年法治政府建设工作情况汇报;研究审议《昌江区2021年重点工程建设项目计划表》《昌江区村(社区)“两委”干部参加基本养老保险暂行办法》、研究审议关于区会议中心升级改造相关事宜、《2021年昌江区中小学幼儿园“护校安全”专项行动实施方案》、关于办理2018年特岗教师转正入编、工资手续的相关事宜、关于解决2021年消防装备款相关事宜、关于举办张五常商周时期青铜器展相关事宜、关于建设区人民法院案管中心相关事宜、关于增加景德镇市九银村镇银行注册资本相关事宜、关于收购绿地城昌南里铂骊酒店协议相关事宜、关于启动2022年昌江区8个政府专项债项目申报的情况汇报、关于区职教中心加挂昌江区开放学院牌子相关事宜等。

【十届区政府第103次常务会议】　10月10日,区委副书记、代区长、区政府党组书记伊文斌主持召开。会议传达学习习近平总书记在纪念辛亥革命110周年大会上的重要讲话、《中央农村工作领导小组办公室国家乡村振兴局关于印发〈巩固脱贫成果后评估办法〉的通知》;传达学习关于以案为鉴扎实巩固拓展脱贫攻坚胜利成果的工作提示、《江西省安委会办公室关于我省5起突发事件的警示通报》《关于党员干部“不信组织信骗子”典型案例的通报》、副省长张鸿星在全省房地产领域涉稳风险化解处置工作视频会议上的讲话;传达学习中共景德镇市第十二次党代会精神、《景德镇市重大项目建设“百日大会战”行动实施方案》《关于我市4起违反中央八项规定精神典型问题的通报》;研究审议《昌江区开展美丽乡镇建设五年行动工作方案》《关于成立区非公有制企业维权服务工作领导小组的通知》《关于成立昌江区非公有制经济发展服务中心(昌江区非公有制企业维权服务中心、昌江区非公有制企业帮代办服务中心)的请示》;研究审议关于昌江区第一次全国自然灾害综合风险普查房屋建筑调查相关事宜、关于申请昌江区第一次全国自然灾害综合风险普查2021年工作经费事宜、《关于调整江西夏石高新技术有限公司使用景昌土国用(2006)第280号划拨土地依法回收工作领导小组的请示》《关于成立昌江区鱼丽信息产业园项目部的请示》;听取关于昌江区2021年“财园信贷通”新增企业名单情况汇报;听取关于2021年度招募昌江区“三支一扶”高校毕业生拟服务岗有关工作情况汇报、《“昌建杯”第二届全国肢残人(口足)书画文化节暨江西省聋人“博爱”工艺美术作品展实施方案》、关于建设昌江区农村生活污水处理项目相关事宜、关于昌江区老旧小区及市政设施提升改造项目设计施工协议签署情况汇报、关于昌江区高标准智能化厂房建设项目施工协议签署情况汇报；听取关于荷塘乡乡村振兴文旅综合体（一期）项目启动招标的情况汇报；听取关于启动昌江区办证大厅二期装修项目情况汇报、关于收购初心璞真陶瓷艺术文化园项目E5、E6号楼的情况汇报、关于已收购新宏健塑业、佳俊机械资产的废旧设备、厂房处置的情况汇报、《关于请求拨付鱼山医药产业园认定申报工作编制剩余费用的请示》《关于请求拨付昌江区牛奶公司核心区房屋征收与补偿款的请示》等。

【十一届区政府第1次常务会议】　11月11日，区委副书记、区长伊文斌主持召开。会议传达学习习近平总书记《用好红色资源、赓续红色血脉，努力创造无愧于历史和人民的新业绩》、习近平总书记在中央党校（国家行政学院）中青年干部培训班开班式上的重要讲话、习近平总书记对粮食安全工作指示批示精神及中央、省、市相关会议精神等；传达学习省委书记易炼红在省委常委（扩大）会议上的讲话，省委书记易炼红、省长叶建春在全省高质量发展综合绩效考核评价先进单位表彰暨“项目大会战”推进会议上的讲话、关于2020年度全省营商环境的通报、关于江西省3起违反中央八项规定精神典型问题的通报；传达学习市人大十六届一次会议、市政协十四届一次会议和市政府十六届一次全体（扩大）会议精神、传达学习孙春兰副总理在国务院新冠疫情联防联控机制视频会上的讲话、省卫健委主任王水平在全省疫情防控工作视频会议上的讲话，听取全区疫情防控工作情况汇报；听取2021年度全区计划生育工作情况汇报；研究审议《关于昌江区吕蒙乡撤乡设街道的请示》《关于成立昌江区吕蒙乡撤乡设街道工作领导小组的通知》《昌江区吕蒙乡撤乡设街道组织实施方案》；研究审议《2021年度昌江区部门经济高质量发展考核方案》《2021年度昌江区乡（镇、街道）经济高质量发展考核方案》；研究审议《关于申请昌江区专业森林消防大队营房改造工作经费的请示》《关于拨付公安档案建设经费的请示》《关于落实昌江区2021年林业定向培养毕业生安置的请示》《昌江区“十四五”消防救援事业发展规划》《关于拨付“美丽乡村”建设资金的请示》《关于衔接承担市粮校教职工社保福利经费的请示》《关于增加用餐财政补贴和拨付餐补差额经费的请示》《关于解决宣传片制作2021中国景德镇国际陶瓷博览会氛围营造等一批宣传经费的请示》《关于拨付党史学习工程项目资金的请示》《关于请求拨付科技奖励与后补助兑现资金的请示》；听取关于G206国道鱼丽路口环境改造提升项目电力工程的情况汇报、关于成立区酒店管理公司有限公司的情况汇报、关于与长天酒店管理集团有限公司签订战略合作协议的情况汇报、关于投资景德镇产业发展母基金的情况汇报、关于鲇鱼山镇乡村文旅提升建设一期工程项目施工协议签署的情况汇报。

【十一届区政府第2次常务会议】　12月3日，区委副书记、区长伊文斌主持召开。会议传达学习中共十九届六中全会精神、习近平总书记在中央民族工作会议上的重要讲话精神、李克强总理关于今冬明春电力煤炭供应保障和能源改革发展的讲话、全国城镇燃气安全排查整治动员部署电视电话会议精神及全市贯彻落实会议精神；传达学习省第十五次党代会精神；研究审议《2020年度昌江区区直机关绩效考核方案（试行）》《景德镇市昌江区人才住房管理实施方案》《关于促进旅游产业高质量发展的意见（试行）》、关于成立规范行政事业单位补贴奖金个人所得税扣缴工作领导小组的相关事宜、关于解决基层党建信息化平台建设专项经费的相关事宜、关于解决市园林局下划人员职业年金补缴经费的相关事宜、关于拨付昌江区疫情防控常态化工作经费的相关事宜、关于2021年“财园信贷通”企业的情况汇报、《昌江区工业发展专项资金管理使用办法》、关于调整昌江区棚改办公室、区棚改工作经费管理办公室及相关项目部法人的相关事宜、关于实施区2020年老旧小区周边环境整治二期项目的相关事宜、关于成立区农业发展有限公司的情况汇报、关于区国资公司投资区智慧综治中心、全域旅游集散中心、区行政服务中心（一期）建设的租赁方案；听取关于将陶阳路项目部资产划转至景德镇市陶阳资产运营有限公司的情况汇报、关于区国资公司购买国信御城商铺的情况汇报、关于区森林公园幼儿园建设项目设计采购施工总承包协议签署的情况汇报；研究审议关于拨付2021年下半年外贸出口奖励资金的相关事宜、关于解决三闾庙城中村棚改项目工作经费的相关事宜；研究审议关于收回江西夏石高新技术有限公司土地及附着物补偿协议的相关事宜；研究审议关于景德镇市再生资源回收体系建设项目用地报批规费的相关事宜等。

区人民政府办公室

【概况】 2021年,区政府办公室以开展党史学习教育为契机,紧紧围绕区委、区政府工作大局,解放思想、与时俱进,勤勉工作、积极进取,充分发挥综合协调、参谋助手、服务保障等职能作用,较好完成各项工作任务。

【提高办文办会水平】 全年收到各级来文1711件,下发公文171件,较2020年同期发文数量下降33%。严格控制会议次数和规模,精简各种会议。全年完成40余次大型会议的服务保障工作,其中承办区政府常务会13次,区长、副区长各类专题调度会16次,保障区政府决策事项的贯彻落实及政务工作的正常开展。

【提升政务信息服务水平】 全年共报送国务院办公厅约稿51篇,采用11篇;省政府办公厅采用12篇,政务信息得分238分,在全省排名第33位、全市排名第2位。出台《办公室政务信息考核奖惩办法》。注重队伍建设,每个政府组成部门确定一名信息分管领导和1—2名信息员,负责信息收集、整理和上报工作,围绕部门重点工作,报送工作亮点。坚持政务信息立足实际、服务决策的作用,信息工作人员就约稿主题下基层、入部门认真开展调研,客观反映问题,针对问题提出有效的对策建议,做到“质”“量”兼重,提高信息的综合参考价值。

【强化人防工程建设】 上半年,全面开展人防工程普查。同时,做好人防队伍调查,配合区人武部做好国防潜力调查。加强人防工程维护管理。抓好人防宣传教育。利用“3·1”国际民防日、“5·12”防灾减灾日、“9·18”国防教育日等重要时间节点,采取散发宣传单、发送宣传资料等方式,多形式多手段开展人防宣传教育“进社区、学校、党校、机关、街道、乡镇、企业”等工作,切实强化全社会人防意识。配合开展人防系统腐败问题专项治理巡视巡察工作。对标对表巡察组在思想政治教育、党建、作风建设、财务制度等方面提出的13条问题清单,制定整改措施,一条一条抓,逐条抓整改。

【重视建议提案办理工作】 为认真做好2021年人大代表建议和政协委员提案办理工作,办公室及时进行责任分解,落实交办清单,强化对承办单位的督查指导,要求做到办前联系沟通、办中征求意见、办后跟踪回访;召开交办会,层层传导压力。适时对建议提案办理工作进行督查跟踪,及时发现并协调解决在办理过程中遇到的困难和问题。在2021年市、区两会结束后,转交办理人大代表建议、政协委员提案共80件。其中:市人大代表建议1件、市政协提案19件、区人大建议28件、区政协提案32件。经过努力,所有代表建议和政协委员提案全部在规定期限内得到答复,办复率100%,代表满意、基本满意率100%。

【加强值班值守工作】 严格执行24小时双岗值班制度以及节假日领导带班值班制度。在防汛抗洪、森林防火、强降雨、庆祝中国共产党成立100周年大会、2021中国景德镇国际陶瓷博览会等重要时段,加强值班值守,确保区总值班室与各乡镇(街道)值班室24小时不离人、不脱岗。严格按照《昌江区总值班室值守工作守则》要求,认真做好各类来电、函件、明传电报等登记和处理工作,做到条理清楚,分类明确,有据可查。根据《事件信息报送工作的意见》要求,扎实做好各项信息接报工作,确保突发事件信息得到及时处理。对全区应急值守和突发事件信息,严格按照及时、准确、规范要求上报,全年收到值班信息17条、文件信息32件、公安快报5件,共

7月4日,区委副书记、代区长伊文斌为区政府办党支部党员、干部上“七一”专题党课

收文54件,均在第一时间审核、传递、报送。

【强化政务督查工作】　认真履行监督责任和协助职责,充分发挥监督保障职能作用,以开展专项督查为抓手,扎实推进区政府各项工作落实落细。对第八次国务院大督查反馈问题的整改落实情况进行专项督查。对由区人民政府牵头落实的市人民政府常务会确定事项、市重点工作、市人民政府主要领导批示件进行督查落实。印发《2021年〈区人民政府工作报告〉重点工作任务责任分工的通知》,对《区人民政府工作报告》进行责任分解、督办督查。对区人民政府常务会议、区人民政府专题会议议定事项和领导批示件、督办件跟进督办。针对群众反映的热点、难点问题,加强督办和催办。收到社会监督平台《问政江西》网友发帖建议34件,已办结34件。收到2件国务院互联网+督查办件单,已全部办结,完成市督查室交办的督办函12件次。

【推进政务公开工作】　全年区政府门户网站发布政府信息6488条,在线访谈4次,调查征集5次,全年公开规章125个,规范性文件31个。收到网友信件35条,并均已按时办复。结合机构改革和区、乡换届,及时发布调整后的机关职能、机构设置、办公地址、联系方式等信息。及时更新政府信息公开指南,明确公众获取信息的主要渠道和具体方式。全年依申请公开信息12件,已全部答复,平均答复时间由原来的7天缩短为5天。

【提升政务服务效能】　协调全区各部门对照《江西省统一行政权力清单(2020年本)》进行事项认领,全区共梳理权责清单1694项。同时,梳理了880项政务服务清单。在此基础上,结合“一次不跑、只跑一次”“容缺受理”“六减一增”等改革进展,对549项有办件量的事项,根据实际操作情况精准化编制了第一批办事指南,并在政务服务大厅自助查询机上部署,给企业群众办事进行精准指引。建设完善政务服务场所。建成昌江区新政务服务中心。新大厅基本实现了应进必进,一门办理。新大厅运行以来,平均每月办件5466件,得到办事企业和群众的一致好评。强化网上中介服务超市管理使用。全面做好中介服务事项录入、机构进驻、资质审核、日常运行管理等工作。入驻中介超市的业主共计59家,其中41家项目业主入驻,18家中介机构入驻。深化“一件事一次办”改革。围绕办理“一件事”对事项环节进行梳理,进一步完善和提升“一链办理”改革。

【优化营商环境】　全年共为522家新开办企业提供免费刻制公章服务,为群众帮代办239件,从而着力降低企业开办成本,优化服务水平,不断增强企业群众获得感。加强监管,常态化开展“互联网+监管”工作。为全区31个部门、192人在国家“互联网+监管”系统与省“双随机”系统进行账号注册。督促各部门常态化登录国家系统与省系统工作门户,保持活跃度。认领监管事项515项,发布检查实施清单148项,在全市率先完成监管事项认领和检查实施清单发布工作。共发布监管动态358条,监管曝光27条。推进“双随机、一公开”监管工作。全区全年双随机清单占比68.92%,在全市名列前茅。

【强化金融风险防范】　开展日常监测和风险预警,扎实做好风险排查,调动群众举报非法集资线索的积极性。开展防范非法集资宣传月等各项活动。区政府金融办联合区人民检察院、区市场监督管理局、区公安分局经侦大队等相关单位和部门,在景德镇国家森林公园、泰豪珑源小区开展非法集资宣传教育活动,来现场咨询人数200余人,入户走访100余家,共发放各类宣传手册2000余份。鼓励优质企业上市、促进企业直接融资。持续开展“映山红行动”,积极组织各类上市培训推介活动,加强重点企业跟踪服务,有力推动企业挂牌上市等工作。已有8家企业在江西联合股权交易中心展示层展示,2家企业在绿色板块展示,2家企业在标准层挂牌。

（于　悦）

主要负责人名录

党组书记、主任:王三改(2017.1任)
党组成员:谭震霞(女,2017.1任)
刘仕勇(2019.3任)
徐承兵(2018.2任)
副主任:谭震霞(女,2017.1任)
徐承兵(2018.2任)

行政服务

【概况】　区行政服务中心成立于2011年12月,为区政府直属正科级全额拨款事业单位,核定编制数5名。2013年11月,列入参照公务员法管理单位。

【区政务服务大厅启用】　6月1日,区行政服务中心由临时服务厅搬迁至装修一新的区行政服务大厅办公(原景德镇市行政服务中心)。大厅总面积3155平方米,其中一楼面积2052平方米,为群众办事区域;二楼面积1103平方米,为办公区域和婚检孕检中心。大厅共提供32个窗口,整合区临时政务服务大厅、区婚姻登记大厅、区公共就业人才服务大厅、区社保医保办事大厅,实行"一门办理、一窗受理、集成服务"。年初,共梳理全区依申请政务服务事项783项,其中进驻大厅568项,进驻率72.5%,基本实现政务服务事项"应进必进"。

6月1日,区行政服务中心揭牌

【推动"放管服"改革】　推动"三集中三到位"改革。2021年,各部门审批服务职能向一个科室集中,整体进驻或安排业务骨干进驻大厅,确保大厅有人办事、能办成事,做到即办件随来随办,承诺件限时办结。推动"一件事"改革。以市监局企业开办为切入点,围绕企业开办"一件事",在提升审批效率上进行资源整合,实行市监、刻章、税务、银行一链办理。在此基础上,中心进一步梳理"一件事"中的高频事项,推动"一链办理"。推动企业帮办代办改革,即由发改委、工商联、行政服务中心共同牵头,经济合作交流中心、重点项目推进中心提供窗口咨询登记服务,涉企服务部门(包括工信局、税务局、科技局、财政局、社保局、医保局、住建局、自然资源局、生态环境局、金融办等)建立联系人机制,提供帮办代办服务。其中发改、工信和住建安排人员进驻大厅后台。推动"六减一增"改革。将政务服务事项所需提供的材料进行精简,梳理各部门20项政务服务事项进行减环节、减材料、减证明、减跑动、减时限、减费用、增透明度改革。

【提供四项免费服务】　区政务服务大厅实施企业首套三枚印章(企业公章、财务专用章、法人印章)免费雕刻服务,每套印章费用200元,由各级财政承担。证照免费邮寄服务。在政务服务大厅所有窗口办理的证照,因各种原因办事群众无法及时来窗口取,中心提供证照免费邮寄服务。简单材料免费复印服务及提供免费帮办导办服务。

【提升政务服务水平】　在周末及节假日提供延时预约服务,其中医保、社保、市监、民政窗口提供延时服务,其他窗口提供预约服务;常态化开展志愿者导服工作。每天安排志愿者在前台为办事群众提供导引咨询服务;加强窗口文明创建。牢固树立服务理念,把办事群众当亲朋好友,让群众办事不再难,树立窗口部门的良好形象。提供自助服务。在24小时自助服务区,开通自助打印复印机、自助照相机、自助发票申领机,方便群众办事需求,降低群众办事成本;开展疫情常态化防控。进出政务服务大厅均需佩戴口罩、量体温、扫行程码和健康码。中心特联系服务商放置一台口罩售卖机,让没佩戴口罩的办事群众通过扫码就可购买口罩,避免办事群众东奔西跑。

针对来办事的65岁以上的老年人、残疾人、孕妇等特殊群体,均免费提供口罩进厅办事。

(涂旻婧)

主要负责人名录

主　任:刘仕勇(2019.2任)
副主任:彭文婧(女,2013.8任)
　　　　李文俊(2021.4任)

机关事务管理

【概况】　区机关后勤服务中心于2003年4月成立,2021年3月27日更名为"昌江区机关事务管理中心",为区政府直属公益一类事业单位,正科级,内设综合股、昌江区公务用车服务中心,核定全额拨款事业编制20名。

2021年以来,区机关事务管理中心紧密对标上级决策部署,坚持以精心服务、精致保障、精细管理为目标,全面提升管理和服务保障效能,扎实推进机关事务管理工作,较好完成预期目标任务。

【建设节约型机关】 建立健全党政机关办公用房、公务用车、公共机构节能等管理制度,有效降低机关运行成本。与区纪委联合开展办公用房管理巡检和制止餐饮浪费行为督导,积极开展"碳达峰、碳中和"宣传,推动垃圾分类、绿色出行、节约资源等良好生活方式,在全区党政机关和公共机构深入人心。

【规范办公用房使用和管理】 推进省委巡视反馈意见整改工作,在全区开展党政机关办公用房使用情况巡检工作;召开党政机关办公用房管理培训会。会上邀请市机关事务局资产科张翼翔、詹剑辉作专题辅导报告,开展办公用房政策及实例培训;按时保质完成全区党政机关办公用房信息统计报告工作;注重资源整合盘活,原卫健委大楼搬迁后腾退的办公用房由区机关后勤服务中心统一管理,并将腾退办公用房调剂给有关单位,盘活闲置资产。

【实施公共机构节能管理】 2021年,将全区公共机构全面纳入能耗统计范畴,各单位均建立了用电、用水、油料消耗明细台账,按月及时报送能耗统计数据,按季度报送能耗分析报告。对各乡(镇)街道、区政府外独立办公单位等重点用能单位不定期开展数据核查和会审,确保统计数据的真实完整、及时准确。根据国家发展改革委、国管局等16部门《关于开展2021年全国节能宣传周和全国低碳日活动的通知》要求,于8月23—29日开展节能宣传周活动,引导广大市民树立勤俭节约、节能低碳的绿色生活理念,进一步巩固全国文明城市创建成果,提升城市生活品质。组织开展世界粮食日主题宣传日活动。2021年,昌江区获"全省公共机构节能优秀县(市、区)""全市公共机构节能先进县(市、区)"。

【加强公务用车管理保障工作】 持续巩固党政机关和事业单位公务用车制度改革成果,认真做好公务用车的编制管理、更新购置、集中处置和保障出行工作。建立健全公务用车使用管理制度,严格按照规定使用公务用车。全年出车8500余次,安全行驶25万公里,实现"零事故、零差错、零违章、零投诉"的目标,高质量完成全区重大活动的出行保障任务。

【开展党政机关消防安全管理培训会】 6月1日,区机关事务管理中心联合区消防大队防火监督员王翔共同召开全区党政机关消防安全管理培训会。通过此次消防安全管理培训会,进一步提高全区党政机关防火意识、逃生意识,使全区党政机关的消防知识建设更加扎实。

【开展消防安全隐患排查】 5月25日,区机关事务管理中心邀请区消防大队对区政府大院进行消防安全隐患排查。此次排查重点对大楼配电室、强电房、食堂及办公楼内等用电用气消防重点区域进行排查,并现场查看大楼消防设备运转情况、灭火器和消防栓等消防设施及灭火器材是否完好有效;消防通道、安全出口是否通畅等。经过认真排查,共查找出问题隐患14处,后续及时整改到位,消除安全隐患。

【提升干部职工用餐质量】 9月,区机关事务管理中心对区机关食堂进行升级改造。借鉴市管中心的管理和市直机关食堂的运营模式,增加财政补助性投入,从每人每月440元提到每人每月506元,采用"智慧食堂一卡通"系统管理,可实现充值、用餐、购物等一系列功能。将就餐形式改成自助餐,营造温馨、舒心的用餐环境,让干部职工以最实惠的价格享受到营养、卫生、丰富的餐食菜品。

【开展机关环境督查】 5月27日,由区机关事务管理中心牵头,会同区委办、区政府办、区纪委、区文明办和区爱卫办等单位,对鲇鱼山镇、区科技局、区民政局、区城管局、区林业局、区农业农村水利局6家单位办公区域环境卫生进行督查。对督查中发现干部职工文明形象、公共区域内环境卫生、机关单位文化建设等方面的问题进行通报。

(涂世阳)

主要负责人名录

主　任:詹　婷(女,2015.8任)
副主任:徐义平(女,2013.11任)
徐　望(2020.6任)
汪维娜(女,2022.2任)

政协昌江区委员会

综　述

2021年,政协昌江区委员会机关设1个综合办事机构和6个专门委员会,即办公室、教科卫体委员会、文化文史和学习委员会、提案委员会、社会和法制委员会、农业农村经济委员会、人口资源环境委员会。政协昌江区委员会有主席1名、副主席6名、调研员2名。机关人员编制7人,其中秘书长1人、办公室主任1人,办公室副主任1人,专委会主任4人。

2021年,区政协常委会团结带领广大政协委员和机关干部,紧紧围绕全区发展目标,坚持团结和民主两大主题,切实提高政治协商、民主监督、参政议政水平,更好凝聚共识,为助推昌江区高质量发展、实现“十四五”良好开局贡献政协智慧和力量。

重要会议

【八届区政协第6次会议】　3月31日至4月1日,区第八届委员会第六次会议召开。会议应到委员144名,实到委员125名。开幕式上,区委书记罗文军代表中共昌江区委,向大会的召开表示热烈的祝贺,并作重要讲话。会议通过区政协八届六次会议关于提案初步审查情况报告、区政协八届六次会议决议。大会闭幕式上,陈华清主席指出,2021年是“十四五”规划的开局之年,也是中国共产党成立100周年。区委十一届十四次全会确定了“十四五”时期经济社会发展目标,全体委员要深刻领会区委书记罗文军在开幕式上的重要讲话精神,牢记职责使命,发挥独特优势,切实把思想和行动统一到中央、省委、市委和区委的要求上来,主动服务中心、积极建言献策、广泛凝聚共识,同心同德干事业,攻坚克难抓落实,为推动昌江高质量发展贡献更多的智慧力量。他强调:广大委员要筑信念之基,在提高政治站位上凝聚新共识;要履政协之职,在服务中心大局中彰显新作为;要尽为民之责,在增进群众福祉上做出新贡献;要立奋斗之志,在促进提质增效上干出新样子。

【八届区政协第20次常委会会议】　3月17日召开,区政协副主席刘丽红主持会议。会上由政府办汇报政府工作报告起草的有关情况,审议通过政协昌江区八届六次会议议程(草案)、日程安排(草案)、执行主席名单(草案)、各组召集人及委员分组名单(草案)、提案征集截止时间(草案);审议通过《政协昌江区八届六次会议常委会工作报告及提案工作报告(草案)》;审议通过关于提请徐欢辞去委员资格的报告。

【八届区政协第21次常委会会议】　4月1日召开,区政协副主席吴集才主持会议。会上各讨论组召集人汇报各组讨论情况,审议通过提案审查情况报告(草案)、区政协八届六次会议决议(草案)。

10月25日,政协昌江区第九届委员会主席、副主席、秘书长、常务委员合影

【八届区政协第 22 次常委会会议】 10 月 13 日在荷塘乡召开，由区政协主席陈华清主持会议。会上审议通过政协昌江区第九届委员会第一次会议议程（草案）、日程安排（草案）；审议通过《政协昌江区第八届委员会常务委员会工作报告（草案）》《政协昌江区第八届委员会常务委员会关于五年来提案工作情况的报告（草案）》；听取区委统战部负责人作政协昌江区第九届委员会委员界别设置、委员安排情况和其他人事事项的说明；审议通过政协昌江区第九届委员会委员名单、《政协昌江区第九届委员会第一次会议主席团、秘书长建议名单》《政协昌江区第九届委员会第一次会议提案审查委员会委员建议名单》。

【九届区政协第 1 次会议】 10 月 22—25 日区政协第九届委员会第一次会议召开。10 月 22 日举行第一次大会，汪农作政协昌江区第八届委员会常务委员会工作报告；程厚宏作政协昌江区第八届委员会常务委员会关于八届一次会议以来提案工作情况的报告；中共昌江区委书记倪卫春讲话，他提出三点要求：一要提高站位，服务大局，在广泛凝聚共识上展现新作为；二要发扬民主，突出优势，在推动政协工作上展现新作为；三要提升能力，履职尽责，在加强自身建设上展现新作为。10 月 25 日举行第二次大会，经大会选举，陈华清当选为政协昌江区第九届委员会主席；汪农、段嗣斌、吴集才、程厚宏、陈东升、徐国明当选为政协昌江区第九届委员会副主席；金红华当选为政协昌江区第九届委员会秘书长。陈华清等 32 人当选为政协昌江区第九届常委委员。10 月 25 日举行第三次大会，通过九届一次会议提案审查情况的报告；通过九届一次会议决议；新当选主席作闭幕讲话。昌江区政协党组书记、主席陈华清在闭幕式上提出三点希望：一是站在新起点，把牢方向，在强化领导中蓄积更大能量；二是聚焦新目标，敢于担当，在服务大局中贡献更多力量；三是锤炼新作风，提升效能，在干净担当中展现更佳形象。

10 月 22—25 日，政协昌江区九届一次会议召开。区委书记倪卫春与新当选的政协主席陈华清握手祝贺

【九届区政协第 1 次常委会会议】 11 月 17 日召开，会上传达学习中共十九届六中全会公报，审议通过人事任免名单（草案），审议通过修改后的《政协昌江区委员会委员履职管理办法》，通报九届政协主席、副主席、秘书长分工及委员培训安排。

政协重要工作与活动

【广泛开展民主协商和视察调研】 区政协按照《2021 年度协商工作计划》安排，组织委员开展调研活动 20 余次。针对居民小区停车难、电动车充电乱象问题，组织部分委员与城管、物业、社区、居民代表座谈，综合各方面意见，形成了《关于切实解决城市居民小区电动车集中停放与充电问题的建议》，以提案形式提交市政协十四届一次会议审议后交由有关部门办理。教科卫体委组织部分委员对全区机关编外人员使用情况进行了专题调研，农业农村经济委组织部分委员在丽阳镇就“探讨乡村振兴中如何规范和管理农民建房”开展专题调研，文化文史委和学习委组织部分委员在鲇鱼山镇徐坊村开展“乡村振兴与古村落保护”专题调研，人口和资源环境委组织部分委员开展“全区城市数字化管理工作”调研，社会和法制委组织部分委员开展“进一步规范行政执法行为、提高行政执法效能”调研，提案委组织部分委员开展“探索垃圾分类管理、助力美丽宜居昌江建设”调研。同时，抓好基层协商平台建设，西郊街道森林社区“委员 + 法治”基层协商议事工作室得到省政协领导高度肯定。

【做好提案协商交办】 围绕全区改革发展大局和人民群众关心的问题，积极运用提案履行职责、推动工作。九届一次会议期间，委员们围绕国家陶瓷文化传承创新试验区建设、工业发展、乡村振兴等中心工作提出提案52件。按照区政协《提案工作办法》的相关规定，经提案审查委员会审查，确定立案41件，合并3件，不立案8件。在立案的提案中，委员个人提案27件，联名提案14件，提出提案的委员共计89人次。其中，有关经济建设方面的5件，占立案总数的12.2%；有关文化建设方面的14件，占立案总数的34.2%；有关社会建设方面的21件，占立案总数的51.2%；有关生态建设方面的1件，占立案总数的2.4%。

【聚焦民生开展监督】 区政协通过“领导有力推”“创新方式督”、以点带面的形式，组织委员分别就疫情防控、教育、就业、医疗、社保等重点民生领域，开展专项民主监督活动。九届一次会议以来，多次组织委员开展视察监督活动，参与委员100多人次。

【开展委员履职培训活动】 11月，举办区政协委员履职培训班，160余名区政协委员参加培训。培训由区政协委托区委党校在荷塘培训基地举办，共3期6天，采取封闭式培训学习，聘请省委党校、市委党校专家对中共十九届六中全会精神、中共党史、人民政协史进行深入解读，政协主席为委员讲授履职基本知识以及《委员履职管理办法》，介绍委员履职经验体会。鉴于换届后70%委员是新委员，为促进新委员迅速适应新时代政协工作要求，区政协制定《九届区政协委员履职管理办法》，健全委员学习培训、考核评价机制。

（谭　微）

主要负责人名录

主　席：陈华清（2016.10任）
副主席：汪　农（2016.10任）
段嗣斌（2016.10任）
刘　坚（至2021.10）
刘丽红（女，至2021.10）
吴集才（2016.10任）
程厚宏（2016.10任）
陈东升（2021.10任）
徐国明（2021.10任）
党组副书记：乐先锋（至2021.8）
周　薇（女，2021.8任）
党组成员：刘　坚（至2021.8）
刘丽红（女，至2021.8）
徐国明（2021.8任）
严君勇（至2021.10）
金红华（2021.10任）
秘书长：严君勇（至2021.10）
金红华（2021.10任）
办公室主任：许元和（至2021.10）
王国涛（2021.10任）

纪检监察·巡察监督

纪检监察

【概况】 区纪委成立于1979年7月。2009年10月成立区纪委第一、第二、第三工作委员会3个机构，2010年5月组建到位并正式工作运行。2018年1月纪检监察体制改革，昌江区监委挂牌成立，从区人民检察院转隶8人到区纪委。合并干部室与宣教室为组宣部，新增第三纪检监察室、第四纪检监察室，现有办公室、组宣部、党风政风监督室、信访举报室、案件审理室、案件监督管理室、第一纪检监察室、第二纪检监察室、第三纪检监察室、第四纪检监察室共10个内设科室，有干部职工共43人。区纪委常委、监委委员班子成员共9名，其中书记1名（兼任监委主任）、副书记2名（兼任监委副主任）、常委4名、监委委员4名（其中2名由纪委常委兼任）。2019年向全区52个单位（部门）派驻6个纪检监察组。

2021年，全区纪检监察干部坚决捍卫“两个确立”，增强“四个意识”、坚定“四个自信”、做到“两个维护”，聚焦中心、服务大局，充分发挥监督保障执行、促进完善发展作用，推动纪检监察工作高质量发展迈出新的坚实步伐，党风廉政建设和反腐败斗争取得新成效。

【推动政治监督具体化、常态化】 开展常态化疫情防控督查。2021年全区共开展督查140余次，查处问题12个，处理12人。监督推动景德镇国家陶瓷文化传承创新试验区建设。重点围绕主体责任落实、重大政策落地、重大项目推进、优化发展环境、作风建设5个方面内容开展监督，推动各项工作任务落实落细。共开展监督检查5次，督促问题整改6个。全面开展政治谈话。认真落实省委、市委关于开展政治谈话的要求，区领导带头与乡镇（街道）党政主要负责人开展政治谈话。全区共对6个乡镇（街道）党政“一把手”，区委部门、区直单位“一把手”以及领导班子之间开展政治谈话194人次。

【作风建设不断引向深处】 查处享乐主义、奢靡之风、违反中央八项规定精神问题共10起，给予党纪处分7人、组织处理5人，下发监察建议1份。着力整治形式主义官僚主义。查处工程建设、打击“两违”、村集体专项资金使用等领域形式主义官僚主义问题15个，处理16人。严肃换届风气。会同区委组织部、区人民检察院、昌江公安分局建立违反换届纪律问题举报立项查处机制，受理换届信访举报6件，其中1件信访件已立案。严把党风廉政意见回复关，办理换届廉政意见回复532人次，对17名拟使用人选提出不宜或暂缓使用意见。常态化开展创建全国文明城市督查工作。坚持“一日一督查一通报”工作机制，开展督查66次，督查点位674个，发现问题1562个，约谈14人，8个责任单位作深刻检讨，下发《督查专报》20期。

【发挥巡察利剑作用】 持续提高巡察质量。与省委、市委同步开展涉粮问题专项巡察监督检查，发现问题10个，监督推动党委政府及主管监管部门履行好粮食安全主体责任，筑牢粮食安全屏障。完成十一届区委巡察全覆盖，启动十二届区委首轮常规巡察，研究制定《十二届昌江区委巡察工作规划（试行）》。巡察“回头看”顺利推进。4月中旬，按照10%的比例，组建3个巡察组，抽取区农业农村水利局等6个单位党组织进行巡察“回头看”，反馈问题79个，移交问题线索1个。

【整治群众身边腐败和不正之风】 常态化推进惩治涉黑涉恶腐败和“保护伞”工作。配合开展政法队伍专项教育整顿，成立工作专班，办结信访举报、问题线索16件，处理8人。开展“我为群众办实事”实践活动，通过约谈提醒、跟踪督办等方式，推动解决群众关切问题。督促教育相关部门落实“双

区纪委工作人员走基层听民声

减”工作责任，关停取缔培训机构 8 家，查处违规收费补课 1 起，推动政策落地落实。查处群众身边腐败和不正之风问题 5 起，给予党纪政务处分 5 人。持续优化营商环境助推全区经济高质量发展，开展监督检查 38 次，调研座谈 4 次，发现问题 18 个，处理 11 人，下发监察建议 3 份，建立、完善相关制度 2 个。不断巩固扫黑除恶“惩腐打伞”工作成果，区纪委区监委被评为“全市扫黑除恶专项斗争先进集体”，2 名纪检监察干部被授予“全市扫黑除恶先进工作者”称号。

【一体推进不敢腐、不能腐、不想腐】　全年处置反映问题线索 217 件，立案 82 件，结案 57 件，给予党纪政务处分 56 人，自办留置案 2 件、4 人，移送检察机关审查起诉 3 件、6 人。发挥案件查办治本功效。做好查办案件“后半篇文章”，发出纪检监察建议 9 份，督促相关单位补齐制度短板、堵塞监管漏洞、规范权力运行，推动相关单位建立制度 4 项。充分利用微信公众号等媒介，运用节前通报典型案件等方式，开展廉政教育。深化运用违纪违法人员忏悔录和典型案例，开展警示教育 2 场、300 余人次。制作《荷塘故事话清廉》5 个廉洁微视频，教育引导党员干部知敬畏、存戒惧、守底线。运用“四种形态”处理 219 人次，其中，第一种形态 159 人次，占 72.6%，教育挽救一大批党员干部。坚持“三个区分开来”，为 2 名受到不实举报的干部进行公开澄清，旗帜鲜明为担当者担当、为负责者负责、为干事者撑腰。

【锻造高素质专业化纪检铁军】　区纪委区监委充分发挥“室组地”联动作用，探索建立分片协作制，将全区 6 个乡镇(街道)、52 个单位部门划分为四个监督审查调查协作区，采用“1 + 3”即“纪委常委(监委委员) + 纪检监察室、派驻纪检监察组、乡镇(街道)纪(工)委”的模式实行监督，打破“单兵作战”格局。制定出台《昌江区纪委区监委跟班学习人员管理办法》，对新进纪检监察系统干部实行跟班轮训，大力推进“传帮带”工作。通过周学习会、业务讲堂等形式拓宽纪检监察干部的业务深度和广度，牢牢掌握上级纪委监委提出的新要求、新标准。严格自我约束。推进全区纪检监察干部自觉接受最严格的约束和监督，守住权力边界，坚决防止“灯下黑”。采取灵活多样的方式手段，开展警示教育。

【饶华东到昌江区调研】　1 月 7 日，市委常委、市纪委书记、市监委代理主任饶华东到区调研。他强调，要坚定不移推进全面从严治党，着力推动新时代纪检监察工作高质量发展。市纪委副书记、市监委副主任计新明，市纪委常委、秘书长程坚，昌江区委副书记、区长倪卫春，区委常委、区纪委书记、区监委代理主任周淮钦陪同。

【召开中共昌江区纪委十一届六次全会】　2 月 9 日，中共昌江区第十一届纪律检查委员会第六次全体会议召开，总结 2020 年纪检监察工作，部署 2021 年任务。区委副书记、区长倪卫春出席并讲话。区委副书记吴艳、区人大常委会主任李恩清、区政协主席陈华清等区四套班子领导和法检“两长”出席大

2 月 9 日，中共昌江区第十一届纪律检查委员会第六次全体会议召开

会。市纪委市监委蔡景平到会指导。会议由区委常委、区纪委书记、区监委代理主任周淮钦主持。

【区纪检干部参加省纪委省监委专题研讨班】 3月8—9日,全省纪检监察系统学习贯彻中央纪委全会精神专题研讨班开班。区纪委区监委积极组织全体纪检监察干部,在区政府综合楼会议室通过视频的方式参加培训并开展学习讨论。这是一场无人“陪会”、食宿差旅零开销的特殊培训,进一步提升全区纪检监察干部的政治能力和业务水平,推动区纪检监察工作高质量发展。

【区委书记专题会议听取巡察情况汇报】 3月22日,区委书记罗文军主持召开书记专题会议,听取十一届区委第九轮巡察情况汇报,研究部署下一轮巡察工作。区委副书记、区长倪卫春,区委常委、区纪委书记、区监委代理主任、区委巡察工作领导小组组长周淮钦,区委常委、区委组织部部长、区委巡察工作领导小组副组长王天才出席会议。

【召开政法队伍教育整顿监督执纪问责工作会】 4月20日,区纪委区监委召开政法队伍教育整顿监督执纪问责工作会。区委常委、区纪委书记、区监委主任周淮钦出席会议并讲话。区纪委区监委党风政风监督室、信访室、案管室、驻区委办公室纪检监察组、驻区人民检察院纪检监察组等相关负责人参加会议。会议传达学习全市政法系统教育整顿工作会和全市政法队伍教育整顿监督执纪问责工作会会议精神。区纪委区监委党风政风室、信访室、案管室,驻区委办公室纪检监察组、驻区人民检察院纪检监察组等负责人在会上做交流发言。会议要求各部门加强组织领导,强化协调把控,突出大局,安排专人抓好专项整治工作各项任务落实,以动真碰硬,狠抓高效的落实,以看得见、实打实的行动和全见底、全见效的成果,有计划、有步骤地推动专项整治工作。

【周淮钦当选区监委主任】 4月2日,区第十届人民代表大会第六次会议圆满完成各项议程后,区十届人大六次会议举行第二次大会,大会依法进行选举,经过无记名投票,周淮钦当选区监察委员会主任。

【区廉政教育中心挂牌成立】 4月23日,区廉政教育中心在荷塘廉政教育基地挂牌成立。区委常委、区纪委书记、区监委主任周准钦与荷塘乡党委书记共同为区廉政教育中心揭牌。

【廖良生到昌江区调研】 10月28日,市委常委、市纪委书记、市监委代理主任廖良生在区调研并召开座谈会,听取区纪检监察工作情况汇报。他强调,要把严的主基调长期坚持下去,全力以赴抓好党风廉政建设和反腐败工作,推动全面从严治党向基层延伸,努力营造风清气正的良好政治生态。

(程沛轩)

主要负责人名录

区委常委、区纪委书记:周淮钦(2020.5任)
区监委主任:周淮钦(2021.4任)
纪委副书记:熊艳梅(女,2015.1任)
方小华(2021.9任)
黄世平(至2021.8)
监委副主任:熊艳梅(女,2018.1任)
黄世平(2019.7任)
驻区委办纪检监察组组长:刘兰兰(女,至2021.10)
张　华(女,2021.10任)
驻区委组织部纪检监察组组长:王志胜(至2021.10)
驻区人民检察院纪检监察组组长:韩先鹏(2019.5任)
驻区政府办纪检监察组组长:王　云(至2021.10)
驻区教体局纪检监察组组长:黄志华(2019.5任)
驻区农业农村水利局纪检监察组组长:
余秀华(女,2019.5任)

巡察监督

【概况】 中共昌江区委巡察工作领导小组办公室(简称区委巡察办)为昌江区巡察工作领导小组日常办事机构,为区委正科级工作机构,区委第一、第二、第三巡察组承担具体巡察任务,均为正科级。区委巡察办与区委3个巡察组一道成立于2017年12月20日,巡察机构共核定行政编制8名。其中巡察办2名,3个巡察组6名,巡察办设主任1名、副主任1名,各巡察组设组长、副组长、巡察专员各1名,其中巡察组组长在原单位列编。目前全区巡察机构实有干部13名,其中借调1名。

2021年,完成对6家单位的巡察“回头看”,巡察全覆盖目标顺利实现。对十一届区委巡察整改进行“清仓见底”督查,十一届区委历轮巡察共反馈问题1030个，推动完成整改992个，整改完成率达96.3%。出台十二届区委巡察工作规划，对6家涉粮单位开展专项巡察，对6家单位启动新一届区委首轮常规巡察。年内反馈问题2轮、238个，按程序移交问题线索11件。

【进一步夯实巡察工作基础】　认真组织学习，明确监督重点。组织开展多次集中学习，重点学习《关于开展政治谈话加强对"一把手"和领导班子监督的实施办法（试行）》等文件。巡察干部对照监督重点，结合被巡单位职能职责认真查找政治偏差，政治定位监督理念更加得到坚持和拓展。先后制定《关于区委宣传部与区委巡察办建立沟通协作的意见》《关于建立区委巡察机构与政法机关工作协调机制的意见》《关于区委组织部与区委巡察办进一步加强有关工作协作配合的意见》《关于加强巡察监督与审计监督沟通协作的意见》，为整合监督力量、形成监督合力，促进监督工作贯通融合创造条件。聚焦主责主业，强化政治监督。

【持续有序推进巡察工作】　3月，完成十一届区委第九轮巡察情况反馈。巡察共发现并反馈问题159个，移交问题线索10条。本轮巡察结束，全区累计共对76家（次）党组织开展巡察，顺利实现巡察全覆盖目标。与此同时，以"巡乡带村"方式，对全区65个村（居）进行巡察，同步实现村级巡察全覆盖。4月中旬，按照10%的比例，安排3个巡察组，抽取区农水局等6家单位党组织进行巡察"回头看"，既着力查找落实巡察整改方面存在的老问题，又勇于发现发展过程中出现的新情况新问题。8月下旬，经书记专题会后完成情况反馈，共反馈问题79个，移交问题线索1条。10月中旬，区委组建1个巡察组开展涉粮问题专项巡察和监督检查，巡察组重点围绕有涉粮领域职能的4家区直部门及2个粮食生产乡镇开展监督，本轮巡察共发现问题10个，移交问题线索2条。

【做好巡察整改落实工作】　落实区领导带队巡察反馈制度，十一届区委第九轮和第十轮巡察，9位县级领导先后出席11家单位的反馈会议，高位推动、传导压力、压实责任。按程序向纪检监察机关移送问题线索。推动"四方联审"。督促各被巡察单位按照时间节点制定整改方案、报送整改情况，对方案和整改情况实行"四方联审"，纪检机关、组织部、巡察办、巡察组共同评判审核，确保整改取得实效。加强盘点总结。撰写每轮巡察综合情况报告，揭示普遍性倾向性问题，为区委决策提供参谋和助手。

【推进中央巡视和省委巡视"回头看"整改工作】作为区委整改办综合协调组，负责起草并印发2份整改工作方案，组织协调召开全区整改工作推进会，督促各责任单位按照时间节点报送整改情况，落实销号制度，定期向上级报送销号情况及整改工作进展。该区承担的中央巡视反馈意见2个方面、10个具体问题的整改任务，制定23条整改措施中，已完成整改问题7个、整改措施18条，未完成的对照整改措施和整改时限加快推进。省委巡视"回头看"昌江区涉及问题整改事项共33个，已完成整改问题29个，整改中问题4个。

【开展巡视指导督导反馈意见整改工作】　针对中央巡视指导督导组反馈的昌江区承担整改任务的5大方面、6个具体问题，出台整改方案，制定整改措施21条，其中区委巡察办牵头整改问题13个，区纪委监委和区委组织部牵头整改问题8个，共完成整改问题13个，向上级报送阶段性整改情况1次，并形成整改资料汇编。

【罗文军主持会议听取第九轮巡察情况汇报】　3月22日，区委书记罗文军主持召开书记专题会议，听取十一届区委第九轮巡察情况汇报，研究部署下一轮巡察工作。区委副书记、区长倪卫春，区委常委、区纪委书记、区监委代主任、区委巡察工作领导小组组长周淮钦，区委常委、区委组织部部长、区委巡察工作领导小组副组长王天才出席会议。区委领导认真听取、仔细询问、分析研讨各组巡察发现的问题，罗文军对重点人、重点事、重点问题逐一进行点评，并提出具体的处置意见。此轮巡察，区委3个巡察组共发现问题159个、线索10条。

【倪卫春主持会议听取巡察情况汇报】　8月20日，区委书记倪卫春主持召开书记专题会议，听取区委第九轮巡察反馈问题整改、线索处置和第十轮巡察情况汇报，分析研究巡察发现的问题，提出具体处置意见。区领导伊文斌、江智峰、周淮钦、曾亚平出席会议。区委巡察办、各巡察组负责人列席会议。倪卫春对十一届区委以来全区巡察工作给予充分肯定,为下一步巡察工作明确方向和重点。

【召开十二届区委第一轮巡察工作动员部署会】 12月7日,十二届昌江区委第一轮巡察工作动员部署会召开。会议传达学习十九届中央第八轮巡视工作动员部署会精神,宣布本轮巡察任务分工决定,对区委第一轮巡察工作进行动员部署。区委常委、区委组织部部长、区委巡察工作领导小组副组长曾亚平主持会议。区委常委、区纪委书记、区监委主任、区委巡察工作领导小组组长周准钦出席会议并作动员讲话。市委指导督导组副组长熊英以及指导督导组其他成员到会指导。根据区委统一部署,2021年12月8日至2022年1月26日,十二届昌江区委第一轮巡察将组建3个巡察组,对区委编办、区市监局、区住建局、区城市管理局、区供销合作社、区行政服务中心6个单位党组织开展常规巡察。

12月7日,十二届区委第一轮巡察工作动员部署会召开

【市委巡察指导督导组驻区开展工作】 12月8日,市委巡察指导督导组进驻昌江区开展指导督导工作。市委巡察指导督导组组长高正元、副组长王庆九、熊英及其他成员,与昌江区委书记倪卫春、昌江区委巡察工作领导小组分别进行见面沟通。巡察指导督导组采取调研督导、现场跟进指导和远程指导相结合的方式开展工作,通过"嵌入式"全程跟进交叉指导组和昌江区1个常规巡察组。

(王志尧)

主要负责人名录

主　任:方桂平(女,至2021.10)
唐建昌(2021.10任)

副主任:王志尧(2018.8任)

群众团体

总工会

【概况】 区总工会成立于2003年12月。现有人员8人,其中:常务副主席1人、副主席1人、事业编制1人(区职工服务中心),协理员4人。

2021年,区总工会认真贯彻习近平总书记在中央党的群团工作会议上的重要讲话精神,做好党联系广大人民群众的桥梁和纽带,引领全区广大职工在围绕"工业强区、文明新城、开放融合、幸福共享,全面建设现代化魅力新昌江"的奋斗目标中贡献工会力量。2021年,全区新建工会10家,新增会员635人,指导基层工会换届37家。

【技能提升工程有效实施】 继续开展农民工学历提升工程,全年共有21名农民工取得大学学历,补助资金2.1万元。组织基层职工开展"安康杯"竞能竞赛活动,提升职工技能技术创新发展。区教体局开展全区青年教师"五项全能"比赛,宏亿电子开展电子数控操作比赛、区疾控中心开展医学理论知识和现场操作竞赛等,通过活动竞赛开展,使参赛职工在各自领域不断创新发展。

【开展关心关爱劳模行动】 春节期间,共走访慰问劳模47人,发放慰问资金2.64万元。"五一"期间,慰问劳模3人,慰问资金3000元(省级劳模1人、市"五一劳动奖章"获得者1人、区级劳模1人)。富祥药业戴贞亮等4人获全市"五一劳动奖章"。

【持续开展"四送"品牌服务】 与区人社局、就业局、区重点项目推进中心、鲇鱼山镇、丽阳镇共同开展"春风行动"暨就业扶贫、返乡农民工、大学生就业招聘会2场,提供就业岗位1500个,约3千名求职者参与各类招聘会,500余人达成就业意向;开展"夏送清凉"活动,深入北京环卫集团景德镇分公司、富祥药业、宏亿电子、宁封窑、城管执法局、消防救援大队、交警二大队、鱼山镇征地拆迁项目部等,累计送发清凉慰问物品达4.3万余元;开展"金秋助学"活动,共为4名家庭困难大学生,发放助学金2万元。元旦、春节期间,开展"送温暖"活动,帮扶困难职工68人,发放慰问金7.2万元;为25户困难职工提供生活救助金5.9万元。

【扎实推进维权服务工作】 根据法律"六进"下基层要求,组织区总工会法律志愿服务队先后来到中交四局工地、鱼丽工业园区太阳升物流有限公司、陶金岭社区、人民广场和豪德贸易广场等场所开展"尊法守法·携手筑梦"法律宣传活动,发放各类法律宣传资料1500余份,解答咨询法律服务90余条。加大维权维稳力度,依托丽阳镇打造的农民工名辉维权工作室,开展维权活动8次,为农民工挽回损失800多万元。

【开展普惠服务工作】 全区共办理工会普惠卡8000余张。其中,2021年新增600余张。基本实现全区普惠卡全覆盖。全区共有10434人次参加互助保险计划,购买互保金、44.6万元,累计赔付保障金43人、48.4万元。

【强化工会阵地建设】 以"一提升·两强化"专项行动为抓手,打造一批有主题特色的亮点工会组织。新枫街道太阳船社区职工之家、西郊街道淘金岭社区职工之家、鲇鱼山镇新型职业农民职工之家3个基层工会示范点建设,以点带面,提升基层工会阵地服务建设水平。

【助力职工创新创业】 根据省、市总工会和区委落实"六保""六稳"要求,继续与邮储银行开展"瓷都工贷"业务,解决小微企业和职工创新创业资金贷款难、融资难的问题,推动全区民营经济高质量跨越式发展。全年为5家小微企业获得贷款150万元。

【关爱女职工和乡村教师健康工作】 结合党史学习教育,把关爱女职工和乡村教师健康工作纳入"我为群众办实事"项目清单,组织100名企业女职工免费参加妇科体检和参加省总举办的"百年展风华、幸福伴巾帼"百场公益健康讲座活动。组织全区497名乡村教师,按照每人500元标准进行体检。

(宋圣林)

主要负责人名录

党组书记、主席:姜 涛(至2021.5)

占文军(2021.10任)

常务副主席:危立清(至2021.10)

吴秉熹(2021.10任)

共青团

【概况】 共青团昌江区委员会(以下简称"团区委")成立于2003年3月,核定行政编制2名。2021年有人员3名。2021年以来,团区委坚持以习近平新时代中国特色社会主义思想为指导,把握青年发展脉搏,引领青年在昌江土地上释放青春活力,绽放青春之花。

【预防青少年犯罪】 利用"五四"、未成年人保护周等重要节点,组织全区少先队、团组织开展未成年人保护主题队日、团日活动;利用媒体、网络平台对青少年开展全方位、多角度的法治宣传教育;充分发动未检干警开展送法进校园宣讲活动,深入学校开展法治教育。全年开展"检花女童保护"讲师及法治副校长授课共18场,覆盖人数692人,发放宣传册262本。

【开展安全自护教育】 充分发挥区教体局阵地作用,从学校入手,通过"把爱带回家"专题讲座、主题班会等形式,抓好寒暑假等重要节点,组织各校做好假期青少年安全自护教育,培养青少年良好的心理素质和应变能力,掌握避险自护技能,降低青少年危险发生的条件和事故发生的可能性。共开展自护教育14场,活动覆盖青少年人数1050人。

【继续推进选树推优工作】 积极参与各类荣誉奖项推荐评选,成功推报全国"五四"红旗团委1个、全国青年文明号1个;全省"五四"红旗团委1个、全省"五四"红旗团支部1个、全省首届乡村振兴青年先锋1个;全市"五四"红旗团委2个、全市"五四"红旗团支部2个、全市优秀团干4个全市优秀团员4个、全市青年岗位能手2个、全市农村青年致富带头人1个、全市青年创业致富示范基地1个;市级乡村好青年9个;景德镇市"十大杰出青年"1人。

【走访慰问困难家庭】 积极整合各类资源,通过"青春暖瓷都""中国茅台·国之栋梁""金秋助学·圆梦行动""希望工程·圆梦行动"等项目,拓宽资金渠道,共向上级团组织争取助学帮扶资金近3.5万余元,帮助困难学生数十余人。

【大学生社会实践活动】 依托大学生寒假"返家乡"社会实践项目,协调联系当地党政机关、企事业单位、社会组织、基层村(社区)等,特别是政务服务中心、社区青春行动实施范围社区等按需开发优质实践岗位,吸引10余名优秀大学生返乡创业就业以及见习的大学生入会,助力家乡经济社会建设。

(刘 彭)

主要负责人名录

书 记:程添翼(2011.11任)

副书记:刘 瑶(女,2018.2任)

妇女联合会

【概况】 区妇联成立于1973年9月。2021年底,下设有6个乡镇(街道)妇联及66个村(社区)妇联。

2021年,区妇联狠抓党史学习教育,高质量举办全区妇联系统干部思想政治理论培训班,打造党史学习云端阵地。开展"赣鄱红色娘子军"进社区、进校园、进乡村等系列宣讲活动,全年共开展6场宣讲,受惠群众300余人。把妇女维权、关爱帮扶等妇女群众关切的具体问题,作为"我为妇女群众办实事"的重点,取得良好工作成效。

【关爱帮扶工作】 开展困难家庭关爱慰问、重症儿童、困难儿童和留守儿童关爱共4场次;发挥"嫂子帮帮团"巾帼志愿服务队作用,深入群众家中开展一系列关爱妇女儿童和孤寡老人活动;在"9·9"公益日发起“春雷女童一起捐”活动,为全区23位贫困女童捐助资金16800元。

区妇联组织开展赣鄱红色娘子军宣讲团宣讲活动

【维权服务工作】 开展反家暴、婚姻法、禁毒等普法宣传10场次,依托妇联法律援助中心,聚焦反对家庭暴力、儿童保护、农村妇女集体成员权益、女性平等就业等重点难点,加强妇女儿童权益维护。增强维权队伍业务能力,围绕《中华人民共和国民法典》《中华人民共和国未成年人保护法》《中华人民共和国婚姻法》等开展法律知识讲座。全力做好妇女儿童心理健康工作,尤其在中高考期间,常态化开展心理健康宣传,为学生提供情绪疏导,缓解考试压力。

【家庭家风建设】 组织开展“最美家庭”“清洁家庭”评选、“春光美如斯,读书正当时”主题读书日活动。全年有6户家庭获2021年度景德镇市“最美家庭”称号、50名家庭获昌江区“清洁家庭”称号。建立家庭教育专家、家教家风宣导员队伍,开展家庭教育宣讲进社区活动,全方位推动家庭文明建设,助推城市文明。

【妇联组织建设】 3月21日,完成村(社区)妇联换届。选举产生新一届村妇联主席33名、村妇联副主席40名、村妇联执委208名;产生社区妇联主席34名、社区妇联副主席43名、社区妇联执委155名,实现社区妇联主席100%进“两委”。12月9日,完成全区所有乡镇街道妇联换届工作,选举产生乡镇(街道)妇联主席6名、专职副主席5名、兼职副主席9名、执委70名。并组织基层妇联组织政治建设理论和业务知识培训,基层妇联组织进一步得到了夯实。

(刘冬梅)

主要负责人名录

主　席:涂慧萍(女,至2021.10)
　　　　刘志辉(女,2021.10任)
副主席:刘冬梅(女,2017.9任)

科学技术协会

【概况】 区科学技术协会(简称“区科协”)成立于1983年10月,是区委领导下的人民团体。2021年,区科协紧扣“工业强区、文明新城、开放融合、幸福共享,全面建设现代化魅力新昌江”这条主线,以党史学习教育开展为推动力,坚持“四服务”职责定位,深化科协系统改革,实施创新驱动战略,拓展科普思路,打造科普工作特色品牌,大力开展各项科普工作,为促进全区经济社会发展、提高全民科学素质做出积极贡献。

【科普基地建设取得新成绩】 2021年,成功申报一心桥、汪王庙2个社区为市级科普示范社区;昌江区实验学校为市级科普示范学校;庆春蔬菜、三梅粮油、四季果业3个基地为市级科普示范基地。同时,联合各乡镇(街道)科协共同组建7支科技志愿服务队。

【“科普之春”活动走进社区】 3月12日、19日,区科协联合区中医院分别在西郊街道景航社区、荷塘

3月12日,区科协组织开展“科普健康知识、助力乡村振兴”义诊乡村行活动

乡童坊村举办“2021 年‘科普之春’暨学雷锋科普志愿服务月活动”。专家和科技志愿者为村(居)民提供内科、外科、妇产科、针灸康复科等专科咨询,提供测量血压、血糖、艾灸、推拿等服务。共测量血压、血糖 200 余人次,发放宣传资料 1000 余份,解答咨询 60 余人次。

【“全国科技工作者日”活动入基层】 5 月 25 日,区科协领导班子组织党员志愿者开展“入网格、服务进基层”科技工作者日专题活动,带领一批资深农技专家深入基层服务一线,了解农业种养殖现状及存在的问题,科普相关种养知识。在走访过程中,得知庆春蔬菜基地由于高温久雨湿度大,茄科类蔬菜疫病严重,农技专家现场对症下药,一一解答疑难问题,帮助农户提高种养技术和能力。

【市科协领导来区开展实践活动】 6 月 24 日,市科协党组成员、副主席黄志虹带队到荷塘乡百荷园科普示范基地开展党史学习教育“讲党课大调研”实践活动。在百荷园科普示范基地,黄志虹为基地揭牌,查看基地建设情况,听取情况介绍。她要求,基地要进一步发挥资源优势,创新休闲农业经营模式,学习先进的种植、管理经验,为带动周边群众就业发挥积极作用,服务乡村振兴战略实施。

【开展科普网络竞赛】 6 月 30 日至 7 月 15 日,为庆祝中国共产党成立 100 周年,区科协组织参加全省“汲取红色精神,科普成就未来”网络竞赛活动,竞赛成绩在全省位列第一梯队。8 月,组织参加全市举办的“科普中国”App 疫情防控知识“你分享,我奖励”活动。

【开展赣鄱科普大讲堂系列活动】 7 月 9 日,邀请市二院骨科专家张传记,到汪王庙社区开展《肩痛并非都是肩周炎》专题讲座。7 月 30 日,邀请景德镇学院心理咨询专家张淑敏到一心桥社区开展《情绪管理》科普讲座。12 月 7 日,区科协联合区机关事务管理中心,邀请景德镇学院杨波博士到昌南湖社区举办《碳达峰碳中和》知识讲座。

【致富带头人培训活动】 12 月 16 日,联合鲇鱼山镇科协在庆春蔬菜科普示范基地开展农村致富带头人培训班,共 80 余人参加培训。培训班就再生水稻生产技术管理、农业生产安全用药技术管理等种植技术进行培训。

(余路程)

主要负责人名录

主　席:余路程(2018.12 任)
副主席:洪古荣(2008.1 任)
　　　　陈秋华(挂职,2019.10 任)
　　　　王　珏(女,兼职,2019.10 任)
　　　　张自国(兼职,2019.10 任)
秘书长:柴　奇(女,兼职,2019.10 任)

工商联(总商会)

【概况】 区工商联成立于 1994 年 9 月。工商联机关编制 3 个,现有工作人员 7 人。工商联内设机构及人员,区工商联主席(会长)1 名,常务副主席(常务副会长)1 名,专职副主席(副会长)2 名,兼职副主席(副会长)3 名,秘书长 1 名;区工商联党组书记 1 名,成员 2 名,区非公党工委书记 1 名,委员 3 名。截至 2021 年年底,昌江区工商联历经五届的发展,目前已有会员 274 个,其中团体会员 6 个、企业会员 164 家、个人会员 98 人,乡(镇)街道商会 3 个、商协会 3 个。2021 年,区非公党工委建有 8 个非公有制企业党支部,非公有制企业党员总数 77 名,新发展 6 名,在册党员 77 名。

2021 年,共新发展企业党员 6 人,建设企业党支部示范基地 1 个。组织召开企业党支部书记学习班 2 场,全体会员企业党员培训 2 场,企业法人培训班 1 场,常执委学习培训 3 场,组织党员和企业法人开展党史学习教育和爱国主义教育活动 4 场,共参加教育活动 560 人次。

【筑牢意识形态阵地】 2021 年,区工商联采取在企业设立宣传栏,挂横幅,召开座谈会,送宣传册、宣传单等多种方式,把习近平新时代中国特色社会主义思想、社会主义核心价值观、宪法、民法典、惠企政策,以及优化营商环境、企业维权等原原本本送到企业。组织 12 支由非公有制经济人士组成的代表队参加全区统战系统庆祝中国共产党成立 100 周年党史知识竞赛活动,选送由非公有制经济人士参与的原创散文诗《党啊!我亲爱的母亲》朗诵节目,参与全市工商联系统庆祝中国共产党成立 100 周年文艺会演活动。

【非公有制经济人士的政治培养】 在区人大、区政协换届中,积极向区人大、区政协推送非公有制经济人士当选区人大代表和区政协委员。在区工商联常执委中,有4人是区人大代表,有10人是区政协委员,其中有4人为新增的政协委员。

【不断优化营商环境】 搞好政策宣传。全年共印发《惠企政策》宣传册计600余本;抓好融资服务。全年共组织召开银企对接工作会议3场,帮助有需要的企业解决实实在在的融资问题。向区委、区政府建议成立"昌江区非公经济发展服务中心""昌江区非公有制企业帮代办服务中心""昌江区非公有制企业维权服务中心",得到区委区政府的采纳和支持。"3个中心"均已批准成立,并进入工作运作状态。

2021年,区工商联获全国"五好"县级工商联称号

【加强基层商会发展工作】 2021年,吸收13家优质非公有制企业为会员企业,会员法人达274人,比上年同期增加6%。完善基层商(协)会建设。进一步完善鲇鱼山镇、吕蒙乡、昌江区重点项目推进中心3个工商联分会(商会)的建设工作。在原丽阳企业家协会的基础上,组建鱼丽企业家协会。该协会在帮助企业解决融资、开展企业维权、引导企业参与助困帮扶等活动方面做了大量工作。

【不断推进光彩事业发展】 全年共有20家企业参加走访慰问爱心助学、销售扶贫产品等活动,共捐赠资金10万元;共有3家企业积极参加"我为群众办好事实事"活动,美年大健康开展"健康进社区"义诊活动,12家企业代表参加金秋助学活动并共同捐赠6万元资助12名困难学生,猎户星空在重阳节期间为全市老年人免费开放城市智慧体验馆参观活动等。河南郑州洪灾期间,卡服物流捐款20万元,景德镇昌达混凝土有限公司捐款10万元;组织召开全区"万企兴万村"动员大会,会上共有5家企业分别与4个省、市帮扶重点村签订帮扶协议。

【积极创建"五好"工商联】 加强班子建设,全面落实"一个设立,五个有"要求,工作环境和条件大为改观。工作机制、各项规章制度及工作载体已全部制定并有效运作执行。区工商联获2020—2021年度全国县(市、区)"五好"工商联称号。

【举行庆祝中国共产党成立100周年诗朗诵活动】 7月1日,开展庆祝中国共产党成立100周年"七一"散文诗朗诵活动,联合非公经济人士朗诵原创散文诗《党啊!我亲爱的母亲》,邀请专业老师多次授课,对参加人员进行相关培训并拍摄MV,参与全市工商联系统庆祝中国共产党成立100周年文艺会演活动。

【开展金秋助学活动】 8月,猎户星空、江南旅游汽车、宏亿电子、卡服物流等12家企业代表参加由区工商联(总商会)主办、昌江一中承办的"爱在昌江、同心圆梦"金秋助学活动,捐赠6万元,资助12名困难学生读书。

【区非公有制企业维权服务中心成立】 2021年12月,昌江区工商联在全市县(市)区中率先成立昌江区非公有制企业维权服务中心,配备工作人员和设施,开展规范、精准、有效的非公维权服务工作,办结诉求案例2例。

(曹达祥)

主要负责人名录

区政协副主席、区工商联主席:
程厚宏(2015.12任)
党组书记、区非公党工委书记:
江燕红(女,至2021.10)
吴祖爱(2021.10任)
区工商联副主席:徐兆英(女,2015.12任)
王　苑(女,2021.10任)

文学艺术界联合会

【概况】 昌江区文学艺术界联合会（简称“区文联”）成立于2009年3月，核定编制3名，1名主席、2名副主席。人员管理参照国家公务员制度。2010年5月成立昌江区艺术界联合会党组。

2021年，区文联做好“双网化”工作，突出抓好“文艺两新组织”建设。以协会为抓手，积极从线上和线下两条线，做好“双网化”工作和“文艺两新组织”建设。线下主要是通过协会组织开展各类文艺活动。线上主要是通过推广昌江文艺微信公众号、昌江文联官方抖音号网络平台，把区文联的会员服务、会员风采展示、会员文艺作品展示等工作向网上铺开、延伸。4月14日，在区实验学校举行“昌江区青少年陶瓷书画基地”揭牌仪式暨学生培训陶艺活动。7月，在区委党校开展党史教育培训；线下结合全区新时代文明实践站所的建设，在乡镇街道、村社区建立两级网格，把文艺活动和文艺志愿者服务送到基层群众当中，打通文艺活动和文艺志愿服务的“最后一公里”。全区建有乡镇、街道文艺中心服务点6个，村（社区）服务站64个。全年共组织送春联活动3场、送戏曲演出6场、送书法进校园活动3场、主题文艺采风2场、文艺志愿者活动3场、主题文艺创作2场等文艺和创作活动，累计参与人数2000余人次。

6月7日，邀请市老科协合唱团到丽阳镇举行文艺演出

【区文艺工作者职业道德和行风建设委员会成立】 12月27日，区文联文艺工作者职业道德和行风建设委员会成立。该委员会的成立，旨在为全区文艺工作者规范文艺坚持为人民服务、为社会主义服务的方向，要求文艺工作者在培根铸魂上展现新担当，在守正创新上展现新作为，在明德修身上焕发新风貌。

【开展文学艺术类评选活动】 11月，举办全区文艺工作者座谈会，充分听取各协会对全区文艺工作的意见和建议。组织2021年区文学艺术奖的评选活动，共评出文学类、艺术类（美术奖）、书法类、戏曲类优秀个人奖、优秀组织奖等6个奖项。

（徐梅芬）

主要负责人名录

党组书记：王志强（至2021.10）
余秀华（女，2021.10任）
主　席：周敏华（女，2020.5任）
党组成员、副主席：徐梅芬（女，2021.10任）
副主席：刘　峰（2013.6任）

残疾人联合会

【概况】 区残疾人联合会（简称“区残联”）成立于1991年11月。2021年，在编人员2人，编外人员3人。

2021年，区残联紧紧围绕区委、区政府决策部署，党史学习教育与重点工作同步抓，巩固残疾人脱贫成果，推动残疾人事业高质量发展，全区残疾人的幸福感、获得感和安全感持续提升。

【残疾人民生保障更加有力】 全年共新增办证392人，到期换证25人；全面落实残疾人证业务“跨省通办”，畅通残疾人各项事项的办理进度与效率，提升残疾人服务便利化水平；与区民政局、区财政局、区卫健委联合制定《昌江区残疾人适配基本型辅具补贴办法（试行）》；严格按照“按需设岗、以岗聘任、在岗领补、有序退出”的程序做好残疾人公益性岗位安置工作，确定36名农家书屋图书管理员、15名公益性岗位就业残疾人；兜底保障残疾人权益,落实困难残疾人生活补贴和重度残疾人护理补贴制度,与民政局建立信息共享、动态管理的“两补”发放模式,每月10日之前及时、足额发放当月“两补”;精准识别贫困重度失能残疾人,为17名扶持对象每月按照标准发放补贴。

5月,由区残联、景德镇联通公司联合开展的“我为群众办实事,用科技让AI发声”公益活动举行

【残疾人康复服务得到加强】 2021年,全区共有9名7岁以下残疾儿童正在各类康复机构接受康复服务。持续推进“听见幸福·听见爱”全区公益助残活动,覆盖6个乡、镇(街道),通过逐村(社区)的听障人士排查,邀请专家和医护人员为听障人士进行病史采集、耳常规检查、听力检查、助听验配、助听器调试等,累计为1500名听障人士检测听力,为620名听障人士办理残疾人证,投入40余万元为300余名听力残疾人适配了助听器。与联通公司联合开展“用科技让AI发声”志愿活动,深入各乡、镇(街道)进行现场业务办理及咨询,提供“无障碍AI通话服务”,为155名残疾人免费办理电话卡,解决了听障人士日常打电话时沟通的烦恼。推进残疾人康复体育关爱家庭计划,共为100户不易出户或家庭困难的重度残疾人实施康复体育家庭关爱服务,共计发放体育器材1.9万余元。依托社会康养机构,在鲇鱼山镇鱼山村委会建设全区残疾人自强健身示范点,投放体育器材1.6万余元,为周边150名残疾人提供免费康复、锻炼场所。与省残联下属的联康假肢矫形中心合作,为2名肢体残疾人提供假肢或矫形器的安装与维修服务。

【残疾人就业水平得到提升】 5月14日,联合区人社局、区工信局、区扶贫办、区重点项目推进中心、区就业创业服务中心、国税昌江分局,在鱼丽工业园区举办第31次“全国助残日”昌江区残疾人就业招聘会,20家爱心企业为残疾人求职者提供了178个无年龄限制、无学历门槛的就业岗位,全区近300位残疾人参加招聘会,经现场双向选择,25人现场签订劳动协议,79人达成就业意向。

【持续开展助残帮困活动】 开展“听见幸福·听见爱”全区公益助残活动及“用科技让AI发声”志愿活动;“六一”期间,联合景德镇市一点公益志愿者协会开展助学活动,为30名适龄残疾少年儿童捐赠书包、图书等文体用品;6月9日与区审计局联合开展“学党史、我为群众办实事助残活动”,根据残疾人需求捐赠轮椅两台,助听器30台,切实为残疾人办实事解难题;7月8日,组织开展“学党史颂党恩祭先烈”主题党日活动,邀请全国自强模范张玲等15名自立自强残疾人到荷塘乡祭扫革命烈士纪念塔;9月7日,启动“乐享‘睛’彩,爱心前行”助残公益活动;10月18日,牵头组织的“昌建杯”第二届全国肢体残疾人书画文化节暨江西省聋人工艺美术作品展开幕;11月16日,组织开展“残疾人文化进家庭”“五个一”主题党日活动。

(张玉华)

主要负责人名录

理事长:黄洪波(至2021.10)
危立清(2021.10任)
副理事长:段君德(2021.10任)

红十字救助

【概况】 昌江区红十字会成立于2015年2月,为正科级群团组织单位,设会长1名,常务副会长1名,专职副监事长1名。

2021年,区委、区政府进一步明确区红十字会体制、经费单列,将红十字会经费纳入财政预算,配备办公室3间,购买必备的办公设备和设施。

【开展募捐工作】 2021年，新冠肺炎疫情期间筹集资金33万元，昌南湖“4·27”火灾筹得捐赠资金9万元，为河南水灾筹得爱心捐款10万元，“9·9”公益日老人健康促进项目筹得10万元募捐资金，所有资金全部依法依规及时拨付到位。

【“三救三献”工作】 全年共开展救护员培训624人，应急救护普及培训2739人，开展溺水、火灾避险逃生培训3000人。开展“博爱送万家”活动，慰问走访低保户、残疾人、特困家庭户，送去食用油、棉被、大米等价值共9000元慰问物品。成功救助1例急性髓系白血病患者。

5月，组织开展“5·8”世界红十字日宣传活动

【基层组织建设工作】 2021年，成立区红十字应急救护志愿服务队，在华风社区、景航社区、蟠龙岗社区、国信康养公司、徐湾小学成立红十字基层组织，在国信康养公司成立一支50余人的南丁格尔志愿服务队。

（张雯琪）

主要负责人名录

副区长、会长：张碧珍（女，2020.6任）
党组书记、常务副会长：余火生（2021.10任）
党组成员、专职副监事长：刘晓青（女，2020.5任）

军　事

人民武装

【概况】 2021年,区人武部紧盯主责主业,凝心聚力,真抓实干,人武部全面建设向上向好。一年来,以党史教育为契机,不断强化理论武装,打牢思想政治基础;坚持打赢标准,提升练兵备战水平,扎实推进练兵备战各项工作落实;严格标准要求,推进"四个秩序"建设;深入贯彻全面从严治党要求,不断加强党委班子和党员队伍建设;守住安全底线,部队管理正规有序。

区人武部组织开展新兵培训

【强化理论武装】 抓实党史教育活动。邀请全国战斗英雄邱宝龙、参战老兵孙元宝为干部文职职工、专武干部、民兵骨干讲红色故事。利用专武干部例会、民兵政治教育、军事训练等时机,把党史学习教育向民兵后备力量延伸拓展,进一步增强武装工作的执行力。结合季度理论学习和党史学习教育活动,组织开展讨论交流、身边故事会、讲红色故事、讲精神谱系等活动。加强宣传报道,先后在中央媒体、战区强军网、省军区强军网等媒体发表各类新闻消息150余篇。

【提升练兵备战水平】 聚焦备战打仗中心工作,坚持为战而谋、向战而行,扎实推进练兵备战各项工作落实。党委每月议战议训,深入查找问题分析原因。利用民兵整组、民兵训练等时机,广泛开展职能使命教育和战斗精神培育。围绕战备训练、后备力量建设等重难点问题,完成高质量的调研和课题攻关成果。按照军事职业教育要求,构建"三室",组织现役干部和文职人员开展"先试先学",落实在线课程和精读图书计划。先后选派新任职专武干部部长和民兵骨干参加省军区集训,成绩优良。圆满完成全年新兵征集任务。

【推进"四个秩序"建设】 对照军委国防动员部"四个秩序"建设标准,统筹规划、逐步推进、规范落实。改造军事职业教育"三室",配套抓好信息网络建设,购置各类图书300余册,组织现役干部、文职人员和职工开展"先试先学",圆满完成军事职业教育试点先行任务。区委常委议军会专题汇报基层规范化建设问题,为各乡镇街道申请60万元专项经费。各乡(镇、街道)武装部软硬件设施建设水平得到提升。

【强化党委班子建设】 党委"一班人"带头执行党规党纪,树牢廉洁自律形象;严格落实组织生活制度;深入抓好流毒思想和信息清理。5月,在军分区党委首长指导下召开民主生活会,党委"一班人"凝聚力进一步提升。7月,召开党史学习教育专题组织生活会,党员干部人人参加,自我剖析,查找问题。

11 月，组织召开基层风气监督暨纪检工作会议，推动基层风气监督员厘清认识、熟知职责、发挥作用。围绕反馈问题，抓好问题整改。抓好警示教育，严格廉洁自律。强化党管武装，抓好军民共建。开展国防教育宣传活动，组织参与公祭日活动，拍摄“八一军歌嘹亮”短视频，提高全民国防意识。全区免费安排重点优抚对象体检，解决医疗等实际问题，发放救助资金。

【部队管理正规有序】　按照谋划在先、干在平时的思路，严格落实安全管理责任“清单”。定期召开党委会分析安全形势、研究安全管理工作、组织安全风险评估，落实每季度安全教育、保密教育、“四反”教育、预防犯罪教育、法纪教育、安全训练等，经常性组织门卫应急处置突发情况演练。严格以清人、清密、清网、清群、清害等为契机，认真抓好“条令学习月”、安全大检查、百日安全活动等内容，过细排查问题隐患并整改。突出军车、枪弹管理、疫情防控等重点，严格日常制度落实，常态抓好疫情防控，坚决打好疫情防控的主动仗阻击战。开展“百日安全活动”“飓风—2021”反间谍行动、微信清理整治专项活动、净化网络涉军生态环境专项行动等，邀请市公安局网络安全保卫支队人员宣讲网络安全知识，清查人员微信工作群、网络借贷、网络赌博、浏览不健康网页等问题。全年接受省军区安全检查 2 次、军分区安全检查 6 次，情况反馈较好。

【召开区委常委议军会】　1 月 30 日，召开区委常委议军会，传达习近平主席关于国防和军队建设重要指示精神，学习《军队政治工作条例》有关内容和市委常委会主要精神，听取人武部 2020 年度工作情况报告，研究部署江西省党管武装考评工作，解决“双拥”活动经费、基层武装部战备建设经费等事宜。

【召开人武部党委第一书记任职大会】　3 月 25 日，区人武部召开党委第一书记任职大会，景德镇军分区政委卓健宣读军分区党委《关于昌江区人武部党委第一书记任职的通知》，为昌江区人武部党委第一书记罗文军颁发任职通知书，罗文军作表态发言。

【召开党委民主生活会】　5 月 27 日，区人武部召开党委民主生活会，景德镇军分区政委卓健带领工作组参加。会上，通报了 2020 年民主生活会整改措施落实情况和本次民主生活会征求意见情况，党委书记汤海兵代表区人武部党委班子作对照检查，班子成员围绕“五个带头”“四个讲清”要求，采取“一人讲、大家评、逐个过”的办法，严肃认真进行自我剖析和相互批评，“红红脸、出出汗”的目的基本达到。卓健肯定此次民主生活会的成效，并提出具体要求。

【召开民兵应急分队集合点验大会】　6 月 10 日，召开 2021 年度民兵应急分队集合点验大会，景德镇军分区战备建设处处长双元培参加。区委常委、区人武部部长李龙江宣读表彰通报，军分区机关领导和区人武部主官颁发昌江区 2020 年度民兵建设先进单位、先进个人荣誉证书。

【召开第一书记任职大会和武装工作会议】　8 月 26 日，区人武部召开党委第一书记任职大会，景德镇军分区司令员孙安敏出席会议。孙安敏宣读倪卫春担任区人武部党委第一书记的任职决定，并颁发任职证书，倪卫春作了表态发言。任职大会后，召开区武装工作会议，讲评武装工作，部署下一步党管武装工作，倪卫春、李龙江、汤海兵为各乡（镇、街道）新任职政治教导、专武干部员颁发任职证书。

【省军区副司令员到区指导工作】　9 月 1 日、10 月 13 日，省军区副司令员吴学军率工作组先后两次赴昌江区检查指导民兵工作，对民兵工作进行培训督导、检查基层武装部建设情况。

【组织民兵分队班以上骨干集训】　11 月 15 日至 11 月 16 日，区人武部组织 40 名民兵分队班以上骨干进行集训。学习基干民兵预建党支部 5 项职责、支部委员 6 项职责和党小组职责，落实好会议制度、党日党课制度等 7 项组织生活制度，紧贴民兵的具体任务，实现民兵编组法定化和战斗力最大化。

（王青华）

主要负责人名录

区委常委、区人武部部长：李龙江（2017.6 任）

区人武部政委：汤海兵（2018.8 任）

退役军人事务

【概况】　区退役军人事务局成立于 2019 年 2 月，

为区政府组成部门,核定行政编3名。局下设昌江区退役军人服务中心,为正股级事业单位,核定事业编10名,于2019年6月挂牌成立。

2021年,区退役军人事务局以全面实施“尊崇工作法”为抓手,坚持“奉献彰显尊崇”价值导向,全面落实优抚优待政策,移交安置、就业创业、思想教育、困难帮扶、拥军优属、烈士纪念褒扬工作有序开展。被评为“全省退役军人事务工作先进单位”“全市退役军人事务工作标杆单位”。

【“双拥”优抚工作】 2021年,发放义务兵优待金,伤残等优抚待遇资金,为军人子女协调解决入学问题。开展庆祝中国共产党成立100周年关爱英雄后人、为烈属办实事活动,组织代为烈属清明祭扫3批次,区委、区政府领导带队全覆盖走访慰问烈属。区领导带队“两节”(春节、“八一”建军节)全覆盖走访驻区部队,慰问官兵物资。全区网格化全覆盖实地走访军属和困难退役军人、优抚对象。

【退役军人就业创业工作】 全年共组织专场招聘活动3次,线上发布招聘信息,推介工作岗位。

【送现役军人立功喜报】 全年收到现役军人立功喜报(包括三等功、二等功),均由区退役军人事务局牵头,联合区人武部,送至军属家中,并按照赣退役军人组办发〔2019〕2号文件规定,对立二、三等功的分别给予每个家庭一定的奖励金。

【全省“百家红色退役军人服务站”建设】 新枫街道退役军人服务站、荷塘乡退役军人服务站被授牌全省“百家红色退役军人服务站”,丽阳镇退役军人服务站专干王鹏飞被评为全省退役军人事务系统“尊崇之星”。

【迎接省高质量发展综合绩效考评】 3月10日,省高质量发展综合绩效考评检查组组长、省退役军人事务厅就业创业处处长李毓涛带队,先后到区退役军人事务局、新枫街道退役军人服务站、西郊街道蟠龙岗社区退役军人服务站,通过查阅资料、交流座谈、实地查看,对昌江区退役军人工作进行实地考评。市退役军人事务局相关负责人、副区长余世建陪同检查。

【组织召开老兵座谈会】 3月30日,区退役军人事务局召开学习贯彻《中华人民共和国退役军人保障法》座谈会。区退役军人事务系统工作人员代表、区各行业退役军人代表、军烈属代表参加座谈。

【举办业务培训班】 4月20—21日,举办昌江区2021年度退役军人事务系统业务培训班,副区长余世建出席开班式并讲话。区退役军人事务局、区退役军人服务中心、乡(镇、街道)村(社区)退役军人服务站共计98人参加培训。

【召开迎“八一”拥军优属座谈会】 7月29日,区迎“八一”拥军优属座谈会在区退役军人事务局召开,副区长余世建出席并讲话。退役军人、军属、烈属代表,区退役军人事务局相关负责人,区各乡镇(街道)分管领导、服务站相关负责人参加座谈。

【与农商行签署战略合作协议】 9月16日,区退役军人事务局与景德镇农商银行昌江支行签署全面战略合作协议,签约仪式在昌江区退役军人事务局举行。该协议涉及创业支持、保障就业、尊崇服务、拥军优属服务、绿色通道等9个方面的退役军人金融尊崇优惠政策方案。

【举行烈士纪念日公祭活动】 9月30日,昌江区在岚山革命烈士陵园举行烈士公祭仪式,区四套班子领导参加活动,江智峰主持仪式。区委部门、区直单位机关干部代表,各乡镇(街道)党政班子成员,区人武部机关官兵代表,老战士、英雄模范、烈士家属、退役军人代表,公安、法院、检察院代表,消防救援、城管、医护人员、少先队员代表及部分社会团体代表200余人参加活动。

(吴正奎)

主要负责人名录

党组书记、局长:徐海新(至2021.10)
王三平(2021.10任)
党组成员、副局长:徐海清(至2021.10)

应急管理

【概况】 区应急管理局成立于2019年2月,正科级建制,是区政府组成部门之一,“两委三部”(区安委会、减灾委员会、防汛抗旱指挥部、森林防灭火指挥部、抗震救灾指挥部)下设办公室均设在区应急管理局,局机关共有干部职工12人,其中党员7名。内设机构有应急综合行政执法大队、应急指挥中心、办公室。

2021年,区应急局紧紧围绕安全生产、防灾减灾救灾、森林防灭火、防汛抗旱等工作职能,充分发挥“两委三部”综合协调作用,以“强监管、知风险、会防范、有准备、能应对”为工作主线,深入实施安全生产专项整治三年行动“十大攻坚战”。全年共发生一起消防安全领域4人死亡、1人受伤的较大火灾事故,工贸及危险化学品行业(领域)连续8年未发生较大及以上生产安全事故。安全生产形势总体平稳。

安全生产

【落实各级安全责任】 按照“党政同责、一岗双责、齐抓共管、失职追责”的要求,调整区安委会13个重点行业领域安全专业委员会,形成安委会牵头抓总,行业领域安全专业委员会分线协调落实的工作机制;3月,区人民政府对全区6个乡(镇)街道、37个部门、单位下发安全生产责任书,将安全生产责任制层层落实。

【扎实开展专项整治三年行动】 2021年作为安全生产专项整治三年行动“集中攻坚”阶段。3月,区安委会下发《昌江区安全生产专项整治三年行动“十大攻坚战”实施方案》,全面纵深推进安全生产专项整治三年行动。4月23日,区安委会召开二季度全体成员(扩大)会暨安全生产专项整治三年行动“十大攻坚战”及“九小”场所消防安全综合治理推进会,对全区2021年度安全防范工作进行全面动员部署。围绕重大安全风险管控、隐患排查治理、“打非治违”、企业技术改造、监管执法能力提升、从业人员安全技能提升、公共安全文化建设、“双千示范”工程建设、应急救援能力提升等10个方面持续发力。

【抓好重点时段的安全督查检查】 为切实做好庆祝中国共产党成立100周年安全稳定工作,按照省、市关于开展“防风险、保安全、迎大庆”安全大检查隐患大排查安全大督查的要求,依照企业安全自查、乡镇(街道)普查复查、行业监管检查、第三方专家协查、区安委会和专委会督查的原则,组织开展为期一个月的“防风险、保安全、迎大庆”安全大检查、隐患大排查、安全大督查工作。成立安全生产综合督查组和危险物品、工业制造、建筑施工和城市建设、道路运输、消防、燃气梭式窑、特种设备等14个重点行业领域专项检查组,对全区各行业领域开展督查检查,切实抓好重点时段安全生产督查检查工作。

【强化全区应急管理】 一是全力做好防汛抗旱工作。进入汛期,区防办对各乡(镇)街道防汛备汛工作开展安全隐患检查,对存在的安全隐患问题提出整改意见,并督促整改到位。根据市防指的要求和昌江渡峰坑水位的实时变化情况,及时启动Ⅳ级应急响应,向各乡(镇)、街道及时发布雨情、水情气象水文预警信息和市防指工作要求,做到及时会商、科学调度、严阵以待、全力以赴,开展巡坝和巡堤查险。二是扎实做好森林防灭火工作。获2021年度“森林防火平安县(区)”称号,取得全年无森林火灾、零伤亡的好成绩。组建20人的综合应急救援抢险队伍,坚持军事化管理,定期组织全体队员进行业务理论学习和实战演练,不断提高专业技能。元旦、春节、清明节、中秋节、国庆节期间按照区森林防火指挥部的统一部署,与区林业局组成联合督导组,开展森林防灭火专项督导检查。实地督查各乡(镇)街道、相关责任单位森防责任落实、宣传教育、火源管控、队伍建设、设施管护、预案制定、值班值守等工作落实情况,发现问题及时纠正和整改。三是有序推进防灾减灾工作。采购储备物资150余万元,做到有备无患,保障应急之需。及时发放救灾款物。春节前发放到位冬季救灾资金460万元、倒房重建资金5万元,调拨橡皮艇、棉衣、棉被等救灾物资50余万元。成立昌江区第一次全国自然灾害综合风险普查领导小组,下设普查工作办公室,实行实体运作,及时制定普查工作方案,召开联席会议,落实技术支撑单位,统筹推进普查各项工作。

【省应急管理厅督导调研昌江区】 1月25日,以省应急管理厅党委委员、副厅长钟世富为组长的调研组到昌江区,督导调研冬春救助资金管理使用和因灾倒房重建工作。市政府副秘书长程念革,市应急管理局党委书记、局长汪来金,副局长王静,区领导倪卫春、陈忠豪陪同调研。

【举行防灾减灾日宣传活动】 5月12日,由昌江区减灾委、区应急管理局主办的"防范化解灾害风险,筑牢安全发展基础"主题宣传活动走进新枫街道新枫路社区,区委常委、区常务副区长陈忠豪出席活动仪式并致辞,市自然资源和规划局昌江分局局长焦景尧及有关成员单位参加。

5月12日,区减灾委、区应急管理局举办"防范化解灾害风险,筑牢安全发展基础"宣传活动

【集中销毁一批违法经营的烟花爆竹】 5月19日,为深入开展烟花爆竹安全三年整治行动攻坚战和"九小"场所专项整治,在丽阳镇黄牛山集中销毁一批违法经营的烟花爆竹,该批烟花爆竹共计烟花15箱、爆竹300余封。区委常委、区常务副区长陈忠豪现场督导。

【举办安全生产管理人员培训班】 6月29日,区应急局举办工贸企业主要负责人和安全管理人员安全知识培训班,区委常委、区常务副区长陈忠豪出席开班仪式并讲话,全区所有工贸企业负责人(法人代表、董事长、总经理)及安全管理人员80余人参加培训。

【举办新颁布的《中华人民共和国安全生产法》集中宣传活动】 10月14日,在新修订的《中华人民共和国安全生产法》颁布实施之际,区安委办、区应急局、区重点项目推进中心组织各乡镇(街道)、园区企业开展集中宣传活动。共100余人参加现场活动,发放《中华人民共和国安全生产法》单行本等有关资料1000余份。

(张宜晨)

主要负责人名录

党委书记、局长:徐礼勤(2019.5任)
主任科员:胡明华(2017.2任)

消防救援

【概况】 1996年3月,成立区公安消防大队,为正营职,下设一中队、二中队。1999年3月,大队由太白园路搬迁至曙光路22号(铁路中学正对面)。2011年3月,大队改为副团职编制,所属两个中队,分别更名为曙光路中队和瓷都路中队。2011年6月,大队成立昌江区应急救援大队。2012年9月,昌江区防火安全委员会更名为昌江区消防安全委员会。2018年10月,改革为昌江区消防救援大队。2020年8月,成立昌江区消防安全委员会。

2021年,大队全面深入贯彻落实"对党忠诚、纪律严明、赴汤蹈火、竭诚为民"方针,推动了消防工作和队伍建设持续向好,实现"两个稳定"的总目标。大队连续获省级文明单位称号、省级青年文明号;被总队评为优秀基层党组织、副大队长卢志辉被评为全省优秀共产党员；在支队全员岗位大练兵中，大队获团体第二；大队消防员王凡在援助河南救援中表现突出记个人三等功，7 人次获嘉奖。

【狠抓队伍管理基础】 2021 年，结合昌江实际，因地制宜细化制定大队达标创建“时间表”和“路线图”，每周召开一次正规化创建碰头会，定时会商研判、实时跟踪创建动态。大队正规化达标创建硬件全部达标。严格落实《消防员绩效量化考评规定》《专职消防员管理规定》等规定，实行周量化公示，月量化汇总通报与评级直接挂钩，公开公平管理，确保制度良性运行，全面提升科学管理水平。常态化召开动态队伍形势分析会，共排查重点人员 3 人，逐一落实帮扶帮教措施，查找事故苗头隐患 12 个，制定整改措施 8 条，确保队伍稳定。

【防火宣传成果显现】 成立昌江区防火宣传特色小队深入大街小巷开展消防知识宣传活动 30 余次，联合当地媒体曝光火灾隐患 12 次，并要求辖区内所有 LED 屏幕及楼宇视频每日滚动播放消防提示，营造了良好的消防安全氛围。开展消防宣传“五进”活动 24 次，消防站开放 24 次，深入重点单位、行业部门授课 24 次，受众人数达 2 万余人。

开展消防宣传

【开展专项整治行动】 4 月 23 日，组织召开“九小”场所消防安全专项整治部署会议，层层落实责任，经排查全区“九小”场所 10000 余家，共排查出违规住人2000余家，排查隐患6584处，整改隐患6290 处，推动各社区在背街小巷、无物业老旧楼房加配灭火器 2000 余个，畅通消防通道 56 处，规范电动车集中停放点 24 处。摸排火灾风险性高的场所 2200 家，申请独立智能烟感安装经费 75 万元，完成 2500 个独立智能烟感安装，全部安装到“三合一”场所内。

【推动消防安全齐抓共管】 全年召集各乡镇（街道）、消防安全专业委员会单位开展消防联席会 4 次，召开专项消防工作会议 19 次，大队联合民政部门开展养老机构检查，检查养老机构 12 家次，发现并整改火灾隐患 11 处；联合教育部门开展学校、幼儿园消防安全检查，检查学校、幼儿园 22 家次；联合教育、应急、市监开展“双减”校外培训机构检查，检查校外培训机构 45 家次，联合关停不符合要求培训机构 22 家，发现并整改火灾隐患 21 处；联合工信、应急、市监开展辖区梭式窑检查，共检查含梭式窑陶瓷作坊 35 家次，发现并整改火灾隐患 19 处，关停不符合要求陶瓷作坊 4 家；大队召集辖区派出所开展消防业务联席会议 4 次，开展派出所消防业务培训 4 次，实行每月上门指导至少 1 次，全年共上门指导 34 次，指导派出所对监督检查网上录入、规范消防违法行为处罚、指导实地检查要点等。

【确保辖区消防通道畅通】 全区共 228 个小区和 56 家单位完成消防车通道标线标志施划，设置警示牌 406 个，新设 11 处车辆集中停放区，指导设置电动车集中停放地点 28 处，清理消防车通道障碍物 525 处，集中检测维修室内消火栓系统 78 处，集中查处消防管理履职不到位问题 3 起。大队与市停管大队、有关乡镇（街道）构成 10 支施划工作队伍，共指导施划 4000 余个机动车停车位。

（胡　涛）

主要负责人名录

大队长：梅志芳（2020. 9 任）

政治教导员：陈　凯（2017. 8 任）

副大队长：卢志辉（2020. 1 任）

法 治

政法委及综治

【概况】 1982年区委设立政法委员会。2019年3月,明确区委政法委员会是区委主管政法工作的工作部门,为正科级。内设机构为办公室综合业务股。机关编制4名,工勤编制1名。领导职数4名,书记1名、常务副书记(乡科级正职)1名、副书记2名。

2021年,以防范化解影响安全稳定的突出风险为重点,以政法队伍教育整顿为抓手,狠抓市域社会治理现代化、基层社会治理创新、平安昌江建设、常态化扫黑除恶,全力提升群众安全感、幸福感和获得感,开创全区政法综治维稳工作新局面,连续4年被评为景德镇市平安建设(综治工作)先进县(市、区)。

【防范化解重大风险】 全力开展影响社会稳定矛盾问题集中摸排化解专项行动,圆满完成全国两会、庆祝中国共产党成立100周年、中共十九届六中全会等一系列特别防护期安保维稳任务,及时化解8件重大矛盾问题、备案22个项目,全区形势整体平稳。

6月27日,昌江区政法队伍教育整顿新闻发布会召开

【政法队伍教育整顿】 围绕“筑牢政治忠诚、清除害群之马、整治顽瘴痼疾、弘扬英模精神”四项任务,对全区5家政法单位,338名在编在职政法干警(其中,区委政法委14人,区人民法院55人,区人民检察院39人,昌江公安分局215人,区司法局15人)全覆盖开展政法队伍教育整顿。举办全区政法队伍教育整顿专题政治轮训班,开展党规党纪、防止干预司法“三个规定”专题学习,组织观看《警钟》《代价》等警示专题片,参观荷塘廉政教育基地,召开昌江区政法英模事迹报告会,进一步打牢政法干警高举旗帜、听党指挥、忠诚使命的思想基础,筑牢政法干警思想底线。排查“六大顽瘴痼疾”共129人次,其中违反防止干预司法“三个规定”46人次,违规经商办企业和配偶、子女及其配偶违规从事经营活动27人次,违规参股借贷10人次,法官、检察官离任后违规从事律师职业、充当司法掮客8人次。召开“自查从宽、被查从严”政策宣讲会,组织开展2轮、1118人次谈心谈话活动。扎实推进涉黑涉恶“七查”工作,移交区纪委区监委线索1条。办结信访举报、问题线索16件,处理8人。

【完善基层社会治理体系】 聚焦“工业强区、文明新城、开放融合、幸福共享”的发展战略,以平安昌江建设为统揽,以市域社会治理现代化试点工作为抓手,创新基层社会治理模式,构筑共建共治共享的社会治理新格局,西郊街道华风社区获评第八批“全国民主法治示范村(社区)”,丽阳镇枫林村被认定为“第二批全国乡村治理示范村”。加快综治中心实体化建设,挂牌成立区综治中心正科级事业单位,对接公安机关实现辖区内资源整合,打造全市一流的区级综治中心。深化网格精细化管理，新增基层网格28个，全区6个乡镇（街道）、71个村（居）委会均成立综治中心，网格总数达171个，实现1000人一网格，区、乡、村三级综治中心建设实现全覆盖。开展矛盾纠纷大排查大化解有效防范“民转刑”案件专项行动，全年矛盾纠纷排查1291件，化解1282件，化解率为99.3%。其中突出矛盾纠纷16件，化解16件，化解率为100%。

【常态化开展扫黑除恶专项斗争】　深入打击整治群众反映强烈的黄赌毒、电信网络诈骗、食药环等突出违法犯罪。查处电信网络诈骗犯罪案件135起，止付、冻结涉案资金2200万余元。深入开展六大行业领域整治，加强社会治安重点地区滚动排查整治，全区16家重点行业领域整治牵头单位出台19项管长远、管根本的机制。

【政法宣传工作】　区委政法委与区委宣传部、区政法各单位、市法治媒体建立合作互动的工作机制，构建昌江区域全网覆盖、全时响应、网警作战的政法网络新媒体管理运行体系。区司法局拍摄的《照进裂缝的光》被中国长安网等中央媒体、司法部公众号、“学习强国”学习平台采用。制作拍摄《完善体制机制“开”出市域治理新路径》专题片，并在江西二套播出。

【区综治中心挂牌成立】　4月23日，在区委政法委大楼，举行昌江区综治中心揭牌仪式，区委书记罗文军出席仪式，区委常委、区委政法委书记彭庆鉴致辞，副区长、昌江公安分局局长凌辉主持。

【举办政法系统英模事迹报告会】　3月31日，举办政法系统英模事迹报告会。丽阳镇人民调解员、镇司法所副所长、信访办主任、丽阳镇工会联合会名辉维权工作室主任胡名辉，区人民检察院第一检察部主任洪振华，区人民法院鲇鱼山人民法庭庭长黄顺平，昌江公安分局户政科科长黄莺来自全区4名政法英模从不同的角度用朴实的语言、真切的情感为大家讲述自己真实工作经历，生动诠释政法干警的职业精神和时代风貌。

【举办法治集中宣传日活动】　4月28日，由昌江区平安办主办的“共建共治共享，共绘平安昌江新画卷”集中宣传日活动举行。区政法单位、区教体局、区税务局、区人社局、区应急局、区护路办等20家单位参与此次集中宣传活动。活动围绕市域社会治理现代化、抗击新冠肺炎的有关法律法规和规定，依法打击电信网络诈骗、黄赌毒拐骗、网络传销、非法集资诈骗，食品药品安全、道路交通安全、校园安全、铁路护路、知识产权保护等平安建设工作开展宣传咨询。活动现场共发放宣传资料8000余份，展出展板50余块，收集建议意见40余条，为近百名群众提供现场咨询服务。

（陈　琳）

4月28日，“共建共治共享，共绘平安昌江新画卷”集中宣传日活动

主要负责人名录

区委常委、区委政法委书记：彭庆鉴（至2021.8）
余世建（2021.8任）

常务副书记：侯志军（至2021.10）
徐德顺（2021.10任）

副书记：陈小林（至2021.10）
汪　健（2021.10任）
张　靖（2021.10任）

人民公安

【概况】　景德镇市公安局昌江分局成立于1973年4月。2021年有在编人员210名。内设机构有指挥中心、秘书科、政工科、纪委、监察室、督察大队、国保大队、经侦大队、治安大队、刑侦大队、禁毒大队、法制大队、巡防大队、城警大队、户政科、信通科、信访办、森林分局。辖区共有西郊、吕西、站前、水上、鱼

山、丽阳、景航等7个派出所。

2021年,分局开展政法队伍教育整顿和党史学习活动,圆满完成中国共产党成立100周年安保维稳任务,确保辖区政治稳定和社会治安稳定。共立各类刑事案件693起,破现案337起,较2020年同期刑事案件立案数565起、破案数191起相比,发案上升22.65%,破案率上升14.83%;共抓获各类犯罪嫌疑人158名。共发现受理各类治安行政案件1244起,查处调解330起,较上年同期行政案件受理数1229起、查处调解440起相比,发现受理上升1.22%,查处调解率下降9.27%,查处各类违法人员479人。全区常住人口56751户,共计151240人。共办理二代居民身份证6193张,临时身份证784张。

【全面开展队伍教育整顿】 3月16日,区分局召开队伍教育整顿动员部署会,成立领导小组和办公室,制定印发工作实施方案。4月20日,召开查纠整改工作动员部署会,区分局领导班子共召开8次党委理论中心组学习,召开座谈会2次,共收集意见建议17条,分局均逐一落实整改具体责任单位和整改时限。组织动员全体人员认真进行全覆盖的自查填报,共收到214份自查自纠报告表(分局民警202人、文员10人、工勤2人共214人)。组织对各类案件的清查,以此倒逼问题线索的排查。对收到的11条举报线索进行核查,其中5条经查属实,区分局已对当事人进行诫勉谈话。强化工作专班,通过回访约谈、深挖细查,全面梳理2018年以来涉黑涉恶案件线索,针对三类重点案件的60条线索全部进行倒查。针对2018年以来的187起五类评查案件,开展自查,并与珠山分局进行交叉互评查找问题。珠山分局对其中的67起重点案件进行评查,针对存在的各类问题,分局逐一制定整改措施予以整改。市公安局法制支队、昌江分局法制大队分别组织专人对公安部交办的4起、省公安厅交办的1起涉法涉诉信访案件逐一进行评查,及时整改评查中发现的问题。区分局共收到各类问题线索82条,其中省公安厅督察转4条,市公安局教整办和督察转7条,智能化排查13条,区教整办转3条,区分局教整办自行收集和查找5条,民警主动说明情况的50条。区分局经过线索分析、研判、流转,对线索逐一进行核查,依规处理29条线索,核查27条线索不违规,12条线索情况不属实,涉及其他问题的14条线索依规进行处理。因立案不及时等问题运用第一种形态处理24人;运用第二种形态处理6人,民警因酒驾、违规经商参股等问题已被行政警告处分。

【完成中国共产党成立100周年安保维稳任务】 6月1日,开启战时安保月,组织召开关于中国共产党成立100周年安保维稳工作会议5次,制定中国共产党成立100周年庆祝活动安保维稳工作总体方案,成立安保维稳工作领导小组重点人管控工作组,副区长、分局局长凌辉代表分局同各派出所所长签订安保维稳责任状,做到压实责任、细化措施。按照"三调联动"工作模式,及时化解不稳定矛盾纠纷。共计化解矛盾纠纷700余起。持续整治行业场所"黄赌毒"问题,做好校园安全建设工作,共出动警力800多人次,发现并整改治安隐患30余处,对4家娱乐场所予以停业整顿处罚。以公安武装联勤巡逻和"屯警街面"为工作要求,积极开展巡逻防控工作。共出动警力6000余人次,车辆2000余车次,协助交警部门处置交通事故20余起,群众求助40余次,帮扶群众50余人次,处理各类简易纠纷30余起。

【依法打击各类违法犯罪】 开展为期3个月的反电诈集中宣传"春风"行动。全年,辖区发生电信诈骗案173起,分局破案196起(其中破获本地案件60起,外地案件136起),协外破案36起,抓获犯罪嫌疑人90人,止付涉案资金1051万余元,冻结涉案资金1709万余元。辖区发生命案1起,破案1起。共抓获网上逃犯30名,其中协助外地警方抓获1名潜逃16年的命案嫌疑人,劝投1名潜逃18年的命案积案逃犯。共立侵财案件624起,破案278起,抓获犯罪嫌疑人122人。开展打击整治"黄赌"专项行动,取得明显成效。共破获涉黄刑事案件3起,刑拘3人;查处涉黄行政案件64起,行政拘留25人、行政罚款89人。破获涉赌刑事案件3起,刑拘3人;查处涉赌行政案件102起,行政拘留16人,行政罚款219人。破获食药环知类刑事案件17起,抓获犯罪嫌疑人21人。共破获涉毒刑事案件38起,刑拘39人,抓获逃犯4人。查处涉毒行政案件73起,查处吸毒人员112人,其中行政罚款23人,行政拘留31人,社区戒毒32人,强戒26人。共受理经济类刑事案件19起,立案16起,破案12起,抓获犯罪嫌疑人14人,移送起诉6案、13人,涉案金额约9052.1万元。开展打击"三非"外国人专项行动。

共摸排98家单位，查处“三非”案件17起、23人，其中非法居留4起、4人，非法入境11起、14人，非法就业2起、5人，罚款14万余元，抓获犯组织偷越国（边）境罪的鄱阳籍逃犯1名。

【不断提升社会面防控力度】 加强疫苗接种点和防控隔离点安保力度，共出动警力2040人次，现场调解矛盾纠纷51件，帮扶救助40余人次。开展为期3个月的矛盾纠纷大排查大化解专项行动，共化解各类矛盾纠纷249起。共出动巡逻10000余人次，5000余车次，协助交警部门处置交通事故30余起，受理群众求助20余次，处理各类简易纠纷20余起，处置各类群体性聚集事件20余起。做好“春节”“两会”“五一”、2021江西省旅游产业发展大会、2021中国景德镇国际陶瓷博览会和中共十九届六中全会等重大安全保卫工作，共出动警力700余人次，参与各项安全保卫、警卫工作30余次。强化行业场所治安管理，对辖区65家特种行业场所共集中开展治安检查10余次，发现治安隐患并督促整改7处，关停1家电竞酒店、7家“花场”（演绎类表演场所）。加强民爆、剧毒、枪支弹药等物品管理。辖区现有民用爆炸物品使用单位1家（异地使用）、剧毒化学物品使用单位2家、涉枪单位6家。共开具民用爆炸物品购买证和运输证36件次、剧毒化学品准购证29件次，收缴群众主动上交枪支3把，所有公务用枪均安全存放到位。

【开展“万警千车下基层”活动】 按照省公安厅和市公安局统一部署，分局成立活动领导小组，印发活动实施方案。并派出43名民警，定点联系和支援辖区36所中小学和幼儿园、5家重点医疗机构和2个农村派出所。共参与护学岗行动208次，督导检查校园、医院安防177次，开展法治教育进校园26次，排查涉校、涉医安全隐患50处，排查矛盾纠纷26起，防范化解涉校案事件1起，培训学校安保人员45人次，参与交通安全巡逻管理28次，排查道路交通风险隐患13起，为群众办实事9件，为派出所解决实际问题5个。

9月17日，昌江公安分局“万警千车下基层”工作部署会召开

【开展“新型警力护校园”专项行动】 9月，分局督促指导全区36所中小学、幼儿园顺利完成“四个一”工程改造，并制定《昌江区中小学幼儿园“护校安园”专项行动实施方案》，形成公安、教育、城管、市场、文广等多部门齐抓共管的新格局，织起全新的校园安全防护网，有力提升全区校园治安防范能力。分局积极组织民警进入校园开展法制，排查安全隐患。共出动警力828人次，开展隐患大检查50余次，当场发现并整改问题隐患38处，化解校园风险隐患10起，妥善处置因涉校矛盾纠纷引发的不稳定事端3起，组织群防群治力量参与巡逻值守活动10次，举行校园安全知识讲座19场，组织开展校园消防应急处置演练16次。

【户政、出入境窗口服务】 持续推进“放管服”改革，依托“赣服通”平台、政府门户网站等，不断推进“互联网+公安政务服务”改革，进一步完善居民身份证异地受理、自助申领、中高考“绿色通道”等功能。变“被动”为“主动”，开展上门、预约服务60余人次；推行亲友代办服务，完成亲友代办服务370件；推行免收换发补发居民户口本、迁移证、准迁证工本费服务，共办理该类业务2072件；开展省内迁移急办件服务，共办理71件；严格落实“‘智慧瓷都’App出生一件事”政策，共办理130件；协调交管业务进驻派出所户籍窗口，办理交警业务30件，服务群众33人次。

（李文静）

主要负责人名录

副区长，党委书记、局长：凌　辉（2020.9任）

党委副书记、政委：汪琦丽（女，2019.5任）

党委副书记、常务副局长：吴笑明（2019.6任）

党委委员、纪委书记：冯国庆（2005.12任）

党委委员、政工科科长:江玉霞(女,2017.3任)
党委委员、刑警大队大队长:梁声东(至2021.9月)
党委委员、副局长:吴　磊(2019.5任)
邱　华(2019.10任)
朱明红(2020.9任)

人民检察

【概况】 1979年7月,景南区人民检察院成立,1980年5月更名为昌江区人民检察院,为国家的法律监督机关,依法独立行使检察权。内设6个职能机构:办公室、政治部、第一检察部、第二检察部、第三检察部、司法警察大队。1个区纪委监委派驻机构:派驻纪检监察组。1个派出机构:鱼山检察室。在岗干警57人。

2021年,批准逮捕各类犯罪嫌疑人190人,提起公诉315人,同比分别上升45.04%、11.31%。深入推进"断卡""净网"等专项行动,严惩电信网络诈骗等犯罪,起诉33人。深入开展"反诈"进校园法治宣讲活动。起诉破坏金融管理秩序、金融诈骗等犯罪5人。常态化开展扫黑除恶斗争,起诉黑恶犯罪案件3人。

【致力优化法治营商环境】 围绕区委"工业强区"战略,为"工业倍增三年行动"提供法治保障。维护市场正常秩序,批准逮捕破坏社会主义市场经济秩序犯罪19人,起诉52人。严格把握法律政策界限,审慎办理涉及企业经营人员犯罪案件,依法不批准逮捕1人,不起诉6人。主动服务保障"六稳""六保",持续落实市人民检察院《助力营商环境持续优化十项措施》《服务保障"六稳""六保"九条措施》等举措,助力优化法治营商环境。开展检察官进企业活动,深入企业走访调研84次,联合工商联等部门举办检企座谈会等活动42次,受理企业诉求9件次并均办结。为非公有制企业举办法律讲座、开展法律咨询和以案释法教育46次。

【助力提升社会治理效能】 4月,贯彻落实"少捕慎诉慎押"刑事司法政策,不批捕50人,不起诉40人,诉前羁押率降至56.94%。全面落实认罪认罚从宽制度,适用认罪认罚从宽制度办结324人,适用率92.57%,确定刑量刑建议采纳率98.15%,一审服判率超过98%,有效减少社会对立对抗。结合办案制发社会治理类检察建议3份,配合有关部门完善监管制度,加强行业管理。落实"谁执法谁普法"的工作要求,突出以案释法,开展法治宣传、咨询44场次,发放宣传资料1000余份,让法治观念浸润人心。

【强化民生领域司法保障】 严厉打击侵犯群众人身财产权利犯罪,起诉"盗抢骗""黄赌毒"等多发性犯罪155人;起诉非法吸收公众存款、集资诈骗、洗钱等犯罪5人,在惩治犯罪的同时,注重追赃挽损,最大限度挽回投资人损失。落实食品药品安全"四个最严"要求,办理食品药品领域公益诉讼案件6件。就农村水源污染问题,向3家有关单位发出诉前检察建议,督促及时整改。着力维护弱势群体合法权益,加大支持起诉工作力度,办理支持起诉案件4件,同比上升33%。开展"飞线充电"等电动自行车安全专项监督,推动电动车使用安全问题联动整治。用好国家司法救助制度,向15名因案致贫返贫的案件当事人及其亲属发放司法救助金19万元。

【依法妥善化解社会矛盾】 坚持和发展新时代"枫桥经验",充分发挥检察机关能动司法的预警和调节作用,立足办案参与社会矛盾化解56件。接待群众来访29次50人,收到群众来信13件,均做到"7日内程序回复、3个月内办理过程或结果答复"。压实首访办理责任,对首次信访申诉案件全部实行领导包案办理,做到"首办即息诉,首访即息访"。举行检察公开听证35次。

【呵护未成年人健康成长】 对侵害未成年人的犯罪坚持"零容忍",起诉3人,不起诉2人;对涉罪轻微并有悔罪表现的未成年人,依法不批捕4人,不起诉和附条件不起诉6人,对涉罪未成年人的监护人开展训诫工作,并送达督促监护令4次,要求监护人切实履行好监护人义务。依法落实特别保护制度,开展社会调查26次,帮教41次,封存犯罪记录16人。持续做强"七色堇"未成年人检察品牌,建成融合未成年人法治教育、救助功能于一体的救助关爱中心。对最高检"一号检察建议"常抓不懈,开展"检爱同行,共护未来"未成年人保护法律监督专项行动,全面推开侵害未成年人案件强制报告和教职员工入职查询制度,联合行政机关对1300余名教职工开展违法犯罪信息入职查询,20名法治副校长开展法治活动42次,覆盖学生1600余名,守护孩子们的成长净土。

【强化刑事诉讼监督】 监督侦查机关立案1件,撤案1件,纠正漏捕7人,纠正漏诉5人,提出刑事抗诉2件。对侦查和审判活动提出纠正意见9件次。落实好检察长列席法院审委会制度,检察长3次列席区人民法院审判委员会讨论案件发表检察意见。办理羁押必要性审查14人,对11人变更强制措施。参加市院组织的巡回检察1次,针对各县区司法行政机关在社区矫正工作中存在的脱漏管等问题进行专项检察,并针对发现的问题制发《巡回检察反馈意见函》,核查纠正监外执行罪犯脱管漏管14人,办理收监执行1名,提出社区矫正工作纠正意见14件。加强监检办案相互配合,对监察委员会移送的职务犯罪嫌疑人决定逮捕4人,起诉7人。

【强化民事、行政诉讼监督】 加大民事执行监督力度,受理民事执行监督3件,提出检察建议3件。受理民事审判程序违法行为监督5件,提出检察建议5件。就行政审判和行政非诉执行活动,提出检察建议2件被采纳。开展行政争议实质性化解工作,化解行政争议3件。

【深入开展检察公益诉讼】 全年立案公益诉讼案件41件。通过诉前磋商会议、联合调查等方式,履行诉前程序41件。深化“守护鄱阳湖”“守护美丽乡村”等公益诉讼专项监督,办理生态环境和资源保护领域公益诉讼案件25件。结合办案督促修复受损生态,在行政执法部门支持配合下,督促处理回收违法堆放垃圾和固体废物150余吨,清理被污染水域面积17亩,用法治力量守护绿水青山。

【“两房”及专门用房启用】 6月28日,院“两房”及专门用房揭牌仪式举行。区委书记罗文军,市人民检察院党组成员、副检察长王子祥出席仪式并致辞,区委常委、区委政法委书记彭庆鉴主持,区人大常委会副主任王建安、区政协副主席段嗣斌、区人民法院院长陈翰朋、区人民检察院检察长程家敏等出席仪式。“两房”及专门用房建设工程项目于2017年5月着手启动,地址位于昌南拓展区经三路东侧、纬三路南侧,占地面积13321.74平方米,建筑面积约8689平方米。该用房由位于景北大道中段的区人民检察院原办公大楼置换而来。

【开展政法队伍教育整顿】 深入开展政法队伍教育整顿,学习教育覆盖全体检察干警,查找“6+N”顽瘴痼疾问题28个,全部整改完毕。建章立制13项,促进教育整顿成果制度化、体系化、长效化。把教育整顿与“我为群众办实事”活动结合起来,推出便民利民措施11项,为群众办实事249件,着力解决群众“操心事、烦心事、揪心事”。

【召开司法救助工作新闻发布会】 12月30日,召开“国家司法救助工作”新闻发布会,介绍开展国家司法救助工作情况,发布典型案例并答记者问。全年共办理国家司法救助案件15件、15人,其中救助农村地区人员11人,救助未成年人2人,救助退役军人军属2人;刑事案件被害人5人,因被害人死亡或丧失劳动能力无力扶养、抚养的近亲属9人,因无法通过诉讼途径挽回民事损失而生活困难的人员1人。案件平均办理天数9个工作日,发放救助金19万元。

(胡 筠)

主要负责人名录

党组书记、检察长:程家敏(2016.8任)

党组副书记、副检察长:程双梅(女,2005.10任)

党组成员、副检察长:俞 强(2016.12任)

2019年3月12日,区人民检察院“两房”及专门用房开工仪式举行

叶　斌(2016.12 任)

党组成员:吴　斌(2016.12 任)

党组成员、政治部主任:高　扬(女,2016.12 任)

党组成员、纪检组长:韩先鹏(2018.8 任)

检委会专委:万　进(2010.5 任)

管仕军(2020.3 任)

人民法院

【概况】　2021 年,区人民法院共受理各类案件 5809 件(不含旧存 52 件),结案 5500 件,结案率 94.68%,收案、结案均达到历史新高,较上年分别增长 38.54% 和 34.35%,人均办案超过 305 件。

【开展政法队伍教育整顿】　按照中央统一部署,一体推进政法队伍教育整顿,通过开展学习教育、谈心谈话、自查自纠、智能化排查等方式,有效整治顽瘴痼疾,革除沉疴积弊,推进建章立制,弘扬英模精神,精神面貌焕然一新。聚焦"六大顽瘴痼疾",共查办问题线索 86 件、评查重点案件 220 件,出台 9 个规范性文件,从源头堵塞漏洞,形成制度约束。

【优化法治化营商环境】　牢固树立"法治是最好的营商环境"理念,出台优化营商环境工作实施方案和优化营商环境攻坚行动方案,打造"昌江最舒心、找我无难事"法治营商品牌。维护公平自由市场秩序,审结建设工程、买卖、租赁等合同纠纷案件 647 件。秉持善意文明司法理念,依法慎用强制措施,依托"债转破""执转破"盘活企业资产,将司法活动对企业生产经营的负面影响降至最低。

【服务保障乡村全面振兴】　以鲇鱼山法庭"全省示范法庭""一庭一品"活动为载体,积极发挥人民法庭司法便民"桥头堡"作用,联合村镇社区合力疏解基层矛盾,一体推进农村巡回审判、困难帮扶和法治宣传教育,依法慎重处理因土地征收、拆迁补偿等引发的刑事、民事、行政纠纷 43 件,全力消除影响全区高质量发展的不利因素。

【推进常态化扫黑除恶】　始终保持对黑恶势力严打高压态势,审结涉恶刑事案件 2 件、2 人,全部认罪认罚。移送涉黑涉恶执行案件 2 件,执行到位率达 100%。延伸职能深入参与重点行业领域治理,针对黑恶案件中发现的行政领域的漏洞和乱象,累计向有关行政机关和监管部门发送 4 份司法建议书,全部得到回复。

【依法惩处刑事犯罪】　落实宽严相济的刑事政策,精准适用认罪认罚从宽制度,确保严格公正司法,审结各类刑事案件 334 件,判处罪犯 478 人。依法严厉打击严重危害社会治安和人民群众生命财产安全的犯罪,审结故意伤害、盗窃等犯罪 28 件、42 人,信息网络犯罪、非法吸收公众存款等犯罪 22 件、31 人;坚定不移深化反腐败斗争,坚决依法严惩腐败犯罪,审结职务犯罪 1 件、1 人。挂牌少年法庭,与团委、妇联、教育职能部门合力保护未成年人的合法权益,审结未成年人犯罪 3 件、3 人。

【妥善化解民事纠纷】　全年共审结各类民商事案件 3772 件,标的额超 2 亿元;审结涉及人身损害、医疗、消费等案件 312 件,运用司法手段保障和改善民生;促进和谐家庭建设,加强老弱妇孺、普通劳动者合法权益保护,审结婚姻家庭继承、劳动争议、社会保障、追索劳动报酬等案件 332 件,促进社会和谐稳定。维护房地产市场健康秩序,审结房地产、建设工程等案件 131 件。

【积极推动依法行政】　全年共审结行政诉讼案件 45 件。完善推进失信被执行人信用监督、警示和惩戒机制建设,共执结各类案件 1413 件,到位标的额

区人民法院办公大楼外景

7961.35万元。加强执行信息化建设和成果运用，通过执行指挥中心申请查询银行存款涉及金额97.1483亿元，查询房产、土地、车辆等1274次，网拍成交金额1772.55万元。连续开展专项行动，围绕涉特殊主体案件、涉民生类案件持续攻坚，对规避执行、抗拒执行等失信违法犯罪行为重拳出击，司法拘留25人次。

（谭　丽）

主要负责人名录

党组书记、院长：陈翰朋（至2021.9）
　　　　　　　　周　理（2021.9任）
党组副书记、副院长：黄　征（2014.10任）
　　　　　　　　　　魏安稷（2004.8任）
　　　　　　　　　　徐贵骅（2007.10任）
党组成员、纪检组长：占忠泽（2016.12任）
党组成员、审委会专职委员：刘　欣（2015.1任）
　　　　　　　　　　　　　刘　斌（2017.1任）
党组成员：谢爱武（2015.1任）
党组成员、执行局局长：杨　杰（2017.1任）
审委会专职委员：徐　熳（女，2018.1任）

公正司法

【概况】　区司法局成立于1986年。2019年机构改革后，全局内设3个股室（办公室、社区矫正管理股、行政法治综合股），下辖6个乡镇司法所、1个公共法律服务中心，全局现有23个编制（其中政法专项编18个，事业编5个），实有干部职工20人。

2021年，区司法局全面贯彻落实习近平新时代中国特色社会主义思想、习近平法治思想，聚焦新目标、新定位，立足司法行政职能，不断开创司法行政工作新局面。

【推进依法治区】　2021年，出台《区委全面依法治区委员会2021年工作要点》《法治昌江建设规划（2021—2025年）》等6个规范性文件，以制度保障全面依法治区、法治政府建设工作顺利开展。区委、区政府法律顾问团先后修改并审查重大投资协议15件，参加区政府常务会20余次，组织重大合法性事项研讨10次，审查政府决策事项28件，对出台的4件规范性文件均进行审查并向区人大备案；推进行政复议诉讼规范化建设，共办理行政复议案件8件，已审结8件，共应诉行政案件23件，并全部审结；大力推行“双随机、一公开”监管工作。在动态调整后共有23家单位开展“双随机、一公开”监管工作，发起257个检查计划，生成191件检查任务，801个检查结果和240件执法案件信息。

【实施“八五”普法】　2021年，全区“七五”普法工作顺利通过考核验收。全区普法讲师团开展法治宣讲20余（场）次，开展“六进”专项宣传活动120余次，举办法治讲座20余场，派发法治宣传册2万余份，举办各类主题宣传活动100余场，推送微信普法信息500余条，发放各类普法宣传资料1万余份，解答法律咨询600余人次，受教育人数达3000余人次，全区参与“百万网民学法律”知识竞赛2000余人次。邀请市委党校教授，举办2期“法律明白人”骨干培训班，培训人数210余人次。

【提供法律服务】　积极探索实践新时代“枫桥经验”昌江模式，“三调联动”机制不断完善，排查矛盾纠纷1189件，成功化解1181件，调解成功率99.3%，其中重大疑难、复杂矛盾纠纷41件。全区办理各类法律援助案件340件，解答法律咨询1000余人次，主要涉及债务纠纷、医疗纠纷、合同纠纷、交通事故赔偿纠纷等方面，总受援人员达1500余人次。常态化开展农民工欠薪维权专项行动，简化受理审查手续，全面提升办理效率。全年共参与处置农民工维权事纠纷62件，涉及金额1200多万，涉及人员300余人。

【抓实社矫帮教】　全区社区矫正对象在册103人，犯罪类型以交通肇事、开设赌场、盗窃和诈骗等为主，其中宣告缓刑的99人，裁定假释的1人，暂予监外执行的3人，无脱管漏管情况。实现远程视频会见系统全覆盖，2021年以来预约会见次数达到389次，协助省内外法院开庭16次。12月，组织拍摄的社区矫正工作纪实宣传片《照进裂缝的光》登载“学习强国”学习平台、中国长安网和司法部微信公众号等新闻媒介，点击量达20余万次。

【巩固队伍整顿成果】　积极响应中央、省、市、区相关工作要求，围绕“筑牢政治忠诚、清除害群之马、整治顽瘴痼疾、弘扬英模精神”四项任务，扎实开展政法队伍教育整顿工作，组织引导全局40名干警多次填写《政法干警自查事项报告表》,详细梳理“六大顽瘴痼疾”及突出问题15项,找准问题症结,提出解决思路并深入整改。通过教育整顿,积极探索长效工作机制,建立13项规章制度。

【聚焦司法为民】　制定“我为群众办实事”实践活动工作方案。共为群众办实事900余件,其中开展法律宣传66场次,提供法律援助340起,调解矛盾纠纷146起,提供行政复议有关法律法规和政策咨询共计20人次,全年共接待远程会见120次以及为辖区内社区矫正对象和安置帮教人员开展心理健康服务40余次,惠及群众1.5万人。

【华风社区获“全国民主法治示范村(社区)”称号】　8月19日,区委常委、区委政法委书记余世建为获“全国民主法治示范村(社区)”荣誉的西郊街道华风社区授牌。

8月19日,为华风社区授予“全国民主法治示范村(社区)”牌匾

【落实“乡乡通”工程】　为积极打造智慧矫正,分别在吕蒙、丽阳、鱼山、新枫、西郊司法所添置安装一套远程视频会见系统,用于保障服刑人员亲属足不出户就能与服刑人员进行会见,既减少探监成本和路途劳顿,又通过信息化手段实现“高墙内”与“家门口”的温情对话,温暖人心。接待远程会见120次批次、283人。

【举办“法律明白人”骨干培训班】　10月28—29日,区普法办组织开展2021年度昌江区“法律明白人”骨干培训班。全区新任“两委”干部、治保主任以及“法律明白人”骨干共200余人参加此次培训。

(周　琳)

主要负责人名录

党组书记、局长:周晓华(2018.11任)
党组成员、副局长:于丽娟(女,2015.6任)
祝荣贵(2019.5任)

经济管理

发展和改革

【概况】 区发展和改革委员会(简称"区发改委")属区政府直属行政单位。共有工作人员16人,其中行政编制7名,下属政务信息中心事业编制5名,临时聘用干部4名。

2021年,全区共争取中央、省、市级投资项目100余个,争取资金2.92亿元,主要集中在农业、水利、民政、教育、文化、交通等部门。其中,区发改委共争取项目11个,资金5936万元。全年固定资产投资同比增长11.8%,其中工业固定资产投资同比增长34.4%;全区规模以上企业服务业营业收入完成26.5亿元,同比增长11.4%。

【项目建设】 2021年,全区44个重点工程建设项目,总投资316亿元。富祥生物科技园二期、凌富医药、鱼丽电子信息产业园等34个项目开工建设,完成年度计划投资29.35亿元。其中,富祥生物科技园一期、紫晶国际会议中心等一批项目相继竣工,其他项目正按计划有序推进中。2021年,全区争取上级补助及项目120余个,争取资金3.05亿元。全区共审批、备案项目241个。

【策应国家陶瓷文化传承创新试验区建设】 将陶瓷文化保护工作列入全区经济和社会发展计划,重点做好丽阳窑址和韭菜园陶瓷遗址保护。加速推进陶青台陶瓷文化创意园建设,抓好鱼丽工业区产业规划布局,发挥红叶陶瓷、鹏飞陶瓷、卡地克陶瓷等龙头企业的带动作用,着力引进知名企业和陶瓷行业上下游产业链企业落户。依托中国陶瓷城、锦绣昌南陶瓷城,重点打造"三河购"淘宝村,建设三河村为集生产、仓储、物流为一体,含线上线下销售的综合陶瓷村。以航空小镇为依托,推动航空与陶瓷产业深度融合的配套,抢抓航空、陶瓷产业红利;以陶青台文创园为依托,打造陶瓷产业创新发展新地标,打造一流的景德镇对外创作交流的研学旅游基地。以月亮湖、丽阳窑址为依托,围绕陶瓷特色文化与美丽乡村建设相结合,实施"古窑陶瓷文化+月亮湖生态+服务业"和"农业种养+深加工+大数据"战略,大力推进"互联网+民宿"、农家乐生态旅游等项目,进一步增强产业功能;借助月亮湖、古窑、古镇、古人等禀赋的自然风光及文化底蕴,打造独具山水田园特色的乡村旅游,构筑景德镇旅游圈独有的集乡村度假、养生休闲、艺术文化、智慧农业于一体的田园综合体。以陶瓷文化资源为核心,以体制机制创新为动力,重点创建鹏飞建陶、卡地克陶瓷、宁封窑创意工坊等文化传承创新试验基地,全面提升昌江区陶瓷文化实力和竞争力,打造升级陶瓷文化创意园区,培育陶瓷文化产业新产品、新业态、新模式,推动陶瓷文化创意创新及科技成果转化,大力发展陶瓷文化衍生产品。

【优化营商环境】 组织全区16家单位做好全省营商环境评价材料报送工作,制定关于减税减费减租减息减支32条政策的落实措施。组织召开优化营商环境工作调度会,对重点工作进行梳理,协调解决工作中遇到的困难和问题,确保全区营商环境各项工作取得实效。

【"我为群众办实事"实践活动】 全区24项重点民生项目已完成22项,其中64个子项目已完成62个。同步收集各乡镇(街道)、各部门"为民解忧"事项2010件,"小事不小"事项643件。根据省、市统一部署,对24项重点民生项目同步开展线上、线下群众评议工作。群众满意率均在90%以上,满意率最高的民生项目为"有序做好新冠疫苗接种工作,建成区疾控中心",占比97.6%;满意率最低的民生项目为"启动打造城区15分钟阅读圈",占比90.5%。

(孙玉轩)

主要负责人名录

党组书记、主任:李展图(至2021.10)
曹正义(2021.10任)
副主任:赖桂亮(2019.3任)

工业和信息化

【概况】 区工业和信息化委员会(简称“区工信委”)成立于2010年5月,为区政府直属机关单位(编制数3人),主管全区工业经济发展工作。2015年,政府机构改革中下设事业单位中小企业担保中心。2016年1月,区委根据政府机构改革的变化撤销昌江区工业和信息化委员会党委,成立昌江区工业和信息化委员会党组。2019年2月,区工业和信息化委员会更名为昌江区工业和信息化局(简称“区工信局”)。2021年3月,下设事业单位昌江区中小企业担保中心更名为昌江区中小企业服务中心(编制数5人)。

2021年,区工信局按照“工业强区”目标要求和“工业倍增”主攻方向,创新思路,扎实进取,全区工业经济保持健康、平稳的良好发展态势,各项经济指标量质齐升。2021年,全区规模以上工业企业,完成营业收入167.8亿元,同比增长33.8%;完成规模以上工业总产值105.1亿元,同比增长32.8%;完成规模以上工业增加值增速10.7%;市工信局下达净增6户规模以上工业企业工作任务,已成功申报12户,规模以上企业净增11户;完成工业固定资产投资增速45.7%,实现工业技术改造投资增速62.8%。

【扎实做好“工业倍增”工作】 7月7日,出台《昌江区工业倍增三年行动计划(2021—2023年)》;7月8日,出台《区级领导联系挂点工业企业工作方案》;7月9日,召开工业倍增三年行动暨招商引资誓师大会。

【开展安全生产专项整治工作】 全面深入开展燃气梭式窑、工业制造安全生产工作,全年未发生较大生产安全事故。全区梭式窑领域共成立检查组33个,督导检查次数36次,检查梭式窑企业147家(次),其中区规模以上企业16家(次),共检查出梭式窑企业隐患问题105个,及时整改91条。工业制造领域成立7个检查组,督导检查7次,检查企业16家(次),检查出隐患问题14个,均已完成整改。

【做好“空中乱象”整治工作】 牵头乡镇、街道协调管线单位,深入推进辖区内“两街一乡”的“空中乱象”整治工作。全年投入资金114.32万元,开展了如整治线路绑扎(17.9万余米)、拆除通信线路(5.5万余米)等工作,空中乱象整治取得明显成效。

【推进国企退休人员社会化管理】 积极推进国有企业退休人员社会化管理工作。区工信局代表昌江区政府同11家国有企业签订退休人员社会化管理移交协议,完成国有企业退休人员转移656人。

【加快推进项目建设】 9月28日,富祥生物医药二期项目点火及凌富生物医药项目如期开工;扎实推

昌江区鱼丽工业平台俯瞰

进鱼丽电子信息产业园,8月26日,成立昌江区鱼丽电子信息产业园项目部,仅用半个月时间,完成原牛奶公司土地回收、土地平整及相关房屋征收工作。

【持续优化营商环境】 4月28日,出台《昌江区特派员走访服务企业工作方案》;完善“企业服务日”工作机制,区委、区政府主要领导每月6日深入企业走访调研、把脉问诊,为企业排忧解难;建立企业后备库,把有发展潜力的23户小型工业企业,纳入“培育库”,实施“一企一策”,进行重点扶持。持续开展清理拖欠民营企业中小企业账款专项行动,及时调整昌江区清理拖欠民营企业中小企业账款工作

领导小组成员，定期要求各部门及单位开展自查，2021 年未有新增欠款产生。

【积极开展企业帮扶】 帮助宏亿电子科技有限公司等 4 户企业成功申报 2021 年第三批省级工业发展专项（省级中小企业发展专项）资金 720 万元；帮助宁封窑陶瓷文化发展有限公司等 4 户企业成功申报 2021 年传统产业优化升级扶持资金 91.5 万元；帮助美琳康大等 6 户企业成功申报市级工业和信息化企业项目贴息贷款贴息 3000 万元；用好“财园信贷通”政策，为 4 户企业新增贷款 1600 万元，同时为 24 户企业续贷 1.195 亿元，帮助有资金需求且符合条件的企业应贷尽贷。

【新增规模以上工业企业 12 户】 全区新增规模以上工业企业 12 户，分别是：景德镇昌达混凝土有限公司、景德镇市恒耀电子科技有限公司、景德镇华力铝业有限公司、景德镇中达航空铸造有限公司、景德镇市宏祥新型建材有限公司、景德镇市匠品陶瓷有限公司、景德镇金太科技有限公司、景德镇巴宝利陶瓷有限公司、景德镇市良匠陶瓷有限公司、江西环球岩土科技有限公司、江西创米科技有限公司、景德镇市田丰米业有限责任公司。

【一批企业申报为省级“专精特新”、管理创新示范企业】 2021 年，全区认定江西省“专精特新”中小企业 6 户，分别是：景德镇市宏亿电子科技有限公司、景德镇市景铖瓷业有限公司、景德镇景航蓝翔航空机械有限公司、江西富祥药业股份有限公司、景德镇嘉宝瓷业发展有限公司、景德镇美凯精冲科技有限公司。江西富祥药业股份有限公司、江西黑猫炭黑股份有限公司获评“省级管理创新示范企业”。

（邹新寿　王　奔）

主要负责人名录

党组书记、局　长： 董国金（2019.12 任）
党组成员、副局长： 邹新寿（2018.3 任）
刘秀梅（女，至 2021.10）
丁　妮（女，2021.11 任）

市场监督管理

【概况】 区市场监督管理局（简称“市监局”）。于 2015 年 5 月 13 日合并组建成立，后根据《关于规范昌江区市场监督管理机构名称的通知》（景昌编办发［2016］3 号）文件要求，“昌江区市场监督管理局”更名为“昌江区市场和质量监督管理局”，加挂昌江区食品药品监督管理局、昌江区食品安全委员会办公室牌子。2019 年 2 月 28 日，原昌江区市场和质量监督管理局重新组建挂牌，名称为昌江区市场监督管理局，保留食品安全委员会，不再保留区市场和质量监督管理局（区食品药品监督管理局）。

昌江区市场监督管理局地址为昌江区沿河西路十八渡，下设 5 个内设机构，分别为：办公室（信息中心）、政策法规股、行政审批股、市场综合监督管理股、食品药品监督管理股。设 4 个派出机构，即西郊、新枫、吕蒙、鱼山分局。下设 2 个事业单位，分别为：昌江区食品药品安全技术保障中心、昌江区市场质量建设服务中心。

2021 年，认真贯彻落实区委、区政府决策部署，围绕市场监管重点工作，全力以赴“促发展拉高线，保安全守底线”，持续优化营商环境、严守“三大”安全底线、规范“两小”行业秩序，深化市场监管体制改革，质量强区战略稳步实施，知识产权试点县工程建设不断深入，市场监管工作取得较好成效，为昌江高质量跨越式发展做出积极贡献。

【落实商事制度改革】 依托“互联网 + 政务服务”平台，大力推行“一网通办”，变“一照含证”为“一照通办”，做实做细审批改备案、实行告知承诺、简易注销等改革举措，精简办理流程，提高审批效率，提升服务效能，企业平均开办时间从 1.5 天内压缩至 0.5 天内。全年新增市场主体 10594 户，其中企业 1205 户，同比增长 6%；个体工商户 9389 户，同比增长 13%。在全省率先开展数字化产业园平台注册登记。全区有类平台公司 9 家，共登记注册市场主体 13606 户，其中企业 735 户，个体 12871 户。全力做好辖区内市场主体服务工作，围绕全省大力发展数字经济和优化营商环境双“一号工程”招商引资，结合市场监管职能，以质量提升、品牌培育、知识产权创造与运用、标准制定、食品安全规范化操作、特种设备管理维护等为切入点，强化担当作为，大力开展服务企业行动。

【推进市场监管体制改革】 推进市场监管体制改革，努力构建统一、权威、高效的市场监管体系。以

“12315”消费者投诉举报中心为枢纽,构建规范高效的消费维权工作网络。2021 年,共受理消费者投诉举报 1582 件,已办结 1522 件,办结率 96.2%,为消费者挽回直接经济损失近百万元。按照区委统一部署,深入推进局属事业单位改革,组建区食品药品安全技术保障中心、区市场质量建设服务中心,进一步健全食品药品安全监管体系,深入实施公平竞争审查制度,切实维护市场秩序安全稳定。

【推动实施质量强区战略】 制定《关于开展质量提升行动建设质量强区的实施方案》,开展“百城千业万企对标达标提升专项行动”,加快新型标准体系建设,全面推进企业品质品牌提升,提升产品服务质量,促进昌江区经济高质量发展。强化工业产品质量抽检,全年完成辖区内流通领域工业产品抽检 31 批次,其中 3 批次不合格,不合格产品均已立案查处,并在区政府门户网站进行公示。

【强化食品药品等安全监管】 落实属地监管责任,压实企业主体责任,细化部门监管责任,构建“党委领导、政府主导、部门联合、企业主责、社会参与”的新型食品安全治理体制。紧盯重点产品提高食品安全抽检监测工作有效性,加大对不合格食品核查处置工作力度。全区共完成食品安全抽检 552 批次,抽检合格 540 批次,合格率为 97.8%。合理防范食品风险,围绕中高考、旅发大会、2021 中国景德镇国际陶瓷博览会、重点节日做好食品安全保障工作,严把冷链食品疫情防控关,切实保障辖区内人民群众“舌尖上的安全”。坚持以查处一批违法违规行为、解决一批影响药品安全的突出问题为主线,加强药品医疗器械日常监管,确保不发生重大药品质量安全事件。组织开展各类药品医疗器械专项整治,做好药品不良反应和医疗器械不良事件监测工作。强化特种设备安全监管。以小区电梯、液化气充装站特种设备、大型游乐设施等为重点,深入开展特种设备隐患排查治理行动。统筹抓好疫情防控和“三大”安全监管,市场安全形势稳中向好。全面推进部门联合“双随机”检查,将更多事项纳入部门联合抽查范围,最大限度实现“进一次门、查多项事”,减少对企业的干扰。制定“首违免罚”“轻微免罚”制度清单,坚持处罚与教育相结合原则,对 10 余起企业非主观轻微违规、未造成严重后果等行为,采取包容审慎的态度,灵活运用提示、告诫、约谈、建议等非强制性执法方式规范经营行为,实施“首违不罚”,凸显市场监管的温度,进一步优化法治营商环境,激发市场主体活力。

【通过国家知识产权强县工程试点建设工作验收】 11 月 30 日,省市场监管局知识产权保护处处长李岭率考核组一行到区对国家知识产权强县工程试点建设工作考核验收。区委常委、副区长、丽阳镇党委书记彭新建,副区长聂刚,市市场监管局党组成员、副局长陈根卫,市市场监管局知识产权保护科科长王勇,区政府党组成员李志勇,区市场监管局党政主要负责人及昌江区知识产权工作领导小组成员单位相关负责人员参加考核验收会议。经专家组考核验收,区国家知识产权强县工程试点建设工作被评定为优秀,以总分 102.47 分的成绩顺利通过验收。

11 月 30 日,昌江区国家知识产权强县工程试点建设工作接受省级考核验收

【区食品药品安全技术保障中心揭牌成立】 4 月 25 日,区食品药品安全技术保障中心揭牌,区委常委、副区长余刚出席仪式并致辞。区食品药品安全技术保障中心挂牌成立,标志着昌江区食品药品安全监管事业迈出新步伐、翻开新篇章。

【抓好疫情防控工作】 8 月,制定《关于印发〈昌江区进一步加强新冠防控冷链食品全流程管控工作方案〉的通知》(昌新冠指〔2021〕8 号),依托“赣溯源”平台,对进入区内的冷链食品实施全过程严格监管,做好冷链食品“四证一码”查验。强化药店“哨点”

监测，督促做好"四类"药品登记，积极配合市局开展新冠病毒疫苗流通专项监督检查。全面落实常态化疫情防控要求。

【开展质量监督检查抽检工作】　全年共完成食品安全抽检552批次，抽检合格540批次，合格率为97.8%；完成辖区内流通领域工业产品抽检31批次，其中3批次不合格，有效规范市场经营行为，抽检结果通过区人民政府门户网站进行公示，对相关违法行为立案查处人民。

（李佳伦）

主要负责人名录

党组书记、局长：徐美煜（至2021.10）
党组书记：黄洪波（2021.10任）
局　长：肖瑞芳（女，2021.10任）
党组成员、副局长：胡有平（2015.9任）
党组成员、吕蒙分局局长：陈　丹（2020.5任）
新枫分局局长：胡伟岸（2021.10任）
鱼山分局局长：董智勇（2018.2任）
西郊分局局长：朱　婷（女，2021.10任）

国土资源

【概况】　2002年12月，原昌江区土地管理局与区地质矿产局划归为景德镇市国土资源局，同时将两局合并为市国土资源局昌江分局。2019年，更名为市自然资源和规划局昌江分局，为市局派驻机构，在市局和昌江区政府的双层领导下配合从事昌江区范围的自然资源工作的管理与执法，并为全区的乡镇、村企和村民的建设用地服务。分局内设办公室、建设用地、地籍管理股、地环股，下设鱼山、荷塘、丽阳、吕蒙4个国土所。

2021年，全区耕地保有量任务为77618亩，实有耕地面积84484.35亩，超额完成耕地保有量任务。全区划定永久基本农田保护面积59355亩，4个保护区，50个保护片，保护标志55个。

【区域内重点项目用地征地报批工作】　协助市局和区政府开展项目用地的调查、公告、听证，签订土地征收协议和报批等工作，协助市局有关科室做好国土空间规划，生态保护红线，过渡期"两规"融合等工作。

【地灾防治工作】　分局采取"四抓"措施，全力做好地质灾害防治。一是抓宣传教育，开展地灾减灾宣传日活动，提高防灾减灾意识，发放《地质灾害避险明白卡》和《地质灾害防灾工作明白卡》，使广大群众防灾减灾意识有很大提高。二是抓方案编制，印发《昌江区2021年地质灾害防治方案》等文件。三是从3月1日起开始动态巡查值班制度，严格执行排查、巡查制度，并建立台账，加强24小时值班，建立信息报送和速报制度。完善四级监控，落实防灾责任人和监测员。四是签订《昌江区2021年地质灾害防治工作责任书》，并发放地质灾害避险明白卡及工作明白卡1470份。五是加强巡查力度，对全区325个地质灾害隐患点逐个进行巡查，并树立警示牌、拉警界线，全年新增警示牌77块，对地质灾害隐患点加强应急调查，共派出批次61次，排查巡查人次233人，排查巡查点次404点，最大程度地保护人民群众的生命财产安全。

【综治信访工作】　分局严格落实贯彻省厅、市局下发的相关文件精神和工作要求，依法依规地开展信访接待工作。其中，省厅转办重要批件1件；市局交办2件，其中土地征收补偿款问题引发的信访占信访总量的80%，案件均已办结。分局高度重视综治（平安建设）工作，年初将综治（平安建设）工作列入全年工作计划，年末作为绩效考核内容。配备2名专、兼综治人员，独立办公条件，确保工作经费，并要求各股（室）、国土所、负责人全部参与。继续做好自然资源领域的扫黑除恶工作，严格按照市局、区委政法委的要求对排查的线索核查办理、案卷整理归档。

（陈　艳）

主要负责人名录

局　长：焦景尧（2020.3任）
副局长：姜利平（2006.5任）
鱼山国土所所长：汪培义（2008.7任）
丽阳国土所所长：赵立兴（2011.5任）
吕蒙国土所所长：胡少华（2009.8任）
荷塘国土所所长：汪　涛（2019.5任）

统计管理

【概况】　区统计局成立于1989年，现有编制数9人，下设1个事业单位：区统计调查队。

2021年,区统计局贯彻省、市统计工作会议精神,强化统计基层基础建设,努力提高统计数据质量,为全区经济社会实现又好又快发展提供统计优质服务,较好完成全年各项任务。1—12月,昌江区地区生产总值(GDP)完成275.5亿元,同比增长8.7%;一般公共预算收入完成6.2亿元,同比减少8.1%;规模以上工业增加值同比增长10.9%;固定资产投资同比增长9.4%;规模以上服务业完成营业收入32.9亿元,同比增长13.9%;引进内资完成59.4亿元,同比增长8.5%;实际利用外资完成300万美元,同比增长7%。;社会消费品零售额123.9亿元,同比增长16.2%;城镇居民人均可支配收入实现47155元,同比增长8.1%;农村居民人均可支配收入实现21777元,同比增长8.9%。

【"五上"企业入库增速】 2021年,全区"五上"企业入库数44家,其中工业新增12家、商贸新增16家、服务业新增11家、房地产新增2家、建筑业新增3家。具体工作措施:一是制定《昌江区"五上"企业入库工作方案》,明确了入库工作的具体要求;二是成立"五上"企业入库管理工作领导小组,细化工作方案,明确时间节点、工作任务;三是建立部门统计联席会议制度,并定期召开部门统计联席会议;四是组织队伍加大摸排力度,严格按照国家、省、市统计部门对"五上"企业申报规范要求准备企业申报材料。

【抓实统计服务工作】 2021年,区统计局建立主要经济指标统计联动工作机制,重点围绕GDP、固定资产投资、工业、社会消费品等主要经济指标明确具体的牵头单位和责任部门,每月、季度由区统计局对主要经济指标预测分析,由区政府领导进行调度,并由各责任单位按照职责分工进行落实,进一步提高统计基础数据的匹配性。每月编印主要经济指标一览表、《统计月报》等,定期呈送区委、区政府,为社会各界和领导决策提供参考。全年上报信息200余条,上报统计分析文章40多篇,编印统计月报11册。完成小康监测、妇女儿童监测和城乡居民可支配收入监测等各项调查工作。

(胡慧博)

主要负责人名录

党组书记:李镒岚(2020.5任)
局　长:童　晶(女,2019.2任)
副局长:文秀珍(女,2008.1任)
党组成员:邹新茂(2012.5任)

重点项目推进

【概况】 2021年3月27日,昌江区工业园区管理委员会办公室更名为昌江区重点项目推进中心,为区人民政府直属公益一类正科级事业单位。主要职责:负责拟定重点项目平台管理规定并组织实施,推进重点项目入驻平台建设,协助入驻重点项目办理项目落户等相关手续,协助区安监部门对平台建设重点项目进行安全管理等。核定人员编制规模数6名(全额拨款),核定领导职数:主任1名、副主任2名。

【推进平台重点项目建设】 鑫邦汽配出厂道路需开辟另一个出处作为出入口,已报区政府审批通过,宏亿电子物流通道已建设完成;平台供电主线移交工作已移交到相关行业部门,处于交接工作中;宁封窑土地征用工作目前已基本完成征收,土地规划图已出;陶青台外老化的宣传广告牌拆除及其路边裸露地面绿工作已全部完成,进一步提升整体绿化环境;富祥医药园项目能源问题已协调相关部门加快天然气规划及电力施工进度,确保项目稳步推进;美

3月27日,昌江区重点项目推进中心揭牌成立

科电子取得规划红线和设计条件。

【全面盘活平台企业】 中心与国资公司共同与企业商谈资产收购、回购返租等方式切实帮助企业解决存在问题,自开展"腾笼换鸟"工作以来,积极促使区委、区政府各项扶持政策落地平台,并与企业实现无缝衔接,全面盘活平台企业。佳骏汽配和亚鑫科技已被收购资产,有意向被收购的有天一航空、东来木雕及风益建材等企业,其中风益建材有被收购返租的意向。

【落实平台安全生产责任】 根据相关安全生产法律法规及安全生产工作要求,聚焦安全学习及环保、化工、建筑工地等专项整治、定期不定期开展全国"安全生产月"活动,通过悬挂宣传标语、制作相关安全生产展板、现场消防演练、到厂区进行现场讲解及访谈等工作形式,为企业提供安全法律法规、消防安全等知识;开展疫情防控正面宣传引导,通过悬挂宣传横幅标语、微信群实时转发相关防控精神文件、到企业宣传防控知识,督查疫情防控工作等方式,引导企业做好日常防控工作;按照上级指示要求,提前做好疫苗接种宣传、需接种疫苗人员信息收集等工作,协调相关部门及医院,设立园区接种专场,让平台企业职工接种疫苗更方便快捷。

【持续优化营商环境】 设立服务窗口。指派中心一名业务水平高的工作人员入驻区新建行政服务中心窗口,制定《昌江区重点项目落户手册》,确保高效率完成入驻工作。组织平台企业人员参加相关业务培训。组织30余人参加区消防培训、梭式窑培训、科技创新及管理等业务培训。指导富祥药业、宏亿电子等企业举办安全之星、消防技能比赛,提升职工业务水平能力,助力企业发展;中心领导干部深入平台鼎晟木塑、风益建材、宏亿电子等企业开展营商环境工作,询问企业当前生产经营状况,听取企业存在的困难,并针对历史遗留问题,对能解决的问题当场解决,对不能当场解决的建立工作台账,及时将企业的诉求及问题反馈到区政府;协助举办专场招聘会。联合区残联在平台开展昌江区残疾人就业专场招聘会,组织平台富祥药业、宏亿电子、赣鑫机械等10余家企业参加,并就企业录用签约提供针对性的优惠政策。

(刘帅雯)

主要负责人名录

主　任:乔　智(2021.11任)
副主任:俞　婷(女,2013.11任)
　　　　王　珍(女,2021.11任)

城建·环保

住房和城乡建设

【概况】 区住房和城乡建设局,原名城乡建设局,成立于1981年5月,1982年更名为城乡建设环境保护局,1983年区域变更后,区城乡建设局主要负责老城区改造和环境保护工作。1999年新《中华人民共和国土地管理法》颁布后,于2000年退出城市管理工作。2015年按照城市体制改革要求更名为昌江区住房和城乡建设局。共有工作人员22人,主要负责辖区内农村危房改造、物业管理以及参与棚户区改造、背街小巷改造工程建设、城市"双创双修"和文明城市测评等工作。2021年,区住房和城乡建设局获国家"节约型机关"称号。

【推进老旧小区改造】 自2019年以来,全区共完成老旧小区改造151个,涉及16368户,建筑面积96.313万平方米,投入资金37042万元。2021年,申报改造计划项目15个,已被列入全市2021年重点项目,涉及居民共计3834户,预计总投资11502万元。所有项目于7月初全面进场施工,年底全面完工。5月,报送2022年改造计划项目1个,涉及居民706户,预计总投资2118万元。

【实施背街小巷改造】 按照"水通、路平、灯亮、线齐、墙美"的标准,对西城区背街小巷逐步分批分片提升改造。2021年,通过村(社区)、乡(街道)自下而上申报,区背街小巷项目部认真审核和实地踏勘,全区共梳理出37个背街小巷、环境整治子项目。全年完成古窑路、昌府院路、昌消院路、昌江一中教学楼综合改造等9条背街小巷的改造,同时枫叶小区万富路、枫叶小区绿林路、枫林北二路、景厦苑综合提升、昌南湖社区一支路等10条道路正在改造。

【助力乡村振兴】 2020年12月起,作为"两不愁、三保障"主要部门,开展农村房屋安全隐患排查整治工作,整治工作分三年进行,对全区农村地区房屋进行全面摸底、分类排查、重点整治、压实推进。2021年,全区共完成排查农村房屋19196户,上报安全隐患经鉴定确定危房248户(不包括防洪堤13户),其中10户存在安全隐患的经营性住房已全部整治完成。与此同时,做好农村危房改造工作,实现巩固拓展脱贫攻坚成果同乡村振兴有效衔接。2021年,全区共有20户低保户享受农村危房改造补助政策,其中C级维修11户,D级重建5户,无房新建4户,补助资金共计38万元,均于年底前发放到位。

【切实加强物业管理工作】 加强备案管理。辖区备案物业公司50家,备案业主委员会30个,备案业主小组158个。做好物业小区疫情防控工作。制定《关于做好新型冠状病毒疫情防控工作的通知》《昌江区物业小区疫情防控工作督导表》《物业小区新型冠状病毒疫情防控工作标准》《物业疫情防控督办单》《物业疫情防控督导台账》等工作措施。同时,为各物业企业发放口罩、消毒液、测温计等防疫物资近10万元。提升物业企业服务水平。以常态长效创建全国文明城市为契机,切实加大物业小区督查力度,督查内容包括环境卫生、车辆停放、公益广告、公共秩序、消防设施等。针对发现的问题下发督导意见书90份,督办单36份,并责令物业整改到位。与此同时,区住建局加快完善管理制度,建立小区物业纠纷调解机制和应急响应机制,指导小区成立业主委员会,并在吕蒙乡开展物业小区管理试点。

【开展智慧小区建设】 12月,争取智慧安防小区建设资金33万元,聘请第三方为安心小区、阳光城翡丽公园小区、石岭小区、伴山洋房小区、香山御园小区和中梁首府6个小区建设人脸抓拍系统、电子巡更系统,同时建设区级平台。委托区国资公司负责全区智能安防小区建设工作,完成13个物业小区智能安防硬件设施建设。聘请第三方设计“汪王庙社区高品质智慧社区建设试点”方案，并获上级奖补资金500万元。

【小区维修基金使用管理工作】　为维护业主合法权益，及时开展对维修基金使用的现场勘查认定和竣工验收工作，为群众房屋及时得到维修、公用设施设备正常使用，提供有力保障。全年共开展现场勘察105次，验收92件。

【提升城市功能品质】　开展城市功能与品质提升三年行动工作，2021年是收官之年。严格按照“一年有提升，两年上台阶，三年进一流”的总体目标，科学运作、有序开发，全力做大城市规模，做美城市环境，做旺城市人气，做优城市品位。加大宣传力度，宣传提升全区开展城市功能与品质提升行动的好经验、好做法、好效果，营造良好的社会舆论氛围。建设精品化，破除痛点堵点，满足市民需求。申报2021年老旧小区改造计划项目15个，共计3834户，按照户均3万元标准，预计总投资11502万元。做实小巷改造。全区共有背街小巷570条，按照“水通、路平、灯亮、线齐、墙美”的标准，从2017年开始，用5年时间分批进行提升改造，全区共完成513条背街小巷的修缮和改造，改造率90%，累计完成投资超过2.4亿元。发展智慧养老。打造“互联网+养老”服务新模式”，切实提高养老服务智慧化、信息化、规范化水平。区智慧养老服务平台建设完成。建设精品社区。按照“六化”标准对全区社区进行综合评估，围绕社区党建、社区协商、社区文化、社区矛盾化解、社区信息化等主题，认真遴选，突出亮点，彰显特色，建设昌南湖社区、森林社区、新枫路社区、景航社区等新一批接地气、有特色、上水平的精品社区。

【加强安全生产监督】　针对物业小区内疏散通道不畅通、违规存放易燃易爆危险品、消防设施损坏停用、电动自行车违规停放和重点岗位人员责任不落实等问题，下发督导意见书50份，督办单16份。现场发现液化气站问题8条，并提出整改意见，通过约谈相关负责人，发现的问题已全部整改到位。配合市局做好辖区范围内大型建筑工地的安全监管工作，对发现的问题及时责令整改，并上报市住建局安监站并建立工作台账。

（聂　明）

主要负责人名录

党组书记、局长：曹正义（至2021.10）
谭新成（2021.10任）
党组成员、副局长：程月明（2020.6任）
王晓彦（2021.10任）

城市管理

【概况】　2004年，区城市管理综合执法大队成立。2005年，大队定为区直属正科级事业单位。2007年，大队列入参照公务员法管理单位。2009年，大队获区人民政府城市管理行政执法主体资格。2013年，更名为景德镇市城市管理行政执法局昌江分局（简称“市城管昌江分局”）为正科级全额拨款事业单位。2017年12月，昌江分局承接市级下划人员181名，接受乡镇（街道）上划人员52名。2018年撤销市城管昌江分局，组建昌江区城市管理行政执法局，为区直属正科级全额拨款事业单位。2019年1月，撤销区环卫局，并在区城市管理行政执法局的基础上组建昌江区城市管理局，为区人民政府工作部门，原区环卫局相关职能、编制、人员等一同并入。2021年4月，局属城市管理行政执法大队已挂牌，涉改的原区城管执法局和原区环卫局在实际中单独运行。

6月7—10日，区城管队员在高考昌江考区昌江一中考点维护秩序

【市容市貌进一步提升】 建立长效机制,改善城乡人居环境。成立常态长效创建全国文明城市工作领导小组,制定工作方案,明确任务,细化责任,起草制定了《昌江区开展“门前五包”专项整治工作方案》,建立长效机制,将城乡环境整治工作细化分解,提高城乡环境治理整体能力,进一步巩固深化全国文明城市、国家卫生城市创建成果。

【强化依法行政落实】 通过针对一线执法骨干组织开展装饰装修的法治专题培训,有力提高全体执法队员的法律意识,调动一线执法队员学法热情,对日常工作所涉及的法规知识掌握程度越来越高,执法能力日益增强,培训后所涉及对装饰装修类处罚案件适用法律法规准确,程序合法。

【强化正面宣传引导】 一年来,通过广播电视、网络、报纸、微信公众号等媒体宣传报道439篇,其中含微信公众号202篇稿件,党史教育53篇,景德镇在线77篇,江西手机报77篇,市级媒体30余篇。

【切实增强群众获得感】 对来信来访及“12345”“12319”热线反映的问题,认真进行调查处理,并及时上报处理情况。共受理群众投诉、咨询处理2665件次,其中“12319”数字城管指挥中心转办2285件,市委市政府为民服务热线交办单193件,热线电话154件,区民生通道交办单5件,信访平台18件,问政江西8件,省长留言交办件2件,办结率和处理回复率99.8%。

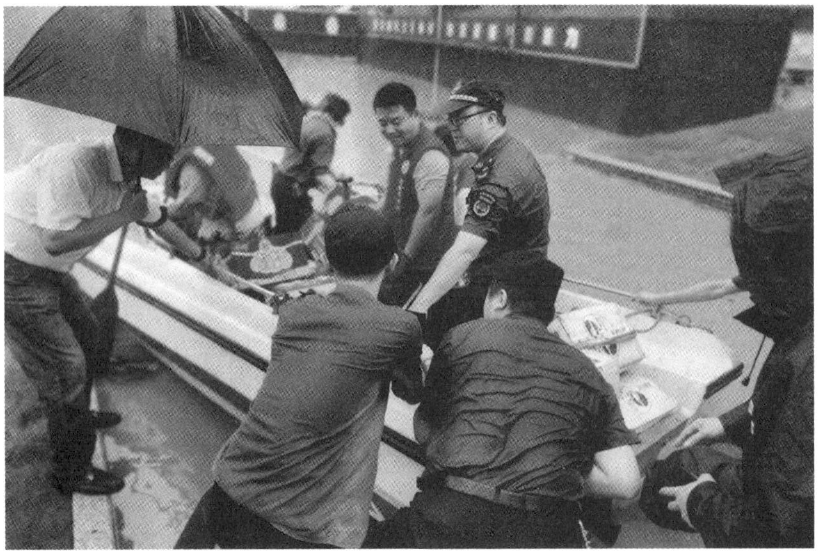

洪灾中解救困难群众

【开展骑车戴头盔劝导活动】 9月30日,为加强电动车出行的交通安全意识,养成骑乘人员自觉佩戴头盔的良好习惯,鱼山中队联合市交警二大队在鱼山集镇路口开展“骑车戴头盔安全伴我行”劝导活动。

【组织开展普及城市管理法规宣传活动】 12月4日,开展“宪法宣传周”活动。区城市管理局开展以宣传《景德镇市市容管理条例》为主题的城市文明普法活动。活动共出动执法人员3人,服务群众60多人次,共计发放各类宣传书籍200余份。

（万　巍）

主要负责人名录

党委书记、局长:程景秋(2019.6任)
副局长:刘　芳(2017年任)
　　　　杜　江(2015.3任)

生态环保

【概况】 2004年1月,从区建设环境保护局划分成立昌江区环境保护局。2011年12月,办公地点迁新平路68号。2019年7月,成立景德镇市昌江生态环境局。2021年底全局共有干部职工9人,其中:中共党员5人,大专、本科学历8人,硕士研究生1人。

昌江区环境监察大队:1989年1月,成立昌江区环境监理站,隶属于昌江区城乡建设环境保护局,为事业单位。2020年6月,编入市生态环境综合执法支队,将昌江区环境执法职能列入市级执法机构。

区环境监测站:1997年3月,成立区环境监测站,为正股级单位。现有事业编制5名,实有人员4名。

2021年,全面落实省、市党代会精神,大力弘扬伟大建党精神,以国家陶瓷文化传承创新试验区建设为统领,保护好绿水青山,推动昌江区生态环境持续好转。

【进一步夯实环境保护工作】 严格规范行政审批。严格按照《关于印发〈景德镇市生态环境局助推我市经济高质量发展十条具体措施〉的通知》及《关于推行环评审批正面清单常态化制度的通知》文件要求,坚持以生态环境高水平保护助推昌江区经济高质量跨越式发展。对环境影响评价审批正面清单进行重新梳理和调整,对已纳入排污许可登记管理类、生态环境影响较小的工业制造项目,实行环评豁免。以纪念“6·5”世界环境日为契机,围绕“人与自然和谐共生”,组织开展多种形式的环保宣传活动。组织荷塘乡、丽阳镇及鲇鱼山镇开展农村环境综合整治,通过环境综合整治,规范村内雨水、污水的排放,清洁环境卫生,打造美丽乡村。组织江西跃华药业有限公司、江西富祥药业有限公司、景德镇市浩源强化钙有限公司开展土壤重点企业用地自行监测。2021 年,共审批建设项目 23 个,环境影响评价登记表 48 个。

【饮用水环境质量全面达标】 区内设有 1 个集中式饮用水水源,即第四水厂,水源类型为地表水河流型水源。该监测断面第四水厂取水口上游 100 米处,每年一次全分析 109 个项目,每月监测 62 个指标。从监测结果看,全区饮用水各断面均达到相应水质标准,全年水质达标率 100%。

【空气质量达国家Ⅱ级标准】 2021 年,区范围内 2 个空气自动监测站点,实时对空气质量中的 SO_2、NO_2、O_3、CO、PM_{10}、$PM_{2.5}$ 进行自动监测,并上传网络,方便公众了解。2021 年,全区空气质量优良天数比例 99.2%,空气质量达到国家Ⅱ级标准。

【落实重点行业企业用地土壤自行监测工作】 开展昌江区重点行业企业用地土壤自行监测,2021 年,昌江区 3 家重点企业对用地土壤开展自行监测,同时监测结果上传网络并公布。

【开展清理整顿排污许可证核发工作】 根据上级生态环境部门要求,对实施排污许可管理单位核实排污许可执行报告填报情况,全区实施简化管理单位 41 家,已全部完成提交年度执行报告。

【涉及固废危废排放的企业开展专项整治行动】 2021 年,根据对各危废产生企业产废数量、种类调查摸底及市局核实,确定全区纳入重点监管源清单,区危废监管平台 25 家产废及 2 家经营企业,建立危险废物监管企业清单,落实危险废物申报登记制度。

【开展农村环境监测工作】 根据《景德镇市生态环境监测事权清单》要求,对 6 个农村饮用水源地水质和 8 个农村生活污水处理设施出水水质开展监测。

(张　盛)

主要负责人名录

党组书记、局长: 余世宽(至 2021.7)
徐　晖(2021.11 任)
党组成员、副局长: 刘根保(2013.8 任)
朱跃辉(至 2021.6)

农　业

农业农村水利

【概况】　区农业农村水利局(简称“区农水局”)成立于2019年2月。整合原区委农村工作部、区农业局、区水务局,以及区发展和改革委员会的农业投资项目、区财政局的农业综合开发项目、国土资源部门的农田整治项目管理职责。为区政府正科级工作部门。昌江区农业农村水利局现有在职干部职工44人,根据全区事业单位改革方案,局属副科级事业单位3个,分别为区农业农村产业发展中心、区水资源保护中心、区农业技术推广中心;股级事业单位2个,分别为区水政监察大队、区动物疫病预防控制中心。

【推进农业产业体系培育】　全年完成早稻播面1万亩、中稻播面4.5万亩、二晚1.2万亩,顺利完成年度生产任务。全年完成蔬菜种植复种面积达2万亩。发放稻谷补贴1870159.3元,耕地地力保护补贴7544848.08元。加强农产品质量监管。全区32家生产经营主体试行合格证制度,全年开具合格证260余份。无公害农产品生产企业(合作社)达到19家,产品24个,绿色农产品企业1家,产品3个,有机农产品生产经营企业1家,产品6个。以畜禽养殖场、果蔬种植基地、农资生产经营门店为重点开展日常监管工作,采取不定期检查方式,重点检查农业投入品来源与使用情况、生产记录档案是否规范。共检查生产经营企业180余家(次),出动执法人员130余人(次),通过日常监管工作的开展,有效增强了生产经营企业的守法意识。大力发展渔业养殖。全区水产养殖面积7121亩,全年水产品总量为3839吨,较上年增加4吨。大力发展稻田综合种养,全区“稻—虾”养殖面积2200亩;“荷—鳅”养殖面积200亩;“菜—鳅”养殖面积180亩;“稻—鳅”养殖面积2200亩;“稻—蛙”养殖面积60亩。加强农机管理和补贴发放。做好2020年农机购置补贴资金结算及2021年农机购置补贴录入审核工作;定期组织开展农机安全生产宣传检查活动,确保不发生农机安全生产事故。

【加快农业科技推广服务体系建设】　推广农业新品种、新技术、新方法20余个(项),开展相关试验示范6项;加强现有的2家省级现代农业示范园和4家市级现代农业示范园建设,提升示范园在农业科技推广应用中的孵化功能和示范引领作用;加大农民培训力度,通过农民教育培训、农技人员培训、农业技术培训等形式,培训提高农业技术人员、新型经营主体、广大农户的科技水平,共举办各类培训20余期、近1000人次。组织农技指导员进村入户指导农业生产,全区下派农技人员200人次,及时解决农业生产中的困难。

【改善农业生态环境】　积极推进重点水域禁渔禁捕工作,打击非法捕捞。实施绿色生态农业“十大

11月14日,昌江区高标准农田建设项目开工仪式举行

行动”,化肥、农药使用量连续保持负增长,秸秆、畜禽粪污利用率均到达90%以上。全面完成受污染耕地150亩安全利用年度任务,完成率为100%。开展病虫调查,设立各类监测点20个、绿色防控示范点(片)3个。加强病虫疫情监测预报,编印转发布病虫情报6期。指导病虫防治,推进绿色防控和统防统治工作,紧急采购发放福寿螺防治药剂3000包,可防治面积3000亩。

【推进高标准农田建设】 完成2020年2000亩高标准农田建设任务,2021年全面启动20000亩高标农田建设,项目总投资6000万元,整合资金2568万元,专项债3432万元。项目建设主要涉及鲇鱼山镇关山村、新柳村、慈义村、徐湾村,丽阳镇余家村、芦源村、山田村、丽阳村8个村。年底完成总工程量的80%。

【做好畜牧生产和动物疫病防控】 全区出栏生猪63050头,出栏肉牛8985头,出栏肉羊3915只,出笼家禽256.02万羽,禽蛋产量845.8吨,肉类总产量10241.67吨。开展家畜血吸虫病监测工作,狠抓动物卫生监督,确保畜产品质量安全。

【狠抓动物疫病防控】 落实各项非洲猪瘟防控措施,保障畜牧业健康发展,实现了省、市年初提出的确保全年不发生区域性重大动物疫病的防控工作目标。全区共计免疫家禽16.6万羽、生猪3.45万头、牛0.18万头、羊0.15万头。

【抓好农业改革工作】 抓好农村土地纠纷仲裁调解工作、农村集体资产产权制度改革三资管理平台筹建、2020年清产核资数据录入、农村新型农业主体发展、家庭农场数据录入、“土地确权”回头看、农村宅基地摸底等工作。全区农民专业合作社177家,较2020年新增2家;家庭农场213家,较2020年新增30家。

【推进农业农村体制改革】 推进农业水价综合改革。邀请省级改革专家对各部门、各乡镇开展两次专题培训班。开展底数调查,逐乡逐村摸底,摸清全区农田水利工程的工程现状、管护现状、基层需求,编制完成县级农业供用水计量体系规划方案。加快推进农垦改革工作。完成荷塘垦殖场2020年度48户农垦危房改造。为加快荷塘垦殖场发展,积极争取上级政府和有关部门的政策支持,推荐荷塘垦殖场为欠发达国有农垦场。

【开展乡村治理】 及时调整乡村治理工作领导小组,实行“1+N”领导模式,形成多部门联动协调的工作机制。荷塘乡着力打造荷塘乡农村物业公司,规范全乡乡村治理服务,2021年物业公司共清运垃圾200余吨,累计处理村民家中报修20余次,参与村民矛盾纠纷化解10余次。吕蒙乡官庄村进一步健全村集体经济制度,通过规范豪德仓储管理、创新农贸市场管理、盘活村建固定资产等方式,2021年实现年集体创收600万左右。丽阳镇枫林村大力开展移风易俗工作,整治村庄不良风气,枫林村被农业农村部等六部委认定为全国第二批乡村治理示范村。丽阳镇洪家村通过积分制工作激发群众参与“做好事,赚积分,换商品”活动,解决乡村治理难题,2021年共解决邻里矛盾纠纷5起,帮助困难群众121次,村民累计得分3521分,共发放奖励物资338件。

【开展农村人居环境整治】 开展村庄清洁行动。结合长效常态建设文明城市工作,组织各乡镇开展“清洁家庭”评比、“整环境、迎新春”村庄清洁行动春季战役、“整洁庭院”整治专项提升行动等村庄清洁行动,全面优化乡村生态环境,提高农村居民卫生意识。全区共清理各类垃圾13128吨,农村生活垃圾无害化处理率达100%。保障每个行政村长效管护资金配套,加快推进农村人居环境5G+长效管护平台建设。推进新农村建设。围绕“七整一管护”的建设标准,按照“连点成线、拓线成面、突出特色、整体推进、产村融合、建管同步”的布点要求,部署20个新农村建设点,重点围绕郭璞峰及月亮湖环线打造。稳步推动农村户厕摸排整改。全区共摸排农户15159户,厕所15723座,其中问题厕所10301座,占比68%。

【水旱灾害防御】 修订完善35座水库度汛方案、应急抢险预案,以及低洼地带疏散转移预案,乡镇、村山洪灾害防御预案。结合水利安全生产工作,由局副科级干部带队组成5个检查组对各乡镇(街道)水库(山塘)、山洪灾害点逐座逐点开展实地督查,对发现问题限期整改到位,全面落实水库“五个责任人”和县级领导、区直部门挂点责任制。加强全区山洪灾害防御设施设备维修养护工作,完成21个山洪灾害预警广播站点更新改造任务。全区35座水库全部建成水雨情监测设施并投入使用。双溪水山洪沟项目完成竣工验收。开展全区第一次水旱灾害风险普查工作,摸清区域防洪抗旱能力。

【扎实推进河长制】 6月,出台《2021年昌江区河长制工作要点》《2021年昌江区河长制考核方案》等文件,开展昌江区鄱阳湖生态环境专项整治工作、加强生态鄱阳湖流域建设。调整区级河流"河长"名单,上网公示。开展河湖圩堤管理范围内房屋问题整改工作,完成河湖圩堤管理范围内房屋问题整改调查。

【落实水行政和渔业执法】 积极配合市农业执法部门打击私屠滥宰和非法捕捞。印发张贴《关于严厉电力捕鱼的通告》50份,定制并发放"保护渔业资源、严厉打击非法捕捞"宣传袋1000个。开展水土保持和水资源监管执法。落实水利行业强监管要求,下达水土保持方案批复12个,并加强税务局进行对接,做到水土保持补偿费应收尽收。加强取水许可管理,规范取水的申请、审批和监督管理,加强取水许可管理,对山田水库延续取水许可证及富祥药业换证进行严格监督管理。辖区内各企业安装计量设施,并设定专人抄表查收,实行按月征收水资源费。

【开展"世界水日""中国水周"宣传活动】 3月22日,联合市水利局在人民广场举行大型宣传活动,向社会公众发放相关宣传资料,在活动中面向社会开展有奖节水知识问答。在区政府大楼滚动播放"世界水日""中国水周"相关宣传内容,围绕流域保护、节水护水、湖泊保护、河湖长制、农村供水、采砂管理等主题,向全社会宣传《中华人民共和国长江保护法》《江西省农村供水条例》等法律法规。结合"八五"普法,开展普法宣传进农村、进企业、进校园活动。全年完成创建节水型学校、节水型小区、节水型单位、节水型企业等节水载体8个。

【推进城乡供水一体化】 区政府与江西省水务集团有限公司签订框架协议,开展全区城乡供水一体化规划编制工作。完成全区小型集中供水工程评估工作。

【水利基础设施进一步提升】 全面完成水利水毁工程修复和山田灌区东西干渠清淤项目,保障农田灌溉用水需要。完成全区小型水库标准化常态化和2座小(1)型水库竣工验收工作。投入资金280万元,对10座水库进库公路及溢洪道、涵管等进行维修养护,提升水旱灾害防御条件。

(刘丽芳)

主要负责人名录

党组书记、局长:赵先伟(2019.2任)
党组成员、副局长:余德旺(2020.6任)
副局长:郑有明(2019.2任)

林　业

开展昌江河增殖放流

【概况】 1979年1月8日,昌江区农林水局成立。1983年改名"区农水局"。1984年,区农水局改名"区农业局",单独成立区林业局。1988年,区林业局内设营林股、林政股、办公室和防火办公室,后陆续增设野保站、设计队、林业工作站、产业办、林业科级推广站等股级机构。1989年3月9日,成立昌江区森林公安派出所,隶属区林业局、市森林公安局双重领导,同年4月25日,竟成镇、荷塘乡、鲇鱼山镇、吕蒙乡、西郊垦殖场、丽阳乡建立乡(镇)林业工作站,隶属乡(镇)、区林业局双重领导。1990年11月成立国营景德镇市昌江区林场，下辖鱼山、丽阳两个林业分场，总经营面积3.2万亩。2001年成立郭璞峰省级森林公园，面积733公顷，与林场二块牌子一套人马。2004年12月28日，成立林业综合行政执法大队与新桥木材检查站，实行“两块牌子、一套人马”，隶属于区林业局。

2021年，区林业局以全面推行林长制为契机，全局干部职工团结一心。在做好新冠肺炎疫情防控的同时，克服困难、奋力拼搏、真抓实干，较好地完成了各项工作任务。2021年，昌江区连续11年获全省“森林防火平安县(区)”称号，并获评为全市扫黑除恶专项斗争先进集体。

【森林资源培育】 按照“只能增绿、不能减绿”的总要求，以“护绿提质2021行动”为抓手，全区人工造林任务13公顷，退化林修复66公顷，封山育林200公顷。实际完成人工造林20公顷，占任务数的147%，退化林修复1001亩，封山育林220公顷，森林抚育12000亩次。申报枫林村、山田村为省级森林村庄。其中，山田村通过专业组审核。

【森林防火】 结合森林防火平安县创建、法制宣传日、安全生产咨询日等时间段加大森林防火宣传，区乡两级均安排森林防火宣传车进行巡回宣传，在重点时段重点区域绕村鸣锣或留声机小喇叭示警；结合林长制要求全区15名专职护林员加强巡山，将森林防火工作落实到基层的“最后一公里”；开展森林防火“五进”活动，张贴《关于禁止在森林防火区野外用火的通告》200余份，在各行政村均张贴《禁火令》，深入社区、农村发放宣传单、宣传用品10000余份，组织森林防火宣传进校园暨2021年中小学生森林防火主题海报设计比赛，通过收集、评比发现并推荐34幅优秀作品参加省、市海报设计比赛。全年未发生森林火灾。再获全省“森林防火平安县(区)”称号，连续11年获得此项荣誉。

【严格林地管理】 全年办理林地征占手续10宗，面积35.5公顷，征收植被恢复费747.23万元，区林业综合执法大队严厉打击破坏森林资源的违法行为。全年共查处林业行政案件40起，其中27起为擅自改变林地用途、10起毁坏林木案件、3起滥伐林木案件。

【开展野生动物监测保护】 开展“保护野生动物”专项治理活动，发放倡议书100余份，宣传手册1000余份，积极引导广大群众增强生态保护和公共卫生安全意识，坚决革除滥食野生动物陋习。加大打击力度，联合区林业执法大队对全区城乡集贸市场、餐馆酒店进行不定期检查40余次。

【推进湿地保护管理】 全区湿地面积为1777.47公顷，湿地保护率由原来的13.31%提高到现在的57%。全面加强辖区内湿地资源管理工作，加强昌江河、月亮湖等各类中、小水库的监管力度，积极开展湿地周边污染源重点整治工作，促使湿地保护事业健康有序发展。

【有害生物防治】 严格按照松材线虫病防治技术方案，对枯死木进行除治，除治松枯死木1.2万余株。对需要保护的松树进行打孔注药4600余株，按照技术要求对枝桠清理干净，伐蔸覆膜盖土压实，保证除治质量。在检疫执法工作中，区林业局不定期组织森林公安、林业综合执法大队、区林检站进行联合执法，出动执法检查30余人次，做到全区停止加工松木，阻断疫木外调的渠道。除治任务通过省林业局组织的第三方考核验收。

【新型林业产业经济】 以低产低效林改造、公益林补偿、林下经济等项目为抓手，在大力扶植原有油茶、果业、毛竹等林业产业基础上，努力培育中草药、木地板成品等新型林业产业，全区林下经济企业(专业合作社)16家。

【落实林长制】 6月，召开总林长会议，会议通过并印发《昌江区2021年林长制工作要点》《昌江区护绿提质量2021年行动》《关于进一步推深做实林长制的意见》，切实推进2021年林长制工作落实。压实各级林长责任，落实好总林长发令机制和林长巡林制度，区林长办及时向区级林长提供责任区森林资源清单和巡林工作提示单，协调解决森林督查、打击毁林专项行动。用好森林资源巡护管理平台，实现山上有人寻、后台有人盯、案件有人查的目标，提升森林资源管理现代化、智能化水平。结合全区打击毁林专项行动，有序开展2021年森林督查工作。4月，国家2021年森林资源变化图斑矢量数据下发后，及时研究制定森林督查实施细则。2021年，全区变化图斑134个,均已完成外业调查验证工作。统筹推进林草生态综合监测评价工作,以国土“三调”数据为统一底版,整合相关监测资源,构建林草生态综合监测评价体系,实现林草生态监测数据统一采集、统一处理、综合评价,形成昌江区统一时点的林草生态综合监测评价成果。区林长制工作年度考核获全市第二名。

【区四套班子领导参加植树节活动】 3月12日,全国第44个植树节,高新区管委会主任、昌江区委书记倪卫春,区委副书记、区长伊文斌,区委副书记江智峰,区人大常委会主任李恩清,区政协主席陈华清,周淮钦、李龙江、乐先锋、彭新建、曾亚平、周薇等副县级以上领导以及全区各部门负责人,到丽阳镇丰田村参加义务植树活动。

(朱怀德)

主要负责人名录

党组书记、局长:江燕红(女,2021.10任)

副局长:李华荣(2010.5任)

程爱发(2015.4任)

商　　贸

商务管理

【概况】 2010年9月,昌江区商业管理办公室更名为昌江区商务局,全面行使商务职能,与昌江区供销合作社合署办公(实行两块牌子一套人马),全称为“昌江区供销合作社(商务局)”。2015年7月,成为区政府组成部门,即“昌江区商务局”。2019年,昌江区招商局招商引资和招商服务协调职能纳入昌江区商务局。2021年,昌江区现代商贸业发展中心(原昌江区市场经营服务中心)纳入昌江区商务局。昌江区商务局为行政单位,行政编制4名,下辖1个事业单位即昌江区现代商贸业发展中心。现有局长1名、副局长2名、主任1名。

2021年,全年完成内资招商59.35亿元,同比增长8.48%,完成内资亿元项目14个,“50”(亿元)项目1个,“20”(亿元)项目1个。外资引进方面,全年引进外资3001万美元(其中现汇300万美元),同比增长7.02%。贸易数据方面,全年限额以上消费品零售额为10.7亿元,同比增长16.1%,入库企业16家,外贸出口完成10.60亿元。

【产业招商成效显著】 区商务局不断创新招商方式,积极探索以商招商、产业链招商新模式,围绕富祥药业等龙头企业以商招商,依托宏亿电子等骨干企业延链补链,引进“50”(亿元)项目1个,“20”(亿元)项目1个。集中力量引进在产业链构建中起关键作用的旗舰型企业和重大项目,推动产业链向上下游延伸、向中高端迈进。

【国内贸易扎实推进】 国庆节、2021中国景德镇国际陶瓷博览会、“双十一”等重要时间节点,积极组织辖区内企业开展线上消费、采购商对接、物流对接等活动,积极带动消费,促进企业口碑和经济效益双丰收。现代流通体系建设实现新突破,农村网络补短板,支持开展电子商务进农村综合示范,建设县级物流配送中心。城市商业增特色,推动建设开展了步行街改造提升试点。

【外贸工作平稳运行】 全年组织各外贸企业参加《区域全面经济伙伴关系协定(RCEP)线上专题培训班》、跨境电子商务论坛讲座培训会、“单一窗口”出口退税等培训会18家次;组织各企业参加江西出口商品网上交易会、首届中国国际消费品博览会、第四届进口博览会等各类博览会,促进区内企业与参展商精准对接,推进优质消费品和服务“引进来”“走出去”。

【综合监管成效初显】 2021年,区商务局牵头印发《昌江区成品油市场专项整治工作方案》,坚决打击非法加油站点违法违规行为;主动提醒辖区成品油零售经营企业提交延续申请及相关资料,辖区内鱼山加油站、珠山油料供应站等企业均完成到期换证工作;完成全区13家加油站点初审年检工作。按照《报废机动车回收管理办法》,承接市局下放的报废机动车回收登记事项,严格审核报废机动车相关资料及《报废汽车回收证明》,督促报废机动车回收企业做好环境保护工作,遵循环保达标要求,共审核登记报废机动车600余辆。

【安全生产保持警惕】 全年对辖区内的“九小”场所、大型超市及加油站进行消防安全检查,共检查小商店、小餐饮店200余家,大型超市及加油站实现全覆盖,坚决杜绝场所违规住人和其他安全隐患。

(夏　琦)

主要负责人名录

党组书记、局长: 甘云云(2020.2任)

副局长: 熊爱华(2013.11任)

刘　瑶(女,2021.10任)

现代商贸

【概况】 区市场经营服务中心成立于2015年6月,为正科级事业单位,归口区商务局管理。2021年3月因机关事业单位改革,重组更名为区现代商贸业发展中心,为区商务局所属事业单位。核定事业编制8名,内设综合股、监管股、建设股3个股室,领导职数为主任1名、副主任2名。

2021年,以常态长效创建全国文明城市为契机,克服新冠疫情影响,巩固农贸市场工作成效,建立并完善长效管理机制,持续提高农贸市场环境卫生质量。组织属地乡镇(街道)、城管、商务、市场监督等相关责任部门,对河西农贸市场、官庄农贸市场等多个农贸市场开展了20余次集中执法行动,重点整治出店占道经营、乱摆摊设点、不规范停车、环境卫生、文明经营、疫情防控等问题。

【整治市场环境卫生】 全面开展市场环境卫生清理工作,河西市场清理市场内杂物,设置6名保洁人员随场保洁,市场内增设垃圾桶,同时每日垃圾车清运4次以上;官庄市场清理市场内杂物4车,在每日中午增加一次垃圾清运,地面每周冲洗一次;枫树山农贸市场(旧为新风路农贸市场)清理市场内杂物2车,清洗市场内所有垃圾桶。此外,清理墙面垃圾广告50余处。城区农贸市场全部实行垃圾分类。自筹资金统一采购800个60升独立密闭垃圾桶、120个160升分组密闭垃圾桶、10000个垃圾袋,向城区8个农贸市场分发到位,以进一步保障农贸市场摊位内部的环境整洁卫生。

落实疫情防控措施

【枫树山农贸市场被评为星级市场】 7月,正式启用枫树山农贸市场,实现新枫路农贸市场向枫树山农贸市场的整体搬迁,并先后为枫树山农贸市场更换公益广告、各项制度牌、人员信息公示栏、农残药检测公示栏、健康教育宣传栏等共计30余块,为该市场添置环卫设施设备,共有60升分类组合脚踏式垃圾桶50余个,安排人员在市场内外垃圾桶区位划线等。聘请7名临时保洁人员轮流打扫市场。该市场被评为全市四星级农贸市场。

【推进农贸市场改造新建】 全年实施2家农贸市场工程建设。12月底,园林农贸市场完成封顶,并开始启动内部装修工程;12月底,昌南大道农贸市场完成封顶并开始启动内部装修工程。

(李　佳)

主要负责人名录

主　任:程汉达(2016.11任)
副主任:沈　磊(2016.11任)

供销合作

【概况】 区供销合作社成立于1991年1月。现有在岗人员7名(其中:参公编制人员3名、聘用人员4名),因编制所限未设内设机构。2006年完成企业改制后,所属企业均属无资产、无人员、无经营业务的"三无"企业,主要开展改制企业服务工作。2017年9月,组建成立昌江区农民专业合作社联合社,领办和指导发展26家农民专业合作社。2020年,按照开放办社原则,合作建立1个村级基层社、1个示范性庄稼医院、7个农资示范店,建设再生资源示范企业1个、规范乡村回收站(点)26个、村级电商服务点12个,建设惠农综合服务中心1个,规范建设综合服务社4个,初步建立全区供销社流通服务网络体系。

2021年,区供销合作社深入贯彻习近平总书记关于"三农"工作重要论述和对供销合作社工作的重要指示精神，紧紧围绕区委、区政府的战略部署，认真开展党史学习教育，不断提升政治素养、转变工作作风，强化工作创新、细化工作责任，狠抓时序进度，以服务“三农”为宗旨，持续深化供销综合改革，加强供销社基层组织升级改造建设，建立惠农综合服务中心和物流集配中心，构建现代农村流通服务网络体系，助力乡村振兴。

【实施基层供销社建设】　2021年恢复和升级改造丽阳供销合作社建设、在丽阳镇芦田村建立村级基层社。全年共完成2个乡镇供销合作社升级改造，新增2个村级基层社，逐步实现全区乡镇基层社全覆盖目标。

【开展为农服务工作】　落实春耕农资储备、供应工作，并联合昌江区市场监督局开展农资市场大检查，查处假、冒、劣质化肥经营和乱涨价行为，保护农民利益。指导和协调农民专业合作社开展土地托管经营，托管土地10000亩；为农民提供施肥服务和除草服务，服务田地面积达13000亩次。坚持开展消费扶贫、助力乡村振兴工作，在供销社惠农服务中心长期设立扶贫农产品直销点提供无偿服务，帮助促销扶贫农产品。

（俞建成）

主要负责人名录

主　任：黄华斌（2019.3任）
副主任：舒广文（2000.6任）
程建东（2015.6任）

交通运输

【概况】 区交通运输局成立于1991年。2021年,根据交通运输综合改革要求,区交通运输局原下辖运管所、港航所撤销,成立昌江区交通运输事业发展中心,设编15人,实有14人。区交通局在职干部职工3人。2021年,区交运局求真务实,开拓创新,农村公路建设、渡口安全和运输管理等各项工作进展有序。

【提升农村公路等级】 做好“四好农村路”的建设:(1)申报农村公路拓宽改造项目,下达新桥村至关山村、中团村至洪家村(洪家段)拓宽改造计划,总里程6公里,总投资1522万元;危桥改造2座,分别为七星桥和丰田桥,共44延米,总投资236万元;鲇鱼山镇031乡道金坛村至沙嘴村双车道拓宽改造项目及乐平市塔前至昌江区荷塘段公路改建工程竣工通车。昌江区Y020乡道七星桥至焦元坞双车道拓宽改造工程,全长1.8公里,按四级公路标准设计,路基宽6.5米,路面宽6.0米,水泥混凝土路面,工程总投资635万元,已经基本完工。昌江区Y025乡道新桥村至关山村双车道拓宽改造工程,全长3.322公里,按四级公路标准设计,路基宽6.5米,路面宽6.0米,水泥混凝土路面,工程总投资856万元。(2)将七星桥、丰田桥2座危桥申报列入省危桥改造库。其中,七星桥已完成施工,丰田桥完成设计工作。(3)做好农村公路养护工作,同乡镇签订农村公路养护合同,安排专人定期对辖区内农村公路进行日常养护工作,提前制订2021年农村公路养护大中修计划,合理安排省级养护大中修资金的使用。

【加强水上交通安全】 年初,区乡两级签订《全区渡运安全责任状》,抓好安全生产监管工作,对各渡口安全状况进行全面排查,更新补齐救生衣等相关的应急救援设备设施。稳定渡工队伍,保障渡运经费。

【强化公路运输管理】 圆满完成春运工作。坚持“城乡统筹、以城带乡、城乡一体、客货并举、运邮结合”总体思路,加快完善农村公路运输服务网络,巩固前期开通的9条公交线路,加强对昌江区长运有限公司的督查。加强对驾校的管理,督促2家区内驾校实现先培训后收费改革。继续开展货运车辆超限超载集中治理工作,巩固治超成果。开展安全生产“三年行动”,确保道路运输领域安全隐患排查做到整改责任人、整改期限、整改资金、监控措施和应急预案“五落实”。

【重点项目建设完成】 年底,2项重点公路建设工程项目竣工。乐平市塔前至昌江区荷塘段公路改建工程,全长5.4公里,按三级公路标准设计,路基宽7.5米,路面宽6.5米,沥青路面,总投资4110.83万元,该工程2020年11月开工,2021年12月竣工;鲇鱼山镇Y031乡道金坛村至沙嘴村双车道拓宽改造项目,全长5.4公里,按四级公路标准设计,路基宽7.0米,路面宽6.0米,水泥混凝土路面,工程总投资842万元,工程于2020年12月开工,2021年底竣工。

【“僵尸船”清理整顿】 协调海事、城管、农水等相关职能部门和各涉及乡镇,齐抓共管,形成合力,全力开展“僵尸船”的集中停放和切割工作。全区共上报排查的“僵尸船”43条,共清理切割“僵尸船”43条,其中丽阳镇17条、鲇鱼山镇26条,全区航道无“僵尸船”。

(刘立伟)

主要负责人名录

党组书记、局长:王时烂(2011.3任)
党组成员、副局长:符元君(女,2019.6任)

电　力

【概况】　昌江区供电公司成立于1998年8月(原昌江农电局),担负着景德镇市昌江区1个社区(景波社区)、2个街道(新枫街道、西郊街道)、2个镇(鱼山镇、丽阳镇)、2个乡(吕蒙乡、荷塘乡)、2个垦殖场(西郊垦殖场、枫树山林场)、景德镇市高新技术开发区以及珠山区竞成镇部分区域的供电任务,供电面积432平方公里,供电客户11.52万户。公司现有用工282人,其中长期职工150人,社会化用工132人。设有5个党支部,5个职能部门,3个一体化机构,管辖5个基层供电所及1个集体企业。

国网江西省电力有限公司景德镇市昌江区供电分公司供电区域内有220千伏变电站3座,110千伏变电站8座,35千伏变电站1座。有10千伏公用配电线路58条,线路总长708公里,专用配电线路6条,线路总长36公里;配电变压器2005台,容量916兆伏安,其中公变860台,容量324兆伏安,专变1145台,容量592兆伏安。

2021年,全年售电收入60448.55万元,较上年同期上升10298.56万元。完成供电量90189.22万千瓦时,同比上升14.7%;售电量88560.05万千瓦时,同比上升15.7%;综合线损率1.81%,同比下降0.84%。

【国网昌江区公司新大楼奠基仪式举行】　1月21日,昌江区公司生产综合大楼奠基仪式在鲇鱼山镇举行。该大楼是2021年重大建设项目,包括生产综合、运行检修、物资仓储三大功能区域,规划占地面积约23000平方米,总建筑面积约1030平方米,计划2022年底完工并投入使用。

【为春耕春灌保电续航】　年初,针对辖区内农村水利设施、排灌配变及线路等电力设施逐一进行巡视、维修、消缺,做到消除导线裸露、插座损坏、漏电保护器失灵等问题,对地爬线、蜘蛛网私拉乱接等安全隐患,基层供电所客户经理走村串户,深入田间地头,向村民提供安全用电技术指导。对机井用户建立一对一服务档案,全面开展零距离跟踪服务,确保春灌客户早用电、用好电,为农业生产提供坚强的电力保障。在春灌期间,昌江区公司着力强化应急抢修力量,严格落实24小时值班要求,配足备品备件,缩短抢修时间;对于农业排灌报装客户,开辟“绿色通道”,优化业扩报装流程,加快接电速度;做好春耕春灌期间各种突发事故的处理方案,随时接受客户报修、咨询,及时处理解决客户在用电中的各种问题和用电故障,为春耕春灌用电保电护航。

1月21日,国网昌江供电分公司生产综合楼新建项目开工活动举行

【保障省旅发大会用电】　5月19日,全省旅游产业发展产业大会在景德镇市召开,昌江供电分公司吕枫、竟成两个党支部坚定“旅发大会,保电先行”的信念,将党组织的战斗堡垒作用和党员先锋模范作用体现在各个保电环节中,引领保电队伍履职尽责,全力以赴做好旅发大会保电工作。面对保电任务规格高、标准高的要求,支部首先根据党员的岗位职责和工作实际,将保电工作细化、量化,多次到三宝国际瓷都、航空小镇、皇窑、智慧

旅游5G展览馆所涉及的供电线路、用电设备开展特巡,排查设备各类用电安全隐患,做到提前熟悉保电现场,提前消缺安全隐患,为保电工作打下坚实基础。旅发大会期间,以支部为领导的4组共50余人保电人员全部就位,对重点线路、重点设备进行日夜全程守护,并保持对保电区域内电力设施进行高强度、高频次的特巡检查,全力保障旅发大会期间安全可靠供电。

【警企联动反窃电】　7月8日,区供电公司组织5支队伍、60余名反窃电人员与市公司供用电部联合城警深入高损台区,开展反窃电专项行动,排查用户现场用电情况,精准捉拿"电耗子"。此次突击行动,共发现存在窃电行为1户,用电异常用户2户。同时,对窃电用户根据供用电部规则,依法追补电费并要求窃电用户进行检讨,有效打击窃电违法行为,维护正常的供用电秩序。

【排查电力安全隐患】　8月24日,吕枫供电所组织各专业人员对景德镇第五人民医院进行高危重要用户专项检查。详细检查其变压器在供电侧、受电侧是否存在用电安全隐患,同时检查供用电合同内容、系统档案内容、是否与现场实际情况相符。使用红外测温仪对专变的内部线路进行测温,确保用户内部线路的安全。在此次专项检查中,共发现2处安全隐患,对于安全隐患,吕枫供电所的检查人员现场下达《安全隐患整改通知书》,通知限期对安全隐患进行整改。

【强化超高压属地化线路管理】　区公司鱼山供电所加强对所辖500kV属地化线路的运维管理力度,认真开展树障清理和巡视维护工作。大山里的电力线路走廊长满杂树、杂草丛生,电力工作人员对影响到线路运行的树木进行修剪与砍伐,使其满足安全距离。确保每条线路都砍伐到位,不留死角,避免因雷电或树枝碰线引起故障发生。同时,电力线路走廊可以变成防火带,一旦发生火情,可以很好地阻断火势蔓延。鱼山所积极与当地村委会、政府协商砍伐铁塔、线路下方树木450余株、清理铁塔基础四周排水沟的杂物2处、排除安全隐患3处,推动树障治理工作走向常态化。

(顾怡菲)

主要负责人名录

经理、党委副书记:杨　勇(2020.4任)

党委书记、副经理:刘文新(2017.12任)

纪委书记、工会主席:吴　凯(2021.8任)

副经理:王一波(2020.4任)

郑　强(2017.12任)

黄旭东(2020.8任)

财政·税务·审计

财　政

【概况】 区财政局于1984年成立。1986年开始筹建乡财政所。内设机构:人秘股、信息中心、党建办、预算股、国库股,绩效评价股、行政股、教科文股、会计股,农业股、外经股、社保股、经建股、企业股、债务金融股、非税股、机关后勤中心。3个事业单位:区财政公共服务中心、区国有资产服务中心、区政府和社会资本合作中心。

2021年,全区财政总收入预期目标数为192973万元,比2020年执行数增长6%左右,公共财政预算收入预期目标70288万元,比2020年执行数增长5%左右。

【财政收入持续增长】 2021年1—12月,全区完成财政总收入193277万元,与上年同期相比增长6.1%,同比增收11125万元,其中,地方公共财政预算收入完成61546万元。全区税收收入159329万元,占财政总收入比重达81.8%,超全市平均水平。

【不断加大财政投入力度】 在实现财政一般公共预算收入平稳增长的同时,支出规模不断扩大。1—12月,全区完成一般公共财政预算支出147241万元,各项重点支出得到了较好保障。其中,民生支出89536万元,占总支出60.8%,充分体现了公共财政“调结构、惠民生”的支柱作用。一是加大教育支出。2021年全区教育支出19934万元,同比增长9.25%,有效地保障了教师职工待遇及学校基础设施建设。二是加大财政社会保障和就业资金预算执行力度,2021年社会保障和就业支出15033万元,为社会保障事业改革发展提供了坚实的财力保障。三是巩固拓展脱贫攻坚成果衔接乡村振兴。截至目前累计拨付乡村振兴衔接资金2362.99万元,其中,鱼山镇922.83万元,丽阳镇1139.2万元,乡村振兴局300.96万元。四是加快农业基础水利设施、气象灾害预警设施建设,为粮食的规模化生产提供有利的外部基础,以降低粮食的耕种成本,减少种粮主体的资金投入负担。2021年全区高标准农田建设2万亩,财政投入6000万元。

【防范化解债务风险】 稳步推进政府隐性债务化解工作,全年共化解隐性债务464.4万元。积极做好向上争资争项工作。充分发挥财政职能优势,积极向上级部门沟通协调,2021年上级安排债券资金39045万元,其中一般债13778万元,专项债25267万元,为全区项目建设提供了财力支持,有力促进了经济社会发展。强化企业融资供给,充分利用“财园信贷通”等金融杠杆,有效帮助企业缓解融资难问题,支持企业复工复产。全年共出具“财园信贷通”贷款推荐函28份,总计贷款额度11052万元。其中“财园通”续贷20家,共计7452万元;“财复贷”续贷5家,共计2000万元;新增4家,共计1600万元。

区财政局开展2021年新预算法实施条例培训

【深化财政体制改革】 进一步推进预算管理一体化改革,压实部门和单位预算管理主体责任,编制好2022年财政预算。严格按规定批复下达预算,按照预算安排支出,强化预算执行动态监控,严禁超预算、无预算支出。完善预算公开制度,不断提升预算透明度。根据省市部署及考核要求,倒排工期,按时完成基础信息录入、预算项目入库、ukey制作等相关工作,保证省、市、区系统及时并轨,加快建设进度。全面实施预算绩效管理。多措并举构建多层次财政预算绩效评价体系,吸纳多方进行评价,积极构建绩效监督体系,全面提升财政预算绩效功效,做到绩效目标与预算编制同部署、绩效目标全覆盖、评价监督全过程、评价结果全应用。

【强化财政监督管理】 加强政府投资项目评审。全年共对26个政府投资项目进行评审,送审金额10103.67万元,审减资金603.2万元,审减率为5.97%。通过评审,有效规范了政府投资行为,提高了资金使用效益。加强政府采购管理。全年共受理零散采购1252次,累计金额7834.86万元;受理招标项目42项,预算金额7842.9万元,实际金额7726.2万元,节约金额116.7万元,节约率为1.49%,有效地降低财政支出,最大限度地发挥资金使用效益。强化财政惠农补贴资金"一卡通"资金的发放和管理。全区财政惠农补贴"一卡通"资金共计发放6013.81万元,累计惠及农户户数135236户。加强平台监控,实现公务消费"全程留痕、阳光运行"。2021年,全区"三公"经费支出326万元。

(金　青)

主要负责人名录

党组书记、局长: 汪　维(至2021.9)
李展图(2021.10任)
党组成员、副局长: 程红雷(2017.1任)
刘志辉(女,至2021.9)
段卫东(2021.10任)

税　务

【概况】 2021年,围绕庆祝中国共产党成立100周年,深入开展党史学习教育,坚持一手抓疫情防控,一手抓税收工作,确保各项工作按照预定目标运行,为保障经济平稳运行贡献税务力量,在推进昌江区税收现代化进程中向前迈出新步子。

2021年,组织各项税费收入21.25亿元,同比增收3.1亿元,同比增长17%。其中:组织税收收入15.95亿,同比增收1.37亿元,同比增长9.4%;组织社会保险基金收入4.72亿元,同比增收1.58亿元,同比增长50%;组织非税收入5723万元,同比增收1334万元,同比增长30%;为全区经济社会发展提供了坚实财力保障,为企业生产经营和党委政府决策提供数据支撑。

【落实减税降费政策】 2021年,新出台政策的减税降费3750.83万元;2021年延期实施政策减税降费4410.96万元;2020年年中出台政策在2021年的翘尾新增减税降费108.49万元;全年度合计减税降费8270.28万元。

【深化税收征管改革】 按照《关于进一步深化税收征管改革的意见》要求,结合"放管服"改革,注重在精确执法、精细服务、精准监管、精诚共治等方面进行探索实践。同时进一步完善分类分级管理。认真贯彻落实总局和省局关于"进一步完善分类分级管理"工作要求,积极探索固定管户向分类分级管户转变模式,科学配置人力资源,结合实际设置应对模式,各管理分局户管按照属地和行业相结合的划分方式进行分配,以应对当下工作的需要。

【持续优化营商环境】 认真落实国务院《优化营商环境条例》和总局、省局纳税缴费便利化改革举措。积极简化办税流程,进一步精简申报资料,减轻办税负担。及时推动"首违不罚"清单制度落地落实。积极推行赣税通和电子税务局等网上掌上办税模式,线上线下相结合全力为纳税人提供更加便捷高效、更加省心的服务。

(冯欣欣)

主要负责人名录

党委书记、局长: 张艳民(2021.3任)
党委副书记、副局长: 段龙辉(2018.10任)
党委委员、副局长: 余建国(2018.10任)
汪　洋(女,2021.3任)
党委委员、纪检组长: 吴正华(女,2021.11任)

审 计

【概况】 区审计局成立于1983年，属区人民政府组成部门，下设审计技术保障中心（事业单位）。3个行政编制、5个事业编制，2019年全局共有在职干部职工17人、退休8人，其中中共党员15人。

2021年，区审计局围绕区委、区政府中心工作，持续推进完成各项审计计划。根据审计项目计划安排，2021年共安排四大类23个审计项目。审计查出违规问题资金60.36万元；管理不规范金额9542.35万元；非金额计量问题84项；提出审计建议71条。

【重大政策措施落实情况跟踪审计】 全年对全区四个季度政策落实进行跟踪审计，重点审计昌江区着力巩固脱贫攻坚成果情况和政府性债务风险管控情况。按照省审计厅要求，2021年度安排所有审计项目都把重大政策措施落实情况作为一项重要审计内容。

【财政预算和收支审计】 紧扣预算执行和财政管理真实性、合法性、效益性，以促进统筹财政资源、提升财政资金安全规范绩效，推进财政体制改革为目标，重点关注预算收支、决算草案编制的真实性和完整性、落实厉行节约和过“紧日子”要求，财政支出结构优化、存量资金和闲置资产盘活、国有资产管理、预算绩效管理、重点转移支付资金管理使用、重点项目推进、中央八项规定精神及省、市、区委实施细则的贯彻落实、“三公”经费和会议费管理使用、地方政府债务风险管控，以及其他专项资金管理使用情况等。

【经济责任审计】 重点关注贯彻落实执行党和国家经济方针政策、重大决策部署，审计部门重要发展规划和政策措施制定、执行及效果，重大经济事项决策、执行及效果，财政财务管理和经济风险防范、落实党风廉政建设责任和遵守廉洁从政规定情况等。对S207省道昌飞吕蒙公司至新桥村段公路改建及区中心幼儿园建设项目工程项目进行管理情况审计。节约财政资金300余万元。

【加大审计整改工作力度】 将审计整改工作纳入全局重点工作，形成局主要负责人亲自抓，分管领导具体抓，股室抓落实的具体要求，并将审计整改考核列入全区目标考核审计工作考核中，审计整改考核结果与目标考核挂钩，有效推动被审计单位加强审计整改工作。审计项目与整改工作相融合，在新开展审计项目中把以前年度审计整改情况纳入重点审计审查范围，推进未整改完成事项整改到位，做好审计“后半篇”文章。

【召开区委审计委员会第三次会议】 3月26日，区委审计委员会召开第三次会议，会议传达学习全国、全省审计工作会议和市委审计委员会第三次会议精神，研究部署全区审计工作。区委书记、区委审计委员会主任罗文军主持会议并讲话。会上，区委审计委员办公室主任、区审计局局长汇报2020年全区审计工作情况。会议审议并通过《2021年审计项目计划》。

【开展新修订的《中华人民共和国审计法》专题学习】 自第十三届全国人民代表大会常务委员会第三十一次会议对《中华人民共和国审计法》修订后，10月29日，区审计局组织全体干部学习新修订的《中华人民共和国审计法》，会议由局党组书记、局长主持。会议要求，全局人员要将学习新审计法纳入学习和培训计划，严格遵守新审计法，开创审计工作新局面。

【“以审代训”增强业务能力】 2021年，完成审计年度计划外，派出业务骨干参与市审计局的上饶银行景德镇分行2020年度资产负债损益情况审计以及十二届市委第二轮巡察交叉审计。通过“以审代训”，审计业务能力进一步提升。

（李　群）

主要负责人名录

党组书记、局长：马顺保（2019.6任）

党组成员、副局长：张承照（2019.6任）

高　华（至2021.10）

王　婧（女，2021.10任）

金　融

农商银行

【概况】　农商银行昌江支行是景德镇市区的中心支行,昌江片区辖内共12家网点,员工总数126人,其中客户经理47人,柜员35人,运营主管14人,大堂经理5人,是市区网点覆盖面最广、员工数量最多的金融机构。昌江支行除了作为一家经营网点以外,还兼顾总部授予的一些管理职能,对辖内网点具有业务指导、沟通协调等职能。昌江支行本部有员工20人(行长1人,副行长1人,运营主管2人,客户经理7人,综合科4人,柜员5人)。

2021年,昌江支行各项存款20.42亿元,较年初净增1.78亿元。存款客户数25527户,其中对公户550户,对公存款12.8亿元,较2020年净增1亿元,对公存款占比63%。个人客户24977户,储蓄存款7.6亿元,较年初净增7300万元,个人客户存款占比37%。各项贷款27.37亿元,实际较2020年净增3.62亿元。主动调整业务结构,加大支农支小力度,支持小微企业实体经济发展,做实精准扶贫信贷投放,服务区域经济发展。

【助力商户】　推出个人最高50万元"百福·财园个商E贷"信贷产品,年化利率4.81%。该产品为纯线上操作,客户无须提供任何纸质材料,在客户经营场所一小时内直接放款,为个体工商户解决疫情期间流动资金不足的问题,对相关重点行业商户做到对接全覆盖,为缓解疫情影响、加快复工复产提供金融支持。

【联建共建促发展】　与辖区内党支部开展联建共建活动,互促互学,使该行业务发展提质增效。2021年,与昌江区就业创业服务中心开展党建共建,下岗再就业贷款总计126户,金额4360万,占昌江区创业贷款份额的58.4%。

【推进普惠金融发展】　落实总部工作部署,引导客户经理走出去上门服务,打通普惠金融服务的"最后一公里"。昌江支行全体员工攻坚克难,"白加黑""5+2"成为工作常态,主动走进企业、商户、社区,营销该行各项金融产品,全年成功开办有效小型普惠金融对接会20余场,设立普惠金融服务站5处。

【联合社区开展金融知识宣传】　根据形势和人行工作要求,深入客户群体,开展金融知识教育宣传工作,采取"银行+社区"模式,先后与一心桥、汪王庙、蟠龙岗等多家社区进行反假币服务合作,组织员工深入社区开展反假币宣传和人民币兑零兑残工作。通过开设反假币微课堂,向社区居民普及假币的类型、危害和鉴别等知识;组建社区反假币宣传微信群,发布反假币微视频,开展金融知识主题有奖竞答互动,并借助微信交流平台拓展预约兑零、兑残、假币识别、业务咨询等多种类现金服务功能,助推人民币净化工程的纵深发展。

(邓千一)

主要负责人名录

支行行长:饶　峰(2021.4任)

财产保险

【概况】　中国人民财产保险股份有限公司昌江支公司是中国人保集团在昌江区设立的四级机构。公司位于景德镇市曙光路79号,2021年度公司保费规模6796万元,共设有综合部/财务部、车商部、商业非车险部、农险部、直销团队、鱼山营销服务部等6个部门,共有各类员工25人。

【为区重大项目提供保险护航】　1月8日,承保鱼山码头和三龙至黄坛公路改造项目工程险,新增保费105万元,全力护航重大项目建设,推动工程险和建意险业务的发展。

【推动农民工履约保证保险】　强化与劳动监察部门合作,推动农民工履约保证保险发展,实现保费收入60万元。该项业务的推出,为解决农民工工资问题提供坚实的保险保障。

【城镇贫困人口防贫保险】　5月7日,强化与民政部门的合作,承保昌南新区、昌江区及珠山区的城镇贫困人口防贫保险,新增保费150万元,助力广大群众生产生活。

【扩大养殖险的承保覆盖面】　6月16日,进一步扩大养殖险的承保覆盖面。积极落实中草药保险工作,为昌江区莲子和吴茱萸等中草药种植和价格指数保险,收取保费20万元。

【成功中标烟草公司保险项目】　8月2日,全力做好烟草公司保险项目招投标工作,成功中标烟草公司保险项目,新增保费90万元,为公司整体业务发展提供有力保障。

（顾　芳）

主要负责人名录

经　理:李志文(2020.12任)
副经理:方　昊(2020.5任)
余　锐(2021.12任)

人力资源·社会保障·劳动就业

人力资源

【概况】 区人力资源和社会保障局共有下属单位3个,其中副科级事业单位2个,正股级事业单位1个。分别为社会保险事业服务中心、就业创业服务中心、劳动监察大队。局机关内设办公室,编制数3人。领导岗位3人:局长1名,副局长2名。

2021年,办理各类增资、工资定级、岗位晋级等2365人次。审批干部职工退休32人,企业职工退休523人,其中特殊工种11人。落实"归雁计划",整合教育资源,引进和区内部调动调剂教师28名。做好人才选拔申报工作。共评审通过正高级工艺美术师3人,高级工艺美术师、高级工程师、中小学高级教师28人,中级职称49人,初级职称67人;申报江西省高层次高技能领军人才2名;富祥药业刘英获评江西省突出贡献人才高级工程师。招聘事业单位工作人员26人,"三支一扶"招募6人,教师和特岗教师招聘35人(其中教师10人,特岗教师25人)。

【做好"三支一扶"人员招募工作】 3月,根据省人社厅统一安排,继续实施高校毕业生"三支一扶"计划。全年共招募"三支一扶"人员6人,其中支教3人,支农3人。妥善安置"三支一扶"期满人员4人。

区人社局获全市人社窗口单位业务技能比武市级赛"一等奖"

【开展陶瓷工程职称评审工作】 2021年起,对陶瓷行业从事陶瓷矿山开采、陶瓷制品制造、陶瓷资源综合回收利用等有关工艺、技术及生产装备研究、产品开发、产品检测、技术管理等工作的在职工程技术人员开展全省陶瓷工程职称评审工作。共受理2家陶瓷企业申报。

(徐时培)

主要负责人名录

党组书记、局长: 吴田兰(女,2021.10任)
党组成员、副局长: 吴世泉(2018.2任)
黎莹莹(女,2017.7任)

社会保障

【概况】 区社保局成立于1998年,隶属于区人力资源和社会保障局。2021年因机构改革调整,组建区社会保险事业服务中心,地处昌江区瓷都大道618号,内设人秘股、机关事业养老保险股、企业养老保险股、工伤保险股、社会化服务股、基金管理股、稽核股。编制数17人,实有人员14人。领导岗位2人:主任1名、副主任1名。主要负责昌江区范围内大集体企业的养老保险、全区机关事业养老保险、工伤保险等业务。

2021年,城镇职工养老保险参保人数43824人,其中在职缴费人数22730人,退休人数21094人。养老保险费收入总额6.49亿元,其中省级统筹基金

5.25 亿元，实际征缴 1.18 亿元。发放企业养老金 5.23 亿元，发放率 100%。工伤保险参保人数 3952 人，收缴工伤保险费 85.4 万元，支付工伤保险待遇 35.3 万元，基金结余 31.1 万元。机关事业养老保险参保人数 3340 人，其中在职缴费人数 2371 人，退休人数 969 人。收缴养老保险费 4047 万元，拨付养老金 5296 万元，发放率 100%。为加快社会保障卡的办理进度，建设信息网络，推进一卡通的应用，积极整理上报全区社会保险参保基本信息，共发放社会保障卡 4334 张，补办社会保障卡 1854 张。

【加强丧葬抚恤金稽查】 做好丧葬抚恤金申报，对上报的死亡人员，及时进行稽核，及时把丧葬补贴发放到继承人，在维护群众利益的同时确保基金不流失。共审核 274 人，发放丧葬补助金 906.76 万元。对年满 60 周岁的参保人员及时办理养老金领取手续，并做好网上生存认证指导工作，按时发放养老金，发放率 100%。

【健全基金内控制度】 加强社保基金预决算管理，提升基金监管水平。在做好预算执行的监督工作的同时，还定期监控基金预算的执行情况，确保各项基金按预算方案有序、高效地运行。2021 年社保中心基金财务全面实现会计电算化管理，使用了全区统一的基金财务应用软件，基础数据按月汇集上传，充分发挥财务信息系统监督功能，财务管理日趋规范，基金安全更有保障。

【加强社保政策“12·4”宣传】 12 月 3 日，区社保中心积极组织参与“12.4”宪法日法治集中宣传活动，在会场设置社会保障咨询台，通过发放宣传彩页、专业人员接待咨询等方式，面对面宣传法律法规、答疑解惑。活动发放《中华人民共和国社会保险法》《社保政策宣传册》等宣传资料 300 余份，接受群众来访咨询 50 余人次。

【人社业务练兵比武获省厅表扬】 在 2021 年度人社窗口单位业务技能练兵比武活动中，区人社局朱可儿、余梦依、黄伟、饶文英获全省“岗位练兵明星”称号。

主要负责人名录

主　任：贾振华（2020.6 任）
副主任：冯　波（2014.4 任）

劳动就业

【概况】 区公共就业人才服务局成立于 2015 年 11 月，2021 年更名为区就业创业服务中心，为区人社局所属公益一类事业单位，副科级，办公地点为新枫路枫居园 8 号。主要职责：负责就业创业指导、政策资金扶持、人才流动、职业技能人才评价、职业技能培训、档案托管等。现有编制数 11 人。

2021 年，全区新增转移农村劳动力 2585 人，完成全年目标任务的 139%，其中省内转移 1580 人，完成全年目标任务的 105%；全区城镇新增就业 2985 人，完成全年目标任务的 139%；城镇失业人员再就业人数 998 人，完成全年目标任务的 110%。共召开线上线下招聘会 26 场，累计发放宣传资料 7550 余份，参加招聘企业 300 家，提供岗位累计 5701 个，参加活动人数 5667 人次，达成就业意向 482 人；在公众号、报刊上累计发布信息企业有 512 家，提供岗位 2310 个。

保障重点群体就业。2021 年，公益性岗位已累计吸纳就业困难人员 330 人次，拨付公益性岗位补贴 353.9 万元；共受理 4050 就业困难人员社保补贴 392 人，实际拨付困难人员社保补贴 175.29 万元。

推进失业保险工作。2021 年，累计为 31 人发放失业保险金，发放金额为 19.83 万元；为 143 人发放失业补助金，发放金额为 53.4 万元。企业稳岗返还方面，为 60 家企业降低失业保险费率，惠及 2653 人；受理 25 家企业的稳岗返还申请，发放 21.69 万余元，惠及 1770 名职工。

加大技能培训力度。2021 年，累计开展各项培训共计 72 期，其中技能培训 29 期、企业职工技能提升培训 19 期、创业培训 24 期，累计培训 2184 人次。

拓展创业担保贷款发放。常态化开展创业担保贷款宣传活动，加强与放款银行之间的沟通，累计为个人发放创业担保贷款 136 笔，共计 4149 万元；为企业发放创业担保贷款 4 笔，共计 2000 万元。

【举办春季招聘会】 3 月 22—23 日，由区人力资源和社会保障局、昌江区就业创业服务中心主办，鱼山镇、丽阳镇社会事务办公室承办的 2021 年春季招聘月线下专场招聘会在鲇鱼山镇步行街、丽阳镇农贸市场举行。此次招聘会，共有美菱电器、长虹华意压缩机、天一航空、黑猫炭黑、富祥药业、开门子肥业等30余家企业参加,共有1000余人次前往现场参加招聘,初步达成就业意向230余人。

【成功申报省星级就业社区】 10月22日,昌江区新枫街道汽车站社区获省人社厅批准,认定为第五批省星级充分就业社区。

【助力乡村振兴】 全年为220名脱贫户发放一次性交通补贴8.16万元,帮助脱贫户安心务工,防止返贫;为133名脱贫户开展技能培训,发放1.965万元生活补贴,帮助更多脱贫户掌握一项专业技能,促进其增收创收;已开发就业扶贫专岗吸纳64名脱贫户在岗务工,发放公益性岗位补贴76.5万元,帮助困难群众在家门口稳定就业和持续增收;发展1家帮扶车间,吸纳5名脱贫劳动力在家门口实现就业,并拨付0.5万元补贴。

【加强公共服务体系建设】 依靠人社一体化综合信息系统,在昌江区政务服务大厅以及6个乡镇(街道)基层服务平台,均设置了"一窗受理"综合窗口。窗口工作人员对就业创业证申领、失业保险金咨询、就业困难人员认定等大部分就业创业相关业务通收通办,实现真正意义上的一站式服务。

主要负责人名录

主　任:邵同健(2017.1任)
副主任:陈昌至(2007.7任)
　　　汪　丹(女,2013.8任)
　　　胡　珊(女,2017.12任)

科学技术

【概况】 区科技局成立于2007年10月。编制数为2名,局长1名,副局长1名。

2021年,区科技局以科技项目为主体,加快提升全区科技创新能力。举办科技创新能力和管理能力培训班,建立科技统计平台。组织全区民营企业积极申报国家和省、市科技项目,争取政府资金支持。农业项目申报了4家,省级“一村一品”3家,陶瓷项目2家,03专项1家。12月获批科技特派员专项2项,省级“一村一品”2家,03专项(全称“新一代宽带无线移动通信网国家科技重大专项成果转移转化试点示范工作”)——“5G+长效管控平台”1项。2021年“科贷通”申报7家,获贷款1600余万元。1月16日,与区统计局联合召开研发投入统计培训。根据关于印发《昌江区关于实施科技奖励与后补助的暂行办法》的通知(昌府字〔2018〕13文件)兑现科技奖励与后补助资金86万元,引导企业科技投入;大力引进创新人才,支持企业创新能力,创新成果及其产业化程度作为重要的分配标准,充分调动科技人才的创新创业积极性。深入开展科技特派员创新创业工作,引导和支持乡村依靠科技创新加快发展特色优势产业,助推产业结构优化升级,为开展科技服务交流、协同创新、成果转移转化、技术示范应用等营造创新创业良好氛围提供试验示范平台。

【推动创新型县区建设】 立足科技支撑,培育自主创新主体,引导和支持企业建立研发中心,并以此为平台开展自主创新和产学研相结合,尽快使科技成果转移转化。紧抓项目,大力支持企业创新创业。制定《关于大力推进大众创业万众创新若干政策措施的实施意见》《关于实施科技奖励与后补助的暂行办法》,推动创新型县区建设。

【举办科技培训班】 加大科技人才、技术培训力度,多次开展农业企业种养人才培训和工业企业核心技术支持。1月,开展研发投入统计培训。鼓励企业利用政策,加大研发力度,普及科技税收政策,让企业研发费用税前加计扣除政策得到落实。4月,召开春夏季果树管理培训班,培训人员近100人。进一步推动辖区各合作社、各家庭农场产业发展,提高广大果农春夏季果树管理水平,促进乡村振兴。5月10—14日,组织辖区32家企业、区直单位16家在中国科技大学举办1期科技创新创业及管理培训班。此次培训5天,设置有科技创新专题讲座和现场教学,让企业和各单位与高校、高企做了很好的交流,汲取别人成功经验,加快推进创新型县区建设。

【开展科技活动周活动】 5月30日,区科技局联合《江南都市报》带领100多名小记者走进直升机科技馆,开展主题为“科技引领未来。实现航天航空强国梦”的科技周活动。让孩子从小开拓眼界,增长知识,从小爱科学、用科学、崇尚科学。联合区科协、中医院在荷塘举办健康大讲堂活动,送科技下乡发放宣传资料。

【加强科技人才工作】 全面贯彻落实区委人才工作要求,推动全区科技人才工作健康发展。加强科技创新人力资源建设。科技创新的关键在人才,人才强、科技强,才能带动产业强、经济强。积极对接“赣鄱555”工程等引才引智计划,抓好“培养、引进、用好”3个环节,培养造就自主创新人才队伍。

(黄幼兰)

主要负责人名录

党组书记、局长:张英宝(2017.1任)

党组成员、副局长:徐进茂(2013.9任)

教育·体育

【概况】 昌江区共有中小学48所,其中小学37所(含12所教学点),初级中学3所,九年一贯制学校5所(包含2所民办学校),完全中学2所,职业高中1所。有中小学在校学生共计21240名,其中小学生13152人,初中学生5206人,普通高中学生2416人,职高生466人。全区共有幼儿园96所,其中公办幼儿园35所,民办幼儿园61所。全区幼儿园在园幼儿共计8222人,其中公办幼儿园在园幼儿4175人,民办幼儿园在园幼儿4047人。

2021年7月,昌江区被选为全省幼小衔接实验区;丽阳镇八一幼儿园、静钰幼儿园、丽阳镇八一小学、梧桐小学被选为全省实验园(校);昌江区获评2021年全省青少年业务训练精品区;区教体局获评2016—2020年全区普法工作先进单位。

【经费投入】 2021年,昌江区一般公共预算安排的教育经费23758万元,其中教育事业费18231万元,教育费附加1703万元,其他一般公共预算安排的教育经费3824万元。一般公共预算安排的教育支出共19934万元,主要用于各阶段学校公用经费、教师工资、校舍建设、改善办学条件以及各类助学支出。较2020年18176万元增长9.67%。其他一般公共财政预算安排的教育经费3824万元,主要用于教职工社会保险、医疗保险、生育保险、工伤保险和住房公积金等社会保障缴费,较2020年的3792万元增长0.84%。

【学前教育】 2021年,完成建设并投入使用4所幼儿园(区第二幼儿园、区第七幼儿园一部、吕蒙中心幼儿园、鱼山中心幼儿园),增加学位1080个。联合相关执法部门积极开展无证幼儿园专项整治行动,形成长效机制,对无法整改或整改后仍达不到安全卫生等办园基本要求的,坚决予以取缔,查处1所无证幼儿园,现场下达停办通知书。

【义务教育】 一是聚焦作业管理,切实减轻学生作业负担。建立学校作业公示制度,严格控制作业总量,引导学生家长利用好课余时间。二是完善课后托管服务,搭建学生兴趣拓展平台。在学生自主完成作业的基础上,各校立足本校实际、充分利用各类资源,开展满足学生兴趣爱好的围棋、国学、足球等拓展活动。三是加大监管力度,有效减轻学生校外培训负担。全区共开展校外培训机构专项治理4次,排查发现无证校外培训机构47所,其中查处现场教学培训无证校外培训机构2所,下达责令停办通知书4份,并张贴封条4处,下达治理告知书43份。

【高中教育】 教师在省级以上刊物发表论文19篇,在市级以上单位获奖达41人次。学校组织青年教师参加2021年全市中小学教育教学论文竞赛,12人获奖。昌江一中教师刘德华被评为江西省特级教师。数学组青年教师程艺超获江西省青年教师数学竞赛一等奖,占羽珣获省高中语文优秀教学课例展示一等奖,吴骅获省高中化学优秀科学课例展示二等奖。2021年高考成绩再创辉煌,最高分681分,一本录取率21%,二本录取率68.6%。

【职业教育】 昌江区职业教育中心新建项目一期工程11月底完工交付使用,二期工程2022年春季将完工交付使用。职业教育是培养高素质技能型人才的基础工程,职业教育坚持以服务为宗旨,秉持"校校联办""校企合作"的联合办学思路,以就业为导向,积极拓展职业教育发展的渠道。目前,职教中心已与江西航空职业技术学院、江西美菱电器公司等进行联合办学,并签订办学协议。及时与市场接轨、有良好的就业前景、实现产教融合成为职教中心的办学优势,学校办学规模进一步扩大。

【体育事业】 体育事业蓬勃发展,硕果累累,竞技体育成绩喜人,2021年东京奥运会中,江西共有6

名运动员出战,其中昌江籍运动员 3 名(世界跆拳道冠军大满贯得主吴静钰、飞碟女子双向全国射击名将张冬莲、江西泳坛程玉洁)。东京奥运会女子 4×100 米自由泳接力赛决赛中,程玉洁及其队友以 3 分 34 秒 76 的成绩获得第 7 名,这一成绩再次创造了该项目的亚洲纪录。体育大课间和体育美育晒课表工作在全区各中小学开展并要求有条件的学校每学年至少开展 1 次学校运动会,充分保障中小学生在校运动锻炼时间,切实增强中小学生体质健康。积极开展"庆祝中国共产党成立 100 周年"暨昌江区广场舞展演、"魅力新昌江杯"职工羽毛球赛、"绿水青山"登山比赛等活动。

【特殊教育】 全区 6—15 周岁的三残适龄儿童少年有 139 人,占总人口的万分之八点二。其中肢体残者 25 人,三类残疾儿童 114 人。在全区有 30 人在特校就读,随班就读的残疾儿童少年 62 人,送教上门的残疾儿童 41 人,在康复或学前机构 3 人,未入学 3 人。总残疾儿童入学率为 97.8%,三类残疾儿童入学率为 97.3%,超过全国平均 2.8 个百分点。根据三类残疾适龄儿童、少年本人及家长的申请,学校可放宽其入学年龄,要求任何教师不得歧视三类儿童、少年,不得以任何理由拒收三残类儿童、少年。残疾儿童身体条件允许,则安排就近学校随班就读;身体条件不允许,则联系相关特教学校接收,实在不能入校的,学校采取送教上门的方式,千方百计确保所辖区内三类残疾适龄儿童少年都能接受九年义务教育。

【民办教育】 经区教育体育局批准,成立景德镇黄冈实验学校、景西实验学校。其中,景德镇黄冈实验学校现有 12 个教学班,在校学生 300 余人,教职员工 38 人,教师学历达标率 100%。办学几年来成绩显著,2020 年中考各项录取率在全区名列前茅。景西实验学校是经市教育局批准设立的小学、初中九年一贯制学校。学校现有 14 个教学班,学生 560 余人,在校教职员工 40 余人,学历达标率 100%;景西实验学校,现有 14 个教学班,学生共 650 人,其中小学 344 人、初中 306 人,在校教职员工 40 余人,本专学历 80%,大专学历 100%。学校拥有多媒体电教室、语音室、美术室、班班通、理化实验室等多个专用教室,拥有整洁卫生的食堂、温暖舒适的宿舍和宽敞平整的操场,为学生健康成长提供坚实的物质保障。该校在 2019 年中考成绩最高分 691 分,600 分以上 12 人(均可以被市一中或市二中均衡分录取),2 名同学被昌江一中培优班提前录取,500 分以上有 29 人;2020 年中考再创佳绩,在生源素质较差的情况下,通过各科老师精心培育,实现"低进高出"的目标。有 7 人中考成绩超过景德镇市一中、二中录取分数线。其中一名同学以 671 分(不含体育)被市一中统招录取,另外中考成绩超过昌江一中录取分数线的有 24 人,其中近 10 名同学进入昌江一中培优班。

【督导评估】 顺利完成 2020 年度"高质量发展综合绩效考核评价'教育发展'考评"。2021 年 4 月,市督委办通过网络数据监测对昌江区 2020 年度"党政干部履行教育职责考评"工作进行测评,昌江区网络监测得 84.8 分,满意度调查得 88.84 分,总得分 82.97 分。加强责任督学对责任区学校常规教育教学工作的督查,并将督查过程及结果上传至江西省中小学挂牌督导平台。5 月 10 日,将"双减"工作要求与"五项管理"要求结合,纳入中小学责任督学挂牌督导工作重要内容,重点督查学校课后服务开展情况,作业管理和睡眠管理等,责任督学每月到校一次专项督导,覆盖比例达 100%。每月登录"江西省中小学校挂牌督导工作平台"进行填报"双减"及"五项管理"实地督查表共计 115 份。

【教育信息化】 投入资金 3539.8 万元,完成高质量班班通网络安全及专递课堂项目,完成校园网络设备添置购置,实施智慧校园幼儿园示范园创建工作。组织"课件制作比赛""第 27 届江西省中小学、幼儿园教师优秀教学资源展示活动""2021 年全区中小学教师'班班通'教学资源应用成果展示活动"3 项电教竞赛类活动。

【校建工作】 投入 2727 万元完成 40 所学校、幼儿园改造提升,新增校园建筑面积 2996 平方米,增加学位 1080 个;投入 3539.8 万元对全区中小学、幼儿园进行装备配置。根据学校实际情况,分三批开展校园安防"四个一"工程建设,目前第一批和第二批共 34 所学校已全部完成设施设备安装并投入使用。

【教育民生】 全面落实国家教育资助政策,2021 年资助在校(园)贫困生 5524 人次,其中资助建档立卡贫困家庭学生 1917 人次(含区外),全年共发放各类教育资助金总计310.77万元,其中:学前教育资助522人次,资助金额37.93万元;义务教育寄宿生补助455人次,补助金额26.43万元;义务教育非寄宿生补助2483人,补助金额67.56万元;普通高中免学费资助317人次,资助金额11.07万元;普通高中助学金资助888人次,资助金额88.8万元;中职国家免学费资助663人次,资助金额28.18万元;中职国家助学金资助79人次,资助金额7.9万元;高考入学政府资助金资助81人,资助金额40.5万元;新生入学路费资助学生36人,资助金额2.4万元。为本区域各学校(幼儿园)就读的本区户籍建档立卡贫困家庭学生,实行全部免费入园入学,实现应助尽助全覆盖。

【队伍建设】　2021年共招聘"三支一扶"人员3人,国编和特岗教师32人。组织师德师风培训、全员网络培训等培训,受训人数达3000余人次。组织高级教师、学科名师开展课堂开放月、送教下乡授课,听课教师达1500余人次。完成全省基础教育研究课题立项6个,为全市第二批中小学学科带头人和骨干教师的选拔推送15名学科带头人及骨干教师。

【党建与思政】　扎实开展党史学习教育。通过领导班子上党课、"四史"知识竞赛、理论征文、选聘红色辅导员等一系列举措,切实增强教体系统广大干部教职工学史明理、学史增信、学史崇德、学史力行的政治自觉。10月,昌江区选派的叶世财同学在江西省"四史"知识竞赛中获个人一等奖。在全市教育系统和区"两优一先"评选中,区教体系统共有17名优秀共产党员、8名优秀党务工作者和4个基层党组织受到表彰。制定《昌江区教育体育局2021年度落实党风廉政建设责任制检查考核工作方案》等文件并认真组织实施,与全区中小学校、幼儿园负责人签定《昌江区教育体育局2021年党风廉政建设责任责任书》,形成人人肩上有担子的局面,确保全面从严治党落到实处。

(陈曼璇)

主要负责人名录

党委副书记、局长:李志明(2014.7任)

党委委员、副局长:梁鑫棠(女,2021.10任)

高　华(2021.10任)

文化·旅游

社科联

【概况】　区社会科学界联合会（简称“区社科联”），成立于2009年11月27日，现有主席1名，副主席1名。

2021年，紧扣全区中心工作，发挥自身职能，将学习宣传教育成果转化为推进社联工作创新发展的精神动力，为“建设魅力昌江、做靓瓷都门户，在打造与世界对话的国际瓷都中实现新跨越”做出新贡献。

【首次举办专项课题研究】　2021年与区委宣传部共同设立昌江区庆祝中国共产党成立100周年专项研究课题。这是昌江区首次设立专项研究课题，得到全区社科工作者、理论研究爱好者的积极响应。区委常委、区委宣传部部长汪德胜出席结项会议并颁发结项证书。此外，在组织参加由景德镇市委宣传部、市社联、景德镇日报社联合举办的“学党史、感党恩”征文活动和景德镇市委宣传部、市社联举办的“学习习近平总书记在庆祝中国共产党成立100周年大会上的重要讲话精神”理论征文活动中，昌江区多人受到通报表彰。

【积极开展理论政策宣讲活动】　2021年，区社联将党的创新理论政策融入法律、健康、消防安全、平安建设防诈骗、核心价值观、文明城市创建等内容，开展形式多样的宣传教育。全年深入各乡镇（街道）、村组（社区）宣讲全国两会精神、民法典、习近平在庆祝中华人民共和国成立100周年大会上的重要讲话、中共十九届六中全会精神共计10余场，听众1300余人；结合社科普及宣传周活动要求，深入十八渡社区、谭家山社区、太阳船社区、荷塘乡社科普及基地、仓下村开展“永远跟党走，建功新时代”系列活动10余项，受众党员干部及群众600余人。

（王　娟）

主要负责人名录

党组书记：金红华（至2021.10）
程红雷（2021.10任）
主　　席：金红华（至2021.10）
饶国爱（女，2021.10任）
党组成员、副主席：王　娟（女，2020.6任）

群众文化

【概况】　1984年，区文化广播电视局成立。1996年，区文化广播电视局与区旅游局合署。2010年5月，区文化旅游广播电视局更名为区文化广播影视新闻出版局。2019年2月25日，区文化广电新闻

区文广旅游局开展助力乡村文化振兴图书捐赠仪式

出版旅游局举行揭牌仪式。新组建的区文化广电新闻出版旅游局，整合区旅发委（原“区旅游发展委员会”）和区文广新局有关职责。全局现有干部37人，其中在编人员21人。副科级事业单位文化馆共有工作人员12人、图书馆共有工作人员6人、文物管理所共有工作人员8人。区文广新局设1个党支部，共有党员12人。

【文化惠民工程加快实施】 开展农村文化三项活动。完成上级下达的送戏下乡任务，全年共送戏下乡演出26场次；送电影下乡放映330场次；开展各类文体活动14场次。举办“献礼建党100周年·送戏下乡暖民心”系列活动演出12场次；联合创排表演情景舞蹈节目《进军荷塘》等。加强文广事业建设。筹备区图书馆第一分馆昌南书屋、第四分馆殊源坞书屋（红色特色书屋）开馆工作，对书籍整理上架、馆内设施整理，建设图书馆总分馆借还系统等工作。加强广电事业建设。争取国家广电总局、省、市文广新部门的支持，加大打击非法地面接收设备，用户户通取代非法用锅，制作宣传单专门串户做好“直播卫星户户通工程”惠民政策，实现有线电视网络实现全覆盖，完成4290户的目标任务。推进行业规范化管理。严厉打击侵权盗版行为，对符合要求的21家单位办理年度核验登记手续。

【文化保护利用得到加强】 加强文物巡查安全保护工作。组织文物工作者文物安全培训，切实强化文物工作人员的安全意识和专业能力；摸排查看亟待修缮的文物点，并制定修缮计划；对国保单位丽阳窑址安排专人每日值守和巡查，实时监控了解文物现状；同时，积极争取资金投入，及时对文保单位的古建筑进行抢修，消除隐患。推进丽阳窑址保护项目，翻新加固窑址保护房顶棚。完成窑址保护围栏一期项目建设工作，已实施二期的植被栽种。申报丽阳窑址龙窑、葫芦窑本体保护及提升工程项目资金300.69万元，丽阳窑址安防项目计划表上报获批。

休闲旅游

【文旅重点项目建设稳步推进】 圆满完成2021年全省旅游产业发展大会任务，多次组织参加全区筹备旅发大会工作调度会，充分考虑各种可能出现的不利因素，提前制定预案，加强演练，确保整个会务工作万无一失。同时，加强讲解员、服务人员、志愿者以及涉旅人员培训，努力将规范化管理和个性化服务贯穿整个大会工作，出色完成2021年全省旅发大会接待任务，使“昌南瓷宴”、昌南里夜游项目成为历届全省旅发大会的精彩亮点。高质量办好第二届柑橘节。贯彻省委书记易炼红国庆假期商贸旅游消费调度会会议精神，做好江西“百县百日”文旅消费季活动，全面促进文旅消费，推动形成“全域、全时、全龄”文旅消费生态体系，开创“柑橘+文化旅游”深度融合的发展模式。完成中日韩陶瓷文化艺术与旅游周接待任务。制定日旅游周接待方案，做好景区疫情防控、安全检查、分时预约、分段管控及志愿服务等举措，全面保障景区旅游营运安全文明有序。推进景区品质提升。完成辖区内A级景区外部交通标识牌、景区内部标识牌、全景导览图、垃圾桶等基础设施建设及修缮工作；完成AAAA级及以上景区预约系统与省数据对接，智慧化建设提升工作；昌南里文化景区、大梦瓷谷成功创成AAA级国家旅游景区、瓷源山庄成功创成AA级国家旅游景区；紫晶国际旅行社获评5星级旅行社，实现全市5星级旅行社零的突破，紫晶宾馆获评金树叶级绿色饭店。

【省旅发大会期间昌江区获通报表扬】 5月17—19日，全省旅游产业发展大会在景德镇举行。作为

5月17—19日，全省旅游产业发展大会在景德镇举行。图为会议嘉宾参观位于昌江区的古窑民俗博览区

2020年度国家全域旅游示范区的昌江区被通报表扬。由昌江区承办的“昌南瓷宴”活动，得到各界来宾好评。

【中日韩嘉宾团参观古窑】 12月15日，2021年中日韩陶瓷文化艺术与旅游周开幕。中日友好协会常务副会长、驻日本大使馆前大使程永华带队的130余名中外嘉宾到昌江区辖的古窑民俗博览区，现场观看匠人手工制瓷，感悟陶瓷文化之美。

【举办第二届柑橘文化旅游节】 11月13日，由昌江区委、区政府主办，区文化广电新闻出版旅游局、区林业局、区乡村振兴局、鲇鱼山镇人民政府承办的“瓷都原乡·画里昌江”2021昌江区第二届柑橘文化旅游节在礼城村的景德镇市四季果业合作社开幕。

【多项文艺工作获得佳绩】 参加由全市迎“六一”少儿文艺会演，获一等奖2个、二等奖3个、三等奖2个。参加“童心向党”迎“六一”少儿书法美术摄影作品大赛，其中7幅脱颖而出，获金奖2个、银奖2个、优秀奖3个的好成绩。参加“唱支山歌给党听”景德镇市第42届群众歌咏月活动。选送节目《不忘初心》获组唱类最佳表演金奖。

（高　攀）

主要负责人名录

党组书记、局长：陈玉芳（女，2021.10任）
党组成员、副局长：汪金花（女，至2021.10）
黄玉兰（女，2021.10任）

部分景区选介

昌南里文化景区

占地80亩，总建筑面积1.5万平方米。以智慧生活、科技未来、自然人文为核心，涵盖“吃、住、游、购、娱”五大旅游要素，包括“大瓷碗”文化艺术中心、昌南里时尚街区和酒店等，核心景观“大瓷碗”的建筑灵感来源于宋代著名的影青斗笠碗，总高40米，碗口直径80米，是世界目前最大碗形建筑和景德镇城市旅游新地标。“大瓷碗”经常性举办陶瓷艺术、“非遗”传承、陶瓷创意等特色陶瓷文化活动。昌南里时尚街区进驻冷军艺术馆、青苑书店、星巴克等国内知名艺术馆和国际商业品牌，同时还有零售潮牌、特色美食小吃、酒吧娱乐等多种业态。

昌南里文化街区

智慧旅游体验馆

总面积10500平方米。参观者可通过智慧开启、虚拟体验、智慧景区、旅游科技、游客服务、智慧营销等模块现场感受“旅游＋科技”带来的全新体验，是一处展示景德镇市智慧旅游建设成果的综合体验馆，也是一处实现游客一站式游遍景德镇的全新平台。馆内按照“吃、住、行、游、购、娱”等旅游要素，设计多媒体体验场景，结合动作体感、触摸交互、虚拟漫游等方式让参观者体验多项功能服务，包括景区游览、信息查询、VR引导、智能停车、一键求医求助、旅游线路安排、优选商品、旅游资讯浏览、线路规划和精品线路推荐、景区门票及导游预订等。

江西直升机科技馆

总面积约1万平方米，采用先进的3D影音播放模式，让游客亲身了解直升机发展历史、性能参数并通过虚拟现实手段体验直升机整机、发动机组装，飞行驾驶等，可玩性、可学性出众，是游客放飞梦想的地方。景区不仅是面向社会公众，传播航空精神和文化，普及航空知识、提高公众科学技术文化素质的现代化航空科普基地，也是集航空飞行体验、产业宣传介绍及航空旅游为一体的“航空小镇”对外宣传的窗口。是国家 AAAA 级旅游景区、中国航空学会科普教育基地、江西省科普教育基地、江西省中小学研学实践教育基地、火箭军理想信念教育基地,也是 2018 年度华东优质人气研学游景区,馆内现有直升机真机、模型及零部件 50 余架(件)。

古窑印象广场

古窑印象文化商业旅游综合体

位于全国唯一一家以陶瓷文化为主题的国家 AAAAA 级旅游景区——古窑民俗博览区内,建筑面积约 2 万平方米。大楼以“瓷都聚落、珍宝殿堂”为设计理念,整体以蜿蜒抽象变形的坡屋顶和大气规整极富韵律感的檐廊为组织构架,具有江西聚落式民居的意韵。古窑印象广场设有音乐喷泉、梦幻光影。古窑印象共 3 层,1 层为陶瓷文创展厅、艺术休闲区,展销柴烧瓷器、非遗代表性传承人瓷器、历代官窑瓷器、昌南品牌瓷器,以及传统日用瓷、文创产品等;2—3 层为窑窑领鲜瓷文化餐厅,可同时容纳 1800 人用餐,是集购物、休闲、展陈、科教、餐饮、文化传播为一体的旅游服务体。

卫生健康·医疗保障

卫生健康

【概况】 2019 年,组建昌江区卫生健康委员会(简称“区卫健委”),为区政府工作部门,整合区卫生和计划生育委员会、区深化医药卫生体制改革领导小组办公室的职责、区民政局的老龄工作职责和区安全生产监督管理局的职业安全健康监督管理职责。2021 年,有机关工作人员 37 名,其中委党组书记、主任 1 人,副主任 2 人,副科级以上干部 9 人,委机关支部党员 18 人。二级机构 4 个:区疾病预防控制中心、区妇幼保健计划生育服务中心、区卫生健康综合监督执法局、区健康教育馆。

2021 年,区卫生健康工作以人民健康为中心,以改革为动力,以新冠肺炎疫情防控为重点,统筹做好卫生健康各项工作。

【深化医药卫生体制改革】 大力推进医联体建设,制定《关于印发昌江区医疗机构联合体的实施意见》,区人民政府与市中医医院签订全域医联体联盟,各乡镇卫生院先后与市级医院签定医联体协议,有效助推分级诊疗制度实施。全面实施药品零差价销售,规范基本药物管理和合理使用。全区药品配送总金额 317.03 万元,基药使用金额 225.15 万元,基本药物采购金额占比 71.0%。提升基层医疗服务水平,全面启动全科医生培养计划,城市每万人口 3 名全科医生,农村每万人口 2 名全科医生目标,每个乡镇卫生院拥有 1 名以上全科医生。

【加强医疗管理与服务】 强化医疗质量管理,采取定期检查、突击检查、重点检查、反复检查等方式,督促各医疗机构落实各项核心制度,使临床诊断、检查、治疗、操作技术、控感技术、临床用药纳入标准化规范化科学化管理。开展“医院管理年”“平安医院”创建工作,促进医院医疗质量的持续提高。建立健全医疗事故争议事件、重大医疗过失和恶性医疗纠纷的报告、分级响应及部门联动处理机制。2021 年,全区无任何重大医疗事故发生。加强医护人员的资质管理,组织执业(助理)医师资格考试。加强麻醉药品、精神药品的安全管理,大力推进抗菌药物临床应用专项整治行动。

【夯实基层卫生工作】 2021 年,全区累计建立居民电子健康档案 13.82 万人,建档率 83.5%,辖区内接受 1 次及以上随访的 0—6 岁儿童数 1.46 万人,管理率 90.2%;65 岁以上老年人规范健康管理人数 1.1 万人,老年人健康管理率 60.73%;高血压患者管理 1.02 万人,规范管理率 84.09%;2 型糖尿病患者管理 0.31 万人,规范管理率 72.57%。进一步巩固拓展健康扶贫成果,促进脱贫攻坚与乡村振兴有效衔接。全面实施脱贫人口住院先诊疗后付费政策。落实脱贫慢性病人家庭医生签约履约服务。全区健康帮扶脱贫人口 0.18 万人,签约服务率为 97%,履约率 100%。落实村卫生室坐诊和巡诊制度。加强乡村医生队伍建设,召开 2021 年全区基层卫生重点工作暨基本公共卫生服务项目管理培训会,培训 200 余人。实施“优质服务基层行”,加强基层医疗卫生机构的软硬件建设。

【开展 0—3 岁婴幼儿托育工作】 全区有 2 家民营机构、2 家公办幼儿园申报托育项目,共计 339 托位,申请国家资金 339 万元,已投入运营。常规开展婚检、孕检“一站式”工作,婚检率 100%,孕检率 97.83%,切实履行告知、指导及随访。做好母婴安全、孕产妇系统管理、儿童系统管理工作,与景德镇市中医医院签订孕产妇体检项目协议书,为孕产妇提供孕期及产后健康体检,发放叶酸 230 人份,全区农村妇女宫颈癌和乳腺癌(简称“两癌”)检查完成率约 82.4%。同时做好出生医学证明管理和托幼(园)机构卫生保健管理工作。

【抓好疾病预防控制工作】 2021年,建立完善县级领导包乡镇(街道)、部门乡镇领导包村(社区)、村(社区)领导包户的三级网格化管理模式,区委区政府主要领导始终靠前指挥,狠抓各项防控措施的落实。区防控指挥部专题召开防控工作会议30次,做好外防输入、严格实施闭环管理工作。建立信息报告闭环、隔离管控闭环、检测检疫闭环、转运转送闭环、医疗救治闭环5个闭环管理模式,充分发挥医疗机构哨点作用,严格落实“四早”要求,加强对重点人员定期核酸检测。按照属地管理原则,对中高风险旅居史人员进行全面排查和集中隔离。全区累计摸排国内中高风险地区来景返景人员(大数据来源等)1.25万人,景德镇北站中高风险地区登记人员0.39万人,境外返景人员111人。累计管控3862人,其中集中隔离563,居家监测907人,自我健康管理2392人,其中按规定进行医学隔离进行核酸检测者结果全部为阴性。强化应急保障,备齐防护物资,加强应急演练培训和疫情监测工作,共举办3期核酸检测采样培训和1期流行病学调查培训,开展一次全员核酸检测实战演练。在上饶市铅山县疫情发生后,从速从快,高效应对,打赢疫情防控阻击战,全区无新冠肺炎疫情发生。

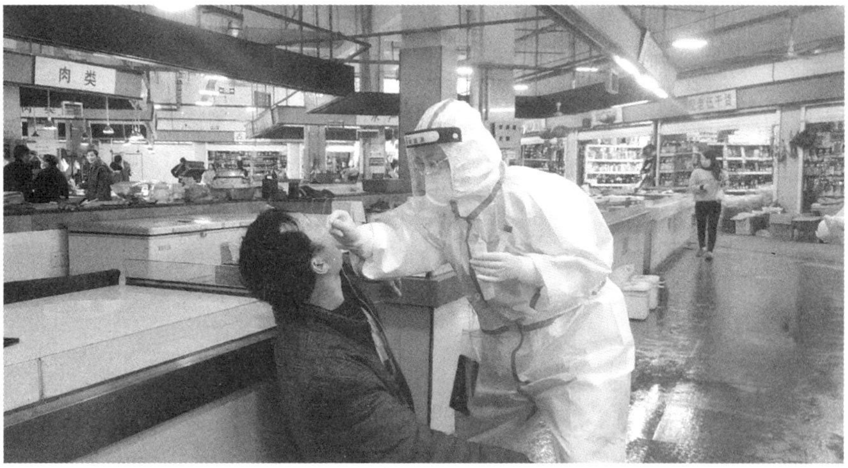

开展重点人群核酸检测

【加强突发公共卫生事件与传染病疫情监测信息报告管理工作】 组织30余人疫情报告人员业务培训。2021年,甲类传染病无发病,乙类传染病5种、256例,无死亡,丙类传染病4种、308例,无死亡病例,无突发公共卫生事件例。发病前6位:手足口、肺结核、肝炎、梅毒、流行性感冒、其他感染性腹泻。加强计划免疫规范化门诊建设,做好预防接种,全区免疫规划类疫苗接种率99.45%。有序开展新冠疫苗接种工作,做到“任务清零”。2021年,全区共接种39.98万剂次,其中接种第一剂10.05万人,接种第二剂18.30万人,接种加强免疫第三剂2.62万人。18岁及以上人群任务数14.17万人,第一剂完成数15.05万人,完成率106.15%;12—17岁任务数1.29万人,完成数1.6万人,完成率123.51%,3—11岁任务数2.36万人,完成数2.40万,完成率101.75%。加强慢病管理工作,做好肿瘤随访登记和死因监测,组织开展慢病宣传活动,共计发放宣传单3万份,宣传品1万份,活动咨询人数3万余人。

【深入开展爱国卫生运动】 积极开展第33个爱卫月活动和第34个世界无烟日宣传活动,通过召开会议,举办主题展览、线上问答,利用电子大屏、QQ群、微信群、魅力昌江等媒介宣传禁烟控烟、病媒生物防制、食品卫生、流行病传染病预防、疫情防控等知识,帮助广大群众掌握健康生活方式,倡导“每个人是自己健康第一责任人”,共发放宣传资料2万余份,病媒生物防制药品5000余袋。

【大力发展中医中药事业】 积极融入中医强省战略布局,推动中医药服务向基层延伸。2021年,按规划设置中医馆,全区已经实现所有卫生院和社区卫生服务中心的中医馆全覆盖。开展中医药适宜技术,如针灸、熏蒸、热敏灸等课程。加大中医药的宣传,定期开展中医药知识咨询和讲座活动,利用老年人和儿童中医药管理工作,对社区居民开展中医体质辨识和健康保健工作。组织传统医学学术确有专长和中医医术确有专长人员医师资格考核考试,提交8人参加中医医术确有专长人员医师资格考核考试和43人参加传统医学医术确有专长考试。同时,加快推进昌江区中医医院建设,启动争创全区第一个公立二级医疗机构工作。

【提升基础设施和能力建设】 2021年,建成区卫生综合服务大楼,区卫健机关本级、疾控中心、卫生健康监督执法局和妇幼计生服务中心集中办公,促进各项业务融合发展,增强工作合力,提升工作效率。区政府投资300余万元专项经费,建设区疾控中心核酸检测实验室,已投入使用,通过现有人员培训及招聘检验人员,提高检测能力,加快核酸检测速度,为全区疫情防控提供有力的技术保障,为保障人民群众健康夯实了基础。鲇鱼山镇中心卫生院新增直接数字化X线摄影系统(DR)、多层螺旋CT摄影系统、台式低速离心机、数字式十二道心电图机等设备,丽阳卫生院新增十二道心电图机、黑白超声诊断仪,彩超和全自动血液细胞分析仪等。通过完善设施设备,不断提升基层医疗服务水平。

【做好人口和计划生育工作】 加快信息化建设步伐,做好出生人口监测。全区共出生1107人,人口出生率为7.24‰,人口自增率为3.48‰,出生婴儿性别比为111.66。完善利益导向机制,落实计划生育家庭扶助政策,按照"五个一"要求提供扶助到位。全区特扶对象二次医疗保险投保214人,投入保险经费12.84万元,特扶对象住院护理险投保214人;落实农村计生家庭中考加分政策对象为30人;落实农村奖扶对象322人;城市独生子女奖励对象7143人,投入经费857.16万元。

主要负责人名录

党组书记、主任:王训配(至2021.10)
史方立(2021.10任)
党组成员、副主任:程华英(女,2019.2任)
江小珍(女,2018.2任)
方长仁(至2021.10)

医疗保障

【概况】 2019年2月,成立区医疗保障局,为区政府工作组成部门,正科级行政单位。同时撤销区医疗保险事业管理局,将其所有经办职能统一由区医疗保障局承担和管理。下属医疗保险事业服务中心,属事业编制单位。

2021年,修改个人医保信息1300余次,完成解决异地备案623人次、异地安置235人次;办理一类慢病240人次,二类慢病747人次;领取全省政务服务清单事项七大板块,共计22件新事项,共办理6351件。

【扎实推行市级统筹制度】 2021年,推行医疗保险基金市级统收统支制度,建立"六统一",即覆盖范围统一、筹资政策统一、待遇水平统一、基金管理统一、经办流程统一、信息系统统一的医疗保险市级统筹制度。全区共有城乡居民参保人数9.45万人,职工医疗保险参保人数2.18万人,生育保险参保人数0.62万人。城镇职工医疗保险基本医疗保费收入2534.99万元,上级补助收入5082.84万元,转移收入3.88万元,城乡居民基本医疗保费收入1661.75万元(其中个人缴费收入1603.38万元,扶贫办代贫困人员保费缴费收入57.32万元,残联0.53万元),上级补助收入7762万元。

【做好医疗保险费用支付工作】 全年城镇职工医疗保险基本医疗支出4346.26万元(其中在职医疗待遇支出1319.89万元),退休人员医疗保险待遇支出3026.37万元,转移支出33.17万元,上解上级支出3510.21万元。城乡居民基本医疗待遇支出7151.74万元,上解上级支出4409.21万元。职工异地就医系统备案省内105人次,跨省186人次,职工医保统筹结算708万元,居民医保统筹结算392万元。

【提升医保服务水平】 4月30日,由区医疗保障局主办,区中医医院承办的"贯彻落实国务院《医疗保障基金使用监督管理条例》精神,加强医保基金监管"集中宣传月活动在位于鲇鱼山镇的区中医医院门口举行。11月,开展城乡居民基本医疗保险费集中征缴宣传月活动,联合区税务局和辖区乡镇街道开展城乡居民基本医疗保险政策宣传活动。现场进行政策解答及征缴事宜,发放征缴宣传册,指导留守老人、儿童利用手机微信、赣服通等新型网络缴费方式缴纳医疗保险费用,确保全区参保率持续稳定在95%以上。

【医保扶贫和乡村振兴的有效衔接】 全面落实贫困人口医疗参保,及时按政策报销医疗费用。多措并举促进推动贫困人员全部参保,建档立卡脱贫人数为1862人,发放慢性病卡992人。对建档立卡脱贫对象实行"一站式"结算,确保20个工作日内将五道保障线的医疗报销费用拨付到贫困户卡中。

【依法保障医保基金安全】 区医疗保障局成立工

作组到各乡镇卫生院、村卫生室,对城乡居民门诊统筹及门诊两病工作开展情况进行督促指导,确保全区群众享受应有的医疗保险待遇。组织实施村级卫生室专项治理工作,发现各类问题共计20余起,并及时责令整改。开展定点医疗机构医保基金审计反馈问题依单自查自纠工作,加强部门联动,对定点医疗机构和第三方服务机构进行监督检查,及时追回违规资金12341元,对排查的37个问题及时整改。持续保持打击欺诈骗保高压态势,尽最大努力守护好参保群众"救命钱"。

(胡孝亮)

主要负责人名录

党组书记、局长:吴晓霞(女,2019.2任)
党组成员、副局长:王　华(2019.6任)
童丽娟(女,2019.6任)

乡村振兴

【概况】 2017年,区扶贫办从区民政局的扶贫股升格为区民政局的下属副科级事业单位。2019年2月,区扶贫办公室单独设置,是区政府工作部门,规格为正科级单位。2021年6月,区扶贫办公室重组为区乡村振兴局,仍为区政府工作部门、正科级单位,由区农业农村水利局统一领导和管理。区乡村振兴局主要负责巩固脱贫攻坚成果、统筹推进乡村振兴战略有关具体工作。区乡村振兴局核定正科级领导职数1名、副科级领导职数2名。现在干部共11人,中共党员5人,其中局长1人,副局长1人,事业编干部(借用)1人,临聘人员8人。

2021年,该区“十三五”省级贫困村徐湾村、丰田村已全部摘帽退出;“十四五”省定重点帮扶村2个:关山村、山田村;申报市定重点帮扶村5个:徐湾村、丰田村、新桥村、洪家村、童坊村,区定重点帮扶村2个:江联村、留阳村。全区现有脱贫户及监测对象共719户、1912人,其中脱贫户691户、1846人,监测对象45户、105人(脱贫不稳定户16户、36人,边缘易致贫户25户、58人,突发严重困难户4户、11人)。

6月9日,全区巩固脱贫攻坚成果与乡村振兴有效衔接工作推进会召开

【开展全面排查问题整改】 2021年,对标对表2020年度脱贫攻坚成效考核反馈的4个方面、10个问题全部整改完成;分别于5月、8月份按省乡村振兴局部署,开展的全面排查整改和全面排查整改“回头看”,重点围绕家庭收支情况以及“两不愁三保障”和饮水安全实现情况,组织基层一线开展拉网式大排查,对所发现的问题短板立行立改;7月,接受省级巩固脱贫攻坚成果暗访督导,共反馈5个问题,都已全部整改到位。11月29日至12月3日,接受省级巩固脱贫攻坚成果实地考核,对行业部门及第三方考核组所有反馈的问题进行全面排查、举一反三、立行立改。

【开展返贫动态监测与帮扶】 2021年,通过农户自主申报、基层干部排查、部门筛查预警等三线并行的方式,完成5期脱贫户与监测户收入信息采集,与相关行业部门进行10次信息比对,印制《昌江区防返贫监测与帮扶宣传册》进村入户进行宣传。

【推进帮扶产业提质增效】 2021年,巩固“1+5”模式,坚定不移推进“四个一”工程提升,始终坚持立足于发展特色产业扶贫项目,共投入各级资金2362.99万元,批复项目衔接资金2062.63万元,涉及项目17个(其中产业项目13个,衔接资金1820.83万元)。

【巩固拓展三保障工作成果】 健康保障方面:2021年,全区脱贫户报销人数747人,总金额525.2万元,脱贫人口医疗费用个人自付累计总额为52万元,脱贫人口个人自付比例为10%的适度水平。区域内定点医疗机构总数9家,累计实现一站式结算区域内定点医疗机构总数9家,各医疗机构开展自查、整改,实现“先诊疗后付费”“一站式结算”全覆盖;脱贫户总人数1862人,脱贫户人口签约服务1806人,签约服务率为97%,履约1806人,履约率100%;全区共有29家公有产权村卫生室,各村卫生室均至少有一名乡村医生在岗执业,村医工作负责基本公共卫生服务及基本医疗服务,极大方便村民就诊。教育保障方面:2021年共资助脱贫户、监测户、城乡低保户等八类家庭经济困难学生5514人次,惠及金额310.76万元(其中资助脱贫户和监测户学生1971人次,发放各类教育资助金96.41万元)。2021年,全区春、秋两季分批补助脱贫家庭子女“雨露计划”共114人次、补助资金共18.4万元。住房保障方面:开展农村房屋安全隐患排查,制定《昌江区2021年农村危房改造实施方案》,建立农村低收入群体住房安全动态监测台账,建立巡查报告制度,及时组织实施危房改造,改善农村住房条件,保障了脱贫户和监测户的住房安全。2021年,通过排查发现“存在非脱贫户C、D级房屋20栋”,20户已全部完工验收,补助资金已经全部发放到位。

【抓好稳岗就业工作】 2021年,公益性岗位累计吸纳就业147人次,让更多脱贫劳动力实现就近就业;扶贫专岗累计吸纳脱贫劳动力64人次,提高扶贫专岗补助标准,扶贫专岗补助标准由2020年的每人每月700元提高至1000元;全年累计发放扶贫小额贷款145笔、391.93万元,2021年新增小额贷款25户、115.5万元。

【巩固脱贫攻坚与乡村振兴有效衔接】 加强巩固脱贫攻坚与乡村振兴的政策、机制、组织等衔接,确保工作不断、思想不乱、队伍不散、力度不减。机构衔接方面:区、乡、村三级乡村振兴机构、巩固拓展脱贫攻坚成果专项小组相继成立;机制衔接方面:各乡镇、有关部门根据实际情况完成责任、工作、推进、政策等有关机制衔接;组织衔接方面:继续实行区领导挂点乡镇,四套班子主要领导、分管领导挂点村,副科级以上干部、驻村干部以及村级“两委”班子包户等帮扶政策。

【举办巩固拓展脱贫攻坚成果专题培训】 4月8日,昌江区巩固拓展脱贫攻坚成果专题培训班开班,市扶贫办相关科室负责人、区扶贫办负责人以及医保、教育等扶贫领域业务人员就巩固拓展脱贫攻坚工作成果与乡村振兴有效衔接相关知识等进行专题授课。

【学习考察先进地区经验】 4月26—28日,市扶贫办副主任郑新平,副区长余世建,区扶贫办主任及各乡镇(街道)分管领导及扶贫办主任一行14人,前往浙江省安吉县、淳安县、临安区、余杭区等地进行考察学习。5月11日至12日,区委党校副校长范惠清、区扶贫办副主任张晓玮、各乡镇(街道)分管领导及扶贫办主任、重点移民村村书记一行22人,前往九江市武宁县考察学习。

【举办脱贫攻坚档案工作培训】 5月10日,区脱贫攻坚档案工作培训班开班,邀请浮梁县委办四级主任科员、浮梁县档案馆副馆长陈强现场授课。陈强结合自身工作实际和积累的工作经验,对如何做好脱贫攻坚档案工作进行深入浅出的讲解,具有很强的指导性与实用性,参训人员受益匪浅。

【区乡村振兴局正式挂牌成立】 6月19日,区乡村振兴局正式挂牌成立,区扶贫办公室正式重组为区乡村振兴局,仍为区政府工作部门。随后,各乡镇(街道)乡村振兴工作站先后挂牌成立。

【出台多项帮扶措施】 7月1日,中共昌江区委、昌江区人民政府印发《关于实现巩固拓展脱贫攻坚成果同乡村振兴有效衔接的实施意见》(昌党发〔2021〕9号)。7月13日,中共昌江区委农村工作领导小组印发《关于健全防止返贫动态监测和帮扶机制的实施意见》(昌农办字〔2021〕5号)。9月3日,区乡村振兴局印发《关于〈加强扶贫项目资产后续管理的实施意见〉的通知》(昌乡振字〔2021〕1号)。10月28日,中共昌江区委农村工作领导小组印发《关于成立巩固拓展脱贫攻坚成果专项小组的通知》(昌农办字〔2021〕20号)。11月9日,中共昌江区委、昌江区人民政府印发《关于成立昌江区防返贫监测和帮扶工作领导小组的通知》。11月9日,中共昌江区委农村工作领导小组印发《昌江区“十四五”区定乡村振兴重点帮扶村工作实施方案》(景昌发电〔2021〕17号)。

【举办乡村振兴系统干部培训】 10月20日,区新一轮选派驻村第一书记、工作队员村党组织书记、乡村振兴系统干部培训班举办。区委组织部、区乡村振兴局相关负责人参加开班仪式。各乡镇(街道)分管负责人,乡村振兴工作站主任及业务骨干,各村党组织书记、驻村第一书记、工作队员、村乡村振兴工作室专干等160余人参加培训。

【区领导调研乡村振兴工作】 11月5日,区委书记倪卫春深入鲇鱼山镇、丽阳镇,先后到“十三五”脱贫村徐湾村、丰田村,“十四五”乡村振兴省定重点帮扶村关山村、山田村,看望慰问脱贫户、监测户,并就如何做好巩固拓展脱贫攻坚成果全面推进乡村振兴召开调研座谈会。11月22日下午,区委副书记、区长伊文斌深入关山村、山田村、枫林村实地查看乡村振兴产业发展情况,看望慰问枫林村脱贫户,并在枫林村开展中共十九届六中全会精神宣讲。11月23日,区委副书记江智峰看望慰问河西村脱贫户,并在河西村开展中共十九届六中全会精神宣讲。

(张宇晨)

主要负责人名录

党组书记、局长: 彭丽清(至2021.7)
吴 伟(2021.10任)
党组成员、副局长: 周景梅(女,2019.5任)

民　　政

【概况】　区民政局成立于1984年。2021年,撤销昌江区社会救助办公室,组建昌江区社会救助中心,为昌江区民政局所属公益一类事业单位,正股级。加挂“昌江区养老服务中心”“昌江区未成年人保护中心”牌子。

2021年全区城市低保标准提高到780元/月,农村低保标准提高到525元/月。2021年全年城市低保新增109户、166人,清退396户、798人,共有2705户、4030人;农村低保新增89户、130人,清退119户、156人,共有1837户、2589人。全年累计发放城市低保金2637.56万元、农村低保金1270.95万元。

【品牌社区建设取得突破】　3月11日,西郊街道华风社区被评为第八批“全国民主法治示范村(社区)”。8月,成立昌江区社会工作服务中心。10月13日,召开昌江区乡镇(街道)社会工作服务站和社会工作人才队伍建设推进会,下发《昌江区乡镇(街道)社会工作服务站和人才队伍建设工作领导小组》和《昌江区乡镇(街道)社会工作服务站和社会工作人才队伍建设工作实施方案》。年底全面完成城市街道社工站项目全覆盖。

【加快推进养老基础设施建设】　10月,新枫街道投资600万元建设的园林社区居家养老服务中心项目开业。完成吕蒙乡敬老院和荷塘乡敬老院项目申报工作。在全市率先完成养老服务信息平台建设。平台采用“老人定制手机/电视终端+12349市民服务热线+居家养老调度监控平台+各类公共服务资源”相结合的模式,为老年人提供紧急救助、定位服务、生活帮助、精神关爱、健康管理文体活动等多样化、多层次的养老服务。

【开展“一门受理,协同办理”业务】　2021年,区民政局将多种业务审批权下放至乡镇(街道),并拨付31万元临时救助备用金到各乡镇街道。全年救助499人次,金额62.68万元。

【完成区第十一届村(居)民委员会换届选举工作】
全区有2乡、2镇、2街道,共有33个行政村和32个社区进行此次换届选举,共产生277名村(居)民委员会干部(其中村委会干部99人,居委会干部178人)。全区换届选举工作结束后,各村以组为单位,建立健全村民代表、村民小组长和村务监督委员会“三支队伍”,代表村民深度介入村级事务,促进村级重大事务从“为民做主”向“由民做主”根本性转变。

【全力推进殡葬改革工作】　加大对“三沿六区”内坟墓的整治工作,全区“三沿六区”整治坟墓3600座。完善殡葬基础设施。全区现有公益性公墓34个,基本实现农村公益性公墓全覆盖。积极落实惠民殡葬。根据惠民殡葬要求,对5项殡葬基本公共服务项目进行了减免,对节地生态安葬进行奖补。对非社保人员主动火化奖补2000元/人,对非社保

区民政局组织开展庆“六一”关爱农村留守儿童活动

人员进公墓奖补 1000 元/人。全年累计投入惠民殡葬 78.28 万元。

【推进残疾人两项补贴发放等工作】 全年按月及时发放困难残疾人生活补贴和重度残疾人护理补贴。全区现有两项补贴发放人数 2978 人,其中护理补贴发放人数 1281 人,生活困难补贴发放人数 1679 人,全年共发放残疾人两项补贴 225.6 万元,发放建档立卡重度失能残疾人照护和托养补贴 12.24 万元。

【婚姻登记工作】 全年共办理结婚 816 对,离婚 286 对,补领结婚证 349 对,补领离婚证 93 对,婚姻登记合格率达 100%。

【社会组织工作】 全年社会组织登记 12 家,全区登记成立的社会组织有 107 家,其中社会团体 32 家、民办非企业单位 75 家。6 月,按照省民政厅关于《整治“僵尸型”社会组织专项行动实施方案》,促进社会组织健康有序发展的总体要求,联合多部门业务主管单位对昌江区管辖范围内的社会组织进行排查,查出 23 家不开展活动或无法获取相关信息的社会组织给予行政处罚,撤销法人登记资格。

(石鹏飞)

主要负责人名录

党组书记、局长:徐海美(2019.2 任)

党组成员、副局长:邓秋君(女,2019.2 任)

梁鑫棠(女,至 2021.10)

乡镇街道

鲇鱼山镇

【概况】 鲇鱼山镇位于昌江区西南部,东北部和吕蒙乡、浮梁县洪源镇毗邻,东南与荷塘乡接壤,西北和上饶市鄱阳县金盘岭镇、凰岗镇交界,南与乐平市塔前镇相连。总面积133.34平方公里,全镇下辖14个村委会、1个居委会,103个自然村,耕地面积3.7万亩,林场面积11.86万亩,森林覆盖率达51.6%。2021年机构改革,鲇鱼山镇有行政编25名,事业站所37名,便民服务中心17名,敬老院2名,合计共81名。全镇总人口37325人。

2021年,全镇完成财政总收入11820万元,完成全年预期目标任务101.1%;一般公共预算收入4613万元,完成固定资产投资16.43亿元,新增规模以上企业7家。招商项目签订意向合同19个,协议引资43亿,完成到位资金8.89亿,完成下达任务的86%;依托鱼山医药产业园建设,引进"5020"(亿元)项目1个。

【推进基础设施建设】 启动镇村规划设计,推进3个自然村、10个新农村建设点建设,高标准推进新桥荫墩下新农村示范点建设;以优化集镇基础设施和公共服务设施的配置为出发点,从改善镇区风貌、完善镇区功能、强化镇容管理三方面入手,启动鲇鱼山镇老城区改造和新城区打造工程。完成鱼山中心幼儿园建设,并交付使用。提升城市功能,把农贸市场、村级道路美化亮化、防洪提等作为重大民生工程和发展工程,基础设施不断优化。持续保持高压姿态,打击"两违"51处,面积约5250平方米;加大对流动摊点、占道经营问题整治力度,重点抓好沿线村庄和重点部位的环境整治,增划农村停车位1100余个。

【聚焦疫情防控】 抓好疫情防控工作,实行镇级班子成员兼任负责制,同时落实包村、包社区领导属地负责制,确保各项防控措施有效实施。共发放宣传单6214份,横幅262条,不间断、定时广播播放防控知识1300轮次。共延迟取消喜宴、简办丧事43场。发动党员和其他志愿者参与疫情防控工作452人次。全镇接种疫苗人数超3万人,接种率94%。

【推进民生工程社会事业发展】 新建鱼山中心幼儿园并投入使用;改善鱼山中心医院医疗设施。落实好基层公共卫生服务,农村卫生垃圾分类存放初见成效,各村公厕已建成并投入使用。新建村级卫生服务站14个。长运公交车向全镇农村延伸,解决村民出行难的问题。全镇参农合人口达到34526人,参加率99.8%。按时足额发放低保、五保及各种救济救助资金,认真落实各项惠民政策,养老金发放率100%。实施鱼山集镇菜市场改扩建、昌江风光带鱼山段建设项目。全镇共有建档立卡贫困户363户、943人,2021年全部脱贫。

【推进基层党建工作】 2021年,组织开展党史学习教育,各村开展形式多样的"我为群众办实事"活动,共计为民办实事项目374件。各村成立生态环境、普法宣传、政策宣讲、文明劝导、"嫂子帮帮团"5支专业志愿服务队伍,并进行网格划分,"嫂子帮帮团"共开展实践活动40余次。落实党风廉政建设主体责任,完善考核机制,全年收集问题线索50件,党内警告4人,立案2起,警示谈话2人,诫勉谈话1人。15个村(社区)"两委"换届后共产生村(社区)"两委"89名,其中书记15名、副书记15名;其中女性占比28%,比换届前提高11%;35周岁及以下且具有大专及以上文化程度18名,占比20%。

【高标准农田建设全面铺开】 在2020年新柳村2000亩高标准农田的基础上,2021年在关山、新桥、慈义等村继续建设连片高标准农田共计10000亩。

【推进鲇鱼山镇集镇防洪堤工程建设】 实施防洪堤工程设计、采购、施工 EPC 总承包项目，项目可批复总投资约 4990.88 万元，初步设计批复总投资为 5491.04 万元。2021 年，完成 720 米堤防、30 米混凝土防浪墙、430 米联锁式生态护坡、150 米悬臂式防浪墙、2 个自排闸、1 座电排站等工程。540 米活动翻板防浪墙有序推进。

【持续改善营商环境】 2021 年，依托鱼山医药产业园建设，充分发挥富祥药业龙头企业优势，成功引建“5020”（亿元）项目 1 个（凌富医药项目）落地，奋力推进“工业大突破”。对接市、区、高新区、昌南新区，推进鱼山码头、富祥医药，朱家坞、浙江青创、隆政食品、工业路等项目征收和扫尾工作。稳步推动 G206 国道拓宽、昌景黄高铁等项目的征收与建设。常态化走访服务企业和重点项目，全力攻坚帮助企业协调项目落地，解决投产过程中的困难，提供“保姆式”服务，营造良好营商环境。

【“七改三网”建设有序推进】 全力推进农村厕所革命，全年共拆除旱厕 330 个，新建冲水厕所 360 个，14 个村委会、1 个居委会共建成公厕 22 个。

【镇第十六次党代会召开】 7 月 28—30 日，镇第十六次党员代表大会召开。大会应到正式代表 77 名，列席代表 50 名，实到正式代表 76 名。大会选举产生新一届镇党委、镇纪委班子成员以及出席区第十二次党代会代表。会议通过《中国共产党鲇鱼山镇第十六次党员代表大会关于党委工作报告的决议》《中国共产党鲇鱼山镇第十六次党员代表大会关于纪律检查委员会工作报告的决议》。

【镇第十八届人民代表大会一次会议召开】 9 月 16—18 日，镇第十八届人民代表大会第一次会议召开。大会应到正式代表 72 名，列席 58 名，实到 72 名。会议听取和审议《政府工作报告》《人大主席团工作报告》，听取和审议鲇鱼山镇《2020 年财政预算执行情况和 2021 年财政预算草案的报告》，听取审议鲇鱼山镇《“十四五”规划纲要的报告》。大会选举产生镇第十八届人民代表大会主席团主席、副主席和镇人民政府镇长、副镇长。

【鱼山中心幼儿园投入使用】 9 月，新建鱼山中心幼儿园建成，并投入使用。该幼儿园占地面积 6700 余平方米，建筑面积达 4000 平方米，体育运动场面积 600 余平方米，塑胶跑道 200 米，总投资 2000 万元。

【徐坊村村史馆建成】 12 月，由区委史志办挖掘整理的徐坊村村史馆建成并对外开放。徐坊村地处昌江河北岸，有着上千年的建村历史，是 20 世纪 80 年代电影《祭红》《烧郎红》取景拍摄地。村史馆依托徐氏宗祠而建，采取实物展陈、展板图文说明等形式，展示徐坊村的历史人文等信息。该村史馆的建成，填补了昌江区村史馆建设空白。

（程仁修）

主要负责人名录

中共鲇鱼山镇委员会

书　记：彭金岭（至 2021.6）
　　　　舒天才（2021.6 任）
副书记：舒天才（至 2021.6）
　　　　胡小敏（至 2021.6）
　　　　李展图（挂职，至 2021.6）
　　　　方小华（挂职，至 2021.6）
　　　　彭清丽（2021.6 任）
　　　　徐　靖（2021.6 任）
委　员：章鱼华（至 2021.6）
　　　　余敏华（至 2021.6）
　　　　饶　丹（女，至 2021.6）
　　　　徐　靖（至 2021.6）
　　　　蔡建勋（2021.6 任）
　　　　张仁地（2016.7 任）
　　　　程　鑫（2020.5 任）
　　　　利俊韬（2021.6 任）
　　　　江春根（2021.6 任）
　　　　胡　越（女，2021.6 任）

镇人大主席团

主　席：桂荣鑑（至 2021.6）
　　　　吴　晶（2021.6 任）
副主席：钟　莹（女，2021.6）

镇人民政府

镇　长：舒天才（至 2021.6）
　　　　彭清丽（2021.6 任）

副镇长:余敏华(至 2021.6)
蔡建勋(2021.6 任)
张仁地(2016.7 任)
王瀚洋(2021.6 任)
马圣超(2021.6 任)

中共鲇鱼山镇纪律检查委员会

书　记:程　鑫(2020 年 5 月任)

镇人民武装部

部　长:章鱼华(至 2021 年 6 月)
蔡建勋(2021 年 6 月任)

丽阳镇

【概况】　丽阳镇位于昌江区西部,北与浮梁县接壤,西邻鄱阳县,东南与昌江区鲇鱼山镇相交。全镇总面积为 80.03 平方公里,下辖 11 个村委会,57 个自然村,68 个村民小组,人口总数为 12933 人(其中农业人口 12544 人)。耕地面积 19458 亩,其中水田占 82.22%;水域面积 8166.4 亩,占总面积的 7.4%;林业用地 65310.9 亩,占总面积的 59%。

2021 年,丽阳镇以党建为引领,团结带领全镇广大党员干部群众,在疫情防控、镇村振兴、生态文明、社会治理等方面主动担当、迎难而上,确保"十四五"开好局、起好步。全年完成财政收入 17353 万元,其中地方财政收入为 7763 万元。完成规模以上固定资产投资 7.58 亿元,招商引资 9.9 亿元。农民人均可支配收入达 14041 元。2021 年,被评为全省第二批"五型"政府建设先进乡镇、全市军事训练先进单位。

【统筹抓好疫情防控和经济社会发展】　全年共排查 3.825 万人次。同时组织建专班,将环境消毒、体温监测、佩戴口罩,扫码亮码贯穿到重点场所全年检查督查工作中。严格按照新冠疫苗接种管理规定开展接种工作,常住人口接种率 95.44%。借助智慧广播、微信群、公众号等多种形式开展全域防控宣传。全年共开展宣传 19 次,发放宣传材料 2 万份,红白喜事取消或缓办累计 125 次。抓实"六保""六稳",统筹好产业发展和充分就业。农村劳动力转移就业人数 1.09 万人,其中省外就业 0.33 万人。

【稳步推进生态文明建设】　以常态长效文明城市创建为抓手,共清理死角 100 余处,清理死角生活垃圾 500 余吨,建筑垃圾 1000 余吨,清理垃圾小广告 300 余处。坚持精细化长效管理机制,道路清扫率、垃圾日产日清率达 100%,确保道路清扫保洁、垃圾清运、公厕管理等各项工作做到对标达标。

【不断增强群众的获得感】　全年参加城乡居民基本养老保险 16572 人,其中实参自缴人数 15255 人,低保五保、建档立卡户共 1317 人,参合率为 99.7%;享受城市低保人数共 14 户、20 人,享受农村低保户 725 户、1002 人,其中全年新增农村低保户共 23 户、41 人。举办健康知识讲座 12 场次,义诊活动 4 场次,发放 12 种健康教育宣传册 1680 份。规范管理老年人、高血压人群、糖尿病人群等各类人群管理,开展冠心病、脑卒中患者、宣传康复管理工作。开展庆祝中国共产党成立 100 周年、新时代文明实践文化志愿服务等各类文化惠民下基层文艺活动 12 场,提升全民精神文明建设水平。全年共受理各类矛盾纠纷 71 件,调解成功 71 件,调解成功率达 100%。累计对辖区内单位、企业开展安全生产检查 351 次,排查车辆 8000 余辆,各类隐患问题全部整改到位,全年社会秩序平稳有序,无重特大事故发生。

【稳步推进镇村振兴】　2021 年,围绕"两不愁三保障",建立健全巩固拓展脱贫攻坚成果长效机制,抓实常态化帮扶措施,纳入突发严重困难户 4 户。开展"保学、保房、保水"三保障工作,发放"雨露计划"共计 29 人次、7.05 万元,完成危房改造 28 户,衔接市自来水公司,测试全镇市自来水公司供水管道等前期工作。助力镇村振兴,投入资金 1139.2 万元,新建丽阳镇农副产品食品加工厂、余家榨油厂等项目,促进农户产业增收的同时产业结构得到有效调整。全年共发放小额贷款 47 户、198.6 万元;举行技能培训 7 场、167 人次,其中脱贫户 37 人次,占 22.16%。

【镇第十次党代会召开】　7 月 30—31 日,中共丽阳镇第十次党员代表大会召开。大会应到正式代表 67 人,实到正式代表 65 人。会议听取和审议《中国共产党丽阳镇第十届委员会报告》《中国共产党丽阳镇纪律检查委员会工作报告》,并审议通过相关决议。大会选举产生新一届镇党委、镇纪委班子以及丽阳镇出席区第十二次党代会代表。

7 月 29—31 日，中共丽阳镇第十次党员代表大会召开

【镇第十届人民代表大会第一次会议召开】 9 月 16—18 日，丽阳镇第十届人民代表大会第一次会议召开，58 名正式代表、47 名列席人员参加会议。会议听取和审议《政府工作报告》《人大主席团工作报告》，同时审议《财政预决算报告》《经济和社会发展“十四五”规划纲要》等文件。大会选举产生新一届镇人大主席团和新一届镇人民政府领导班子。

9 月 16—18 日，丽阳镇第十届人民代表大会第一次会议召开

【张五常西周曹姬侯青铜展开幕】 10 月 19 日，由中共昌江区委、区人民政府主办，区委宣传部，丽阳镇党委、镇政府承办的“寻历史印迹、秀醉美昌江”张五常西周曹姬侯青铜展，在张五常收藏艺术陈列馆开幕。该活动为 2021 中国景德镇国际陶瓷博览会的昌江区配套活动。

【市领导督导脱贫攻坚与乡村振兴衔接】 11 月 23 日，市政府副市长江民强，市政府副秘书长、市政府办二级调研员朱奔，市乡村振兴局党组书记、局长罗莉，市乡村振兴局党组成员、副局长施云峰，昌江区副区长刘方孟等一行到丽阳镇政府与山田村进行调研，督导巩固拓展脱贫攻坚成果与乡村振兴有效衔接工作。

【镇第二次妇女代表大会召开】 12 月 7 日，镇第二次妇女代表大会召开，区妇联相关领导出席会议并讲话。大会选举产生镇妇联第二届执委会以及新一届妇联主席、副主席。

【高标准农田和危房改造等工作调研】 12 月 11 日，区委副书记、区长伊文斌，副区长刘方孟一行深入丽阳镇开展高标准农田和危房改造等工作调研，并召开座谈会，研究部署下一步工作。区委常委、副区长、镇党委书记彭新建陪同。

【基础设施建设不断完善】 年底，全镇 4 条主干道全部完成升级改造，中团（古名“钟潭”）至洪家段 Y039 乡道全长 2.746 公里，项目投资 596 万余元，中团村至港南村段 Y039 乡道全长 2.738 公里，丽阳村至古田村、合录村，丽阳街桥头道路改造 550 米。

（董国助）

主要负责人名录

中共丽阳镇委员会

书　记：李志勇（至 2021.6）
　　　　彭新建（区委常委、副区长，2021.6 任）

副书记：谭新成（至 2021.6）
　　　　范　鸿（至 2021.6）
　　　　鲁锐翔（2021.6 任）
　　　　余敏华（2021.6 任）

委　员：徐　燃（至 2021.6）
　　　　李　游（至 2021.6）
　　　　舒云军（至 2021.11）
　　　　袁如晖（至 2021.6）

胡　苏(挂职,至2021.6)
徐秀平(女,2021.6任)
徐烈可(2021.6任)
安卫星(2021.6任)
朱建萍(女,2021.7任)

镇人大主席团

主　席:黎永忠(至2021年6月)
陈贤贺(2021年6月任)
副主席:朱　想(女,至2021年6月)
李亚兰(女,2021年6月任)

镇人民政府

镇　长:谭新成(至2021年6月)
鲁锐翔(2021年6月任)
副镇长:袁如晖(至2021年6月)
王逢茂(至2021年6月)
王晓彦(至2021年6月)
徐烈可(2021年6月任)
程　丹(女,2021年6月任)
罗　振(2021年6月任)

中共丽阳镇纪律检查委员会

书　记:徐秀平(女,2020年6月任)

镇人武部

部　长:袁如晖(至2021年6月)
徐烈可(2021年6月任)

吕蒙乡

【概况】 吕蒙乡地处昌江区城乡接合部,总面积36.525平方公里,辖3个村(古城村、官庄村、历尧村)、4个社区(吕蒙社区、官庄社区、黎明社区、历尧社区),户籍人口13762人,常住人口35527人。在豪德贸易广场等辐射带动下,形成西市区的商贸物流中心地位。

2021年,全乡完成财政总收入14019万元,其中一般公共预算收入3135万元,其中固定资产投资4.83亿元,招商引资实际到位9.19亿元。村级集体经济快速增长,2021年,官庄村收入596万元、历尧村收入500万元、古城村收入380万元。

【重点项目稳步推进】 以服务全市发展为要务,以重点项目建设为发展契机,积极开展征地、拆迁工作,尽最大努力确保各项重点工程的顺利推进。实现3天测量、16天内全部完成官庄堤一期311户签约、20天完成搬迁、破拆,征收面积约46200平方米;两天完成官庄堤二期9户、约1680平方米征收;一个多月完成建筑瓷厂片区13户、厂房面积6475.36平方米、公厕2座的征收工作;约26天完成龙井路片区52户、面积约1.2万平方米的房屋征收工作。

4月19日,市委副书记、代市长胡雪梅(前排右三)在吕蒙乡调研官庄堤建设

【常态疫情防控不松懈】 严格落实"外防输入、内防扩散"要求,全乡设立55个防疫检测站点。对回景人员进行登记,共排查2800余人,核实重点人员560余人,实施集中定点隔离62人,居家隔离和居家监测86人。全乡共完成3针次疫苗接种1万余针次,共同构建免疫屏障。

【人居环境持续改善】 全年投入约580万元,有效整治私拉电线、清理杂物垃圾、粉刷脏污墙面楼道、更换公益广告、修复破损路面、更换硬件设施、新增补划停车位等问题,有序推进农户庭院整治、"村庄清洁"及"厕所革命"等各项整治活动,不断改善人居环境。在全乡7个小区全面启动物业管理试点工作,从环境卫生、公共秩序、治安管理等方面解决群众最关心的"关键小事"。

【努力改善社会民生】 深入推进村级卫生计生服务室标准化建设,3个卫生计生服务室投入使用,让村民不出村就能看病治疗;完成梧桐小学扩建工程建设任务,全面改造翻新官庄小学、古城小学、历尧小学,美化亮化校园环境;建立健全退役军人服务保障体系,为全乡退役人员采集信息;做好农村、城乡最低生活保障线的保障工作,积极开展失能老年人保障工作和残疾人无障碍改造工作;改造提升吕蒙乡敬老院,为全乡失能特困人员提供集中供养和护理服务;引导广大村民树立丧葬文明新风尚,全乡火化率100%。

【社会大局和谐稳定】 大力推进"平安吕蒙"建设,推进市域社会治理现代化、扫黑除恶斗争常态化工作,建成村级综治中心两个,提高矛盾纠纷处理水平,全年受理矛盾纠纷65起,调解率100%。加强法治政府建设,以"八五"普法开局之年为契机,积极开展法治宣传教育,开通"远程视频会见"系统,提升教育改造质量。全年共受理各类信访件136件,接待上访群众200余人次,连续五年获全市信访工作"三无"乡镇称号。落实安全生产责任制,全年未发生重大安全生产事故,防汛抗旱、森林防火、消防安全、防灾减灾救灾等各项工作成效明显。

【干部作风转变明显】 坚决纠正"怕、慢、假、庸、散"等作风顽疾,对一些苗头性问题及时提醒,做到防患于未然。全年共收到17件问题线索,已处置15件。其中:立案2件,结案3件,处理3人;第一种形态处理7件,处理7人;予以了结5件。

【行政效能有效提升】 优化网格管理,融合党建、社会治安、城市管理、乡村振兴等事项,共设网格20个;通过信息平台收集社会群众上报信息5656条,乡自办数5532件,办结率97.81%;流转各部门230件,办结167件。深入推进"放管服"改革,规范便民服务中心建设,建立健全各项规章制度,完善相关办事程序,对群众办理行政性事项一次性办结,资料不合规定的,一次性告知补齐资料清单,让群众少跑腿,办事效率得到提高。

【完成第十一届村(居)民委员会换届选举】 2月,第十一届村(居)民委员会换届选举工作全面启动。3月18日至20日,全乡7个村(社区)进行村(居)民委员会换届正式选举,选举产生村(居)委会主任7人、副主任7人、委员15人。7名村党(总)支部书记成功当选村(居)委会主任,"一肩挑"实现率100%。圆满完成村(居)委会换届选举工作。

【乡第二届妇女代表大会召开】 4月,官庄村、古城村、历尧村、官庄社区、历尧社区、黎明社区、吕蒙社区等相继召开第二次妇女代表大会,产生第二届妇联执委和主席、副主席。12月9日,乡第二届妇女代表大会召开,全乡40名各条战线上的妇女代表参加会议。选举产生乡第二届妇联执委13人,其中主席1人、副主席3人。

【乡第十二次党员代表大会召开】 7月29—31日,中共吕蒙乡第十二次党员代表大会召开。大会应到正式代表59人,列席代表21人,实到正式代表57人,因事因病请假2人。大会通过无记名投票方式,选举产生新一届乡党委、乡纪委班子成员以及吕蒙乡出席区第十二次党代会代表。会议通过《中国共产党吕蒙乡第十二次党员代表大会关于党委工作报告的决议》《中国共产党吕蒙乡第十二次党员代表大会关于纪委工作报告的决议》。

【乡第十二届人民代表大会一次会议召开】 9月18—20日,吕蒙乡第十二届人民代表大会第一次会议召开。来自全乡各行各业的52名正式代表参加

7月29—31日,中共吕蒙乡第十二次党员代表大会召开

会议。大会选举产生吕蒙乡第十二届人民代表大会主席团主席1名、副主席1名,吕蒙乡人民政府乡长1名、副乡长4名。

【"暖心助航、就创青春"专场招聘会】 11月27日,在豪德贸易中心广场承办"暖心助航、就创青春"2021年昌江区未就业高校毕业生、城镇困难群众、退役军人、残疾人、被征地农民等专场招聘会。本次参会的单位企业有24家,提供岗位近600个,涵盖30多个工种。现场设有咨询台23个,并有专业人员现场为前来应聘人员介绍情况、解答问题,共有83人初步签订应聘意向。

(黄鹤羚)

主要负责人名录

中共吕蒙乡委员会

书　记:余志锋(至2021.6)
　　　　姚文斌(2021.6任)
副书记:邵厚顺(至2021.6)
　　　　严命元(至2021.6)
　　　　吴重敏(2019.4任)
　　　　施启权(挂职,至2021.6)
　　　　陈　新(2021.6任)
委　员:李　嵩(至2021.6)
　　　　张　华(女,至2021.6)
　　　　吴　晶(至2021.6)
　　　　陈传雷(2020.5任)
　　　　彭金春(2021.6任)
　　　　刘金和(2021.6任)
　　　　伍　超(2021.6任)

乡人大主席团

主　席:柳春才(至2021.8)
　　　　史燕红(女,2021.8任)
副主席:黄玉兰(女,至2021.8)
　　　　洪　丹(女,2021.8任)

乡人民政府

乡　长:邵厚顺(至2021.8)
　　　　吴重敏(2021.8任)
副乡长:李　嵩(至2021.8)
　　　　李玉英(女,至2021.8)
　　　　利俊韬(至2021.8)
　　　　陈传雷(2021.8任)
　　　　徐　飞(2021.8任)
　　　　余小珍(女,2021.8任)
　　　　黄婧芦(女,2021.8任)

中共吕蒙乡纪律检查委员会

书　记:张　华(女,至2021.6)
　　　　刘金和(2021.6任)

乡人武部

部　长:陈传雷(2020.5任)

荷塘乡

【概况】 荷塘乡(场)地处昌江区南部山区,东与浮梁县寿安乡相连,南与乐平市科山、塔前接壤,西与鲇鱼山毗邻,北与吕蒙乡衔接。面积63.03平方公里。现有4个行政村,总人口5500人。荷塘乡现有"五办一中心一大队":党政(党建)办公室、经济发展和财政办公室、社会治理办公室、社会事务办公室、农业农村工作办公室、便民服务中心、综合行政执法队。共有干部职工72人,其中事业编17人,公务员编12人。

2021年,全乡完成财政总收入3968万元,其中一般性公共财政预算收入1551万元,全年任务数2962万元,超额完成任务;固定资产投资总额19989万元;引进招商引资项目8个,其中亿元以下项目7个、5亿元项目1个,完成现代服务业5家,批发零售业3家,其中规模以上企业入库1家;规模以上工业企业入库1家,总投资额85540万元。乐平市塔前镇至昌江区荷塘乡段公路顺利通车;以乡村振兴为基底、以农垦精神及红色文化为内核的乡村振兴文旅综合体项目(一期)完成招标程序。

【加大基础设施改造力度】 先后投入260万元,对山门村荷塘坞进行环境提升;投入20万元,对童坊中心村整体环境提升改造及1000余米水渠维修;投入70万元推进山门村园艺队、仓下村横柏山新农村建设;投入70万元,聘请保洁员若干名,对房前屋后进行清理,进行道路除杂,增加重点地段和重要时期的卫生清扫。坚持把"创文明城市"工作当成中心、重点工程来抓，纳入年度考核、绩效考核，召开10余次专题会议进行调度，积极开展常态长效综合整治“十大行动”百余次，6次登上市指挥部红榜，入列“江西省魅力乡镇生态乡镇”“江西省美丽乡镇”名单。

4月5日，市委副书记、市长候选人胡雪梅（中）到荷塘乡开展党史学习教育

【民生福祉不断改善】 全年共有163户、205人享受城镇低保，发放低保金130.26万元，临时救助资金6.91万元，残疾人“两项”补贴9.58万元。发放农垦职工退休工资3494.77万元，参加城镇居民养老保险1123人，领取发放社会保障卡3000余张。全乡缴纳医保5080人，参保率达98%，办理住院报销50人，外伤报销23人，慢性病报销18人。便民服务中心全年累计接待2213人，受理六大项目997件，办结945件，其中当即办件419件，办结率达94%，回复率达100%。开发并申请48个公益性岗位，其中城镇低保户及家庭成员安置7人；协助区就业局为困难就业创业人员办理4人次小额创业贷款，发放小额贷款80万元；按政策要求办理“灵活就业”109人，发放社保补贴金额36.6万元，灵活就业养老保险缴费率达95%。累计收集“我为群众办实事”问题110余件，为民解决问题90余件，另有20余件正在办理，受理率100%，完成率85%，开展各类志愿、宣传活动40余次。投入400余万元对山门村荷塘坞、山门村小组、杨湾村李家山村小组自来水提升改造；对童坊中心村公墓、杨湾村万福桥至牛屎亭农田水渠、杨湾陈湾小组公厕、山门村卫生室、仓下村爱心食堂提升改造；对仓下村锡坑坞危桥除险加固；对童坊庄前村桥涵及水堰进行重建。

【疫情防控有序有力】 抓好常态化疫情防控，主动做好中高风险地区返乡人员排查，综合运用多种有效手段，精准摸排、科学防控；努力实现疫苗接种全覆盖，切实构筑起维护人民群众生命和身体健康的免疫屏障。共完成第一针疫苗接种4680人、第二针疫苗接种4646人、第三针疫苗接种2317人。

【做优红色文旅品牌】 不断盘活“红色资源”，深度挖掘革命烈士纪念塔、农垦旧址、民俗谚语等遗址遗存和文化记忆所蕴含的精神之魂，用通俗的方式、现代的形式、大众的视角传承红色基因、弘扬农垦文化、讲好荷塘故事，推动荷塘精神入脑入心、传承不息；依托荷塘精神红色教育基地、荷塘山房、莲荷学堂等资源充分宣传和弘扬“荷塘精神”，借助党史学习教育的契机，累计接待200余个机关、企事业单位4000余人次来乡开展缅怀革命先烈、重温入党誓词等主题实践活动。7月，荷塘精神红色教育基地被评为省级爱国主义教育基地。

【加强社会治理工作】 落实“五个一”矛盾纠纷调处机制和部门联动机制，处理矛盾纠纷案件20余件，矛盾纠纷调处率100%；开展森林防火、防汛、救灾、安全生产工作，深入重点区蹲点督查、排除隐患，积极发放救灾物资，全年发放方便面300箱、矿泉水800箱、棉被100套。全年未发生重大森林火灾，汛期未倒一库一坝，未发生一起安全生产事故；全年共受理48起信访事件，办结44起，办理率100%，办结率91.7%。其中来访3起，网上信访7起，热线38起。其中来访办结1起，网访办结5起，热线办结38起。

【抓好基层组织建设】 开展党委理论中心组专题学习19次，对习近平系列重要讲话及视察江西时的重要讲话精神进行专题讨论学习，撰写心得体会60余篇。全面落实党风廉政建设责任制，切实履行“一岗双责”，严格执行中央八项规定精神，严格控制“三公经费”，不断完善考评制度、财政管理等规章制度，坚持执行重点工作调度，有力开展效能督查。顺利完成村“两委”换届工作,各项硬性指标均落实;严格按照规定程序完成党代会及人大会,选举产生党委书记 1 名,党委副书记 2 名,党委委员 7 名,纪委委员 5 名;人大主席 1 名,副主席 1 名,乡长 1 名,副乡长 2 名。

(张　星)

主要负责人名录

中共荷塘乡委员会

书　记:梁　毅(至 2021.6)
　　　宁烨琳(2021.6 任)
副书记:陈贤贺(至 2021.6)
　　　袁如晖(2021.6 任)
委　员:彭金春(至 2021.6)
　　　刘鸣波(至 2021.6)
　　　徐烈可(至 2021.6)
　　　程连生(至 2021.6)
　　　李镒岚(挂职,至 2021.6)
　　　陈汗亮(2021.6 任)
　　　王逢茂(2021.6 任)
　　　张庆华(2021.6 任)
　　　张　雷(2021.6 任)

乡人大主席团

主　席:王国涛(至 2021.6)
　　　陈红菊(女,2021.6 任)
副主席:蔡秀梅(女,至 2021.6)
　　　谢志红(女,2021.6 任)

乡人民政府

乡　长:姚文斌(至 2021.6)
　　　胡小敏(2021.6 任)
副乡长:刘鸣波(至 2021.6)
　　　李镒岚(挂职,至 2021.6)
　　　吴珍琴(女,至 2021.6)
　　　王逢茂(2021.6 任)
　　　洪　蕾(女,2021.6 任)

中共荷塘乡纪律检查委员会

书　记:彭金春(至 2021.6)
　　　张　雷(2021.6 任)

乡人民武装部

部　长:徐烈可(至 2021.6)
　　　张庆华(2021.6 任)

新枫街道

【概况】　新枫街道因驻地新风路而得名。1977 年 10 月 25 日,景德镇市人民政府从罗家垦殖场划出旸府滩分场,从枫树山划出十八渡分场、园林分场组成西郊园艺场归昌江区管辖,次年改名为国营西郊垦殖场。2007 年 12 月 10 日,经市人民政府批复改制为新枫街道。新枫街道属城乡接合部,东靠昌江,西邻吕蒙乡,南接竟成镇,北毗洪源镇。辖区面积 16.8 平方公里,总面积 2676 亩,森林覆盖率 52.6%。总人口 49316 人,常住人口 45208 人,均为汉族,街道党员 1118 名,其中男党员 740 名、女党员 378 名。街道公务员干部 16 人,事业编干部 21 人,场编 20 人。下辖 14 个村(社区),其中行政村 2 个,社区 12 个。

2021 年,共完成财政收入 1.65 亿元,其中完成税收 1.38 亿元,税收占比 83.63%。完成固定资产投资 17.02 亿元,入库 7 家。“四上”企业入库 8 家。

【招商引资持续加强】　全年完成招商引资 10.05 亿元,完成任务 95.2%,完成招商引资亿元以上项目 2 个、亿元以下项目 7 个。党政主要领导共外出招商 10 余次,对接各类企业 30 余家。

【营商环境不断优化】　在康家花园打造近 1000 平方米的总部经济办公室,为企业落户提供服务及办公场所,全力推动企业尽早生产出效益。全年共招入 22 家企业落户总部经济办公室。成立新枫街道高质量发展办公室,全面摸排辖区招商资源,落实企业包户服务制度,确保责任压实到人;落实招商引资完税政策,切实让纳税企业享受政策福利,全年共返还企业税收 3224 万元,营商环境不断得到优化。

【着力增进民生福祉】　持续改善乡村基础设施条件和人居环境。加大对三河、河西两村基础设施建设的支持力度,推进农村厕所革命、生活垃圾、污水内涝治理,村容村貌显著提升。全面落实惠民措施。

全年扶持计划生育奖励帮扶对象19名,开展对特别帮扶人员“三节”(春节、端午节、中秋节)慰问、失独人员生日慰问、免费体检,办理特扶对象住院二次报销保险26人;独生子女父母奖励新增405人;办理农村独生子女和二女户中考加分8例;安排公益性岗位人员15人,组织26名轻度残疾人进鱼丽工业园工作;街道现有建档立卡贫困户51户、142人,共有19人、23次报销医疗费,住院花费256802.44元,个人支付共计24130.8元,医疗报销自付比例为9.39%;全年为城镇居民续保、新增人员共656人,共发放低保金948.7万元,发放“五保”救助2.5万元,老龄补贴36.2万元,殡葬补贴3.5万元。全年在辖区发放宣传册1.6万份,在园林社区举办有20多家企业参加的大型招聘会;园林居家养老服务中心建成,服务面积660余平方米。街道城乡医保参保人数近1.8万人。全街道低保户1421人,月均发放金额106.91万元;审批临时救助64人;每月发放“五类人员”补贴28609元、高龄补贴44850元。开展传统“三节”和“八一”建军节走访慰问,走访退役军人600余人次,发放各类优抚金、慰问金等47万余元,获省级“红色退役军人服务站”称号。

【持续推进棚改等城市建设工作】 街道全年共实施文明创建大小项目400余个,项目投入总金额约900万元,发放宣传资料20000余份。结合常态长效工作,推动常年经受内涝的紧固件厂宿舍进行改造,彻底解决内涝难题。投资30万元对常年被洪水浸泡的月丘里小区破损墙面进行改造。完成韭菜园棚改项目、三间庙城中村棚改一期项目等棚改工作。

【推进退役军人服务保障】 各村(居)成立退役军人服务机构,落实退役军人服务专干11人。投入20余万元建成街道退役军人服务站。街道开展“三节”“八一”建军节走访慰问。

【持续做好疫情防控等社会稳定工作】 强化疫苗接种工作,街道疫苗第一针任务数25238人,完成人数25401人,完成率100.65%,第二针、第三针有序推进。强化外防输入,街道设置防疫站点37个;对中、高风险地区及境外人员做好管控,集中隔离总人数132人;物资储备充足,组织开展全员核酸检测演练,建立应急常态化管理机制。有序推进安全生产工作。街道应急办与下属的2村、12个社区,分别签订安全生产目标管理责任书,建立考核体系,联合上级有关部门开展安全生产整治行动10余次。全年共检查出安全隐患120条,整改117条,整改率97%,累计责令停产3处。全年网格员上报事件共8917条,矛盾纠纷事件311条,成功化解310条。共接待群众来信来访108件,并妥善回复。

【深入开展党史学习教育】 围绕习近平总书记系列重要讲话,《习近平谈治国理政》系列书籍,中共十九届五中、六中全会精神等,共组织开展中心组学习11次;通过“三会一课”、主题党日、江西干部网络学院、“学习强国”学习平台等多种形式组织广大党员干部学习,切实提升党员干部责任与担当意识。4月9日、4月12日分两批开展“学党史 悟初心 办实事”暨村(社区)“两委”班子、发展党员培训班,共有129名学员参加。开展庆祝中国共产党成立100周年系列活动。6月22日,为110名老党员颁发“光荣在党50年”纪念章,并组织召开新枫街道“七一”表扬大会。坚持把党史学习教育与“我为群众办实事”等活动紧密结合起来,先后收集群众建议共775条,解决群众关心的各类问题757件。如协调嘉和迎宾城小区三、四期180户业主和开发商纠纷,解决停车难题;实施三河新村山体滑坡修复工程;组织多家医院为辖区近2000位中老年人开展健康体检和免费义诊活动等。

【充分发挥党建统领作用】 按照基层党建“三化”总体要求和街道实际,突出“一村一品”,结合党的基层阵地资源整合、党建+农村养老服务、发展壮大村级集体经济、乡村旅游、农村(居)人居环境整治等工作,14个村(社区)中13个村(社区)完成“三化”提升改造建设。强化村(社区)干部队伍建设,全面推进书记、主任“一肩挑”,每个村、社区均至少配备有2名后备干部。开展村(社区)“两委”干部工资及社保情况摸排工作,111名村(社区)“两委”干部按照“三岗十八级”,全部增资到位,52人转城镇职工养老保险。从严从实抓好党风廉政建设,做好村“两委”换届“回头看”和2021年度软弱涣散村(社区)党组织排查整顿工作。针对十一届区委巡察反馈意见,狠抓工作落实,积极整改到位。

【不断深化精神文明建设】 全面落实新时代文明实践站(所)、综合文化室站建设,并结合实际开展

“庆建党百年、迎瓷博盛会”文艺会演、各村(社区)放映露天红色电影40余次、举办以“喜迎新时代,欢乐度重阳”为主题的2021年重阳节文艺会演等各项活动。注重宣传引导。做好街道微信公众号的同时注重与各大主流媒体合作,街道对内、外宣传报道共计798篇,其中《“唠嗑”“吵嘴”办实事,景德镇谭家山社区党史学习教育有实招》等被央广网媒体采用。

【社区综治管理“网格化”】 2021年,按照“1个网格覆盖300—500户”的原则,组密54张网,配备54名专职网格员。根据综治网格划分,已建立38个网格,暂由村(社区)“两委”干部兼任,在居民中公开推选威信高、热心公益事业的离退休老党员干部担任网格协管员,坚持日巡网格和日报报告制度,排查矛盾隐患,搜集群众诉求,发现问题第一时间协调解决,超过权限无法解决的第一时间向社区报告。

(程仁修　徐元秀)

主要负责人名录

中共新枫街道工作委员会

书　记: 虞晓军(至2021.6)
雷光斌(2021.7任)
副书记: 雷光斌(至2021.6)
王三平(至2021.6)
范　鸿(2021.6任)
徐　燃(2021.6任)
委　员: 陈　新(至2021.6)
彭红英(女,至2021.6)
蔡建勋(至2021.6)
黎莹莹(女,挂职,至2021.6)
余彤春(2020.5任)
刘鸣波(2021.7任)
吴珍琴(女,2021.7任)
李玉英(女,2021.7任)

街道人大工委

主　任: 徐普亮(至2021.6)
饶　丹(女,2021.7任)

街道办事处

主　任: 雷光斌(至2021.6)
范　鸿(2021.7任)
常务副主任: 陈　新(至2021.6)
刘鸣波(2021.7任)
副主任: 黎莹莹(女,挂职,至2021.6)
陈汗亮(至2021.6)
段君德(至2021.6)
刘小倩(女,2021.7任)
程　杨(2021.7任)

中共新枫街道纪检监察工作委员会

书　记: 彭红英(女,至2021.6)
吴珍琴(女,2021.7任)

街道人民武装部

部　长: 陈　新(至2021.6)
刘鸣波(2021.7任)

西郊街道

【概况】 西郊街道位于昌江区西南部,东临昌江河,西南与吕蒙乡相连,西南往北与新枫街道为邻,辖区面积17平方公里,共15个社区、1个林场,共有机关、社区、学校约100余家,总人口6万余人。街道党工委下设1个综合党委、15个社区党委,现有中共党员1432人,事业编人员21人,公务员12人。

2021年,财政总收入完成9071万元,其中一般公共预算收入完成3289万元;固定资产投资完成15亿元,完成全年计划的100%;全年实现招商引资10.2亿元,完成全年计划的100%,亿元以上项目2个。

【党建引领聚焦主责主业】 2021年,由西郊街道党工委牵头组织建设泰豪商圈共同体,共同体着眼建设坚强党组织、活力商圈、平安社区,推进党建项目合作,研究解决区域共性问题。在工作实践中,探索形成“企业三进、社区三帮、企社三联、同心梦圆”工作机制。泰豪商圈的市场主体增长19家,从业人员增加150余人。

【持续优化网格管理】 探索完善“5+N”工作模式,将调整后的15个社区1个林场划分为56个网格,各社区配备网格长1名,由社区书记兼任,配备网格员240名、楼栋长340名,形成网格、社区、街道综治中心三级管理体制,建立以发现问题、信息分类流转、事件处置办结、中心验收关闭为主要运转流程的网格化管理闭环。探索推进群众服务便捷化、党建引领区域化、社会治理网格化、职能运行智慧化“四化融合”,基本形成“小事不出社区,大事不出街道”的服务管理格局。

【推进文明创建常态长效】 2021 年,继续做好文明城市创建工作,跑得勤、看得细、督得频,发现问题及时整改。全年更换消防器材 1200 余处,安装更换广告牌约 670 处,整改市容市貌 28590 处,组织志愿者巡查 2450 处,清理车辆乱停放约 25525 处,填写更换月检卡约 44575 张,新增非机动车位 1325 个,机动车位 925 个,拆除违建 58 处、共 5040 平方米。

【精准施策狠抓疫情防控】 按照党中央疫情防控决策部署和省、市、区工作安排,将疫情防控作为头等大事抓紧抓实,紧盯“外防输入、内防扩散”目标,坚持联防联控、科学应对,精准施策。全年接种新型冠状病毒疫苗第一针人次 3.56 万人,第二针 3.36 万人,境外到景德镇市人员 55 人,其中 55 人集中隔离期满,并完成核酸检测,结果均为阴性。

【保障民生提升幸福指数】 全年共拆除棚改面积 4000 平方米。以保障和改善民生为重点,确保就业促进、社会保障、扶贫解困、医疗卫生、教育助学、百姓安居、生态环境、文化体育等方面的惠民利民政策落实到实处;组织开展义诊 30 次;加快改造老旧居民小区水、电、气供配电设施或排污设施;代缴贫困人口、低保贫困人口、低保对象特困人员等困难群体城乡居民基本养老保险个人缴费 40 余人;推进“绿色殡改”,开展“三沿六区”散埋乱葬坟墓整治工作,辖区火化率达 100%。严格规范低保发放,低保新增 37 户、48 人,取消 142 户、261 人,总发放金额 158 万余元。关心特殊群体生活,为 1151 名高龄老人发放补贴 68 万元,城镇就业新增 464 人,公益岗位新增 8 人,困难人员认定 112 人,失业登记 123 人,失业转就业人员 112 人,单位招工登记 20 人。

【强化维稳筑牢安全保障】 做好两会以及庆祝中国共产党成立 100 周年等重要时期信访工作,稳妥推进解决历史遗留问题。街道全年收到上级转办信访件 43 件,已受理 43 件,解决 37 件;收到热线反馈问题 181 件,均在规定时间内解决并向上级反馈办理情况。

【召开街道党员代表会议】 8 月 22 日,西郊街道召开党员代表会议,街道党政班子成员等党员代表参加会议,街道党工委书记主持。会议以无记名投票的方式,选举产生 50 人当选为西郊街道出席中共昌江区第十二次党代会代表。

【开通“我为群众办实事”热线】 开展问计于民、问需于民、问政于民“三问”活动,广泛征求社会各界的意见建议,设置 24 小时群众热线,坚决做到“民有所呼、我有所应”。对推进就业、教育、社保、卫生、养老、住房、交通、文明建设、城乡建设、乡村振兴、文化体育等领域工作的意见建议;对政府部门在办事效率、工作作风等营商环境方面的意见建议;其他关系群众切身利益的“急难愁盼”问题事项的意见建议。

主要负责人名录

中共西郊街道工作委员会

书　记:江　斌(至 2021.6)
邵厚顺(2021.6 任)
副书记:宁烨琳(至 2021.6)
李　游(2021.6 任)
吴　伟(至 2021.6)
周庆辉(挂职,至 2021.6)
李　嵩(2021.6 任)
委　员:陈红菊(女,至 2021.6)
葛海朋(2018.3 任)
史燕红(女,至 2021.6)
杜　江(挂职,至 2021.6)
胡　泊(女,2018.12 任)
张克鹏(2021.6 任)
邹光响(2021.6 任)

西郊街道人大工委

主　任:吴　伟(至 2021.6)
严命元(2021.6 任)

街道办事处

主　任:宁烨琳(至 2021.6)

李　游(2021.6任)
常务副主任:葛海朋(2019.5任)
副主任:胡莹莹(女,至2021.6)
杜　江(挂职,至2021.6)
杨欣茹(女,2021.6任)
徐后强(至2021.6)
陈　晨(女,2021.6任)

中共西郊街道纪检监察工作委员会

书　记:史燕红(女,至2021.6)
胡　泊(女,2021.6任)

街道人民武装部

部　长:胡　泊(女,至2021.6)
张克鹏(2021.6任)

荣　　誉

2021 年获市级及以上称号的先进集体表

表 1

单　位	授予称号名称	表彰单位
昌江区	2021 年全省森林防火“平安春季行动”森林防火平安县区	省森林防灭火指挥部办公室
昌江区	承办 2021 年全省旅游产业发展大会贡献突出集体一等奖	市委、市人民政府
丽阳镇枫林村	第二批全国乡村治理示范村	中央农村工作领导小组办公室、农村农村部、中央宣传部、国家民政部、国家司法部、国家乡村振兴局
西郊街道华风社区	第八批全国民主法治示范社区	国家司法部、国家民政部
西郊街道景航社区	全国示范性老年友好型社区	国家卫生健康委员会、全国老龄办
区人民检察院	2017—2020 年度全国群众体育先进单位	国家体育总局
区西郊街道蟠龙岗社区	巾帼文明岗	中华全国妇女联合会
区实验学校	全国围棋特色学校	中国围棋协会
昌江区中心幼儿园	全国围棋特色幼儿园	中国围棋协会
鲇鱼山镇徐湾村	省脱贫攻坚先进集体	省委、省人民政府
吕蒙乡历尧村	第七届江西省文明村镇	省委、省人民政府
新枫街道三河村	第七届江西省文明村镇	省委、省人民政府
消防救援大队	第十六届江西省文明单位	省委、省人民政府
荷塘乡童坊村	第一批省级红色名村	省委组织部、省委宣传部、省委党史研究室、省农业农村厅
荷塘精神红色教育基地	第六批江西省爱国主义教育基地	省委宣传部
吕蒙乡官庄村	全省综合减灾示范村	省减灾委员会

续表 1

单　位	授予称号名称	表彰单位
昌江区人民法院	全省法院“争创一流工作”先进法院	省高级人民法院
昌江一中	全省第二批普通高中特色学校	省教育厅
昌江区中心幼儿园	全省第二批学前教育质量提升计划（2020—2025 年）实验园	省教育厅
新枫街道青花社区	2020—2021 年度全省“绿色社区　美丽家园”创建活动示范社区	省民政厅
新枫街道十八渡社区	2020—2021 年度全省“绿色社区　美丽家园”创建活动示范社区	省民政厅
荷塘乡童坊村	第二批全省乡村旅游重点村	省文化和旅游厅、省发展和改革委员会
新枫街道	全省红色退役军人服务站	省退役军人服务中心
区消防救援大队	全省先进基层党组织	省消防救援总队
区人民防空办公室	2020 年全省县级人防建设优秀单位	省人民防空办公室
丽阳镇	第二批全省“五型”政府建设示范镇	省“五型”政府建设领导小组
区消防救援大队	全省青年文明号	共青团江西省委
紫晶国际旅行社	五星级旅行社	省旅行社星级评定委员会
新枫街道退休干部党支部	全市离退休干部“示范党支部”	市委组织部、市委老干部局
景德镇市四川商会党支部	2020 年度市非公经济组织先进党支部	市非公有制经济组织委员会
景德镇猎户星空智能科技有限公司	市级人才创新创业示范基地	市委人才工作领导小组
共青团昌江区委员会	全市“团的基层组织建设”工作优秀单位	共青团景德镇市委员会
新枫街道十八渡社区	景德镇市巾帼建功先进集体	市妇女联合会
新枫街道嘉和社区	景德镇市 2021 年度无传销社区	市打击传销工作领导小组办公室

2021年获市级及以上称号的先进人物表

表2

单位	姓名	性别	授予称号名称	表彰单位
鲇鱼山镇	周发春	男	全国道德模范提名奖	中央宣传部、中央文明办、全国总工会、共青团中央、全国妇联
丽阳镇	王国顺	男	抗击新冠肺炎疫情突出贡献农民	农业农村部
昌江公安分局户政科	黄 莺	女	个人一等功	公安部
区人民检察院	施 毅	女	全国检察宣传先进个人	检察日报社
区退役军人事务局	吴正奎	男	宣传工作先进个人	退役军人事务部办公厅
区疾控中心	王德新	男	全省优秀共产党员	江西省委
区委党史办	施启权	男	新时代赣鄱先锋“群众身边好党员”	省委组织部
区人民法院	程 贞	女	新时代赣鄱先锋“担当作为好干部”	省委组织部
昌江一中	刘德华	男	江西省特级教师	省人民政府
昌江公安分局法制大队	吴春华	男	个人二等功	省公安厅
昌江公安分局吕西派出所	徐 剑	男	全省优秀人民警察	省公安厅
新枫街道	王心娟	女	全省最美社区工作者	省民政厅
新枫街道	吴锦芝	女	全省优秀调解员先进个人	省司法厅
鲇鱼山镇	石燕青	男	省乡村振兴青年先锋	团省委、省农业农村厅
吕蒙乡	刘 菊	女	省三八红旗手	省妇女联合会
区疾控中心	彭秀英	女	省“生命英雄·免疫英雄”称号	省疾病预防控制中心
区城管局	虞丽丽	女	全省城管执法系统党史学习教育先进个人	省城市建设管理协会
区委党史办	施启权	男	全市创卫先进个人	市委、市政府
新枫街道	黄 河	女	全市创文个人嘉奖	市委、市政府
新枫街道	胡 军	男	全市创卫个人二等功	市委、市政府
新枫街道	雷光斌	男	全市招商引资先进个人	市政府
新枫街道	李 韦	女	全市优秀网格员	市委政法委
丽阳中学	刘光怀	男	全市教育系统优秀共产党员	市教育局党组
丽阳中学	张宇林	男	全市先进班主任	市教育局
鲇鱼山镇	邵继强	男	全市优秀社工	市民政局

续表 2

单位	姓名	性别	授予先进名称	表彰部门
鲇鱼山镇	陈立新	男	全市法律援助工作先进个人	市司法局
吕蒙乡	董明华	男	全市法律援助工作先进个人	市司法局
吕蒙乡	刘　晓	女	全市法律援助工作先进个人	市司法局
吕蒙乡	杨　芳	女	全市人民调解工作先进个人	市司法局
吕蒙乡	柴天光	男	全市人民调解工作先进个人	市司法局
新枫街道	余红艳	女	全市人民优秀调解员	市司法局
新枫街道	胡必成	男	全市消防工作先进个人	市应急管理局
鲇鱼山镇	徐元水	男	全市林业工作先进个人	市林业局
昌江公安分局西郊派出所	徐　勇	男	全市优秀人民警察	市公安局
昌江公安分局户政科	徐　珊	女	爱民模范	市公安局
昌江公安分局	吴　磊	男	个人三等功	市公安局
昌江公安分局政工科	项凯平	男	个人三等功	市公安局
昌江公安分局禁毒大队	蒋环军	男	个人三等功	市公安局
昌江公安分局刑侦大队	胡绍军	男	个人三等功	市公安局
昌江公安分局禁毒大队	李映永	男	个人三等功	市公安局
昌江公安分局刑侦大队	刘镇国	男	个人三等功	市公安局
昌江公安分局指挥中心	胡海力	女	个人三等功	市公安局
新枫街道	毛水兰	女	全市清洁家庭	市妇女联合会
新枫街道	封开屏	女	全市清洁家庭	市妇女联合会
鲇鱼山镇	程秀枝	女	全市巾帼建功标兵	市妇女联合会
吕蒙乡	王美文	男	全市先进个人	市科学技术协会
昌江区供电分公司	胡维权	男	全市先进工作者	市供电公司
昌江区供电分公司	高　涵	男	全市先进工作者	市供电公司
丽阳镇	汪朝斌	男	全市优秀志愿者	市创文指挥部
丽阳镇	张敬荣	男	全市优秀志愿者	市创文指挥部
丽阳镇	谭秀丽	女	全市第四次全国经济普查优秀个人	市第四次全国经济普查领导小组
新枫街道	冯武军	男	全市第四次全国经济普查优秀个人	市第四次全国经济普查领导小组

附　　录

文件选录

区委办公室　区政府办公室
关于印发《昌江区深化事业单位改革试点工作实施方案》的通知

（昌办发〔2021〕1号）

各乡镇（街道）党（工）委、人民政府（办事处），区委各部门，区直各单位，各人民团体：

《昌江区深化事业单位改革试点工作实施方案》已经区委、区政府同意，现印发给你们，请认真组织实施。

2021年3月11日

昌江区深化事业单位改革试点工作实施方案

为贯彻落实中央关于深化事业单位改革试点决策部署和省委、市委工作要求，根据《中共江西省委办公厅江西省人民政府办公厅印发〈关于深化市县事业单位改革试点的实施意见〉的通知》（赣办发〔2020〕30号）精神，稳妥有序组织实施我区深化事业单位改革试点工作，制定本实施方案。

一、总体要求

以习近平新时代中国特色社会主义思想为指导，全面贯彻中共十九大和十九届二中、三中、四中、五中全会精神，切实增强“四个意识”、坚定“四个自信”、做到“两个维护”，深入学习贯彻习近平总书记视察江西重要讲话精神，全面落实省委、市委关于深化事业单位改革试点工作要求。坚持党的全面领导、坚持以人民为中心、坚持优化协同高效、坚持稳步扎实推进，重塑布局体系，完善制度机制，实行政事分开、事企分开、管办分离，促进新时代公益事业平衡充分高质量发展，为服务中心大局、做实做优昌江，在打造与世界对话的国际瓷都中努力实现昌江高质量跨越式发展做出更大贡献。

二、坚持和加强党对事业单位的全面领导

坚持以党的政治建设引领事业发展，坚持党建工作与事业单位改革同步谋划、同步推进，把握事业单位党建工作特点和规律，提高针对性和实效性。探索创新工作方法和机制，推进“两学一做”学习教育常态化制度化，巩固深化“不忘初心、牢记使命”主题教育成果，促进党建与业务深度融合、创新发展。同步设置或调整党的组织，强化基层党组织服务功能。完善落实保证党的全面领导的制度，完善

事业单位党的领导体制和工作机制,强化党组织领导核心和政治核心作用充分发挥。在政事权限清单、机构职能编制规定和章程中,专章专款对党组织的地位和作用作出规定,对党组织发挥作用的途径、方式和程序等加以明确。把事业单位改革放在党管干部、党管人才、党管机构编制的全流程中统筹谋划推进,落实事业单位领导人员管理相关政策规定,规范领导职数管理和岗位管理,选优配强事业单位领导班子,优化班子结构,增强整体功能。

三、优化布局结构

围绕全区经济社会发展、基本民生保障、城乡基层治理等方面,按照"该撤销的撤销、该整合的整合、该转企的转企、该精简的精简、该加强的加强"原则,推动事业单位系统性、整体性重构,保障基本公共服务均等化可及性、公益事业集约化可持续发展。

(一)优化整合事业单位

1. 组建区委政策研究中心。为加强经济、社会、文化、生态文明等方面的研究,围绕区委工作部署提供政策建议和咨询意见,组建区委政策研究中心,正科级,为区委直属事业单位。

2. 组建区经济合作交流中心。为加强与区外经济合作交流,打造经济新增长极,在区招商协作局的基础上,组建区经济合作交流中心,正科级,为区政府直属事业单位。

3. 组建区融媒体中心。为强化党对新闻舆论工作的集中统一领导,加强宣传舆论阵地建设,组建区融媒体中心,正科级,为区委区政府直属事业单位,归口区委宣传部领导。

4. 组建区综治中心。为加强社会治理工作,推动社会治理新平台建设,整合区流动人口和出租房屋管理办公室、区和谐平安联创中心等单位及相关职能,组建区综治中心,正科级,为区委政法委所属事业单位。

5. 组建区廉政文化教育中心。为加强廉政文化教育及党纪法规宣传,推进党风廉政建设,组建区廉政文化教育中心,副科级,为区纪委区监委所属事业单位。

6. 组建区人才发展服务中心。为实施人才强区战略,引进更多高层次急需紧缺人才,组建区人才发展服务中心,副科级,为区委组织部所属事业单位。

7. 组建区机构编制实名制管理中心。为加强机构编制实名制管理工作,不断提高机构编制管理水平,组建区机构编制实名制管理中心,副科级,为区委机构编制委员会办公室所属事业单位。

8. 组建区财政公共服务中心。为强化财政资源统筹和政策协同,更好地发挥财政公共服务供给支撑作用,在区国库集中收付核算中心的基础上,组建区财政公共服务中心,副科级,为区财政局所属事业单位。

9. 组建区政府和社会资本合作服务中心。为进一步推进政府和社会资本合作提供必要的技术支撑和组织保障,更好地促进政府和社会资本合作规范健康发展,组建区政府和社会资本合作服务中心,副科级,为区财政局所属事业单位。

10. 组建区国有资产服务中心。为加强国有资产服务工作,推进国有资产提质增效,组建区国有资产服务中心,副科级,为区财政局所属事业单位。

11. 组建区城镇发展服务中心。为提升城市功能与品质,加强历史文化保护与新型城镇化建设的融合,不断提升城市综合承载能力,组建区城镇发展服务中心,副科级,为区住房和城乡建设局所属事业单位。

12. 组建区交通运输事业发展中心。为加强交通和运输综合服务工作,不断提升交通运输服务保障能力,组建区交通运输事业发展中心,副科级,为区交通运输局所属事业单位。

13. 组建区乡村振兴发展中心。为全面实施乡村振兴战略,加快推进乡村治理体系和治理能力现代化,加快推进农业农村现代化,在市莱科所的基础上,组建区乡村振兴发展中心,副科级,为区农业农村水利局所属事业单位。

14. 组建区水资源保护中心。为加强水资源管理,提高水安全保障能力,实现水资源可持续利用,整合山田水库工程管理处、区河湖生态环境管理中心等单位及相关职能,组建区水资源保护中心,副科级,为区农业农村水利局所属事业单位,加挂区山田水库管理中心牌子。

15. 组建区现代商贸业发展中心。为加强现代商贸企业的培育和服务,对接中心城区西扩,在区市场经营服务中心的基础上,组建区现代商贸业发展中心,副科级,为区商务局所属事业单位。

16. 组建区食品药品安全技术保障中心。为加强食品药品安全工作,提高食品药品安全技术保障能力,组建区食品药品安全技术保障中心,副科级,为区市场监督管理局所属事业单位。

17. 组建区生态公益林保护中心。为加强生态公益林的保护管理，推动生态文明建设，整合区林场、区林业勘察设计队等单位及相关职能，组建区生态公益林保护中心，副科级，为区林业局所属事业单位。

（二）统筹推进专项改革

1. 巩固承担行政职能事业单位改革成果。区事业单位登记管理局、区政府采购管理处、区乡镇财政管理局、区物业管理办公室、区港航管理所、区公路运输管理所、区餐饮服务和保健食品化妆品监督所、区文化市场综合执法大队、区旅游质量监督管理所（区旅游执法大队）、区农业行政综合执法大队（区动物卫生监督所）、区医疗保险事业管理局、区社会救助办公室等单位主要承担的行政职能回归机关，机构撤销，根除“事业局”。

2. 加快推进信息机构改革。为实现部门政务信息联通共享，不再保留区人力资源和社会保障信息中心等部门所属信息机构。

（三）推进综合执法改革

1. 合理设置应急管理综合行政执法队伍。将有关危险化学品、烟花爆竹、矿山、工贸等行业领域安全生产监管，以及地质灾害、水旱灾害、森林草原火灾等有关应急抢险和灾害救助、防震减灾等方面的行政处罚、行政强制职能进行整合，组建区应急管理综合行政执法队伍。将区安全生产监察大队更名为区应急管理综合行政执法大队，正股级，为区应急管理局所属事业单位。

2. 组建区城市管理行政执法大队。为加强城市管理行政执法工作，提高城市管理水平和效率，在区城市管理行政执法局基础上，组建区城市管理行政执法大队，副科级，为区城市管理局所属事业单位。

（四）科学配置编制资源

1. 整合职责相同相近机构。为集中优势资源、强化主责主业，对设置交叉重叠、职责相同相近的事业单位进行优化整合。区委党史工作办公室与区地方志编纂委员会办公室，区社会保险事业管理局与区城乡居民社会养老保险事业管理局，区电教仪器站与区教师进修学校等 6 个机构合并为 3 个机构，重新确定主要职责和机构名称。

2. 清理规模过小的机构。不再保留区财政监督管理局、区投融资管理办公室、区中小企业信用担保中心、区网络文化管理中心、区勤工俭学办公室、区学校建设办公室、区野生动植物保护管理站、区森林病虫害防治检疫站等编制不足 4 名的 8 个机构。

3. 撤销职能弱化的机构。不再保留市城市建设管理监察大队昌江中队、区检验检测中心、区镇华公证处（区行政复议中心）。

（五）其他

1. 将区机关后勤服务中心更名为区机关事务管理中心，正科级，为区政府直属事业单位。

2. 将区工业园区管理委员会办公室更名为区重点项目推进中心，正科级，为区政府直属事业单位。

3. 将区农村党员干部现代远程教育工作办公室更名为区党群服务中心，副科级，为区委组织部所属事业单位。

4. 将区公共就业人才服务局更名为区就业创业服务中心，副科级，为区人力资源和社会保障局所属事业单位。

5. 将区卫生计生综合监督执法局更名为区卫生健康综合监督执法局，副科级，为区卫生健康委员会所属事业单位。

6. 保留区委党校、区档案馆、区委区政府接待办、区行政服务中心、区农业技术推广中心、区文化馆、区疾病预防控制中心。

7. 保留区 12345 为民服务热线受理中心，正股级，为区行政服务中心所属事业单位。

四、建立健全制度机制

（一）建立政事权限清单。对区文化馆等面向社会提供公益服务的事业单位，探索建立政事权限清单制度。合理界定政府作为出资人的举办监督职责和事业单位自主运营管理权，以清单的方式逐项明确主管部门与事业单位在干部人事管理、收入分配、财务资产、业务运行等方面的权限，并按照权责一致原则准确界定相应责任，对两者间政事管办关系作出具体安排，促进主管部门把工作重心转移到绩效目标管理，赋予事业单位更多自主权。

（二）探索实行机构职能编制规定。对整合重组后的事业单位，探索机构职能编制规定。逐项列清事业单位为机关提供支持保障的职能、面向社会提供公益服务的职能。区机构编制实名制管理中心等为机关提供支持保障的事业单位，厘清职责边界，根除以事代政；区就业创业服务中心等面向社会提供公益服务的事业单位，明晰功能定位，突出公益服务主责主业。根据事业单位服务性、专业性特点，科学设置内设机构，合理配置人员编制，精干设置行政财务、干部人事等综合管理机构，优化业务板块和服务流程。

(三)探索公办幼儿园人员总量管理制度。制定《昌江区公办幼儿园人员总量管理暂行办法》,以核定人员总量方式保障公办幼儿园的用人需求。公办幼儿园人员总量由教育主管部门根据相关配备标准提出具体方案,商编办、人社、财政等部门共同测算后,报区政府确定,原则上每三年核定一次。对公办幼儿园事业编制,本着适应需要、从严掌握、动态调整的原则,从其他区直事业单位中调剂解决,全部核定到区中心幼儿园,实行集中管理,统筹调配。对规模较大的公办幼儿园调配事业编制1—2名,主要用于配备管理人员。对事业编制不足部分,在总量内以政府购买服务的方式解决,由教育主管部门单独建册,与使用事业编制在编人员分开统计、分开管理,并报机构编制、人社和财政部门备案。

五、强化保障措施

(一)完善配套政策。按照国家政策和以事定费的原则,继续完善财政支持政策,利用好财政杠杆,在合理确定事业单位公益性职能和编制的基础上,明确相应经费保障方式和标准。立足搞活用人机制、实行有效激励、促进人才合理有序流动,落实和完善干部人事管理、收入分配、社会保险等政策措施。探索建立符合事业单位行业特点的收入分配制度,体现岗位职责、工作业绩、实际贡献等因素,对事业单位管理人员的工资福利等相关待遇与公务员统筹考虑,探索以履职评估为导向的绩效工资调整措施。鼓励支持社会力量兴办公益事业,从公平准入、资质资格、职称评定等方面细化实化政策措施,积极探索以公建民营、民办公助、混合所有制、政府和社会资本合作等方式发展公益事业。

(二)做好改革政策衔接。立足改革平稳有序,对不同类型、不同经费形式事业单位整合组建后,可暂维持原经费渠道和保障政策。涉改单位的人员原则上由主管部门负责统筹安置,不搞“断崖式”精简分流、不降低涉改人员职级待遇。因改革超职数配备领导人员的,逐步过渡,3年内消化,超岗位聘用人员的,维持工作人员原岗位等级不变。做好参照公务员法管理人员衔接,参照公务员法管理的事业单位原则上只与参照管理事业单位整合。涉改单位在编在岗人员,按照“编随事走、人随编走”的原则,进行人员分流或安置。不同经费渠道的机构进行整合时,不得借改革之机改变人员身份。同步开展“吃空饷”集中清理整治工作,人社部门要认真履行牵头职责,做好指导督查和数据上报工作;纪委监委、组织、人社部门要重点查处涉及领导干部的“吃空饷”问题;机构编制部门要及时核减“吃空饷”单位的人员编制;财政部门要及时追缴违规的财政资金,核减“吃空饷”单位的预算和经费。

六、总体安排和实施步骤

2021年3月底前,区直部门改革方案按程序报批,机构挂牌、班子配备、人员调整到位,区深化事业单位改革基本完成;2021年4月底前,进行自评,形成评估报告。

全区深化事业单位改革组织实施工作按以下步骤压茬推进。

1. 动员部署。召开全区深化事业单位改革试点工作动员部署会,深入学习习近平总书记关于深化事业单位改革的重要论述,全面贯彻党中央关于深化事业单位改革的总体要求,准确把握市委编委批准的《昌江区深化事业单位改革试点工作方案》要求,切实把思想和行动统一到党中央、省委和市委决策部署上来,切实增强事业单位改革组织实施工作政治自觉、思想自觉和行动自觉。

2. 方案报批。主管部门研究提出本系统(单位)事业单位改革工作方案,报区深化事业单位改革试点工作领导小组办公室按程序审核,主管部门按照批准的工作方案,同相关部门协商,抓好改革的组织实施。

3. 班子配备。研究拟定新组建和重新组建的部门领导职数,提出新组建和重新组建部门领导班子配备和调整意见,按程序配备调整到位。同步成立新组建和重新组建等部门党组织,党组织建设同步跟进。

4. 集中挂牌。确定新机构挂牌、文件印发、印章启用等事宜,尽快实现以新部门名义对外开展工作。

5. “三定”规定。组织新组建、重新组建和职责有重大调整的科级事业单位,按照“三定”规定模板和机构编制职责框架,研究起草本单位“三定”规定草案,经主管部门审核,按程序报机构编制部门审批。同步研究其他涉改单位机构编制调整意见。

6. 完成资产、档案等划转交接工作。在事业单位改革过程中,涉改单位同步开展经费资产处置工作,全面清理经费、债权债务等情况,严格按照国有资产管理规定进行资产清查和登记,提出经费、资产调整和处置方案,按程序办理经费资产移交、接收、划转和处置手续;同步做好档案移交管理和处置工作，严格按照《中华人民共和国档案法》等规定，制定档案管理和处置方案，做好档案收集、鉴定、整理、清点、交接工作；同步开展改革涉及离退休干部管理、经费预算调整、法规规章立改废等工作。

7. 总结验收。相关单位“三定”规定和机构编制事项调整通知印发实施后，主管部门对本系统（单位）改革组织实施工作进行总结，以书面形式报区深化事业单位改革试点工作领导小组办公室。适时组成联合验收组，开展验收督查，重点掌握机构职能运行中存在的问题，研究提出优化意见。

有关职能部门按职责分别负责协调解决组织实施工作中涉及的有关具体问题。区委办公室、区政府办公室牵头负责“三定”文件印发、印章启用和悬挂部门名称牌子等事宜；区委办公室、区档案馆负责相关档案交接事宜；组织部门负责对改革后事业单位提出是否参公管理的意见并报省委组织部审批，按照干部管理权限负责领导干部的安置工作；组织、人社部门负责指导主管部门对涉改的专业技术人员、普通管理岗位人员、工勤技能人员的分流安置工作；宣传部门牵头负责舆论宣传和新闻报道等事宜；机构编制部门牵头负责部门“三定”规定制定修订和机构编制调整事宜；财政部门负责调整改革后事业单位经费保障形式；财政部门（国资部门）负责指导主管部门做好撤并整合单位资产划转工作；区委老干部局负责指导主管部门做好涉改单位离退休人员的接转工作；各主管部门按照有关规定同步做好涉改事业单位编外人员的分流安置工作。各有关单位要各负其责，各履其职，形成合力，确保改革稳妥推进、各项工作有序衔接。

七、“三定”工作原则

新组建、重新组建和职责有重大调整的科级事业单位重新制定“三定”规定，其他涉改单位下发机构编制事项调整通知。

1. 主要职责。改革方案明确调整的职责，不折不扣划转到位。逐项列清为机关提供支撑保障的职能，厘清职责边界、根除以事代政；优化面向社会提供公益服务流程，明晰功能定位，突出事业单位服务性、专业性特点。

2. 内设机构。部门内设机构设置要体现优化协同高效原则，与履行职责需要相适应。多个部门整体合并组建的部门，综合股室只保留一套，业务股室根据内在联系进行重新设计和整合。职责调整的部门，内设机构相应精简优化。非业务性内设机构应当综合设置，原则上不得超过内设机构总数的30%。

3. 人员编制。多个单位整体合并组建的机构，按新机构承担的职责重新核定编制。各主管部门可根据涉改事业单位的职责，在本系统同种编制总量内进行统筹考虑、综合平衡，对原有编制进行适当调整或重新核定。打破“编制部门所有”的藩篱，建立空编自动收储、统一管理、集中使用、动态调整机制，高效激活闲置在各部门的编制资源，提高编制使用效益。

4. 领导职数。严格按照《中共江西省委组织部 中共江西省委编办关于规范事业单位领导职数管理的意见》（赣编办发〔2020〕100号）精神，核定部门领导职数、内设机构领导职数和其他领导职数等。

八、工作要求

1. 加强组织领导。在党中央集中统一领导下，按照省委、市委的部署，区委对全区深化事业单位改革试点工作负主体责任。区深化事业单位改革试点工作领导小组负责统筹改革试点组织实施工作。相关职能部门要各司其职、密切配合，加强督促指导，及时研究解决改革中遇到的新情况新问题，形成强大合力。各部门要相应建立工作机制，在疫情防控常态化前提下，深入开展调研，抓好组织落实，主要负责人履行本单位改革第一责任人职责，改革涉及机构、职能、编制调整较多的单位，要成立工作专班，确保改革顺利推进。

2. 强化刚性约束。加强区委对机构编制工作的统一领导，严格执行机构编制管理法律法规和党内法规，严格机构编制管理权限和程序，严禁越权审批。严格执行机构限额、编制分类和总量控制、领导职数管理等规定，不得超限额设置机构、擅自增加编制种类、突破总量增加编制、超标准核定领导职数。完善机构编制同纪检监察、组织人事、巡察、审计等部门的协作联动机制，形成监督检查合力。

3. 搞好业务接续。坚持“先立后破、不立不破”原则，树立“一盘棋”思想，强化改革期间业务接续。主管部门负责统筹所属事业单位公益服务和支持保障工作有效衔接。撤销的事业单位，确需保留的职能，要确定承接单位。跨部门整合的事业单位，成建制完成机构整合。整合组建的事业单位要将人员、资产、档案、党组织关系等同步调整到位，确保思想不乱、工作不断、队伍不散、干劲不减。

4. 严明纪律规矩。严格执行政治纪律、组织纪律、机构编制纪律、干部人事纪律、财经纪律、保密纪律,将深化事业单位改革试点实施情况纳入区委、区政府督查任务和巡察范围。各涉改单位要提高政治站位,服从大局,严格落实各项改革任务,确保机构、职责、人员等按时调整到位。改革期间,冻结涉改单位机构编制调整及人员调动,严禁突击提拔干部、突击花钱,做好清产核资工作,严防国有资产流失。强化监督问责,严肃查处违规违纪行为,依法依规追究相关人员责任。

附件:昌江区深化事业单位改革试点工作重点任务分工表(略)

关于制定国民经济和社会发展第十四个五年规划和2035年远景目标的建议

(中共昌江区委十一届十四次全体会议通过)

2021年1月11日

(昌党发〔2021〕2号)

“十四五”时期是我国“两个一百年”奋斗目标承前启后的交会期,是我区与全国、全省、全市同步全面建设社会主义现代化的起步期。中共昌江区委十一届十四次全会认真学习贯彻党的十九届五中全会精神、省委十四届十二次全会精神、市委十一届十次全会精神,全面分析发展形势,紧密结合景德镇实际,就制定“十四五”规划和2035年远景目标提出以下建议。

一、胜利实现同步全面建成小康社会,开启全面建设社会主义现代化新征程

1. 我区全面建成小康社会取得决定性成就。“十三五”时期,在以习近平总书记为核心的党中央以及省委、市委的坚强领导下,区委深入贯彻习近平总书记视察江西重要讲话精神。牢记习近平总书记“建好景德镇国家陶瓷文化传承创新试验区,打造对外文化交流新平台”的殷殷嘱托,按照区第十一次党代会确立的奋斗目标和“五区”(重点产业集聚区、创新创业示范区、生态文明样板区、文化旅游拓展区、幸福都市生活区)建设部署,有效应对各类风险挑战特别是新冠肺炎疫情和超历史洪涝灾害的冲击,经济和社会发展稳中有进、进中向好,即将与全国全省全市同步全面建成小康社会。全区国内生产总值接近246亿元,人均GDP位列全省“第一方阵”,城乡居民人均可支配收入分别是“十二五”期末的1.49倍和1.54倍。中共中央政治局常委、国务院总理李克强深入丽阳镇山田水库察旱情、访农户、问民生,勉励我们要把千年瓷都打造成国际瓷都;中共中央政治局委员、全国人大常委会副委员长王晨对我区帮助人工繁育野生动物企业转型发展给予充分肯定;猎户星空“豹小秘”机器人和“名镇天下·青花瓷毯”登上新中国成立70周年大庆江西彩车。成功入选国家全域旅游示范区、国家知识产权强县工程试点县(市、区)、第二批省级创新型县(市、区)、国家慢病示范区、全省生态文明示范县,获全国信访工作“三无”县、全省计划生育工作先进县(市、区)等称号。区工商联被确定为全国“五好”县级工商联。产业结构在贯彻新发展理念中持续优化,形成以生物医药、智能制造、电子信息、现代物流为主体的四大创新板块,以蔬菜、果业、生猪、菜牛、家禽等特色种养为主体的现代农业产业体系,以陶瓷文创、生态旅游、电子商务、金融保险、居家养老等为主体的现代服务业体系。党政机构改革、供销社改革以及交通、文化、农业等部门执法体制改革全面完成,国资平台改革成效明显,“放管服”改革持续推进,营商环境持续优化。城乡环境大整治和“双创双修”硕果累累,全面完成32个棚改项目、7030余户、186万平方米征收任务,对151个老旧小区和570条背街小巷进行改造提升,为景德镇市获全国文明城市和国家卫生城市荣誉贡献昌江力量。脱贫

攻坚成效斐然，徐湾、丰田等4个省级贫困村达标退出，现行标准下农村贫困人口可全部脱贫。农村人居环境持续改善，20个样板村、270个新农村点位建设、71座农村公厕、1000座农户厕所新改建任务全面完成，开通运营9条“村村通”公交线路。教育事业扎实推进，以全省第六、全市第一的高分成绩通过义务教育均衡发展国家督导评估，公办幼儿园占比突破50%，昌江区实验学校、昌江区中心幼儿园得到省、市领导高度赞扬。文化事业加速发展，精神文明建设卓有成效，举办“双创双修”设计论坛、张五常收藏艺术陈列展等一系列活动，敬业奉献好人罗晓敏、诚实守信好人钟振华入选“中国好人榜”。社会大局和谐稳定，扫黑除恶取得重大成果，西郊、丽阳创新基层治理试点工作成效明显，公众安全感满意度持续位列全省第一方阵。基层党建标准化、规范化、信息化“三化”建设扎实推进，打造了蟠龙岗、汪王庙、华风、昌南湖、金桥等一批示范村（社区），“金霞党建工作室”为全区培养、孵化优秀党建社工20名。全面从严治党持续向基层延伸，高效处置了全省留置第一案。“十三五”规划目标总体将如期实现，昌江区经济和社会发展跃上了新台阶。

五年来的发展成就，充分彰显了习近平新时代中国特色社会主义思想的强大真理伟力，充分体现了省委“24字”工作方针和市委“三个五”战略行动符合省情市情实际，充分证明区第十一次党代会提出的“一个总体目标、五大发展路径、一个坚强保证”工作思路的正确，充分展示昌江干部群众弘扬荷塘精神、攻坚克难、真抓实干的优秀品质和时代风貌。全区广大干部群众要坚定信心、保持定力，凝心聚力谋发展，团结奋进攻难关，在全面建设社会主义现代化的新征程中展现新作为、取得新成就。

2. 发展环境面临深刻复杂变化。当今世界面临百年未有之大变局，我国处于“两个一百年”奋斗目标的历史交会期，江西省处于高质量发展“作示范、勇争先”的关键节点，我市处于全面推进景德镇国家陶瓷文化传承创新试验区建设的关键期，我区发展的外部环境和内部条件发生深刻变化，面临一系列新机遇和新挑战。从国内环境来看，在以习近平为核心的党中央坚强领导下，抗击新冠肺炎疫情取得决定性胜利，中共十九届五中全会召开，以国内大循环为主体、国内国际双循环相互促进的新发展格局加快形成，经济运行平稳有序，社会大局保持稳定，我国制度优势和治理效能凸显，发展长期向好的基本面没有改变，为我们保持经济社会平稳健康发展提供了总体有利环境。从省内形势来看，江西省仍处于大可作为的重要战略机遇期的基本面没有改变，区位优势、产业优势、生态优势、资源优势以及国家战略叠加优势更加凸显，加上鄱阳湖国家自主创新示范区、江西内陆开放型经济试验区等国家战略红利加速释放，5G、VR、移动物联网等数字经济新动能加速壮大，全省经济向好、整体向上的趋势没有改变。从全市来分析，我市成功获“全国文明城市”“国家卫生城市”称号，有国家陶瓷文化传承创新试验区建设这块“金字招牌”，有承办2021年全省旅发大会的契机，有“3＋1＋X”特色产业体系作为支撑，有1035亿元152个项目国家陶瓷文化传承创新试验区项目和8大类38个重点文旅项目作为抓手，国家政策、资源禀赋、区域特点、发展定位为景德镇的发展注入强劲动力。从中央到省里、市里，诸多利好因素相互叠加，为新时代昌江改革发展增添底气、增强后劲。

同时，也要清醒地看到，在新一轮的发展过程中，昌江区同样面临不少困难和挑战。一是外部局势多变。新冠肺炎疫情在全球肆意蔓延，中美贸易摩擦加剧，稳增长压力较大，全球动荡源和风险点显著增多，国内结构性、体制性、周期性问题相互交织，给我们保持经济平稳增长可能带来的影响和冲击较大；二是科创能力不足。我区创新体系还未形成，新旧动能转换不快，战略性新兴产业不多，创新驱动发展潜能还未充分释放；三是产业转型缓慢。昌江区的中高端产业链培育不足，农业林业体量小，服务业的新的增长点不多，建设用地供需矛盾突出。四是城市框架不大。城市功能品质的突出短板尚未补齐，城市建设格局还不够优化，基础设施建设历史欠账依旧存在。

综合研判，昌江区发展总体上将处于大有可为、必须作为的重要战略机遇期。一是区位优势明显。昌景黄高铁、G206国道拓宽、鱼山货运码头、景德镇机场迁建等项目陆续开工建设，昌江区连南接北、承东启西的水陆空立体交通网络日臻完善和发达。二是改革创新突出。新一轮科技革命为我区产业转型升级提供契机与条件。我区生物医药产业加快发展，人工智能产业从无到有，引进龙头企业猎户星空，为提升产业链、构建创新链、实现“换道超车”“换车超车”奠定坚实基础。三是产城融合加快。城镇化建设和城乡融合步伐加快，特别是全力全方位支持高新区、昌南新区、航空小镇的发展，谋划一批配套产业、民生工程，将为我区服务城市大局、优化城乡格局带来更大机遇和动力。

3. 到2035年远景目标。展望2035年，昌江将与全国全省全市同步基本实现社会主义现代化。到那时，全区经济实力、综合竞争力大幅跃升，经济总量迈上新台阶；基本实现新型工业化、信息化、城镇化、农业现代化，现代化经济体系基本建成；区域治理现代化基本实现，法治昌江基本建成，人民平等参与、平等发展权利得到充分保障，现代化治理体系和治理能力走在全省、全市前列；景德镇国家陶瓷文化传承创新试验区主战场优势愈发凸显，国家全域旅游示范区功能优势持续放大，形成高质量、可持续、内生动力强劲的开放新格局；文化事业、教育事业、医疗卫生事业和社会保障及公共服务事业取得巨大进步，现代化文明程度达到新高度；生态优势进一步巩固，绿色生产生活方式基本形成，乡村振兴战略目标基本实现；中等收入群体扩大，居民收入较大提升，人均国内生产总值位列全省第一方阵；人民生活更加美好，民生福祉、幸福指数显著提高。

二、以“服务城市、做实昌江”的担当，实现全面建设社会主义现代化良好开局

4.“十四五”时期经济社会发展总体要求。高举中国特色社会主义伟大旗帜，深入贯彻中共十九大和十九届二中、三中、四中、五中全会精神，坚持以马克思列宁主义、毛泽东思想、邓小平理论、“三个代表”重要思想、科学发展观、习近平新时代中国特色社会主义思想为指导，全面贯彻党的基本理论、基本路线、基本方略，统筹推进“五位一体”总体布局，协调推进“四个全面”战略布局，坚定不移贯彻新发展理念，坚持稳中求进工作总基调，以推动高质量发展为主题，以深化供给侧结构性改革为主线，以改革创新为根本动力，以满足人民日益增长的美好生活需要为根本目的，聚焦“作示范、勇争先”目标定位和“五个推进”重要要求，深入落实省委“24字”工作思路、高质量跨越式发展首要战略，坚决实施市委“三个五”战略部署，统筹发展和安全，牢记“服务城市、做实昌江”发展宗旨，全力配合支持高新区、昌南新区、航空小镇发展壮大，做好服务行政中心、完善城市配套、优化产业发展、推进乡村振兴四篇文章，加快构建具有昌江特色的现代化产业体系，推进区域治理体系和治理能力现代化，着力打造全域式产城融合示范区、全域式乡村振兴示范区、全域式居家养老示范区，实现经济行稳致远、社会安定和谐，奋力谱写全面建设社会主义现代化国家昌江篇章，为描绘好新时代江西改革发展新画卷贡献昌江力量。

5.“十四五”时期经济社会发展主要目标。实现2035年美好蓝图，“十四五”时期至关重要。要坚持目标导向与问题导向相结合、中长期目标和短期目标相贯通、尽力而为和量力而行相统一，确保开好局、起好步。今后五年的奋斗目标是：

——综合经济实力实现新跨越。主要经济指标继续保持中高速增长，经济总量在全省位次进一步前移，人均地区生产总值保持全省前列，全区发展态势和综合经济实力力争排进全省前30名。

——发展质量效益得到新提升。创新能力显著增强，产业结构进一步优化，生物医药、智能制造、电子信息等先进制造业体量明显增大，数字经济产业占比大幅提升，陶瓷文化产业发展壮大，以全域旅游为引领的现代服务业加快发展，现代农业智能化水平明显提高，现代化经济体系建设取得重大进展。项目投资持续增长，消费贡献稳步上升，外贸进出口结构不断优化，供需结构更趋协调均衡。

——深化改革开放迈出新步伐。重要领域和关键环节取得决定性成果，“五型”政府建设取得显著成效，“四最”营商环境基本形成，市场主体活力和社会创造力显著增强。内陆双向开放深度和广度不断拓展，开放合作平台加快建设，“引进来”“走出去”成效明显，内外并举、全域统筹、量质双高的开放新格局基本形成。

——生态文明建设取得新成效。习近平生态文明思想更加深入人心，生态环境质量持续提升。生态文明制度体系不断完善，山水林田湖草一体化保护和修复机制更加健全。做好“治山理水、显山露水”文章，产业生态化、生态产业化发展取得新进展，绿色产业体系、绿色生产生活方式基本形成，“绿水青山”“金山银山”双向转化通道更加顺畅。

——区域城乡融合实现新进展。城乡融合格局进一步优化提升，城市功能品质明显提升，形成中心城区壮大、区域协调、城乡融合的城市格局。城乡融合发展体制机制基本建成，城乡差距不断缩小，实现多个方面的城乡一体化。乡村振兴取得良好成效，乡镇承载能力显著增强，建成全域式乡村振兴示范区。

——社会文明程度实现新提高。更好传承红色基因，大力弘扬荷塘精神，社会主义核心价值观凝聚

人心作用更加明显，人民思想道德素质、科学文化素质、身心健康素质明显提高。公共文化服务体系和文化产业体系更加健全，人民精神文化生活日益丰富。红色、绿色、古色文化标识更加鲜明，全区文化软实力明显增强。

——民生福祉改善达到新水平。人民对美好生活的需求得到更好满足，实现更加充分更高质量就业，居民收入与经济同步增长，分配结构明显改善，中等收入群体比例进一步扩大，城乡收入差距进一步缩小。文化、教育、养老、住房、健康等基本公共服务均等化水平明显提高，多层次社会保障体系更加健全，老百姓有更多的获得感幸福感。

——社会治理水平跃上新台阶。党委领导、政府负责、民主协商、社会协同、公众参与、法治保障、科技支撑的社会治理体制进一步完善，法治昌江、平安昌江一体建设不断深入，政府作用更好发挥，行政效率和公信力显著提升，突发公共事件应急能力显著增强，共建共治共享的社会治理格局初步形成。

三、坚持创新驱动发展，争当新时代创新发展先行者

坚持创新在现代化建设全局中的核心地位，把科技创新作为昌江高质量跨越式发展的战略支撑，以数字经济为抓手，深入实施创新驱动发展战略，加速创新要素集聚、创新环境优化，提升全区创新能力和创新活力。

6. 提升核心创新能力。激发企业自主创新活力，加大企业研发机构覆盖面，重点支持富祥药业、猎户星空、宏亿电子等在昌江建立研发中心。鼓励企业加大研发投入，建立健全以创新绩效为导向的政府科技投入机制，切实增强企业核心竞争力。鼓励和支持产学研合作，建立健全以企业为主导、以项目为纽带的产学研合作创新体系，鼓励企业围绕重点领域及关键技术，结合昌江产业基础与未来发展方向，加强与国内外知名大学、大院大所合作力度，力争在生物医药、电子信息、现代服务业、现代农业等领域实现技术创新、成果转化的重大突破。积极搭建创新平台，大力引进与我区产业发展联系紧密的大型科研机构、重点实验室落户昌江。鼓励和引导企业与景德镇陶瓷大学、景德镇学院、高新区、昌南新区及市外院校科研机构组建生物医药、电子信息产业创新联盟，全面提升产业创新能力。

7. 坚持人才强区战略。突出引进高层次创新人才，聚焦生物医药、电子信息、智能制造、陶瓷文化等产业发展需求，主动对接国家、省、市人才计划以及省“双千计划”，努力汇聚国内外高精尖创新人才和高水平创新团队来昌江创新创业。依托现有平台载体和市属重大创新平台，探索柔性引才方式，引进一批“假日专家”和“候鸟式人才”。打造产业创新人才梯队，紧贴产业强区战略，创新人才培育工程，加快打造一支规模宏大、结构合理、素质较高的制造业创新人才梯队。以引爆全域旅游为导向，坚持外引内育，打造一支专业性强、视野开阔、经验丰富的服务业人才队伍。充分挖掘和引进陶瓷文化创意人才，吸引陶瓷艺术大师、老艺人等陶瓷艺术人才，服务好“景漂”“景归”人才。完善人才服务体系，按照“一次性告知、一站式受理、一窗口送达”的“1＋1＋1”运转模式，为高层次人才提供住房保障、医疗保健、配偶就业、子女入学、税收减免、社会保险等高效快捷的“一站式”服务，提升人才服务效率。

8. 营造良好创新生态。完善创新创业政策体系，加深与省市科技部门的交流，积极出台科技创新、成果转化激励政策，加大财政资金支持和统筹力度，落实扶持中小企业发展的各项税收优惠和研发费用加计扣除等政策。推进科技服务发展，加快引进和鼓励发展专业化的科技研发、信息咨询、科技培训、技术推广等科技服务业，建立健全科技信息及咨询、知识产权及认证、技术转让及交易等科技服务平台。大力发展众创空间，加快建设以电子商务、陶瓷文化创意、网红经济等为主的创业孵化基地。

9. 加快发展数字经济。积极推进数字产业化、产业数字化，以智能制造为主攻方向，以5G＋人工智能、工业互联网为切入口，引导数字经济和实体经济深度融合，加快建设数字化车间、智能工厂，推动我区生物医药、电子信息产业以及传统制造业转型升级，不断壮大数字经济产业规模。加快发展数字农业，引领农业全产业链升级发展。推进陶瓷文化传承区块链项目建设，以区块链技术为支撑，建设数字化陶瓷链。推动智慧城市建设，加快城市数字化步伐，开放智慧生活数字化产业市场，引进数字技术企业、人工智能企业、互联网企业参与智慧生活体系建设，培育形成智慧生活的数字化产业企业群，构建“以人为本”的数字化智慧生活服务体系。

10. 融入国家陶瓷文化传承创新试验区建设。以景德镇国家陶瓷文化传承创新试验区为主战场，力争在区域经济协调发展、供给侧结构性改革、创新

驱动发展、生态保护和开发建设上谋划、引进、落地一批大项目、好项目,形成一批开发合作成果。合作共建国家陶瓷文化传承创新试验区文旅康养休闲“后花园”,打造荷塘精神教育基地。强化与院校智库交流合作,大力引进试验区建设的紧缺人才和“高精尖”人才。

四、构建现代产业体系,在做实优势产业上下功夫

坚持把发展经济着力点放在实体经济上,立足昌江的资源禀赋和产业特色,以高质量统领产业发展,以现代制造业为主体、现代服务业为重点、现代农业为补充,推进现代产业体系建设,为高质量跨越式发展增添“新引擎”。

11. 培育壮大特色优势产业。按照强链、延链、补链、建链的要求,着力壮大生物医药、电子信息、智能制造、陶瓷生产四大主攻产业,积极发展航空、汽车等配套产业,打造新型陶瓷文化产业集群,为昌江经济高质量跨越式发展强势“蓄力”。

优先发展生物医药产业。以富祥药业为龙头,加快推进富祥生物医药科技园项目建设,加快推动与高新区合作建设生物医药“园中园”,大力引进生物医药大型企业及配套中小企业,推动生物医药产业集群集聚发展,着力打通从研发、生产、配套、销售到服务的各个环节。

大力发展电子信息产业。紧抓沿海地区电子信息产业转移契机,加大招商引资力度,力争引进产值大、税收贡献高的电子信息龙头企业。融合全区电子产业资源、人才、技术优势,以数字化、柔性化、智能化为方向,提升电子信息产业规模和质量。

加快发展智能制造产业。更好服务猎户星空项目,加快推进猎户星空智能机器人生产基地建设,引入智能机器人全产业链的配套企业,推进智能机器人和AI赋能的产业发展,建立智能机器人研究院,推动智能机器人创新产业园建设,形成人工智能产业集群。

积极发展重点配套产业。紧盯全市“3+1+X”产业布局,围绕焦化、昌飞、北汽、电厂、华意等重点企业,加快技改升级和产业链整合,重点发展航空配件、汽车配件等配套产业,推动建材、家具产业向中高端迈进,培育一批“专精特新”中小企业,完善产业链发展。

打造陶瓷特色产业集群。大力扶持卡地克、名镇瓷毯等陶瓷龙头企业发展壮大,着力引进知名陶瓷行业上下游产业链企业,积极引导中小企业走专业化配套的发展道路,向陶瓷原料、陶瓷机械、窑炉、包装等配套产业发展,形成龙头企业引领产业发展和带动中小企业配套的陶瓷产业新格局。

全面提升园区承载能力。围绕水、电、路、排污等硬环境和信息、市场、法规等软环境,完善鱼丽工业平台、陶青台文创园基础设施和公共服务配套设施建设,不断提升园区平台承载能力和服务配套能力。规范园区工业用地秩序,盘活工业用地和扩园,为区工业产业发展预留空间。

12. 促进现代服务业提档升级。大力发展以电子商务、现代物流、绿色金融为重点的生产性服务业,推动生产性服务业向专业化和价值链高端延伸。

扩大电商产业规模,重点打造“三河购·淘宝村”陶瓷电商产业园,深入推进电子商务进农村,完善电商“区、乡、村”三级服务体系,争取行政村电商全覆盖。

构建现代物流产业体系,支持远航物流、顺吉物流和卡服物流等现有物流企业做大做强,打造集运输、仓储、配送、流通、加工等为一体的现代物流产业园,集聚全市中、小物流企业进驻发展。

提升金融保障能力,搭建和完善银企沟通平台,定期开展政银企对接,保障生物医药、电子信息、陶瓷、旅游等重点企业、重点项目资金需求。

优化商贸流通,合理布局商贸批零网点,推动城区商业智能化、农村市场现代化,有序建设大型购物中心、综合超市、连锁店、专卖店等新型业态,推进古城、昌南、河西、园林等农贸市场建设,形成布局合理、结构优化、功能完善、管理规范、辐射力强的商品交易市场体系。

13. 提升全域旅游核心竞争力。大力实施“旅游+”战略,推动“旅游+文化”,支持打造具有荷塘特色的红色农垦文化体验游览基地、陶瓷文化旅游基地。推动“旅游+农业”,依托李可染画院和王鲁湘工作室、张五常收藏艺术陈列馆,环月亮湖打造独具山水田园特色的乡村旅游,加快建设一批现代农庄,发展旅游观光采摘。推动“旅游+工业”,打造并推广陶瓷创意研修体验游、现代陶瓷工业游、航空工业游。推动“旅游+人工智能”,建设昌江区旅游大数据中心,绘制“吃住行游购娱”电子地图。紧紧围绕“吃住行游购娱”六要素,主动丰富旅游业态,重点建设一批A级乡村旅游示范点,发展陶瓷博物

馆、书画院、文化展馆、景区实景演艺等旅游文化新业态,打造乡镇露营基地,支持特色主题酒店、特色民宿、精品度假酒店建设,推进特色美食街区建设,推出富有昌江及景德镇地域特色、文化鲜明的主题旅游商品。

14. 大力发展现代农业。实施质量兴农、绿色兴农、品牌强农战略,推动农业由增产导向向提质增效导向转变,推进农业供给侧结构性改革,培育新型农业经营主体。加快发展以粮、油、果、蔬为重点的特色种植业和以生态家禽、生态牲畜、特色水产等为重点的特种养殖业。加大保护基本农田,推进2000亩耕地高标准农田建设。加快转变畜牧业发展方式,进一步优化畜牧业产业结构,减少农业面源污染。坚定不移推进人才强农战略,加强农村人才队伍建设。

五、扩内需、促循环,构建新发展格局

牢牢扭住扩大内需这个战略基点,深化供给侧结构性改革,发挥优势、补齐短板,推动形成更高水平供需动态平衡。

15. 拓展有效投资。精准扩大有效投资,充分发挥投资对优化供给结构的关键性作用,聚焦"两新一重"(新型基础设施建设、新型城镇化建设,交通、水利等重大工程建设),实施一批强基础、增功能、利长远的重大项目,推动投资规模合理增长、结构持续优化、质量不断提升。

完善综合交通运输体系。加快G206国道改造拓宽项目进程;拓展农村公路通达深度、提升县乡村道的技术标准,所有乡镇和AAA级景区以三级及以上公路连接;加快鱼山码头建设,促进水运事业发展;重点打造G206国道工业线、S207省道公共服务线、荷塘文化旅游线。

促进城乡协调发展。持续加大对乡镇(街道)的有效投入力度,着力提升以吕蒙乡、西郊街道、新枫街道为核心的中心城区龙头引领作用,协同发展以工业振兴为主的鱼山片区、以农事体验为主的丽阳片区、以文旅康养为主的荷塘片区。改善城市面貌,补齐公共服务短板,完成区委、区政府行政中心搬迁工作,拉大城市框架,在全市发展大局中走前列、做示范。

完善投资体制机制。充分发挥政府投资引导作用,拓宽民间投资领域,盘活社会存量资本,积极推广政府与社会资本合作模式。不断提升投资服务水平,深化投资项目审批制度改革,强化投资项目的全过程服务和监管。推进城乡统一要素市场建设,搭建城乡要素流动平台。推进城乡基本公共服务普惠共享,实现城乡路网和水、电、信息、污水垃圾处理等城乡基础设施一体化发展。

16. 全面促进消费。积极顺应居民消费需求升级及个性化的新趋势,加强优质商品和服务供给,深挖消费市场潜力,切实发挥消费稳定经济运行的"压舱石"作用。提高市场供给质量,满足消费者对中高端消费品的消费需求,着力发展绿色产品、有机产品、陶瓷产品等区域优势产品。激发消费需求,放宽服务消费领域市场准入,扩大旅游、文化、体育、健康、养老等优质服务供给;发展无接触式交易服务,培育在线消费、体验消费、时尚消费等消费新热点。优化消费环境,加大引进和培育大型商贸集团,推动传统商贸企业向"商品+服务"创新转型,丰富娱乐、健身美容、儿童游乐、健康美食等体验式业态,有效满足城乡居民多层次多样化消费需求。

17. 做强国资平台。做活昌江区国资平台,更新管理理念,从人员、机制、资产、目标定位等方面解决平台现存瓶颈和问题,迅速做大做强融资平台。完善鱼丽工业园、陶青台陶瓷文化创意园等平台载体的配套设施建设,加快产业集聚。

18. 深化改革开放。持续发挥改革开放"关键一招"的推动作用,用改革的办法破解难题、激发活力;用开放的办法拓展发展空间、增添发展动力。

激发市场主体活力。坚持和完善社会主义基本经济制度,充分发挥市场在资源配置中的决定性作用,持续推进国资国企、民营经济、要素市场等重点领域和关键环节改革,更好发挥政府作用,推动有效市场和有为政府更好结合。

提升政府服务效能。加快转变政府职能,持续推进"五型政府"建设,努力营造公平竞争的市场环境、高效廉洁的政务环境、宽松有序的经营环境、开放包容的人文环境,加快形成竞争力强、优势突出的营商环境。

强化开放平台支撑。注重高质量"引进来",实施招商引资攻坚工程,紧盯长江经济带、粤港澳大湾区等发达地区,引进一批投资规模大、市场前景好、关联度强的产业项目。鼓励高水平"走出去",大力扶持龙头企业做大做强,重点支持富祥医药、宏亿电子、美琳康大等具有高附加值、高效益的产品出口;推进昌江优质粮、油、果、蔬等农产品高水平"走出去",提升产品市场影响力。

六、做好脱贫攻坚与乡村振兴有机衔接，开创农业农村发展新局面

推进乡村振兴与脱贫攻坚有效衔接，积极巩固提升脱贫攻坚成果，重点推进农业农村现代化建设、农业生产经营模式创新，持续改善农村人居环境，开创农业农村发展新局面。

19. 巩固提升脱贫攻坚成果。稳定资金投入、兜底保障等扶贫政策，逐步将针对绝对贫困的脱贫攻坚举措调整为针对相对贫困的日常性帮扶措施。建立防止返贫长效机制，加强对脱贫不稳定人口、边缘人口等重点群体的监测预警、动态帮扶，采取产业、就业、教育、金融、旅游等多方式帮扶，全方位巩固脱贫攻坚成果。注重扶志扶智，引导贫困群众克服"等靠要"思想，逐步消除精神贫困。

20. 全面改善乡村发展条件。进一步加大农业面源污染治理，开展秸秆禁烧、农药化肥零增长、畜禽粪污综合利用、农产品质量安全行等专项行动，不断改善农业生态环境。开展村庄"清洁行动"、农村"厕所革命"，治理农村生活垃圾、污水，提升村容村貌，建设"四好农村路"，做好农村饮水安全，深化绿色殡葬改革，全面提升农村人居环境。

21. 扎实推进农村产业融合发展。重点推动农业与文旅、教育、康养等产业融合，实现农旅、文旅和果旅等多业融合，提升农业景观价值和休闲度假功能，推进特色农产品生产、加工、电商、旅游等业态融合发展，推进农业产业链延伸。

新枫街道要以三河村为资源基础，整合中国陶瓷城与三闾庙明清古街旅游开发，完善三河村"中国淘宝村"建设，盘活三闾庙明清古街历史文化街区，带动街道经济发展。丽阳镇要以月亮湖风景区、丽阳窑址、丽阳老街为基础资源，利用古韵的历史遗迹以及优美的自然生态环境，全力打造休闲度假村落民宿，融合农业果树采摘等业态，打造特色感知村落。鲇鱼山镇要以冷水尖风景区、徐湾村"四个一"产业扶贫项目为契点，大力建设旅游餐饮、住宿等配套旅游基础设施，打造集农事体验认领、餐饮民宿、观光、休闲娱乐等功能于一体主题庄园珠式串线。荷塘乡要以红色文化、绿色生态为核心点，集中打造民宿群、发展文化体验，以特色化种植、红色主题民宿、红色教育基地等业态丰富特色小镇，以点带线，以线扩面，多维发力，将荷塘乡打造成为全省乡村振兴示范板块。

七、加强生态文明建设，创建绿色宜居生态新家园

积极践行"绿水青山就是金山银山"发展理念，发挥昌江生态优势，重点抓好省级生态文明示范区建设，坚定走生产发展、生活富裕、生态良好的文明发展道路，以更高标准打造"生态昌江"升级版。

22. 提高绿色低碳发展水平。严守生态保护红线、永久基本农田和城镇开发边界三条控制线，减少人类活动对自然空间的占用。以开发绿色产品、建设绿色工厂、发展绿色园区、打造绿色供应链等为重点，推动生物医药、电子信息、陶瓷生产等产业绿色化改造，着力构建绿色制造体系。创新绿色生活方式，广泛开展节水、垃圾分类、限塑、绿色出行等行动，坚决制止餐饮浪费行为，加强生态文明宣传，形成崇尚绿色生活的社会氛围。全面推行循环经济理念，加强园区循环化改造，构建多层次资源高效循环利用体系。

23. 持续改善环境质量。深入打好污染防治攻坚战，推进科学、精准、依法治污，不断改善空气、水、土壤等环境质量。高标准打好蓝天保卫战，持续开展"四尘三烟三气两禁"专项整治，切实削减 VOCs 排放总量，实现大气环境质量持续巩固提升。全方位打好碧水保卫战，持续推进企业废水、废渣等污染源综合治理、地下水污染防治、入河排污口专项整治，推动生活污水处理设施覆盖全区，全面消灭劣Ⅴ类水体和黑臭水体。高质量打好净土保卫战，大力开展土地复垦、医疗废物和危险废物安全处置、化肥农药减量和白色污染治理等专项行动，全面提升受污染耕地和建设用地安全利用水平。加强昌江河流域生态环境联保共治，共建昌江河流域生态保护长效机制，共建绿色生态走廊。

24. 加强生态文明制度建设。建立健全生态环境保护责任制度、资源高效利用制度、生态保护和修复机制，实行最严格的生态环境保护制度，全面实行排污许可制，建立健全生态环境监测全过程控制制度，推进生态环境保护综合执法改革。严明生态环保责任制度，健全生态环境监测和评价制度，完善生态环境公益诉讼制度，落实生态补偿和生态环境损害赔偿制度，实行生态环境损害责任终身追究制。进一步完善"源头严防、过程严管、后果严惩"的全链条生态环境管理制度，推动制度优势转化为治理效能。全面建立资源高效利用制度，完善自然资源

调查评价监测和确权制度，大力推广用能权、水权、排污权、碳排放权等环境权益交易。

八、推进民生提质工程，建设更高水平的幸福昌江

坚持把实现好、维护好、发展好最广大人民根本利益作为发展的出发点和落脚点，尽力而为、量力而行，在更高水平上实现幼有所育、学有所教、劳有所得、病有所医、老有所养、住有所居、弱有所扶，为老百姓提供更多普惠共享的美好生活产品，不断增强人民群众的获得感、幸福感和安全感。

25. 提升就业质量和人民收入水平。坚持经济发展就业导向，扩大就业容量，促进高质量充分就业。实施更加积极的就业政策，统筹解决好高校未就业毕业生、农村转移劳动力、失业人员等重点群体就业创业。扩大公益性岗位安置，确保零就业家庭动态清零。健全企业稳岗扶持政策体系。加快实施职工技能提升和转岗转业培训，缓解结构性就业矛盾。促进创业带动就业，支持和规范发展新就业形态，扶持陶瓷电商、文化创意等小微企业创业。坚持按劳分配为主体、多种分配方式并存，提高劳动报酬在初次分配中的比重。实施中等收入群体培育行动，使更多普通劳动者通过自身努力进入中等收入群体。健全工资合理增长机制。多渠道增加城乡居民财产性收入，探索通过土地、资本等要素使用权、收益权增加中低收入群体要素收入。

26. 建立高质量教育体系。坚持优先发展教育事业，着力办好人民满意教育。推动学前教育普惠优质发展，利用回收、改建、新建、扩建等多种方式，加快推进公办幼儿园建设，力争全区公办幼儿园占比接近100%。加快推进第五小学、市第十一小学、第二十一小学等中小学改建扩容，建立义务教育质量监测制度和学校评价制度，实现义务教育更加优质均衡。鼓励高中多样化和特色化发展，推进昌江一中落实新课改要求，建设特色课程体系，满足学生多元发展要求。坚持以办好办优职业教育为导向，把职业技能培训、科学知识普及、农业新技术推广服务区域经济发展作为建设重点，努力做到区职业教育中心同本市其他职业学校同步发展。加强“智慧校园”建设，完善校园基础设施配置，提高教育信息化办学水平。

27. 全面推进健康昌江建设。改革疾病预防控制体系，落实医疗机构公共卫生责任，完善突发公共卫生事件监测预警处置机制，建立稳定的公共卫生事业投入机制，健全医疗救治、科技支撑、物资保障体系，提高突发公共卫生事件能力。加快推进区疾病预防控制中心、鲇鱼山镇中心卫生院等医疗机构项目建设，精准对接新时期昌江人民群众医疗卫生健康需求。提升全区医院综合实力，完善农村公共卫生服务体系，发展“互联网+医疗健康”。落实中医药强省战略，推广中医药适宜技术，深化中医预防保健服务，推动中医药与长期照护、安宁疗护等社区公共服务相衔接。着力补齐急需紧缺卫生人才短板，多渠道引进和培育卫生专业技术人才。推进“三医联动”改革，建立健全分级诊疗、现代医院管理、全民医保、药品供应保障、综合监管制度。深入开展爱国卫生运动，促进全区人民养成文明健康生活方式。

28. 积极应对人口老龄化。积极响应国家人口长期发展战略，完善相关政策体系和服务体系，优化生育政策，降低生育、养育、教育成本，提高适龄群体生育意愿，促进人口均衡发展。大力发展3岁以下婴幼儿照护服务，提供普惠托育服务。推动养老事业和养老产业协同发展，着力推进全域式、嵌入式居家养老服务中心项目，谋划落地一批医养结合、康养结合产品，提高养老床位供给，提升养老服务现代化、便利化和舒适化水平。深化“党建+农村养老服务”，健全覆盖区乡村三级的农村养老服务网络。支持家庭承担养老功能，提升居家养老服务质量。积极开发老龄人力资源，培育发展银发经济。

29. 健全社会保障体系。按照全覆盖、保基本、多层次、可持续的方针，切实提高统筹层次和保障水平。全面实施全民参保登记计划，全面实现养老保险省级统筹，为养老保险全国统筹打下基础。落实社保转移接续、异地就医结算等制度，健全基本养老、基本医疗保险筹资和待遇调整机制。完善基本医疗保险、失业保险、工伤保险制度，加速医疗、失业、工伤保险省级统筹进程。坚持“房住不炒”的定位，持续完善住房保障体系，加快保障性安居工程和人才住房建设。健全分层分类的社会救助体系，推进基本生活救助、专项社会救助和急难社会救助，健全老年人、残疾人关爱服务体系和设施，完善帮扶残疾人、孤儿等社会福利制度。

九、大力提升文化实力，在传承创新千年瓷都文化上取得新突破

牢牢把握社会主义先进文化前进方向，围绕举

旗帜、聚民心、育新人、兴文化、展形象的使命任务，促进满足人民文化需求和增强人民精神力量相统一，挖掘创新宣传千年瓷都文化，为开创千年瓷都文化繁荣发展新局面贡献昌江力量。

30. 提高社会文明程度。加强社会主义精神文明建设，推动形成适应新时代要求的思想观念、精神面貌、文明风尚、行为规范。坚持马克思主义在意识形态领域指导地位，深入开展习近平新时代中国特色社会主义思想学习教育。推进社会主义核心价值观建设，推动社会主义核心价值观融入法治建设、生态文明建设、网络空间管理等社会治理重点工作中。加强党史、新中国史、改革开放史、社会主义发展史教育，加强爱国主义、集体主义、社会主义教育，弘扬党和人民在各个历史时期奋斗中形成的伟大精神。加强公民道德建设，推进社会公德、职业道德、家庭美德、个人品德建设。深化拓展新时代文明实践中心建设试点，加强志愿服务、诚信社会、网络文明、家庭家教家风等建设。提倡艰苦奋斗、勤俭节约，开展以劳动创造幸福为主题的宣传教育。经常性开展选树宣传先进典型活动。

31. 推进红色文化和优秀传统文化传承创新。深入挖掘传承弘扬井冈山精神、苏区精神、长征精神以及本土的荷塘精神，推出一批红色文艺作品。重点打造荷塘乡红色文化保护传承示范基地，建设“红色名村”。持续深入开展诵读红色家书、红色走读等活动，强化青少年红色文化宣传教育。加强丽阳窑址等文化遗产传承和保护工作，充分挖掘古街、古桥、古码头等古建筑群和鲇鱼山漕运历史文化素材，推进历史文化名城名镇名村以及传统村落保护利用。加强文物古籍和红色档案保护、研究、利用，强化重要文化和自然遗产、非物质文化遗产系统性保护。

32. 提升公共文化体育服务水平。建设城乡一体、区域均衡、人群均等的现代公共文化服务体系，全面繁荣新闻出版、广播影视、文学艺术、哲学社会科学、地方志事业，开展全民阅读等公益性活动。加强“秀美昌江”融媒体中心建设，确保区融媒体中心走在全省前列。完善全民健身公共服务体系，突出发展青少年体育、城区体育、农村体育“三个重点”，着力建设好群众身边的健身场地，努力使群众体育健身活动常态化。以2021—2024新一轮的“国家高水平体育后备人才训练基地”评定为契机，加快昌江省级跆拳道后备人才训练基地建设，培养和输送拔尖人才。

十、统筹发展和安全，建设更高水平的平安昌江

坚定不移实施国家安全战略，切实把安全发展贯穿于全区发展各领域和全过程，防范和化解影响现代化进程的各种风险，建设更高水平的平安昌江。

33. 维护经济安全。加强经济安全风险预警、防控机制和能力建设，实现重要产业、基础设施、战略资源等关键领域安全可控。实施产业竞争力调查和评价工程，从更长远的角度谋划主攻产业和产业体系，增强产业体系抗击能力。稳定粮食种植面积和粮食产量，科学合理调整农业种养结构，保障粮油、蔬菜、牲畜、水产等重要农产品的有效安全供给，开展粮食节约行动，筑牢粮食安全底线。完善责任体系，维护水利、电力、供水、油气、交通、通信、网络等重要基础设施安全。健全金融风险监测预警、应急处置等机制，严厉打击非法金融活动，确保金融安全稳健运行。

34. 保障人民生命健康和财产安全。始终把人民生命安全摆在首位，全面提高公共安全保障能力。严格落实安全生产责任制，加强安全生产监管执法，有效遏制危化品、交通、建筑施工等重特大安全事故。建立全过程全覆盖的食品药品安全监管体系，提升食品药品等关系人民健康产品和服务的安全保障水平。提升洪涝干旱、森林火灾、地质灾害等自然灾害防御工程标准，全面消除安全隐患。完善应急管理体系，加快构建政府、企业、第三方等多方联动的应急物资储备体系，提高防灾、减灾、抗灾、救灾能力。

35. 维护社会稳定和安全。深入开展平安创建活动和平安志愿者行动。坚持和发展新时代“枫桥经验”，推进基层综治中心实体化建设，巩固提升西郊街道、丽阳镇创新基层社会治理试点成果。健全城乡社区治理和服务体系，减轻基层特别是村级组织负担。完善信访制度，落实领导干部接访下访包案化解信访矛盾机制。提升多元化解社会矛盾风险能力，健全多方参与的调解机制，促进合理诉求及时解决，完善“诉源治理”机制，推动从源头上减少诉讼增量。健全社会心理服务体系和危机干预机制。坚持专群结合、群防群治，加强社会治安防控体系建设，推进扫黑除恶长效常治，严密防范、依法惩治各类违法犯罪活动，保持社会长期和谐稳定。

十一、加强党的全面领导，为实现“十四五”规划和2035年远景目标而奋斗

实现“十四五”规划和2035年远景目标，必须坚持和加强党的全面领导，充分调动一切积极因素，广泛团结一切可以团结的力量，形成推动高质量跨越式发展的强大合力。

36. 全面加强党的领导。贯彻党把方向、谋大局、定政策、促改革的要求，坚持党中央集中统一领导，推动全区各级党组织和党员干部深入学习贯彻习近平新时代中国特色社会主义思想，增强“四个意识”、坚定“四个自信”、做到“两个维护”，坚持和完善党领导经济社会发展的体制机制，完善上下贯通、执行有力的组织体系，确保党中央和省委、市委决策部署在昌江落地见效。全面加强新时代党的建设，落实全面从严治党主体责任、监督责任。以党的政治建设为统领，全面推进党的各方面建设，不断提高党的建设质量和水平。落实“不忘初心、牢记使命”长效机制，走好新时代长征路。全面贯彻新时代党的组织路线，加强干部队伍建设，落实好干部标准，提高各级领导班子和干部适应新时代新要求抓改革、促发展、保稳定水平和专业化能力。加强对敢担当善作为干部的激励保护，以正确用人导向引领干事创业导向。加强年轻干部队伍建设，大力培养、大胆选拔使用优秀年轻干部，优化干部年龄、知识结构，丰富年轻干部阅历经验，解决我区干部队伍年龄结构老化、“青黄不接”、人才断层的问题。坚持党管人才原则，完善人才工作体系，培养造就大批德才兼备的高素质人才。以基层党建标准化、规范化、信息化建设为抓手，全面加强党的基层组织建设。把严的主基调长期坚持下去，锲而不舍落实中央八项规定精神，驰而不息纠治形式主义、官僚主义，深入整治“怕、慢、假、庸、散”作风顽疾，切实为基层减负。发挥巡察利剑作用，增强巡察震慑效果，一体推进不敢腐、不能腐、不想腐，整治群众身边的不正之风和“微腐败”问题，营造风清气正的良好政治生态。

37. 推进社会主义政治建设。坚持和完善人民代表大会制度，加强区人大及其常委会对“一府一委两院”的监督，支持和保证区人大及其常委会依法行使职权。落实中国共产党领导的多党合作和政治协商制度，推进政治协商、民主监督、参政议政制度建设，发挥社会主义协商民主独特优势，提高建言资政和凝聚共识水平。全面贯彻党的民族政策和宗教工作基本方针，铸牢中华民族共同体意识，积极引导宗教与社会主义社会相适应。完善大统战工作格局，促进政党关系、民族关系、宗教关系、阶层关系、海内外同胞关系和谐，巩固和发展大团结大联合局面。全面贯彻党的侨务政策，凝聚侨心、服务大局。创新群众工作体制机制和工作方法，充分发挥工会、共青团、妇联等人民团体桥梁纽带作用。健全充满活力的基层群众自治制度，提高自我管理、自我服务、自我教育、自我监督水平，充分激发广大人民群众投身全面建设社会主义现代化的积极性和创造力。

38. 加快推进法治昌江建设。坚定不移走社会主义法治道路，坚持法治昌江、法治政府、法治社会一体建设。全面贯彻实施宪法。全面推进法治政府建设，深化行政执法体制改革，推动执法力量下沉基层，提高依法行政水平，着力打造职能科学、权责法定、执法严明、公开公正、廉洁高效、守法诚信的法治政府。保证司法阳光公正，确保法院、检察院依法独立公正行使审判权、检察权。深入开展法治宣传教育，发挥好法治固根本、稳预期、利长远的保障作用。

39. 服从服务国防建设、“一国两制”、祖国统一和外交大局。深入贯彻习近平强军思想，坚决维护军委主席负责制，落实党管武装、党委议军制度，主动对接军队改革建设需求，积极做好服务保障，坚定不移推进经济建设与国防建设协调发展。完善国防动员体系，加强全民国防教育，深化双拥共建，巩固军政军民团结。深入贯彻“一国两制”方针，深化与香港、澳门交流合作，实现互利共赢、共同发展。坚决服务两岸关系和平发展和祖国统一，高度警惕和坚决遏制“台独”分裂活动。主动服务国家总体外交大局，提高外事工作能力和水平。

40. 确保规划目标落到实处。坚决贯彻中央、省、市决策部署和区委工作要求，科学编制好昌江区“十四五”规划纲要和专项规划，落实本建议确定的指导思想、主要目标、重点任务和重大举措，形成定位准确、边界清晰、功能互补、统一衔接的全区规划体系。加强规划管理，完善政策协调和工作协同机制、规划实施监测评估机制，强化督促检查，确保“十四五”规划各项任务落到实处。

胜利实现“十四五”规划和2035年远景目标，意义重大，任务艰巨，使命光荣。全区上下要更加紧密地团结在以习近平为核心的党中央周围，在省委省政府、市委市政府的坚强领导下，解放思想、担当实干、创新敢为、砥砺前行，为“服务城市、做实昌江”持续奋斗，奋力谱写美丽富裕智慧昌江改革发展新篇章。

关于实现巩固拓展脱贫攻坚成果同乡村振兴有效衔接的实施意见

(昌党发〔2021〕9号)

2021年是中国共产党成立100周年,也是“十四五”规划的开局之年。为深入贯彻落实党的十九届五中全会精神和中央、省委、市委关于实现巩固拓展脱贫攻坚成果同乡村振兴有效衔接的决策部署,现结合昌江区实际,制定本实施意见。

一、指导思想

以习近平新时代中国特色社会主义思想为指导,深入学习贯彻党的十九大和十九届二中、三中、四中、五中全会精神,坚决贯彻落实中央、省委、市委农村工作会议以及全国、全省、全市巩固拓展脱贫攻坚成果同乡村振兴有效衔接工作会议精神,把打赢脱贫攻坚战、全面建成小康社会作为新生活、新奋斗的起点,扎实做好巩固拓展脱贫攻坚成果同乡村振兴有效衔接,从解决建档立卡贫困人口“两不愁三保障”为重点转向实现乡村产业兴旺、生态宜居、乡风文明、治理有效、生活富裕,逐步实现由集中资源支持脱贫攻坚向巩固拓展脱贫攻坚成果和全面推进乡村振兴平稳过渡,为建设社会主义现代化国家开好局、起好步奠定坚实基础。

二、目标任务

在全区脱贫攻坚取得全面胜利,向第二个百年奋斗目标迈进的历史关口,在“三农”工作重心历史性转移到全面推进乡村振兴的新征程中,全区上下务必统一思想、担当实干、攻坚克难,举全区之力,持续巩固拓展脱贫攻坚成果,不断缩小发展差距,逐步实现共同富裕。到2025年,脱贫攻坚成果巩固拓展,乡村振兴全面推进,脱贫人口民生福祉改善迈出新步伐,脱贫村经济社会发展实现新跨越,乡村特色产业提质提效,农村人居环境持续改善,乡村建设行动扎实推进,乡风文明得到大力弘扬,农村基层组织不断建强,农村低收入人口帮扶长效机制逐步完善,脱贫村农民收入增速高于全区平均水平。到2035年,乡村振兴取得重大进展,农村低收入人口生活水平显著提高,人民生活更加美好,城乡区域发展差距和居民生活水平差距显著缩小,在促进全体人民共同富裕上取得更为明显的实质进展。

三、工作重点

按照党中央设立5年过渡期的要求,紧盯脱贫村、脱贫户和农村低收入人群,聚焦建立健全巩固拓展脱贫攻坚成果长效机制、健全农村低收入人口常态化帮扶机制、推动脱贫攻坚工作体系全面转向乡村振兴三大任务,始终做到工作力度、帮扶力量、投入保障、重点举措“四个不减”,确保各项政策措施进一步取得实效,全面促进脱贫攻坚与乡村振兴有效衔接。

(一)持续巩固长短结合模式脱贫成果。按照市级要求,继续推行“1+5”模式全覆盖,不断巩固“两不愁三保障”和饮水安全成果;接续推进“四个一”产业扶贫工程质量大提升,确保已脱贫人口收入稳定增长。

1. 不断巩固“1+5”模式脱贫成果。

“1”就是继续围绕落实好教育、医疗、住房、饮水等民生保障普惠性政策这一条主线,不断压紧压实各行业主管部门责任,落实并根据脱贫人口实际困难给予适度倾斜,确保“三保障”和饮水安全等各项扶贫成果得到巩固拓展。

一是巩固拓展教育扶贫成果。不断健全控辍保学工作机制和联控联保责任机制,确保除身体原因不具备学习条件外脱贫家庭义务教育阶段适龄儿童少年不失学辍学。继续实施家庭经济困难学生资助政策和农村义务教育学生营养改善计划。继续实施脱贫人口家庭学生接受职业教育,并按规定给予相应补助。不断完善普通高校资助政策,助力家庭困难学生完成学业。〔责任单位:区教体局、各乡镇(街道)〕

二是巩固拓展健康扶贫成果。过渡期内保持现有健康帮扶政策基本稳定,完善大病专项救治政策,优化高血压等主要慢性病签约服务,多渠道拓展补充家庭医生队伍,完善区域内先诊疗后付费政策。

坚持基本标准，发挥基本医疗保险、大病保险、医疗救助三重保障制度综合梯次减负功能，有效防范因病返贫致贫风险，落实分类资助参保政策，做好脱贫人口参保工作。支持建立社会爱心救助基金，解决易返贫致贫人口特殊重大疾病医疗救助问题，确保脱贫人口不因病返贫致贫。〔责任单位：区卫健委、区医保局、区民政局、各乡镇（街道）〕

三是巩固拓展安居扶贫成果。建立农村脱贫人口住房安全动态监测机制，通过农村危房改造等多种方式保障低收入人口基本住房安全。继续实施农村危房改造，建立健全农村低收入人口住房安全保障长效机制。强化农村危房质量安全监管，保障危房改造资金安全规范高效运行，全面实现住房安全有保障。〔责任单位：区住建局、各乡镇（街道）〕

四是巩固拓展饮水安全成果。巩固提升维护已建农村供水工程成果，持续加强农村供水基础设施建设，全面加强水源保护，完善饮水安全防范管理机制，强化突发灾害气候和公共卫生饮水安全排查监控，不断提高农村供水保障水平。〔责任单位：区农业农村水利局、区卫健委、各乡镇（街道）〕

“5”就是结合实际筑牢五条增加收入的硬措施，确保已脱贫人口年人均可支配收入在超过国定贫困标准的基础上逐年增长，确保不发生规模性返贫。

一是持续巩固“一领办四参与”产业发展收入。过渡期内继续采取“银行贷款、政府贴息、能人领办、保利分红”模式，确保已脱贫人口能稳定获得产业发展收入。领办企业要合理安排和设立岗位，吸纳带动脱贫户参与就业和季节性务工。同时，相关金融机构部门要根据疫情给企业带来影响的实际情况，灵活调整扶贫贷还款安排，对参与扶贫的企业和受疫情影响还款的受困群众，合理确定延后还款期限，并依法依规予以展期或续贷。〔责任单位：区财政局、区乡村振兴局、各乡镇（街道）〕

二是持续巩固创造岗位就业收入。通过政府购买公益性岗位，开发村镇、环卫、园林等社会公益性岗位，帮助已脱贫人口增加务工性收入。加大生态补偿力度，大力开发生态公益岗位，优先安排低收入人口担任护林员、护路员等增加收入。〔责任单位：区人社局、区交通局、区林业局、区乡村振兴局、各乡镇（街道）〕

三是持续巩固盘活资源资产收入。通过结对干部帮扶，继续鼓励引导已脱贫人口盘活土地、责任田、责任山、水面和房屋等生产资料和资产资源，提高资产性收入，争取不留闲置资产。〔责任单位：区农业农村水利局、区乡村振兴局、各挂点帮扶单位〕

四是持续巩固发展种养业收入。实施特色种养业提升行动，支持和帮助有劳动能力的脱贫人口，通过饲养猪、鸡、鸭等畜禽，种植水稻、蔬菜、茶叶等经济作物，千方百计增加已脱贫人口种养业收入。〔责任单位：区农业农村水利局、区供销社、区乡村振兴局、各挂点帮扶单位、各乡镇（街道）〕

五是持续巩固兜底保障收入。对脱贫人口中完全丧失劳动能力或部分丧失劳动能力且无法通过产业就业获得稳定收入的人口，按照规定纳入农村低保或特困人员救助供养范围，并按困难类型及时给予专项救助、临时救助等，做到应保尽保、应兜尽兜。完善残疾儿童康复救助制度，提高救助服务质量，并按政策规定及时发放残疾人补贴。〔责任单位：区民政局、区残联、区医保局、区乡村振兴局、各乡镇（街道）〕

2. 不断提升“四个一”产业工程质量。产业振兴是乡村振兴战略的重要组成部分，是促进农民增收，实现生活富裕的重要举措。以产业扶贫“四个一”工程为抓手，在已建成的扶贫产业基础上，充分发挥产业增收效益，严防脱贫后放松“四个一”产业发展倾向，持续推动产业多元化，促进产业融合发展，确保产业全面提质增效。

一是完善壮大产业体系。不断优化产业发展政策，加强政策支持力度，继续按照《昌江区产业扶贫攻坚战实施意见》和《景德镇市金融支持“一领办四参与”扶贫贷款指导意见》要求，强力整合省市区扶贫专项资金、金融企业支持产业发展贷款、干部帮扶资金、社会捐助资金等用于发展“四个一”产业。在新政策出台前，各挂点单位继续按照每名副科级以上干部每年3000元标准支持行政村发展扶贫产业。同时，围绕农村一、二、三产业融合发展，依托传统产业和特色优势产业，不断延伸产业链、提升价值链。支持培育绿色食品、有机农产品、地理标志农产品，打造区域公用品牌，实现特色产业提档升级。〔责任单位：区农业农村水利局、区乡村振兴局、各挂点帮扶单位、各乡镇（街道）〕

二是强化产业发展支撑。加大科技服务、人才培养等支持力度，充分发挥科技特派员、产业发展指导员作用，更好支撑扶贫马家柚、油茶等产业及早稳产丰产，壮大土鸡蛋、蔗糖等特色产业、提升质量效

益。〔责任单位:区科技局、区农业农村水利局、区乡村振兴局、各乡镇(街道)〕

三是提升产业增收效果。各村级组织要结合本地实际,按照有关要求,在2021年内,科学制定涉及扶贫产业日常管理、股权分配和受益分红的协议或章程,确保扶贫产业在法律法规的基本保障下,权责明、章程严、机制顺,持续惠及已脱贫户,促进农村低收入群体增收。要鼓励通过扶持龙头企业、农民专业合作社、致富带头人等经营主体,建好产业基地,支持扶贫产业围绕种养、加工、流通、销售等环节形成利益共同体。〔责任单位:区农业农村水利局、区乡村振兴局、各乡镇(街道)〕

(二)坚定不移加强过渡期各项重点工作。各部门要把加强过渡期内各项帮扶政策作为巩固拓展脱贫攻坚成果的重中之重,把保持政策稳定性和连续性,贯穿到巩固拓展脱贫攻坚成果同乡村振兴有效衔接工作全过程和各环节,确保脱贫群众不返贫。

1. 扎实做好干部结对帮扶工作。继续按照《昌江区千名干部结对帮扶实施方案》要求,实行区四套班子领导包村,副科级以上干部包户等帮扶政策。同时,按照中央、省委和市委脱贫攻坚向乡村振兴衔接转化要求,继续对重点村选派驻村第一书记和工作队,建立常态化驻村工作机制。在新政策出台前,各挂点帮扶单位、各帮扶干部要继续做好已脱贫村、已脱贫户的结对帮扶工作。〔责任单位:区委组织部、区乡村振兴局、各挂点帮扶单位、各乡镇(街道)〕

2. 扎实做好脱贫人口稳岗就业。继续按照就业帮扶大行动要求,由就业部门牵头,鼓励有情怀的规模以上企业为有就业意愿就业能力没有工作岗位的已脱贫人口就近提供就业岗位。建立送岗下乡、现场招聘、点对点对接服务等服务体系,实现脱贫人口就业、务工、转岗信息畅通,失业后及时就业。切实稳定外出就业,加大劳务输出组织力度,确保外出脱贫劳动力稳定就业。拓宽就地就近就业渠道,在农村人居环境、小型水利、乡村道路、农田整治、水土保持、产业园区、基础设施等涉农项目建设和管护时,广泛采取以工代赈方式,吸纳脱贫人口就业。鼓励延续支持扶贫车间的优惠政策。规范公益性岗位管理,过渡期内逐步调整优化生态护林员、公益性岗位政策,健全按需设岗、以岗聘任、在岗领补、有序退岗的管理机制,实现无法外出、无业可就且有意愿有能力胜任岗位工作的脱贫人口就业有保障。〔责任单位:区人社局、区发改委、区交通局、区农业农村水利局、区林业局、区市场监督管理局、区乡村振兴局、各乡镇(街道)〕

3. 扎实做好消费扶贫工作。持续推进消费扶贫"六进"(进机关、学校、医院、企业、社区)活动,加快推进扶贫专柜专馆专区建设,鼓励各级预算单位使用预算资金及工会经费购买扶贫产品,确保全区扶贫产品不出现大规模滞销卖难问题。持续加强扶贫产品监管。进一步完善扶贫产品认定办法,严把扶贫产品质量安全,确保扶贫产品质量合格、价格合理、带贫真实,防止打着消费扶贫旗号牟利。〔责任单位:区乡村振兴局、区教体局、区卫健委、区财政局、区机关事务管理局、区商务局、区市场监督管理局、区供销社、区总工会,各挂点帮扶单位、区直部门相关单位、各乡镇(街道)〕

4. 扎实做好扶贫资产监管。分类摸清各类扶贫项目形成的资产底数,加强扶贫项目资产监管,确保扶贫资产持续发挥作用。依托脱贫攻坚大数据平台,建立扶贫资产信息台账。对扶贫资金项目形成的扶贫资产,实行县级统筹、行业主管、乡级辖管、村级直管、农户协管"五级定责",建立涵盖日常管理、运行调度、阳光监督等管理制度,加强运营管理,推进持续保值增值。公益性资产要落实管护主体,明确管护责任,确保继续发挥作用。经营性资产要明晰产权关系,防止资产流失和被侵占,资产收益重点用于项目运行管护、巩固拓展脱贫攻坚成果、村级公益事业等。加强村级光伏扶贫电站运维和收益管理。确权到农户或其他经营主体的扶贫资产,依法维护其财产权利,由其自主管理和运营。〔责任单位:区乡村振兴局、区财政局、区发改委、各乡镇(街道)〕

5. 扎实做好内生动力激发。加强基层党组织建设,全面提升基层组织带领群众追求新生活、不懈新奋斗的政治功能和组织能力;深入开展感恩教育"四大行动"和"三讲一评颂党恩"活动,持续教育引导群众感党恩、听党话、跟党走,全面增强巩固脱贫成果和自我发展致富的内生动力。加强新时代农村精神文明建设,推进移风易俗,完善村规民约,革除高价彩礼、人情攀比、后葬薄养、铺张浪费等陈规陋习。〔责任单位:区委组织部、区委宣传部、区乡村振兴局、各挂点帮扶单位、各乡镇(街道)〕

(三)建立完善过渡期各项工作机制。按照中央要求,脱贫攻坚目标任务完成后,从脱贫之日起设立5年过渡期，过渡期内落实“四个不减”工作要求，在巩固拓展脱贫攻坚成果上给予更多后续帮扶支持，对脱贫村、脱贫人口扶上马送一程，要牢牢把握“新政策不出、旧政策不退”原则，在新政策出台实施前，原有帮扶政策一律不能退、力度不能减，更不得擅自调整，确保过渡期内工作不留空档，政策不留空白。推动领导体制、工作体系、发展规划、政策举措、考核机制等有效衔接，确保思想不乱、工作不断、队伍不散、干劲不减。

1. 建立完善过渡期责任推进机制。继续按照“省负总责、市县抓落实、乡镇推进和实施”的工作机制，构建责任清晰、各负其责、执行有力的乡村振兴领导体制，稳定构筑党政主导、部门齐抓、社会参与的工作格局，坚持“党政一把手负总责、三级书记一起抓”的责任制，层层压实责任。充分发挥党委农村工作领导小组作用，建立统一高效地实现巩固拓展脱贫攻坚成果同乡村振兴有效衔接的决策议事协调工作机制。〔责任单位：区委组织部、区委农办、区乡村振兴局、区直部门相关单位、各乡镇（街道）〕

2. 建立完善防止返贫动态监测机制。健全防止返贫大数据监测平台，加强相关部门、单位数据共享和对接，对脱贫不稳定户、边缘易致贫户，以及因病因灾因意外事故等刚性支出较大或收入大幅度缩减导致基本生活出现严重困难户，开展定期检查、动态管理，重点监测其收入支出状况，进一步完善基础数据库。建立农户自主申报、部门信息比对、基层干部定期跟踪回访相结合的易返贫致贫人口发现和核查机制，实施帮扶对象动态管理。建立防贫保机制，继续由区级统筹为这类群体购买防贫保险。〔责任单位：区乡村振兴局、各乡镇（街道）〕

3. 建立完善政策举措优化机制。各级各部门要加强对上沟通，根据巩固拓展脱贫攻坚成果、全面推进乡村振兴的需要，及时掌握上级政策动向，立足实际、因地制宜，现有帮扶政策该延续的延续、该优化的优化、该调整的调整，确保政策连续性。政策调整要坚持稳中调优，合理把握节奏、力度、时限，确保不影响巩固拓展脱贫攻坚成果，确保不出任何问题。兜底救助类政策，要继续保持稳定。民生保障普惠类政策，要根据脱贫人口实际困难给予适度倾斜。产业就业等发展类政策，要持续优化完善。攻坚期间给予贫困村的强化财政保障能力政策，要继续实行一段时间并与全面推进乡村振兴接轨。〔责任单位：区直部门相关单位、各乡镇（街道）〕

4. 建立完善机构队伍建设机制。全面实施乡村振兴战略的深度、广度、难度不亚于脱贫攻坚，必须采取更有力举措、汇聚更强大力量来推进。按照中央、省委和市委部署要求，平稳有序做好各级扶贫机构职能的调整优化。扶贫部门调整为乡村振兴部门后主要负责巩固拓展脱贫攻坚成果、统筹推进实施乡村振兴战略，调整后的机构职能只能加强不能削弱。加强机构队伍建设，保持机构队伍稳定，通过调整优化机构职能，确保区级有专门机构和队伍，确保乡村工作站（室）和专职信息员队伍保持稳定。〔责任单位：区委组织部、区委编办、区乡村振兴局、各乡镇（街道）〕

5. 建立完善发展规划制定机制。将实现巩固拓展脱贫攻坚成果同乡村振兴有效衔接的重大举措纳入国民经济和社会发展“十四五”规划。将巩固拓展脱贫攻坚成果和乡村振兴需要实施的教育、健康、住房、饮水，以及产业、就业等重大工程项目纳入“十四五”相关专项规划。科学编制“十四五”时期巩固拓展脱贫攻坚成果同乡村振兴有效衔接规划，推动巩固拓展脱贫攻坚成果同乡村振兴有效衔接规划与国民经济和社会发展规划、乡村振兴战略规划等协同联动。〔责任单位：区发改委、区乡村振兴局、各乡镇（街道）〕

四、保障措施

（一）强化组织领导。各级党委要扛起政治责任，坚持以乡村振兴统揽新时代“三农”工作，把实现巩固拓展脱贫攻坚成果同乡村振兴有效衔接作为新时代“三农”工作重点任务。各乡镇（街道）党（工）委书记要把主要精力放在“三农”工作上，当好乡村振兴的“一线总指挥”，做好工作力量、组织保障、规划实施、项目建设、要素保障等方面的有机结合，做到一盘棋、一体化推进。要持续加强农村基层党组织建设，选优配强村“两委”成员特别是村党支部书记，选好用好管好乡村振兴带头人。要建设一支政治过硬、本领过硬、作风过硬的干部队伍，选派一批优秀干部到巩固拓展脱贫攻坚成果、全面推进乡村振兴一线岗位培养锻炼，分级分类加强干部培训，对在条件艰苦、关键岗位工作表现突出的干部要优先重用，为实现巩固拓展脱贫攻坚成果同乡村振兴有效衔接提供强有力的组织保障和队伍保障。积极落实“百企帮百村”行动，坚持和完善社会力量参与帮扶机制。〔责任单位：区委组织部、区委统战

部、区工商联、区乡村振兴局、区委农办、区农业农村水利局、区直部门相关单位、各乡镇(街道)〕

(二)强化投入保障。过渡期内在保持财政支持政策总体稳定的前提下,根据巩固拓展脱贫攻坚成果同乡村振兴有效衔接的需要和财力状况,在现有基础上,逐步提高财政投入规模,优化支持结构,调整支持重点。保留并调整优化原财政专项扶贫资金,脱贫攻坚期内给予省、市贫困村的区级财政专项扶贫资金要继续列入财政预算,并适度增长。“一领办四参与”贷款贴息资金及区级贷款奖补资金继续按照要求足额配套,并维持一段时间。继续加大《昌江区产业扶贫攻坚战实施意见》的执行力度,确保帮扶资金足额及时到位。要强化金融服务保障,加大对优势特色产业信贷和保险支持力度,鼓励各地因地制宜开发优势特色农产品保险,完善扶贫小额信贷和防贫保险、农业保险政策。要强化土地支持保障,新增建设用地计划指标优先保障巩固拓展脱贫攻坚成果同乡村振兴用地需求。〔责任单位:区财政局、区自然资源规划局、区农业农村水利局、区乡村振兴局、区直部门相关单位、各乡镇(街道)〕

(三)强化督查考核。按照中央和省委要求,将适时对脱贫成果进行科学评估。乡村振兴战略实绩考核和高质量发展综合绩效考核评价要把巩固拓展脱贫攻坚成果情况作为领导班子和领导干部考核的重要内容。科学设置考核指标,注重考核工作实效,以切实减轻基层负担。强化考核结果运用,实行正向激励,落实责任追究,将考核结果作为干部选拔任用、评先奖优、问责追责的重要参考。〔责任单位:区委办公室、区政府办公室、区委组织部、区纪委、区乡村振兴局、各乡镇(街道)〕

(四)强化人才支撑。延续脱贫攻坚期间各项人才智力支撑政策,建立健全引导各类人才服务乡村振兴长效机制。进一步加强农村实用人才队伍建设,坚持扶贫同扶智相结合,坚持以人才引领产业、以产业集聚人才,实现人才集聚与产业发展的“同频共振”。进一步健全乡村人才工作体制机制,强化人才振兴保障措施,培养造就一支懂农业、爱农村、爱农民的“三农”工作队伍,为全面推进乡村振兴、加快农业农村现代化提供有力人才支撑。〔责任单位:区委组织部、区科技局、区人社局、区农业农村水利局、区教体局、区卫健委、各乡镇(街道)〕

2021 年 6 月 28 日

印发《关于落实“三重一大”事项集体决策制度的实施办法(试行)》的通知

(昌党发〔2021〕12 号)

各乡镇(街道)党(工)委、人民政府(办事处),区委各部门,区直各单位,各人民团体:

现将《关于落实“三重一大”事项集体决策制度的实施办法(试行)》印发给你们,请结合实际认真贯彻落实。

中共昌江区委

昌江区人民政府

2021 年 12 月 31 日

关于落实“三重一大”事项集体决策制度的实施办法(试行)

第一章 总 则

第一条 为认真贯彻民主集中制,进一步健全和完善党内监督制度,依据《中国共产党章程》《中国共产党党内监督条例》等有关规定,按照江西省委办公厅《关于党委(党组)实施“三重一大”事项集体决策制度的若干意见(试行)》和市委办公室印发《关于党委(党组)实施“三重一大”事项集体决策制度的实施办法(试行)》通知的要求,结合我区实际,制定区委实施重大决策、重要干部任免、重大项目安排和大额度资金使用事项集体决策制度(以下简称“三重一大”)的实施办法。

第二条 各单位党委(党组)在实施“三重一大”时,班子成员特别是主要负责人要正确处理好民主与集中的关系,带头执行民主集中制,坚持集体讨论决定,充分发扬党内民主,努力提高科学决策、民主决策、依法决策、正确决策的能力和水平,保证权力正确行使,防止权力滥用。

第二章 “三重一大”事项范围

第三条 重大决策的事项包括:

(一)贯彻落实党的路线方针政策、党内重要法规和国家重要法律法规及上级组织重大决策、重要工作部署的意见和措施;

(二)全区经济建设、政治建设、文化建设、社会建设和生态文明建设中具有全局性、方向性、战略性的重大问题,以及涉及全局性的机制、体制、制度改革方面的重大事项;

(三)经济社会发展方面的中长期规划编制、年度计划制定等重大事项以及防范化解重大风险、精准脱贫、污染防治等有关民生工作的重要部署;

(四)土地总体规划、城市总体规划、环境保护和生态文明建设总体规划的编制和调整,以及其他专项规划的编制和调整;

(五)涉及全局性稳定的重大事件处理、重大信访矛盾化解、重大事故处理等方面的重大事项;

(六)国有资产产权变更和国有企业改组改制的政策、下属企事业单位的改革方案、资产重组等资本运作方案;

(七)工资、福利、住房公积金、医疗保险、养老保险等制度的改革、调整及实施;

(八)党风廉政建设、安全稳定等重要问题;重大责任事故、突发性事件的处理及涉及单位和职工利益的重要事项;

(九)大宗国有资产处置方案;

(十)向上级报告、请示的重大事项;

(十一)其他需要集体研究决定的重大决策事项。

第四条 重要干部任免的事项包括:

(一)区委管理干部的推荐、提名、录用、交流、任免、奖惩等;

(二)公务员、事业人员考录计划;

(三)人才的引进、流动和人员的招聘、使用工作;

(四)推荐副县级以上干部人选;

(五)干部管理的其他重要事项。

第五条 重大项目安排的事项包括:

(一)重大建设项目安排。包括列入本区重点建设工程的项目;申请列入上级政府重大建设工程的项目;由本区为主立项的财政性资金投入500万元以上的基础设施建设项目;城市规划区(含旧城区)的改造项目;

(二)重大投资项目安排。包括以财政性资金或融资投资的重大项目;利用国有资产参与国内外合资、合作的重点项目等;

(三)重大活动项目安排,包括文化、体育、旅游等重大活动和节庆活动;

(四)重大公共服务类招商项目。主要包括涉及自来水、天然气、公共交通和环境卫生等涉及公共利益和群众切身利益的重大招商项目;

(五)重大产业类招商项目,指社会投资5000万,且使用土地5亩以上的项目;

(六)民生社会事业项目安排。主要包括保障性住房建设项目;棚户区综合改造项目;社区基础设施建设项目;用于促进就业、帮困扶残及助老服务的社区建设项目,以及覆盖面较广、资金使用较大的民生项目;教育、卫生等社会事业重要基础设施新建、改建、迁建等项目;

(七)其他应由集体决策的重大项目安排。

第六条　大额度资金的安排使用按照事前报告、科学论证、规范高效、分类管理、严格审批、集体决策的原则进行管理。如确因时限要求急需安排使用的,应先书面向区委主要领导报告,征得同意后拨付使用,待下次区委常委会集体审定。大额度资金使用的事项包括:

(一)年度财政预算资金(含其他各项财政性资金和融资资金)安排的调整;一般公共预算确定后,因工作需要申请追加预算的审批;一次性追加经费(不含正常性的增人增资)在300万元以上的支出;500万元以上的政府投资工程项目资金拨付使用,报区委常委会审定。

(二)符合国家有关规定的投融资安排比照财政预算资金安排审批规定执行,财政投融资担保额度在2000万元以上(含2000万元)项目报区委常委会审定。

(三)重大国有资产的监管与收益支出。其中,用国有资产收益安排支出比照财政预算资金安排的审批规定执行。

(四)大宗国有资产的采购和处置方案的审定,其中,国有资产的采购额度的审批,比照财政预算资金安排的审批的规定执行,资产处置达到500万元以上项目报区委常委会审定。

(五)符合国家规定的额度在3000万元以上(含3000万元)的银行贷款申请项目报区委常委会审定。

(六)其他应由集体决策的大额度资金使用。

第三章　决策程序

第七条　班子成员提出的决策建议或者经分管班子成员审核的部门、单位和个人提出的决策建议,经领导班子主要负责人确认后,进入决策程序。领导班子主要负责人提出的决策建议,直接进入决策程序。

第八条　决策前,应深入调查研究,透彻了解本单位本部门实际,分析和寻找各种条件,设计和拟定决策方案。

第九条　对专业性、技术性较强的事项,应进行专家论证、技术咨询、决策评估;对与人民群众利益密切相关的事项,应实行听证和公示制度,扩大人民群众参与度。

第十条　选拔任用重要干部,应事先征求区纪委监委的意见,并保证区纪委监委有必要的时间履行相应的程序,如所在单位当年被区委巡察的,还应征求区委巡察组意见。

第十一条　对乡镇(街道)党政正职应由区委、区人大常委会、区政府、区政协领导班子成员和区委全委会委员署名进行推荐,并作为提名的重要依据。其拟任人选和推荐人选提交区委常委会讨论通过后,再由区委全委会进行无记名投票表决。对提交区委常委会讨论任免的其他干部,采取无记名投票表决的方式作出任免决定。

第十二条　提请区委常委会审议的“三重一大”事项议题,应事先向区委主要领导报告,并征得同意后,按规定程序提前两天报区委办公室,提交区委常委会审定。除遇重大突发事件和紧急情况外,议题的提出,不得临时动议。议题的有关材料要在领导班子会议召开前送达参会人员,并保证其有必要时间了解相关情况。

班子成员可通过适当形式对有关议题进行酝酿,但不得作出决定或影响集体决策。

第十三条　“三重一大”事项必须提交区委常委会讨论决定,涉及全局和长远的问题要提交全委会讨论决定。除遇重大突发事件和紧急情况外,不得以传阅会签或个别征求意见等方式代替集体决策。

第十四条　在领导班子决策“三重一大”事项的会议上,班子成员应对决策建议逐个明确表示同意、不同意或缓议的意见,并说明理由。因故未到会的班子成员可以书面形式表达意见。

领导班子主要负责人或主持会议的其他负责人应在其他班子成员充分发表意见的基础上,最后发表意见。

对讨论中意见分歧较大或发现有重大问题尚不清楚的,除在紧急情况下按多数意见执行外,应暂缓决策,待进一步调查研究后再作决策。

第十五条　各单位在讨论“三重一大”事项时,可视情邀请党代表、人大代表、政协委员和有关职能部门、监督部门人员等列席会议。

第十六条　对班子成员的表决意见和理由等情况,应原原本本记录并存档。领导班子对“三重一大”事项的决策结果,应以书面形式通知有关职能部门、监督部门及相关人员。

第十七条　“三重一大”事项经领导班子决策后,由班子成员按分工和职责组织实施。遇有分工和职责交叉的,由领导班子明确一名班子成员牵头。实施时要体现效能原则,尽量用最短的时间、最低的成本，取得最佳的效果。

第十八条　班子成员对集体决策有不同意见的，可以保留；但在没有作出新的决策前，应无条件执行。同时，可按组织程序向上级党组织反映意见。

第十九条　班子成员不得擅自改变集体决策，确需变更的，应由领导班子集体研究重新作出决策；如遇重大突发事件和紧急情况作出临时处置的，应在事后及时向领导班子或上级党委（党组）、纪检监察机关、组织部门报告，未完成事项如需领导班子重新作出决策的，经再次决策后，按新的决策执行。

第四章　监督检查

第二十条　班子成员应根据分工和职责及时向领导班子报告“三重一大”事项决策制度的执行情况，并将贯彻本意见的情况列入班子民主生活会和述职述廉的重要内容。领导班子要定期向上级党组织报告贯彻本意见的情况，并对所属各单位制定、执行“三重一大”事项决策制度工作负总责。

第二十一条　有关监督部门应按各自职责，加强对“三重一大”事项决策、执行情况的监督检查，要坚持查阅原始会议记录，并将监督检查情况及时与领导班子沟通。

第二十二条　各单位党委（党组）办公室或相应机构应建立督查制度，定期对重大决策的执行情况进行跟踪与反馈，建立重大决策后评价机制，并将有关情况向班子主要负责人和领导班子报告。对“三重一大”事项的决策、执行情况，除依法应保密的外，应定期或不定期在相应范围内公开。

第二十三条　区纪委监委、区委组织部要加强对各单位党委（党组）贯彻本意见的情况及其所属各单位制定、执行“三重一大”事项决策制度情况的监督检查，并作为对党委（党组）领导班子及其成员年度考核和党风廉政建设责任制考核的重要内容。

第五章　责任追究

第二十四条　对出现个人或少数人决定“三重一大”事项、拒不执行或擅自改变集体决策、集体决策执行不力、错误执行并造成严重损失或将大额资金、项目采取化整为零方式规避集体研究等情况的，应依据《中国共产党纪律处分条例》《中华人民共和国监察法》《行政机关公务员处分条例》《中共中央、国务院关于实行党风廉政建设责任制的规定》《关于实行党政领导干部问责的暂行规定》和《江西省贯彻落实〈关于实行党政领导干部问责的暂行规定〉的实施办法》等，追究有关责任人的责任。

第二十五条　领导班子决策失误或涉嫌违纪违法的，应在查明情况、分清责任的基础上，分别追究有关人员的相应责任。

第二十六条　责任追究的方式有责令检查、诫勉谈话、通报批评、责令辞职、免职、给予党纪政纪处分、移送司法机关处理等。

第二十七条　本实施办法由区纪委监委、区委组织部负责解释。

第二十八条　本实施办法自印发之日起施行。2012 年 4 月 20 日区委印发的《中共昌江区委关于落实“三重一大”事项集体决策制度的实施办法（试行）》同时废止。

印发《关于促进旅游产业高质量发展的意见（试行）》的通知

（昌党发〔2021〕13 号）

各乡镇（街道）党（工）委、人民政府（办事处），区委各部门，区直各单位，各人民团体：

现将《关于促进旅游产业高质量发展的意见（试行）》印发给你们，请结合实际认真贯彻落实。

中共昌江区委

昌江区人民政府

2021 年 12 月 31 日

关于促进旅游产业高质量发展的意见(试行)

为深入贯彻落实习近平总书记“要建好景德镇国家陶瓷文化传承创新试验区,打造对外文化交流新平台”的重要指示精神,根据《省委办公厅、省政府办公厅印发〈关于进一步支持文化产业发展的若干意见(试行)〉的通知》(赣办字〔2019〕25 号)、《中共景德镇市委市政府印发〈关于促进旅游产业高质量发展的意见(试行)〉的通知》(景党发〔2021〕6 号)精神,以景德镇市承办 2021 年全省旅游产业发展大会为契机,大力推动我区旅游产业高质量发展,激发文旅消费潜力,培育文旅精品品牌,进一步提升我区国家全域旅游示范区影响力,提出如下意见。

一、总体要求

(一)指导思想。以习近平新时代中国特色社会主义思想为指导,全面贯彻中共十九大和十九届二中、三中、四中、五中、六中全会精神,深入贯彻落实习近平总书记视察江西重要讲话精神,建好景德镇国家陶瓷文化传承创新试验区,乘势而为,充分发挥国家陶瓷文化传承创新试验区“创新创造、先行先试”的优势,围绕景德镇市“两地一中心”发展定位,激发市场主体活力,坚持走高质量发展之路,重点提升旅游产业发展质量和整体水平,促进资源优势转化为产业发展优势,推动昌江区旅游产业发展集约化、品质化和国际化,不断提升昌江区旅游业知名度与竞争力,努力推动昌江区旅游产业发展迈上新台阶。

(二)基本原则。坚持市场主导。牢固树立和贯彻落实新发展理念,破除瓶颈障碍,建立新时代旅游产业发展新模式新机制。充分发挥政府引领作用,坚持市场在资源配置中的决定性作用,实现经济效益、社会效益和生态效益相互促进、共同提升。坚持品牌创新。加快推动形成特色鲜明、优势互补的旅游发展新态势,既要增强市场竞争力,又要全面增强旅游产业发展新动能。坚持质量效益。以创建昌江区特色的文化和旅游产业融合发展新项目为推动力,推动集聚发展,加快布局新业态,积极引进知名企业,培育壮大人才队伍,提高旅游产业的质量水平。

(三)发展目标。到“十四五”中后期,全区“吃住行游购娱”产业链要素全面夯实,形成多业融合、全域联动的大旅游发展格局;旅游品牌全面提升,把昌江区建设成省内一流、全国知名旅游目的地,唱响昌江区“瓷都原乡,魅力昌江”旅游品牌;旅游接待能力显著提升,培育一批知名旅游龙头企业,全区旅游人次和旅游总收入创“双高”,全力推动旅游强区建设,促进经济社会发展。

二、主要任务

(一)打造精品旅游线路。构建“一心一带六组团”的旅游空间格局,突出重点带动全域发展。着重打造包括以古窑民俗博览区、中国陶瓷博物馆、昌南里、宁封窑为核心的昌江区陶瓷文化旅游线,荷塘乡红色旅游线,依托昌江区旅游资源优势,满足市场差异化需求,推出一批面向不同客源市场、不同游客群体、“有看头、有玩头、有说头”的“必到必游”昌江精品旅游线路。

(二)着力唱响旅游品牌。制定“瓷都原乡 · 魅力昌江”品牌提升计划,以打造“世界著名陶瓷文化旅游目的地”旅游目的地品牌为重点,建设一批高 A 级特色景区,以古窑民俗博览区等重点旅游景区品牌为引领,推进构建区域品牌、景区品牌、产品品牌等互为支撑的品牌体系。全力配合景德镇市办好景德镇国际陶瓷艺术双年展、国际陶瓷博览会、中国旅游日;全力办好昌江区文化旅游节、美丽乡村徒步旅游节等各类文旅节庆活动,不断打响昌江区旅游品牌。到 2023 年,特色景区、景点在数量和质量上实现跨越式发展,创成 2 家以上 AAAA 级景区,新增 5 家以上 AAA 级景区(AAAA 乡村旅游点)。

(三)全面巩固全域旅游品牌。以成功创建国家全域旅游示范区为抓手,推动实现全产业强化引领、全领域融汇要素、全交通无缝对接,全力打造“城市景区化、景区城市化”的全新格局。扩大自驾旅游、乡村旅游、工业旅游、红色旅游、购物旅游等主题品牌的市场认可度,提高旅游目的地号召力,打造“全域旅游”新格局。

(四)培育旅游新业态。构建层级分明、功能互补的旅游新业态新体系。依托昌江区丰富的森林公园、湿地公园等自然资源,创新开发研学旅游、体育旅游、通航旅游、乡村旅游、山地户外游、山水生态游、康养休闲游、城市夜游和乡村精品民宿游等多样化旅游业态,大力发展旅游新兴业态,丰富旅游产品供给。

(五)加强文旅产业融合。深入推动旅游业与陶瓷文化融合，挖掘独具特色的昌江区陶瓷文化内涵，讲好昌江故事，为旅游产品铸魂，着重打造一批市场吸引力大的文创产品、旅游商品和精品文化演艺。深入挖掘培育陶瓷文化、红色文化、航空文化等，不断扩大文化和旅游消费的有效供给。继续推动旅游业与体育、教育等第三产业深度融合，拓展旅游产业发展空间，提升相关产业综合竞争力。到2023年，成功创建1家省级文化产业和旅游产业融合发展示范点。

（六）提升旅游标准化服务水平。完善旅游服务标准体系，发挥规范引领作用，完善旅游景区停车场、旅游厕所、标识牌、休闲场所、周边道路交通等游览系统，在旅游高峰实施弹性供给。合理设计讲解词，规范景区工作人员、讲解员服务标准。完善电子支付、手机二维码检票、线上预约购票、AI讲解等智能服务。设置电子信息牌，实时公布景区游客数量、车位情况等信息。完善旅游气象预报预警机制，加强景区安全防范。全面提升AAAA级以上旅游景区（乡村旅游点）周边餐饮、住宿等配套服务设施。到2023年，全区旅游景区标准化服务水平得到有效提升。

（七）推动旅游产业集聚发展。培育一批具有较强竞争力的大型旅游企业集团和龙头旅游企业品牌。加大招商引资力度，着力引进一批发展潜力大、团队素质强、管理服务好、信誉程度高的旅游企业入驻。到2023年，引进1家以上国内知名旅游企业品牌，实现“五星级”旅行社“零”突破。

（八）完善旅游基础设施。把旅游服务设施建设纳入城乡基本公共服务均等化发展的整体布局，为旅游发展提供良好条件。建设昌江区全域旅游集散中心，开通旅游公交专线，线路覆盖城区、汽车站及A级景区（乡村旅游点）。完善全域旅游标识系统、旅游道路沿线导游导览图、旅游形象标识、景点解说牌、旅游区标志牌等旅游标识体系，提高标识标牌布局密度。加强旅游服务体系建设，完善游步道、停车场、旅游公厕、供水供电、应急救援、医疗救护等服务设施，持续推进厕所革命。到2023年，全区旅游基础设施更加完善。

（九）丰富旅游要素内容。打造“吃在昌江”，推出“本地特色餐”“昌南瓷宴”“美食文化街区”，举办“游客最喜爱的昌江菜”“本地最受欢迎餐厅”等评选活动，邀请“舌尖上的中国”“早餐中国”等品牌栏目走进昌江，提升昌江区特色菜知名度和影响力。打造“住在昌江”，积极引进五星级品牌高端酒店，加快建设主题酒店、精品民宿、乡村客栈等。打造“购在昌江”，开发景德镇陶瓷特色文创产品，打造陶瓷文创旅游商品研产销体系，不断研发推出更多“昌江”字号产品、“拳头产品”和“名牌产品”。打造“娱在昌江”，推出一批互动性强的娱乐项目，重点打造夜间旅游消费街区、集聚区，建设城市旅游综合体。

（十）大力发展购物旅游。快速补齐昌江“购”的短板，全力打造“购物游”。支持文创企业与旅游企业深度合作，开发具有景德镇陶瓷文化特色的旅游伴手礼，提升旅游商品文化内涵和附加值。鼓励大型企业或产业联盟通过连锁加盟等方式，统筹整合景区、度假区、集散中心和网络平台等各类旅游商品销售网点及渠道资源，带动各类旅游商品研产销无缝衔接，形成线上线下同步销售。到2025年，将昌江区打造成为全国一流旅游商品研产销基地。

（十一）做好旅游宣传营销。加大旅游营销力度，探索创新旅游营销模式，组建专业营销团队，建立健全旅游宣传体系和运行机制，常态化策划开展一系列文化和旅游推广活动，不断拓展旅游市场。加强与赣东北、闽浙赣皖经济区等主要目标客源地的区域联动合作，做大做响昌江旅游品牌。着力拓展对外文旅交流合作，积极参加在德国、南非及日韩等国家举办陶瓷文化交流推介等活动，广泛开展多层面的文旅交流，不断吸引大量国际游客来我区旅游。鼓励省内外媒体、境内外旅行社及旅行商来我区踩线，不断放大宣传营销效应，扩大昌江区旅游在国内外的影响力和知名度。到2023年，地接能力进一步提升，全区接待人次年增长率达20%以上，其中境外地接人次年增长率达10%以上。

（十二）实施智慧旅游工程。大力推进“互联网+旅游”的产业发展战略，实施智慧旅游项目，打造智慧旅游平台，加快推动智慧旅游高质量发展，实现涉旅行业数据监测、导游、导航、导览、导购等智慧旅游服务。建立健全线上旅游投诉监管系统，真正做到及时反馈及时处理，进一步增强游客的满意度和体验感。到2021年底，建成昌江区智慧旅游中心。

（十三）加强旅游人才培训。加大市场营销人才旅游专业人才等引进力度，加快培养一批专业旅游从业人员，激发旅游人才创新创业活力。支持高等院校办好旅游培训班，打造旅游人才、导游人才培养基地。加强与各地旅游组织合作，拓宽人才引进渠道，打造一支高素质、高水平、高质量的旅游人才队伍。引进旅游高层次管理人才和创新创业团队，设立景德镇旅游发展研究院昌江分院,为昌江区旅游产业发展提供智库支持。到2023年,新增30名以上优秀导游员。

(十四)建立旅游安全体系。加强旅游安全设施建设,开展从业人员安全培训和考核,完善旅游安全管理制度,制定旅游安全预案,切实提升旅游安全环境。配合市文化市场综合执法大队,规范旅游市场秩序,保障游客合法权益和旅游安全。到2022年,旅游市场秩序将更加规范,运行更加平稳安全。

三、政策措施

(一)扶持景区品牌创建。鼓励景区提档升级,提高景区管理服务水平,推动旅游品牌化、标准化,打造一批具有鲜明特色的旅游目的地。对新评定为国家AAAAA级、AAAA级、AAA级的景区,分别给予一次性奖励300万元、20万元、3万元;对新评定为江西省AAAAA级、AAAA级乡村旅游点的企业,分别给予一次性奖励20万元、10万元。

(二)推动集聚发展。加快构建文旅发展新格局,不断植入新业态,激发文旅市场消费潜力。对新评定为国家级、省级文化产业和旅游产业融合发展示范区(点)的企业,分别给予一次性奖励50万元、10万元;对新评定为国家级、省级文化产业示范园区认定的企业,分别给予一次性奖励50万元、10万元;对新评定为国家级、省级工业旅游示范基地的企业,分别给予一次性奖励20万元、5万元;对新评定为国家级、省级旅游休闲街区的企业,分别给予一次性奖励20万元、5万元;对新评定为国家级、省级文化和旅游夜间消费聚集区的企业,分别给予一次性奖励20万元、5万元。

(三)提升旅游接待水平。鼓励支持饭店、民宿及旅行社提升品质,参与评级。对新评定为五星级、四星级旅游饭店的,分别给予一次性奖励30万元、15万元;对新评定为金叶级、银叶级绿色旅游饭店的,分别给予一次性奖励10万元、5万元;对新评定为五星级、四星级、三星级旅游民宿的,分别给予一次性奖励10万元、5万元、3万元;对新评定为五星级、四星级旅行社的,分别给予一次性奖励20万元、10万元。

(四)引进知名企业。大力引进国内外知名文化旅游企业,对注册资本5000万元以上、总投资额超过1亿元的企业,自正式运营起,税收地方分成部分由受益财政给予前2年全额奖返、第3—5年50%奖返。

(五)发展总部经济。支持引进国内外知名企业总部落地,培育一批优势本土总部企业,提升城市总部经济发展。对注册资本1000万元以上且主营收入达到2000万元以上在本市设立企业总部的国内外知名文化旅游企业,自正式运营起,税收地方分成部分由受益财政给予前两年全额奖返、第三年至第五年50%奖返。

(六)支持文化创意项目建设。鼓励利用闲置空间发展文化产业,推动传统村落、民居和旅游文化名村保护,带“活”周边经济发展。对投资老厂房、旧民居、闲置建筑、闲置商业街区等改建为文化创意园区(街区),经营面积达20000平方米以上的,自正式营运起,税收地方分成部分由受益财政给予前两年全额奖返、第三年至第五年50%奖返。

(七)加大金融扶持支持。加快推进中小微企业改革及多元化发展,给予全方位、多层次、多角度的金融扶持,引导金融机构为旅游发展提供更多的信贷支持,根据企业信用等级确定授信额度及利率优惠。设立区级文旅创新引导资金,通过贷款贴息、直接补助、以奖代补等多种方式,引导和支持中小微企业发展。采取市场化方式设立昌江区文化和旅游产业链发展专项基金,解决中小微企业融资难、融资贵等发展瓶颈问题。

(八)鼓励投资建设演艺项目。重点拓展数字文旅产业合作,对旅游演艺发展等项目进行扶持。对投资建设原创演艺项目,全年演出超过60场且观众超过6万人次的,按实际投资额的10%进行一次性补助,最高不超过60万元,由受益财政给予奖补。

(九)支持文创产品开发。积极鼓励相关企业加大旅游文创产品设计研发投入,丰富旅游产品,鼓励企业加强文化与文创产品的融合,结合景点文化策划开发、推广文创产品。对在国家级文创产品或旅游商品大赛中获评金奖、银奖、铜奖的商品生产企业,每个奖项分别给予一次性奖励3万元、2万元、1万元;对在江西省级旅游商品大赛中获评金奖的商品生产企业,每个奖项给予一次性奖励2万元。

(十)激励组团地接。鼓励旅行社全方位、多渠道拓展客源市场。对组织境内外游客专列(超过100人)、包机(通过景德镇机场且人数超过100人)来我区旅游且游览3个以上AAA级以上景区、在区文旅局备案酒店住宿不低于2个晚上的旅游企业,每列火车往返一次奖励2万元,每架包机往返一次奖励3万元。

（十一）支持旅行社做大做强。鼓励旅行社合并、重组，不断扩大经营规模。每年对在本地注册，年度旅游地接人数2万人次以上，排名前2名的旅行社，分别给予15万元奖励、5万元奖励。

（十二）鼓励企业入区踩线。鼓励各旅行社组织国内外媒体、旅行商参与昌江区举办的旅游活动，以昌江区作为主要考察目的地，加强旅游线路推广及宣传。对省内旅行商邀请国内外媒体10家以上和旅行商30家以上来区踩线，且在区文旅部门备案的，按实际邀请人数及每人每天100元以内的接待标准（房、餐、车等）对负责接待的旅行社给予奖励，同一旅行社每年奖励不超过2次，且同一个活动，一家企业只能申请一项奖励。

（十三）加快旅游人才发展。积极建设高水平人才队伍。对在省、市导游竞赛、评比中获得金牌导游的个人，获奖当年给予一次性奖励1万元、0.5万元；获得文化和旅游部乡村文化和旅游能人者，获奖当年给予一次性奖励0.5万元；获得省级及以上百千万人才工程的旅游人才，获奖当年给予一次性奖励0.5万元。

四、工作保障

（一）加强组织领导。全区各级各部门要切实加强对旅游产业发展的领导，进一步完善细化奖励工作机制，落实上下联动、合力协作的旅游发展工作。认真抓好政策落地的跟踪指导，及时研究新情况，解决新问题，总结新做法，加快推进旅游产业高质量发展。

（二）规范奖励申报。根据《昌江区旅游发展专项资金管理办法》的要求，严格执行奖项申报、评审等工作流程和规范，凡弄虚作假、伪造佐证材料者，一经查实，除追回当年奖励资金外，三年内取消申报奖励资格。

（三）提升服务效能。加快健全旅游管理服务机制，确保旅游市场秩序规范，提升旅游行业文明规范服务，提高旅游从业人员专业化、人性化服务水平及效能，进一步提升游客舒适度和满意度，积极构建旅游产业和谐的发展环境。

（四）加强考评工作。把考评工作贯穿旅游产业高质量发展的全过程，不断提高旅游考核工作的科学性、有效性和激励性，建立完善旅游产业发展评价指标体系，将旅游产业发展工作纳入全区各级绩效考评体系，运用好评价考核结果，对考核优秀的予以奖励，对不达标的予以通报。

五、附则

（一）有关政策涉及的补助、奖励等资金，除特指外，均由区本级财政安排。

（二）有关政策若与本区其他相关政策不一致的，同一企业同一事项按照“从高从优不重复”的原则给予奖励或者扶持。

（三）凡存在重大安全隐患未整改到位、发生重大安全事故、本年度受到文旅部门行政处罚或3次及以上投诉未妥善解决的企业不得享受相关政策。

（四）本文从下发之日起施行，试行时间五年（其间如颁布正式意见，本试行意见同步废止）。

关于印发《昌江区工业倍增三年行动计划（2021—2023年）》的通知

（昌办字〔2021〕7号）

各乡镇（街道）党（工）委、人民政府（办事处），区委各部门，区直各单位，各人民团体：

《昌江区工业倍增三年行动计划（2021—2023年）》已经区委、区政府同意，现印发给你们，请认真抓好贯彻落实。

中共昌江区委办公室
昌江区人民政府办公室
2021年7月7日

昌江区工业倍增三年行动计划(2021—2023年)

为加快推动昌江区工业高质量跨越式发展,奋力谱写美丽富裕智慧昌江新画卷,结合昌江区实际,特制定昌江区工业倍增三年行动计划(以下简称"倍增计划")。

一、总体思路

坚持以习近平新时代中国特色社会主义思想为指导,认真落实党的十九大及十九届二中、三中、四中、五中全会精神,深入贯彻习近平总书记视察江西重要讲话精神,贯彻新发展理念,围绕景德镇国家陶瓷文化传承创新试验区建设,深入实施工业强区战略,以推动工业供给侧结构性改革为主线,着力主攻生物医药、电子信息两大主导产业,积极发展航空、汽车等配套产业,力争用3年时间,实现昌江区工业经济发展新突破。

二、发展目标

通过三年努力,推动工业经济实现"三个突破"。

1. 总量突破:到2023年,规模以上工业企业年营业收入突破400亿元。

2. 投资突破:到2023年,引入"50项目"1个,"20项目"6个。

3. 主体突破:到2023年,净增规模以上工业企业24家,规模以上工业企业突破50户。

三、工作举措

(一)实施工业平台提升行动

1. 完善鱼丽工业平台建设。一是有序开展"腾笼换鸟"行动,清理僵尸企业、淘汰落后产能、收回闲置用地,积极释放存量空间,盘活存量资源。二是加快土地平整、道路和排水设施建设,完善平台生产生活性用水、用电、用气、用热、用网等要素保障,增强鱼丽工业平台的服务承载能力。〔牵头单位:区重点项目推进中心;责任单位:区发改委、市自然资源和规划局昌江分局、区工信局、昌江生态环境局、鲇鱼山镇、丽阳镇〕

2. 着力实施招大引强。明确招商引资主体责任,组建专业招商队伍,紧盯"中国制造500强"企业,开展项目招商。每年引进"20项目"2个,三年内共引进6个。3年内引进"50项目"1个,3年内共引进2000万元以上工业项目18个。对新引进的"50""20"(亿元)项目,投产后给予企业300万元、100万元奖励。对落户昌江区的"中国制造业500强"企业给予一次性奖励,具体实行"一企一策""一事一议"。对招商引入的市外上市企业,或采用并购重组上市后且将工商注册地迁入我区的企业,给予200万元奖励。〔牵头单位:区商务局;责任单位:区发改委、区科技局、区工信局、区财政局、区重点项目推进中心、各乡镇(街道)〕

(二)实施规模以上企业扩容行动

3. 加快升规培育。牵头统计、税务、园区、乡镇(街道),加大潜力企业摸排力度,健全规模以上企业后备库,全力推动区级领导率部门挂点企业帮扶制度开展,坚持企业梯次培育,实施"一企一策"帮扶措施,帮助企业解决实际困难,提升服务企业的效率和质量。对其中有一定实力、有较好前景的企业,做到培育一户、入规一户,不断做大做强昌江区工业经济总量。同时,积极落实新增规模企业的奖励和扶持政策,调动企业升规入库的积极性。对年度新进入规模企业名录库的工业企业,一次性奖励3万元。〔牵头单位:区工信局;责任单位:区统计局、区税务局、区重点项目推进中心、区财政局、各乡镇(街道)〕

4. 支持企业壮大规模。加大企业梯次培育力度,充分发挥产业链"链主型"和"骨干型"企业带动作用,全力推动规模以上工业企业持续发展壮大。对营业收入首次突破50亿元、100亿元、300亿元的企业,分别给予100万元、200万元、600万元奖励。对入库税收首次突破1亿元、5亿元、10亿元、20亿元的企业,分别给予100万元、500万元、1000万元、2000万元奖励。规模以上工业企业(当年新增的除外)当年营业收入同比增幅分别超过5%、8%、10%、15%,则依次奖励2万元、8万元、10万元、20万元。〔牵头单位:区工信局;责任单位:区统计局、区税务局、区重点项目推进中心、区财政局、各乡镇(街道)〕

5. 力推产业项目建设。坚持项目为王理念,建立完善重点产业项目推进机制,形成从策划储备、招商洽谈到签约落地、建成投产的全周期服务模式。深入推动项目挂点区级领导一线把脉"问诊",对项目推进鼓劲、部署、加力，全力推进产业项目建设早落地、早见效。到 2023 年，力争全区制造业投资占全社会固定资产投资的比重达到 50% 以上。〔牵头单位：区发改委；责任单位：区工信局、市自然资源规划局昌江分局、区商务局、区统计局、区重点项目推进中心、各乡镇（街道）〕

6. 引导企业特色发展。引导企业技术革新、改革创新，向"专精特新""小巨人""单项冠军""两化融合"方面发展。组织、引导企业申报国家、省、市级各类项目，争取专项扶持资金，加大转型升级步伐，加速淘汰落后产能，进一步推动产业高端化、智能化、绿色化发展。凡获得国家、省级、市级项目扶持资金的企业，分别给予扶持资金的 20%、15%、10% 一次性奖励（后补助）。〔牵头单位：区工信局、区科技局；责任单位：区发改委、昌江生态环境局、区应急管理局、区财政局、区重点项目推进中心〕

7. 引导和支持企业上市。贯彻落实江西省人民政府办公厅《关于加快推进企业上市的若干措施》（赣府厅字〔2018〕39 号）文件精神，全力推进"映山红行动"，积极对接江西联合股权交易中心，全力推进区企业上市挂牌工作。三年内完成 18 家企业挂牌展示，6 家企业完成股改，力争 3 年内新增 1—2 家上市企业。对境内首发上市企业给予 500 万元奖励，对境外首发上市企业给予 200 万元奖励，对在新三板挂牌的企业给予 50 万元奖励。〔牵头单位：区金融办；责任单位：区财政局、区工信局、区发改委、区科技局〕

8. 支持企业技术改造。支持规上工业企业加大投入，扩张规模，提升档次。大力发展集群经济，着力构建企业集聚、产业集群、发展集约的新格局，为稳定工业经济增长、推动产业升级提供有力支撑。对于工业企业技术改造投资额在 300 万元以上（含 300 万元）且未获得国家、省、市级技术改造扶持资金的项目，按照项目购置设备发票的 1% 给予一次性补助。〔牵头单位：区工信局；责任单位：区发改委、区商务局、区财政局、区科技局、区重点项目推进中心、各乡镇（街道）〕

（三）实施营商环境优化行动

9. 深化放权赋能。持续深化"放管服"改革，积极推进"五型"政府建设，最大限度取消下放行政审批事项，消除对企业生产经营和投资活动的干预，加快政府职能转变。深化"最多跑一次""一次不跑"和"代办制"改革，提高审批效率，提升"互联网 + 政务服务"水平，建立自助政务服务区。加快"赣服通"功能升级，将涉企服务事项全部接入，力争网上可办率达 100%，为企业办理立项、安评、环评等手续提供便利。〔牵头单位：区行政服务中心；责任单位：区发改委、区应急局、区生态环境局、区重点项目推进中心〕

10. 完善帮扶机制。扎实做好"六稳"工作落实"六保"任务，守住"保"的底线，筑牢"稳"的基础，确保党中央国务院和省委省政府、市委市政府的决策部署落地生根。建立健全区领导挂点重点企业、重点项目帮扶制度，对重点企业落实驻企服务帮扶，实现重点企业、重点项目帮扶全覆盖。定期开展"企业服务日"活动，推动帮扶工作常态化、长效化，助推企业做大做强，切实帮助企业协调解决生产经营中遇到的困难和问题。探索开通重点企业和重点项目直通车服务，健全多部门联动的监测分析体系，加强对重点企业和重点产业运行的动态监测。〔牵头单位：区商务局、区工信局、区发改委；责任单位：区统计局、区税务局、区市场监督管理局、区重点项目推进中心、各乡镇（街道）〕

11. 降低企业经营成本。落实各级扶持实体经济稳增长系列政策措施，用足用好减税降费各项措施，取缔各种不合理收费，不断降低企业成本。实施涉企收费清单制度，加强监督检查和问责，形成公平有序的竞争环境，从而有效地降低企业经营成本。〔牵头单位：区发改委；责任单位：区财政局、区税务局、区重点项目推进中心、各乡镇（街道）〕

12. 关心企业家培育。坚持政府引导、企业主体和市场配置相结合，加快培育一批有创新精神的新时代企业家。坚持本土企业家培养与高层次人才引进并重，不断提高企业人力资本质量。遵循"分类培养、注重实效"的原则，组织企业家赴名校、名企开展先进知识体系培训，增强企业家的国际化眼光。举办"企业家沙龙"，以"懂生产、明市场、知政策、善协调"为培育目标，倡导新生代企业家全面了解企业的实际运作情况，成为行家里手。〔牵头单位：区委组织部；责任单位：区政府办、区人社局、区工信局、区科技局、区重点项目推进中心、各乡镇（街道）〕

13. 加大产业人才引进和培养。探索提前办学、异地办学、定向培养等方式，积极与教育、就业等部门以及高校对接，实现人才梯次培养和企业员工良性循环。加强对返乡人才各方面技能特长等信息的采集，建立岗位信息和返乡人才工作台账，向适合条件的返乡人才进行岗位推荐就业。积极引导企业加速发展,提高员工待遇,优化工作环境,确保吸引人才、留住人才。〔牵头单位:区委组织部;责任单位:区政府办、区人社局、区教体局、区工信局、区科技局、区重点项目推进中心、各乡镇(街道)〕

四、保障措施

14. 加强组织领导。成立昌江区工业倍增三年行动计划工作领导小组,由区政府主要领导任组长,分管领导任副组长,相关单位为成员,领导小组下设办公室,设在区工信局,区工信局局长任办公室主任,各有关部门和单位按职责分工,积极推进工作。

15. 强化资金保障。各有关部门和单位要切实围绕中心工作和重大项目,做到信息互通、心中有数,同心协力、共克难题,提前谋划好全年资金的筹措工作,突出做好倍增三年的资金保障工作。

16. 强化督查考核。建立督查常态机制,由区纪委牵头,对照倍增计划任务目标完成情况,实行定期督查通报,督查结果与年终绩效考核和评先评优挂钩。在全区工业高质量发展考核评价中,单项指标排名最后的责任部门及乡镇街道,由区主要领导对其主要负责人进行约谈。

关于西郊街道四个社区归还吕蒙乡管辖的批复

(昌府办字〔2021〕37号)

吕蒙乡人民政府、西郊街道办事处:

根据区委常委会第103次会议、区人民政府常务会第84次会议研究决定,同意吕蒙乡境内原西郊街道代为管理的四个社区(黎明社区、官庄社区、古城社区、历尧社区),归还吕蒙乡管辖。希望你们按照《中华人民共和国城市居民委员会组织法》《江西省居民委员会选举办法》有关要求,指导好社区居民委员会做好组织设置、建章立制、功能完善等各项工作,尽早使社区建设工作纳入正常轨道。

昌江区人民政府办公室
2021年12月21日

关于印发《网络安全应急预案》的通知

(昌府办字〔2021〕47号)

各乡(镇)人民政府、街道办事处,区政府各部门,区直各单位:

经区政府研究同意,现将《网络安全应急预案》印发给你们,请认真遵照执行。

昌江区人民政府办公室
2021年12月31日

昌江区人民政府办公室网络安全应急预案

1 总则

1.1 编制目的

1.1.1 为了正确、有效和快速地处理网络系统突发事件,最大限度地减少突发网络安全事件对本单位造成损失和对社会的不良影响,提高单位网络系统的安全稳定运行水平,完善单位网络系统应急响应机制,建立本单位网络系统应急体系,特制定本预案。

1.2 适用范围

1.2.1 本预案适用于单位应对和处置单位发生的各类对单位构成重大损失和影响的网络系统突发事件。

1.2.2 本预案用于指导和规范单位制定网络系统突发事件应急预案,建立自上而下分级负责的网络系统突发事件应急处置体系,规范对网络系统突发事件处理的逐级汇报流程。

1.2.3 本预案中网络系统突发事件包括单位管理网络系统、网络及通信系统和相关支撑的软硬件及物理环境的突发事件。

1.2.4 参照本预案框架内容和要求,按照“谁主管、谁负责,谁运行、谁负责”的原则,单位各部门应制定符合要求的网络系统应急处置工作机制和应急预案,对网络系统中通信链路、网络、主机、应用(含数据)、安全、机房及物理环境等部分应分别制定专项应急预案。

1.3 工作原则

1.3.1 预防为主,常态演练,不断完善。坚持“预防为主”的方针。做好应对各种网络系统突发事件的预案准备、应急资源准备、保障措施准备和超前网络系统突发事件预想,充分利用现有资源,制定科学的应急预案,定期组织开展应急培训和应急演练,提高对各种网络系统突发事件的应急响应和处置能力。

1.3.2 统一指挥,分级管理,分工协作。通过成立各级应急指挥小组、昌江区人民政府办公室网络工作小组,建立有系统、分层次的应急组织。组织开展事件预防、应急处置、恢复运行、事件通报等各项应急工作。应急预案制定、修订和应急处置应明确牵头部门,以及各有关部门的职责和权限。应急处理过程中,牵头部门要主动协调各有关方面,参与部门听从指挥、步调一致。

1.3.3 保证重点,有效组织,及时响应。对重要系统要加大监控和应急工作力度,有效组织和发挥各应急队伍和应急资源的作用,确保信息及时准确传递,有效控制损失。做到保证重点、预防和处理相结合,反应迅速。

1.3.4 技术支撑,健全机制,不断完善。在充分利用单位现有信息资源、系统和设备的基础上,采用先进适用的预测、预防、预警和应急处置技术,改进和完善应急处理装备、设施和手段,提高应对网络系统突发事件的技术支撑能力。切实提高应急处理人员的业务素质、安全防护意识和科学指挥能力,建立健全单位应对网络系统突发事件的有效机制。

2 组织机构与职责

2.1 应急指挥小组

2.1.1 建立自上而下的单位网络系统应急处理组织机构。

单位应急指挥小组(以下简称应急指挥小组)是单位网络系统应急管理工作的领导机构,由单位分管信息化的领导担任组长。

2.1.2 单位应急指挥小组在网络系统应急工作中的主要职责

(1)贯彻落实国家有关网络系统突发事件应急处理的法规、规定;

(2)研究网络系统重大应急决策和部署;

(3)宣布进入和解除应急状态,决定实施和终止网络系统应急预案;

(4)统一领导单位网络系统较大和重大级突发事件的应急处置工作;

2.2 昌江区人民政府办公室

2.2.1 单位应急指挥小组下设应急指挥小组办公室,设在昌江区人民政府政务公开办公室,具体负责单位网络系统的网络与信息安全应急工作。

2.2.2 应急指挥小组办公室在网络系统应急工作中的主要职责

(1)落实应急指挥小组部署的各项任务;

(2)监督执行应急指挥小组下达的应急指令、

重大应急决策和部署,协调各方应急资源,组织应急处置;

(3)组织制定单位网络系统应急工作相关制度、标准、规范和预案,定期组织评估和复核,并监督、检查贯彻执行情况;

(4)及时了解和掌握网络系统突发事件与应急处置工作情况,向应急指挥小组报告应急处置过程中发现的重大问题,并协调解决;

(5)按单位相关规定参与、配合网络系统事件调查、总结应急处理经验和教训等后期处置工作。

2.3 应急工作小组

2.3.1 应急指挥小组办公室根据网络系统事件类型和应急处置的实际需要,组织单位相关人员和专家建立业务处理与技术支持工作组和通信、后勤等保障工作组。

2.3.2 应急工作小组的主要职责

(1)执行昌江区人民政府办公室下达的应急处置工作任务;

(2)执行昌江区人民政府办公室下达的应急处置保障任务;

(3)执行应急处理、控制事件范围、进行事件恢复;

(4)提供技术支援、协助事件调查。

3 事件分级

3.1 事件分级

3.1.1 根据单位网络系统突发事件单位正常工作的影响范围、程度、可能产生的后果和损失等因素,将网络系统事件分为重大级、较大级和一般级三个等级。

3.1.2 发生重大级事件,单位进入网络系统预警状态,发生较大级网络系统突发事件单位进入网络系统较大级应急状态,发生一般级网络系统突发事件单位进入一般级应急状态。

3.2 一般级网络系统突发事件

3.2.1 对单位各部门,因下列原因对正常工作造成影响,影响低于50%。

(1)通道与网络故障;

(2)主机设备、操作系统、中间件和数据库软件故障;

(3)应用停止服务故障;

(4)应用系统数据丢失;

(5)机房电源、空调等环境故障;

(6)大面积病毒暴发、蠕虫、木马程序、有害移动代码等;

(7)非法入侵,或有组织的攻击;

(8)自然灾害或人为外力破坏;

3.3 较大级网络系统突发事件

3.3.1 对单位各部门,因下列原因对正常工作造成影响,影响超过50%,低于90%。

(1)通道与网络故障;

(2)主机设备、操作系统、中间件和数据库软件故障;

(3)应用停止服务故障;

(4)应用系统数据丢失;

(5)机房电源、空调等环境故障;

(6)大面积病毒暴发、蠕虫、木马程序、有害移动代码等;

(7)非法入侵,或有组织的攻击;

(8)自然灾害或人为外力破坏;

3.3.2 涉及国家或单位利益的秘密信息通过网络系统泄漏,造成重大影响。

3.4 重大级网络系统突发事件

3.4.1 对单位各部门,因下列原因对正常工作造成影响,影响超过90%。

(1)通道与网络故障;

(2)主机设备、操作系统、中间件和数据库软件故障;

(3)应用停止服务故障;

(4)应用系统数据丢失;

(5)机房电源、空调等环境故障;

(6)大面积病毒暴发、蠕虫、木马程序、有害移动代码等;

(7)非法入侵,或有组织的攻击;

(8)自然灾害或人为外力破坏;

(9)其他原因。

3.4.2 涉及国家或单位利益的机密信息通过网络系统泄漏,造成特别重大影响。

4 应急响应

4.1 应急框架

4.1.1 应急工作框架应按照下图执行,明确各应急组织之间的关联关系。

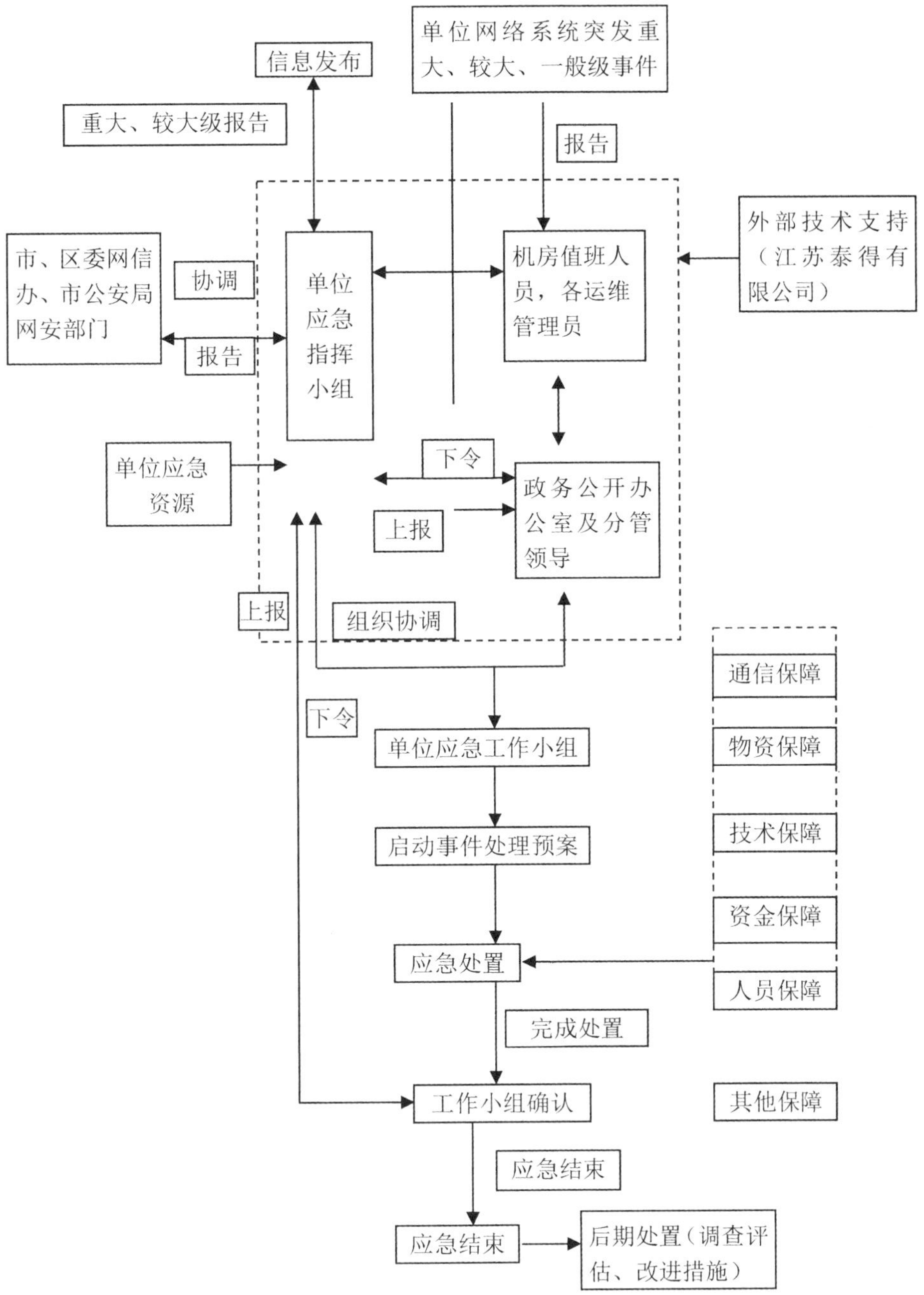

4.2 应急启动

4.2.1 单位应急指挥小组办公室接到本单位网络系统突发事件的应急报告后，根据事件情况，启动单位网络系统应急预案。

4.2.2 单位应急指挥小组办公室接到重大级和较大级网络系统突发事件报告后，根据事件的性质和影响向市、区委网信办、市公安局网安部门报告。

4.3 事件报告

4.3.1 发生网络系统突发事件时，发现人应向部门、昌江区人民政府办公室、单位领导逐级报告。

4.3.2 报告分为紧急报告和详细汇报。紧急报告是指事件发生后以口头形式汇报事件的简要情况；详细汇报是指由相应部门在事件处理暂告一段落后，以书面形式提交的详细报告。

4.3.3 各部门对各类突发事件的影响进行初步判断，有可能是重大级事件的，须在30分钟内向单位应急指挥小组办公室进行紧急报告，并向市、区委网信办进行紧急报告，较大级事件应在60分钟内进行报告，一般级事件在3小时内汇报。

4.3.4　发生下列情况引起管理网络系统突发事件时,各部门在向单位应急指挥小组办公室报告的同时报市、区委网信办、市公安局网安部门。

(1)大面积病毒暴发,且快速扩散事件;

(2)对主要网站、应用系统和关键设备等的大规模攻击和非法入侵,攻击数据包源IP地址不明或为内部IP地址;

(3)有害信息通过电子邮件等方式在单位内部网络上大面积传播;

(4)单位信息网络上传播不符合国家和单位保密要求的国家和单位涉密信息事件;

(5)其他从一个单位发生且能够影响单位其他单位和单位整体的网络系统突发事件。

4.3.5　单位和个人均不得缓报、瞒报、谎报或者授意他人缓报、瞒报、谎报事件。

4.3.6　事件报告的内容和格式要求:

(1)单位要规范口头报告的内容和格式,要求内容简洁、清楚、准确。

(2)口头报告的内容主要包括事件发生的时间、概况、可能造成的影响等情况。

(3)口头报告后应按照统一格式报送昌江区人民政府办公室和单位。

网络系统突发事件应急报告表

报告时间:　　　　年　　月　　日　　时　　分

报告人		所属部门	
本次事件发生时间			
本次事件的简要描述			
初步判定的事件原因			
采取的应对措施			
本次事件的影响状况			
昌江区人民政府办公室负责人签署意见			

4.3.7　单位网络系统应急联系方式:

序号	应急联系方式	联系电话
1	昌江区人民政府办公室应急指挥小组办公室电话	
2	昌江区人民政府政务公开办公室电话	

4.4　应急处置

4.4.1　网络系统应急处置按照各专业协同处理的原则进行,需要内部多个部门和专业协同处置或外部应急资源支持的应急事件,由应急指挥小组办公室负责统一协调。

4.4.2　昌江区人民政府办公室以保障重要应用系统和信息网络及基础应用的安全稳定运行为目标。当发生病毒、非法入侵、网络攻击、有害信息传播、不符合规定的涉密信息传播等事件时,迅速调整网络安全设备的安全策略或隔离事件区域,查找源头,采取有效措施,控制事件的发展。当管理网络系统出现软硬件设备故障、网络链路故障、机房环境设备故障等事件时,应立即启用备份系统和备用设备,调整系统运行和安全策略,恢复系统正常运行。对于没有备份系统和备用设备的情况需紧急采购的,参照单位应急采购流程执行。

4.4.3　发生一般级网络系统突发事件后,事件相关单位应立即启动相关应急预案和专项应急预案,根据事件原因采取相应措施控制影响范围,同时向单位应急指挥小组办公室报告,单位应急指挥小组办公室通知相关单位、部门和工作组启动应急准备工作。

4.4.4　网络系统突发事件由一般级发展为较大级或发生重大级突发事件后,事件相关单位应立即启动相关应急预案和专项应急预案,开展应急处理。单位应急指挥小组办公室接到应急报告后,根据事件产生的原因协调相关资源，支持事件相关单位及时、有效地进行处理，控制事件发展，同时上报单位应急指挥小组，单位应急指挥小组协调单位其他应急资源支持应急处理。

4.4.5 网络系统突发事件由较大级发展为一般级或发生一般级突发事件后，事件相关单位应立即启动相关应急预案和专项应急预案。单位应急指挥小组办公室接到应急报告后，根据事件产生的原因协调相关资源，组织有关各方对事件进行及时、有效的处理，控制事态发展，同时报单位应急指挥小组，单位应急指挥小组组织单位其他应急资源进行应急处理。

4.4.6 当出现自然灾害、恐怖袭击、战争、人为非法破坏等重大突发事件，发生大规模的计算机病毒暴发、网络攻击、内部人员重大作案等重大网络与信息安全事件，由于重大技术故障导致信息网络与重要网络系统无法正常运行事件，单位无法迅速恢复正常工作时，由单位应急指挥小组根据相关规定邀请信息安全专家现场指导救援。

4.4.7 所有应急操作均应详细记录操作的地点、事件和作用。

4.5 应急结束

4.5.1 在同时满足下列条件下，事件相关单位应急指挥小组或昌江区人民政府办公室可决定宣布解除应急状态：

(1)各种网络系统事件已得到有效控制，情况趋缓。

(2)网络系统突发事件处理已经结束，设备、系统已经恢复运行。

(3)上级应急部门发布的解除应急响应状态的指令。

4.5.2 事件相关部门、应急部门应及时向现场应急工作组和参与应急支援的有关单位传达解除应急状态响应的指令，恢复正常生产工作秩序。

4.5.3 事件相关部门向上级有关部门和单位应急指挥小组办公室报告已解除应急状态，恢复正常运行。

5 保障措施

5.1 通信保障

5.1.1 应急期间，指挥、通信联络和信息交换的渠道主要有系统程控电话、外线电话、手机、电子邮件等方式，有关应急联系的手机应保持24小时开机状态。

5.2 物资保障

5.2.1 应急物资装备主要有车辆、备品备件、常用工具和常用工具软件。

5.2.2 单位在应急预案中要明确应急会议室和会议室内电话号码。

5.3 技术保障

5.3.1 各部门应重视研究涉及网络系统安全的重大问题，从网络系统建设和改造项目的规划、立项、设计、建设、运行等各环节，提出应对网络系统突发事件的技术保障要求。

5.3.2 在网络系统各项目建设和服务合同中应包含相关设备厂商、技术服务厂商在网络系统应急方面的技术支持内容。

5.3.3 各部门应根据本预案制定具体预案，并对应急处置各个专项制定专项预案，形成预案体系。各专项预案中应详细定义应急处置流程、应急人员、应急操作方法等，保证对网络系统事件的准确处置。

5.3.4 各部门应注意收集各类网络系统突发事件的应急处置实例，总结经验和教训，开展网络系统事件预测、预防、预警和应急处置的技术研究，加强技术储备。

5.4 资金保障

5.4.1 单位应保障应急培训、演练、添置应急装备物资等所需经费。

5.5 人员保障

5.5.1 要加强网络系统突发事件应急技术支持队伍的建设，提高人员的业务素质、技术水平和应急处置能力。

5.5.2 单位整合技术专家资源，逐步建立应对各种网络系统突发事件的应急专家组。

6 后期处置

6.1 后期观察

6.1.1 重大级网络系统突发事件应急处理结束后应密切关注、监测系统2周，确认无异常现象。

6.1.2 较大级网络系统突发事件应急处理结束后应密切关注、监测系统1周，确认无异常现象。

6.1.3 一般级网络系统突发事件应急处理结束后应密切关注、监测系统2天，确认无异常现象。

6.2 调查与评估

6.2.1 网络系统突发事件应急处理结束后，影响到公众利益和国家安全的事件,按照国家相关部门的要求配合进行事件调查。

6.2.2 单位网络系统突发事件应急处理结束后,对按照单位相关规定要求需要单位成立调查组的事件,由单位组织成立调查组,对事件产生的原因、影响进行调查和评估,对责任进行认定,提出整改建议。

6.2.3 单位网络系统突发事件应急处理结束后,按照单位相关规定由单位自行组织调查的,单位对事件产生的原因进行调查,对产生的影响进行评估,对责任进行认定,提出整改措施。调查报告按单位规定报有关部门,同时报送单位应急指挥小组办公室。

6.3 改进措施

6.3.1 网络系统突发事件应急处理结束后,相关单位应组织研究事件发生的原因和特点、分析事件发展过程,总结应急处理过程中的经验和教训,进行应急处置知识积累,进一步补充、完善和修订相关应急预案。

6.3.2 网络系统突发事件应急处理结束后,相关单位应结合运行过程中的异常和事件,综合分析网络系统中存在的关键点和薄弱点,提出该类事件的整改措施,制定整改实施方案并予以落实,整改措施和方案报单位应急指挥小组办公室备案。

7 宣传、培训和演练

7.1 宣传

7.1.1 单位各部门应加强应急工作的宣传和教育,提高各级人员对应急预案重要性的认识,加强各部门和单位之间的协调与配合。

7.2 培训

7.2.1 单位在网络系统应急预案编制完成和修订后,要组织对应急预案涉及的组织、指挥、操作人员进行培训,通过培训使有关人员熟练掌握应急处理的程序和应急处理技能。

7.2.2 涉及预案的各级人员应结合本岗位安全职责和应急预案的要求,管理人员应熟练掌握本单位应急预案中有关报警、接警、处警和组织、指挥应急响应的程序等内容,专项应急预案操作人员应熟悉各个操作步骤和操作命令。

7.2.3 单位信息安全教育应包括本单位应急预案的有关内容,使有关人员熟悉本单位应急处理的流程、应急处理设施的使用、应急联系电话、应急报告的内容和格式。

7.3 演练

7.3.1 各专项应急预案在制定、修订后,本单位要组织相应的演练,在安全保电和重大节假日前均应开展相关的演练。

7.3.2 要通过演练验证本单位应急预案和各专项应急预案的合理性,及时修订和完善。

7.3.3 在做应急演练前要做好相关准备工作,合理安排、精细组织,确保演练工作的安全。

7.3.4 要明确演练目的和要求,记录演练过程,对演练结果进行评估和总结。

7.3.5 应根据网络系统的关键点和薄弱点,根据系统和设备的重要程度有针对性地开展演练,演练应突出重点和关键。

8 附则

8.1 本制度由昌江区人民政府办公室制定、单位签批发布,自 2022 年 1 月 1 日起实施。

本制度由单位昌江区人民政府办公室负责解释。

关于吕蒙乡撤乡设街道的请示

(昌府文〔2021〕35 号)

景德镇市人民政府:

为进一步优化行政区划布局,助力昌江区高质量跨越式发展,根据国务院《行政区划管理条例》、民政部《行政区划管理条例实施办法》和江西省第十五次党代会、景德镇市第十二次党代会精神,经深入细致调研、广泛征求意见、反复评估论证,经昌江区委、区政府研究，拟实施吕蒙乡撤乡设街道事项。现将有关事项请示如下：

一、基本情况

（一）昌江区基本情况。昌江区位于景德镇上饶市西南部，东邻景德镇市珠山区、南接乐平市、西连鄱阳县、北毗浮梁县。区域面积315平方公里，总人口20.1万，辖2个街道、2个镇、2个乡。2021年，全区实现地区生产总值275.5亿元，完成财政总收入19.67亿元，城镇居民人均可支配收入43621元，城镇化率79.05%。

（二）吕蒙乡基本情况。吕蒙乡地处景德镇市西部，东接新枫街道，南临荷塘乡，西至鲇鱼山镇，北靠浮梁县洪源镇。区域面积42平方公里，下辖5个村委会、1个居委会，户籍人口4.1万人。2021年，全乡实现国内生产总值24.51亿元，财政总收入1.04亿元，农民人均年收入2.02万元，城镇化率86.9%。

二、行政区划调整方案

拟撤销吕蒙乡，设立昌江区吕蒙街道，以原吕蒙乡的行政区域为昌江区吕蒙街道的管辖范围，吕蒙街道驻豪德居委会瓷都大道511号（原吕蒙乡人民政府驻地）。

调整后，昌江区辖3个街道、2个镇、1个乡。

三、行政区划调整必要性

一是推进区域经济发展的需要。对接景德镇市提出的“五新”发展战略要求，我区提出“工业强区、文明新城、开放融合、幸福共享，全面建设现代化魅力新昌江”的发展战略，全力推进全区经济社会高质量发展。实施吕蒙乡撤乡设街道，有利于推动当地形成以工业企业为龙头，以现代服务业为支撑，以房地产业为补充的城市经济发展模式；有利于进一步完善城区基础设施和公共服务设施，促进土地、资本、劳动力、技术、人才等各种生产要素的合理流动和布局，进一步激发中心城区经济发展动力与活力，打造更优的营商环境。

二是推进新型城镇化的需要。随着城市经济社会发展，部分区直行政事业单位进驻吕蒙乡，使吕蒙乡常住人口急剧增加，第三产业快速发展，给城市管理带来了新的挑战。实施吕蒙乡撤乡设街道，有利于将土地市场调节与政府调控结合起来，提高城市土地利用效率，科学规划建设城市居民点，健全土地市场体系；有利于将道路交通、环境治理纳入市政配套建设和管理一体推进，提高城市治理水平，同步推进土地城镇化、人口城镇化。

三是推进新型人文城市新范例战略的需要。昌江区2021年政府工作报告指出，要发挥昌江区作为全市行政中心、金融中心、工业枢纽、交通枢纽的区位优势，提升功能品质，打造更高颜值、更加智慧、更显魅力的国际瓷都城市会客厅。实施吕蒙乡撤乡设街道，能够有效推进生产功能、生活功能和生态功能有机结合，有利于进一步推动区域资源环境的统一开发与保护；有利于优化配置培育区域融合新动能，促进全域融合、一体发展。

四、行政区划调整可行性

一是经济优势明显。吕蒙乡提出建设历史文化之乡、奥运冠军之乡、宜居宜业之乡、产城融合之乡的“四乡”的战略部署，坚持“项目为王”理念，扎实推进吕蒙各项事业。2021年，实现工业企业主营业务收入20.63亿元，社会消费品零售总额17.08亿元，固定资产投资总额20.89亿元，招商引资10.33亿元。

二是区位优势突出。吕蒙乡位于景德镇市西部，已纳入昌江区城市发展规划。境内昌景黄、九景衢、皖赣3条铁路，是区委区政府提出“成为G206国道工业发展轴的重要支撑”的重要载体。

三是基础设施完善。全乡公共教育、劳动就业、社会保障、医疗卫生、社会服务、住房保障、文化、体育、残疾人服务、养老、殡葬、公共法律等基本公共服务覆盖全部常住人口，学校（含幼儿园）、医院卫生、文化、市场、供电、金融、网络、体育健身及社区服务设施齐全，符合城市发展要求。

五、有关方面问题的说明

（一）风险评估方面。为稳妥实施行政区划调整，昌江区成立了由评估主体和项目所在地党委、政府、评估单位等领导组成的社会稳定风险评估领导小组，并开展了风险评估。评估情况认为，实施吕蒙乡撤乡设街道，得到了群众的支持，社会环境效益明显，网络媒体也未发现负面舆情，社会稳定风险可控。

（二）专家论证方面。经专家组调研论证，认为吕蒙乡撤乡设街道是必要的、科学的、合理的；对昌江区和吕蒙乡经济效益与社会效益长足发展将起到积极作用。同时，吕蒙乡基础设施完善，交通便利，基本符合撤乡设街道要求。

（三）征求社会公众等意见方面。通过书面征求意见、会议座谈讨论、入户走访、问卷调查等方式，昌江区广泛征求党员领导干部、有关部门、人大代表、政协委员、工商企业人士代表、乡镇基层干部、村

(居)群众代表等多个层面的意见,大家一致表示支持和赞同,认为吕蒙乡撤乡设街道符合客观现实要求,是切实可行的。

在吕蒙乡撤乡设街道过程中,我区将按照上级有关要求,其级别仍为正科级,机构不重新设置,不新建政府性楼堂馆所,部门职能和人员编制与街道的职能和编制相配套,不增加"三公"经费,设立吕蒙街道所需工作经费由区财政统筹安排,行政区划调整后所需编制在区编制总额内自行调剂解决。编制由区编办统筹解决。同时,我区将进一步加强舆论引导,增强群众认同感,严格执行行政区划调整各项纪律要求,确保调整期间人心不散、工作不停、资产不失,积极做好后续组织实施工作。

综上所述,实施吕蒙乡撤乡设街道对促进昌江区经济社会的发展具有重要意义,符合省委、省政府和市委、市政府有关文件要求,符合撤乡设街道的有关条件,恳请审议并按程序报请省人民政府审批。

妥否,请批示!

附件1:昌江区吕蒙乡撤乡设街道社会稳定风险评估报告

附件2:昌江区吕蒙乡撤乡设街道专家论证报告

附件3:昌江区吕蒙乡撤乡设街道征求社会公众意见报告

附件4:昌江区吕蒙乡撤乡设街道总体实施方案

附件5:昌江区吕蒙乡撤乡设街道调整前示意图(略)

附件6:昌江区吕蒙乡撤乡设街道调整后示意图(略)

附件7:景德镇市总体规划图(2012—2030年)(略)

附件1:

关于昌江区吕蒙乡撤乡设街道社会稳定风险评估报告

根据《行政区划管理条例》《江西省县级以上人民政府重大行政决策程序规定》等文件要求,我区组织开展了吕蒙乡撤乡设街道社会稳定风险评估。现将有关情况报告如下:

一、评估内容

(一)合法性评估。党的十九大报告指出"以城市群为主体构建大中小城市和小城镇协调发展的城镇格局",中共景德镇市第十二次代表大会上的报告要求"积极推进中心城区城市规划区内撤乡镇改街道,促进全域融合、一体发展"的要求。昌江区吕蒙乡严格遵守法律法规,依法有序推进。申报过程合法合规,符合《行政区划管理条例》(国务院令第704号)《行政区划管理条例实施办法》(民政部令第65号)等相关法律法规和政策规定。

(二)合理性评估。景德镇市2021年政府工作报告指出,"建好景德镇国家陶瓷文化传承创新试验区,打造新型人文城市新范例、特色产业发展新高地、全域融合发展新格局""鼓励昌江区联手园区、联结新区、联动乐平,推动产业大发展和跨区域融合发展,成为G206国道工业发展轴重要支撑"。昌江区2021年政府工作报告指出"优化配置培育区域融合新动能。鼓励各地突出特色、放大优势,因地制宜、错位发展,不断提高城乡融合发展水平"。实施吕蒙乡撤乡设街道,能够有效推进生产功能、生活功能和生态功能有机结合,有利于进一步推动区域资源环境的统一开发与保护;有利于优化配置培育区域融合新动能,促进全域融合、一体发展。

(三)可行性评估。一是经济发展方面。吕蒙乡提出建设历史文化之乡、奥运冠军之乡、宜居宜业之乡、产城融合之乡的"四乡"的战略部署,坚持"项目为王"理念,扎实推进吕蒙各项事业。2021年,实现工业企业主营业务收入20.63亿元,社会消费品零售总额17.08亿元,固定资产投资总额20.89亿元,招商引资10.34亿元。二是人口资源方面。吕蒙乡下辖1个居委会、5个村委会,户籍人口4.1万人,城镇化率较高。三是行政管理方面。吕蒙乡撤乡设街道是整建制调整,不改变行政隶属关系,不改变行政级别,不改变管辖范围。四是文化传承方面。吕蒙乡撤乡设街道,不改变政区名称,不影响文化传承。五是社会保障方面。建立覆盖城乡、标准统一、层次较高、发展均衡的社会保障体系，将改制村居民的社会保险、社会福利、社会优抚、社会救助等社会保障政策、标准逐步过渡到城镇水平。六是生活就业方面。行政区划调整后，内设机构、人员编制原则上不作调整变动。原有的财政管理方式和债务不变，教育、卫生、农业、水利等项目扶持政策不因撤乡设街道受影响，原乡辖区内设立的学校、卫生院、派出所等直管和双管单位隶属关系保持不变。而且，行政区划调整后，实行城市管理模式，有利于增加就业岗位和机会。七是公共安全方面。景德镇市已就此项工作进行风险评估，形成了有针对性的社会矛盾化解预案。

（四）可控性评估。通过专家组调研论证和征求社会公众等意见，认为吕蒙乡撤乡设街道是必要的、科学的、合理的；对昌江区和吕蒙乡经济效益与社会效益长足发展将起到积极作用，符合客观现实要求，是切实可行的。

二、可能产生的社会稳定风险点及应对措施

（一）对群众日常生产生活及各项待遇方面的影响评估

风险分析：对群众各项待遇及日常生产生活影响的担忧。

应对措施：确保对农村政策保持一贯性，不让群众的生产生活受到影响，比如农村完小教师补贴的问题、农村户籍享受进城购房优惠政策问题等，均不受设立街道的影响，确保继续沿用原政策措施，保证相关群体合法权益不受损害。

建立覆盖城乡、标准统一、层次较高、发展均衡的社会保障体系，对改制后与昌江区用人单位建立劳动关系和灵活就业的劳动者，按规定纳入城镇职工社会保险；对不符合城镇职工社会保险参保条件的，可继续按照区城乡居民养老保险政策和办法进行参保，享受相应养老保险待遇。

对农村籍义务老兵老年生活补助、户籍义务兵及超期服役的退伍军人拥军优属相关政策按照“从旧兼从惠”原则，过渡期内选取并执行城乡政策最有利于保障其利益的政策；过渡期结束后，在符合国家有关政策的前提下，坚持“从惠”政策最大化原则执行。

过渡期内，继续执行农村富余劳动力转移就业等优惠政策，开展多种形式的劳动就业服务，包括失业登记、推荐就业、协助组织技能训练、开辟社区服务岗位安置就业等活动。鼓励社区设立公益性岗位，尤其加大对失业人员、就业困难群体、特殊群体的帮扶力度，帮助实现充分就业。做好灵活就业人员的就业认证登记和参加社会保险代管等工作。

（二）对集体土地及房屋权属界定的影响评估

风险分析：对吕蒙乡调整后的集体土地及房屋权属界定方面的担忧。

应对措施：吕蒙乡撤乡设街道后，原已明确配给并已核定的自留用地，所有权按原批准的使用功能转由股份经济组织代替行使，使用权属保持不变。原村集体组织成员的合法宅基地及建筑物可按有关规定登记并办理《集体土地使用证》和《房屋所有权证》。因城市建设需要，征收村集体土地的以及需要房屋征收的，保持原有权属性质不变，征收补偿标准按征收时国家有关法规政策规定执行。

（三）对吕蒙乡集体资产处置界定方面的影响评估

风险分析：担心撤乡设街道后集体资产处置界定会受到影响。

应对措施：1. 清产核资。按照农业部、财政部和省委、省政府关于农村集体经济组织清产核资办法，全面清查核实村集体所有的各类资产。2. 股东资格界定。依据法律法规，结合村情村况，根据户籍、土地承包关系、婚嫁习俗、人口流动特点等状况，明确享受集体收益的村民数量。3. 股份配置。清产核资、股东资格认定完成后，村级的股份资本量化到原村集体组织成员，组级的股份量化到本组原村集体组织成员。按照不同类型村，其股种设置和股份配置的具体办法实行“一村一策”，由原村集体组织成员共同讨论制定方案，审定后报区政府批准确定。4. 建章立制。股权经济组织要按照法律、法规、国家政策规定和现代企业制度要求，制定章程制度，设置管理机构，建立健全产权明晰、权责统一、政企分开、管理科学的运行机制和内部监督管理制度。

（四）对干部待遇及职数设置等方面的影响评估

风险分析：对撤乡改街道后原有镇村干部流向、待遇，镇村办公经费保障、职数设置等方面的担忧。

应对措施：1. 乡镇干部待遇及分流。原吕蒙乡领导班子成员的职务按有关程序整体转任吕蒙街道相应领导班子的领导职务，原在职干部职工（含乡管干部、编外干部）转为相应干部职工，职级、职称及各项工资待遇原则上保持不变；原离退休人员组

织人事关系直接转到街道,相关待遇按原渠道不变。

2. 工资待遇。过渡期内,社区党组织和社区居委会工作人员工资福利待遇按原渠道解决。过渡期结束后,社区两委成员职数、工资保险按照我区有关规定执行。社区居委会和股份公司存在交叉任职的,区财政只负责保障居委会工作人员的工资及保险,其他人员的工资及保险由股份公司负担。

3. 办公经费问题。过渡期内,社区党组织和社区居委会的办公经费按原渠道解决,过渡期结束后,按照上级规定的经费标准拨付。

(五)对吕蒙乡区域经济社会发展的影响评估

风险分析:对吕蒙乡调整后的区域经济社会发展的担忧。

应对措施:撤乡设街道后,要按照深化改革、优化服务、强化治理、促进发展的要求,进一步简政放权,提高管理服务效率,着力推动辖区治理体系和治理能力现代化以及经济社会持续健康发展,加大民生保障工程建设力度,立足城市建设,强化行政管理服务,优化干部配置,提高服务能力,推动社区自我管理、自我服务水平迈向更高的台阶,让老百姓切实感受到城镇化进展带来的实惠。

(六)对吕蒙乡历史文化传承、群众归属感等的影响评估

风险分析:担心设街道后历史文化和群众归属感会受到影响。

应对措施:吕蒙乡是整建制改设街道,专名没有改变,管辖范围没有改变,不会对这一区域群众的归属感造成不良影响,也不会造成文化传承的割裂。设街道后,将继续加强历史文化传承保护工作的组织领导,更好地整合当地历史文化、红色文化、生态文化资源,采取有效措施积极争取文化传承方面的政策支持。

(七)撤乡设街道对社会稳定的影响评估

风险分析:对社会稳定的担忧。

应对措施:为保障"撤乡设街道"工作平稳推进,设置过渡期。过渡期内的政策取向坚持"从旧兼从惠"的原则,即选取并执行城乡政策最有利于保障居民利益的政策;过渡期结束后,在符合国家有关政策的前提下,坚持"从惠"政策最大化原则执行。

三、风险防控措施

(一)加强组织领导。在区委、区政府的领导下,加强与区直各职能部门的沟通衔接,并根据自身职责,共同参与,形成齐抓共管的工作格局。成立以区委副委书记为组长,区委常委、组织部部长和分管民政的副区长为副组长,各有关部门主要负责人为成员的领导小组,做好城乡融合实施方案的解释宣传工作,保证城乡融合工作有组织、有领导、有计划、有步骤地顺利进行,确保吕蒙乡撤乡设街道事项平稳推进。

(二)扎实稳步推进。各有关部门主动谋划,积极作为,制定符合实际、操作性强的实施方案,并指导吕蒙乡制定、实施具体工作方案。

(三)强化监督检查。各有关部门要明确各自目标任务,增强时间观念,加大推进力度,确保吕蒙乡撤乡设街道事项落实到位。

(四)做好信访稳定。昌江区将积极稳妥落实各级各部门信访和维稳职责,强化社会稳定工作机制,密切关注行政区划调整期间的社会动态,妥善处理涉及行政区划调整的信访、上访和可能出现的群体性事件。压实维稳工作责任制,全力维护社会稳定,确保行政区划调整顺利实施。

(五)健全应急预案。昌江区将完善重大决策和重大事项社会稳定风险评估机制和突发事件应急管理机制,从源头上预防可能因行政区划调整带来的不稳定因素和突发事件的发生。及时妥善处理可能因行政区划调整引发的突发事件和状况,确保防患于未然和第一时间把可能出现的矛盾化解在萌芽状态。

四、评估结论

综合社会稳定风险评估情况,景德镇市吕蒙乡撤乡设街道,调整方案科学合理、条件具备、时机成熟,其社会稳定风险为低风险。

附件2：

关于昌江区吕蒙乡撤乡设街道专家论证报告

为保证行政区划调整的严肃性，确保行政区划调整的科学性、规范性、合理性，根据《行政区划管理条例》的相关要求，组织行政区划专家、学者、相关部门和群众代表召开了“吕蒙乡撤乡设街道事项专家论证会”，现将有关情况报告如下：

（一）合法性论证。《行政区划管理条例》第九条规定：“乡、民族乡、镇的设立、撤销、更名，行政区域界线的变更，人民政府驻地的迁移，由省、自治区、直辖市人民政府审批。”《江西省人民政府关于进一步推进城镇化发展的实施意见》（赣府发〔2012〕21号）：“将城市规划区内的乡镇逐步改为街道，行政村逐步改为居民委员会，实行城市管理体制”。

专家审核论证意见：吕蒙乡地处景德镇市城市规划核心区域内，撤乡设街道符合赣府发〔2012〕21号文件精神，也与国家推进新型城镇化发展战略部署相吻合，且吕蒙乡在撤乡设街道工作过程中始终严格贯彻落实行政区划调整相关程序，从酝酿到部署的每个环节，都依法有序推进，符合行政区划管理有关法律法规要求。

（二）必要性论证。近年来，随着经济社会的不断发展，作为昌江区城市发展的核心区，吕蒙乡的管理和服务手段越来越难以满足城镇化发展和人民群众对公共服务的需求，与新形势、新发展的要求越来越不相适应。

专家审核论证意见：吕蒙乡撤乡设街道有利于昌江区推进城乡一体化发展，促进管理科学化；有利于建立高效运行的行政和社会管理体制，降低管理成本，提高服务质量和效率，为人才流动、资金投放、资源配置、市场调节、信息共享等提供更加优越的环境，引导土地、资本、劳动力、技术、人才等各种生产要素的合理流动和布局，进一步激发、增强中心城区经济社会发展动力和活力，为昌江区实现“全面建设社会主义现代化国际瓷都先行区”总目标提供有力支撑。

（三）可行性论证。吕蒙乡一直以来依托昌江区城市发展核心的区位优势，目前的城市公共建设、常住人口数量、财税收入、二、三产业发展、商贸流通领域等方面在全市乡镇排名第一，达到了设立街道的有关要求；经过多年的发展，城市基础设施完善，城市公共服务功能完备，城市建设与管理基础扎实；通过广泛宣传和引导，吕蒙乡社会各界对吕蒙乡撤乡设街道普遍表示拥护与赞同，问卷调查的数据及征求意见的情况也充分证明广大群众对此事热切期盼。

专家审核论证意见：吕蒙乡撤乡设街道已经具备了客观可行性，区位优势明显，早已经纳入景德镇市城市规划区，通过多年的城市建设与管理的积累，基础设施建设和公共服务功能完善，已经形成了完备的建设与管理体系，通过广泛宣传和引导，社会各界已形成共识，有了较好的思想基础和群众基础。

（四）社会稳定风险论证。吕蒙乡撤乡设街道是整建制调整，不改变行政隶属关系，不改变行政级别，不改变管辖范围，原有的户口性质也不会发生改变，政区专名也没有改变，群众的归属感不受影响，不存在部分管辖权和管辖区域重新划归、户籍迁移、债权债务变更等问题，不存在对利益格局的重新划分和对原有利益关系的直接冲击等风险。同时，此次行政区划调整程序合法合规，吕蒙乡党委、政府高度重视，组织推动有力，方案周密细致，各相关部门和单位信访维稳责任落实到位，舆论宣传和舆情管控措施扎实，群众广泛支持。

专家审核论证意见：昌江区吕蒙乡撤乡设街道可能会有少数群众反对，但总体来看，风险等级较低，且风险可控，且景德镇市已就此项工作进行风险评估，形成了有针对性的社会矛盾化解预案，各类群体的异议和诉求均能在法律和政策框架内化解。

综上所述，专家组认为吕蒙乡撤乡设街道调整方案科学合理，条件成熟且风险可控。

专家组签名（略）

附件3:

关于昌江区吕蒙乡撤乡设街道征求社会公众意见报告

根据国务院《行政区划管理条例》、民政部《行政区划管理条例实施办法》有关要求,2021年11月2日起,昌江区在开展吕蒙乡撤乡设街道的工作中,通过多种方式向社会各界征求了意见。现将有关情况报告如下:

一、基本情况

2021年9月—11月,开展了上户征求意见并进行公示,走访1个社区、5个村,共发放征求意见表120份,收回120份;2021年11月3日,召开了退休老干部参加的征求意见座谈会,在会上直接征求了与会人员意见,并发放书面征求意见表15份,收回15份;并召开了各村干部座谈会,发放征求意见表13份,收回13份;2021年11月5日,以撤乡设街道征求意见表的形式征求了各村干部和部分人大代表的意见建议;2021年12月6日,召开乡镇干部座谈会,参会人员15人,发放征求意见表15份,收回15份。

二、反馈意见情况

通过采取座谈会、实地走访、书面征求意见、问卷调查等形式,了解群众代表、党代表、人大代表、政协委员、工商业界人士、机关和企事业单位代表、离退休干部、在外地工作生活对吕蒙乡有一定影响力的人士代表以及乡镇党委、政府、人大主席团等各方意见,充分吸收采纳合理的意见建议,完善工作方案和配套措施。社会公众总体对吕蒙乡撤乡设街道持赞成和支持态度,个别人员抱着无所谓的态度,支持率为95%,无所谓为5%。并对该项目提出了一些建设性的意见:

1　社会保障和各项补贴等群众切实利益问题

1.1　社保方面:现有社保待遇能采取从旧兼从惠原则。

1.2　养老保险方面:希望后续被征地时,能够继续购买失地农民保险或纳入居民养老保险体系,现有享受失地农民养老保险的群众能继续享受。

1.3　医疗保险方面:目前农村医保报销比例低,希望提高到居民医保相同的报销比例。

1.4　教育方面:目前农村村民有相应高考加分政策,希望予以保留。农村一女、二女困难家庭可以享受阳光助学政策(女童助学金)、留守儿童家庭慰问金等政策希望持续享受。

1.5　各项原有补贴方面:希望农村独生子女、大学生奖励、高龄村民、纯女户、计划生育家庭特别扶助政策、健康优生误工费、村民小组长及妇女小组长补贴等现存的多项补贴继续享受,原有农民粮食直补政策持续实行。

1.6　希望原扶贫相关政策持续保持。

1.7　年满60周岁且于1954年1月1日至《退役士兵安置条例实施》期间入伍的农村籍义务老兵老年生活补助继续发放,吕蒙乡户籍义务兵及超期服役的退伍军人拥军优属相关政策继续延续。

2　镇村干部原有职位及待遇、办公经费保障问题

2.1　希望能对现有的村"两委"职数维持不变,现有镇村干部(含镇管干部)、村工作人员、退休人员、大中专生等镇村干部现有工资福利待遇均保留,原村办企业留守人员、下岗职工补贴继续保留,前期安置的原村两委成员(现已退出村两委)的,延续现有福利待遇不变,乡镇机关事业单位工作人员乡镇工作补贴继续发放。

2.2　农村教师申报评聘相应专业技术岗位倾斜政策、农村中小学教师特殊津贴等农村教育待遇持续进行。

3　集体资产处置、集体土地及房屋权属界定问题

3.1　希望保留村民承包山林地政策,未征收的耕地、林地产权归属不变。村民宅基地政策延续。

3.2　希望现有村集体资产如屠宰场、冷链项目、集体房屋资产等归属权保持不变,村集体资产的使用权及分配权,仍归属于原村集体经济组织(即村集体股权合作联社所有),续留村集体发展用地,分配社区用房。

3.3　现有部分宗教场所,其土地性质归属于村集体所有,已签定长期低价合同租赁或借用给相应宗教场所,因宗教工作性质较为严肃,现希望村改居后土地使用权不变,至合同到期为止。

三、意见建议处理情况

对于上述群众所反映的担忧及意见,征求了吕蒙乡党委、政府的意见,设置过渡期,过渡期自区委、

区政府批复各行政村“村改居”改制方案之日起计算。过渡期内的政策取向坚持“从旧兼从惠”的原则,即选取并执行城乡政策最有利于保障居民利益的政策;过渡期结束后,在符合国家有关政策的前提下,坚持“从惠”政策最大化原则执行。拟提出如下处理建议:

1 关于社会保障、各项补贴等村民切实利益问题

建立覆盖城乡、标准统一、层次较高、发展均衡的社会保障体系,将改制村居民的社会保险、社会福利、社会优抚、社会救助等社会保障政策、标准逐步过渡到城镇水平。

对改制后与我区用人单位建立劳动关系和灵活就业的劳动者,按规定纳入城镇职工社会保险;对不符合城镇职工社会保险参保条件的,可继续按照区城乡居民养老保险政策和办法进行参保,享受相应养老保险待遇;改制村居民可根据自愿原则参加“新农合”或城镇居民医疗保险,享受相应的医疗保险待遇。对农村籍义务老兵老年生活补助、吕蒙乡户籍义务兵及超期服役的退伍军人拥军优属相关政策按照“从旧兼从惠”原则,过渡期内选取并执行城乡政策最有利于保障其利益的政策;过渡期结束后,在符合国家有关政策的前提下,坚持“从惠”政策最大化原则执行。

2 关于集体土地及房屋权属界定问题

2.1 农村集体土地的权属。吕蒙乡撤乡设街道后,股份经济组织代替行使原属村集体所有的土地所有权,在原集体土地没有征收前,只做调查统计,不重新登记发证,调查统计时在股份经济组织名称后面载明原村集体名称,原土地用途和使用功能及其合法土地使用权人不变,原农用地承包(发包)人享有集体农用地的承包经营权,并根据土地的利用现状享受支农惠农的各项补贴及优惠政策。没有开展“二轮延包”的村,可按“确权不确地”的方式,将集体土地确权到户。现仍由集体企业使用的集体土地、原属村集体的土地,其土地资产转由股份经济组织代替行使所有权。原集体建设用地使用权人可继续经营和利用。

2.2 农村自留地的权属方面。吕蒙乡撤乡设街道后,不再增配自留用地。原已明确配给并已核定的自留用地,所有权按原批准的使用功能转由股份经济组织代替行使,使用权属保持不变。

2.3 宅基地及地上建筑物的权属方面。原村集体组织成员的合法宅基地及建筑物可按有关规定登记并办理《集体土地使用证》和《房屋所有权证》。对超面积的宅基地及其他没有合法来源证明的宅基地,严格按照国土资源部等四个部门联合下发的《农村集体土地确权登记发证的若干意见》(国土资发〔2011〕178号)执行。全乡范围的村,禁止审批新增单家独院式住宅用地,统一规划建设村民住宅小区。鼓励股份经济组织依法办理土地征收转用手续后,集中组织兴建设施配套、功能齐全的新型农村公寓,引导村民集中居住。

2.4 土地征收转用方面。吕蒙乡撤乡设街道后,因城市建设需要,征收村集体土地的以及需要房屋征收的,保持原有权属性质不变,征收补偿标准按征收时国家有关法规政策规定执行。

3 关于集体资产处置界定问题

3.1 清产核资。按照农业部、财政部和省委、省政府关于农村集体经济组织清产核资办法,全面清查核实村集体所有的各类资产,包括现金、固定资产、经营性资产、资源性资产、非经营性资产、集体资产收益及集体债务等,并按程序进行登记造册,界定权属,明确产权关系。

3.2 股东资格界定。依据法律法规,结合村情村况,根据户籍、土地承包关系、婚嫁习俗、人口流动特点等状况,在前期农村集体产权改革的基础上,明确享受集体收益的村民数量。对在读大中专学生、现役义务兵、“两劳”人员、户口关系尚未明确的出嫁或入赘人员,以及其他特殊情况人员股东资格的界定必须由村(居)民代表会议根据国家法律和有关政策民主讨论决定。股东资格经民主会议确定后,张榜公布,并进行固化,实行“生不增、死不减、进不增、出不减”的政策,维护社会稳定。

3.3 股份配置。清产核资、股东资格认定完成后,村级的股份资本量化到原村集体组织成员,组级的股份量化到本组原村集体组织成员。按照不同类型村,其股种设置和股份配置的具体办法实行“一村一策”,由原村集体组织成员共同讨论制定方案,由镇审定后报区政府批准确定。

3.4 建章立制。股权经济组织要按照法律、法规、国家政策规定和现代企业制度要求,制定章程制度,设置管理机构,建立健全产权明晰、权责统一、政企分开、管理科学的运行机制和内部监督管理制度。股权经济组织一律实行独立核算,经清产核资确认的集体资产应与社区居委会的资产彻底剥离。建立

以股东会、董事会、监事会为基本形式的法人治理结构,建立健全严格的财务制度、监督制度,规范集体资产运营,确保可持续发展。

4 关于镇村干部待遇、办公经费保障及职数问题

4.1 社区“两委”的设置。成建制转为社区居民委员会的行政村,原村党组织、村委会过渡为社区党组织、社区居委会,并在规定时间内完成社区居委会换届选举。分散归并到居住地社区居民委员会的,原村党组织撤销,党员移交居住地社区党组织管理。属合并或新设立的社区居委会,按《中华人民共和国城市居民委员会组织法》规定选举新一届社区居委会。为确保“村改居”后干部队伍稳定,社区“两委”班子职数原则按原村“两委”班子职数保持不变,具体配备方案根据实际情况统筹考虑。

4.2 村“两委”成员分流。成建制转为社区居民委员会的村,原村“两委”成员既可直接改任社区党支部委员或社区居民委员会成员,也可依程序提名为新组建的股份经济组织董事会或监事会成员候选人参加选举,直至任期届满。分散归并到居住地社区居委会的原村“两委”成员,可依程序提名为新组建的股份经济组织董事会或监事会成员候选人参加选举,也可经一定组织程序,聘任为社区居委会社会工作者,社区居委会“两委”成员原则上不兼任股份经济组织董事会及监事会成员。

4.3 工资待遇。过渡期内,社区党组织和社区居委会工作人员工资福利待遇按原渠道解决,直到下一届换届选举结束(以上级批复时间为准)。过渡期结束后,社区两委成员职数、工资保险按照我区有关规定执行。社区居委会和股份公司存在交叉任职的,区财政只负责保障居委会工作人员的工资及保险,其他人员的工资及保险由股份公司负担。

4.4 办公经费问题。过渡期内,社区党组织和社区居委会的办公经费按原渠道解决,过渡期结束后,按照上级规定的经费标准拨付。

5 其他问题

5.1 撤乡设立街道,只作管理体制、名称的改变,原行政区域和管理范围保持不变,街道驻地不变。

5.2 内设机构、人员编制原则上不作调整变动。

5.3 原有的财政管理方式和债务不变。

5.4 教育、卫生、农业、水利等项目扶持政策不因撤乡设街道受影响。

5.5 原乡辖区内设立的学校、卫生院、派出所等直管和双管单位隶属关系保持不变。

5.6 工会、共青团、妇联、科协等机构,除按乡管理体制改革要求规范名称外,管理关系不变。

四、结论

通过书面征求意见、会议座谈讨论、入户走访、问卷调查等方式,广泛征求了党员领导干部、有关部门、人大代表、政协委员、工商企业人士代表、乡镇基层干部、村(居)群众代表等多个层面的意见,大家一致表示支持和赞同。因此,吕蒙乡撤乡设街道是切实可行的。

附件 4:

关于昌江区吕蒙乡撤乡设街道组织实施总体方案

根据《国务院行政区划管理条例》《行政区划管理条例实施办法》精神,为进一步优化行政区划布局,加快城乡一体化进程,提升城镇化水平,严格按照中央关于加快城镇化进程、实施乡村振兴等系列重大战略决策部署要求,结合社会治理的实际需要,拟实施吕蒙乡撤乡设街道,特制定本实施总体方案。

一、指导思想

以习近平新时代中国特色社会主义思想为指导,以《中华人民共和国地方各级人民代表大会和地方各级人民政府组织法》《行政区划管理条例》《行政区划管理条例实施办法》为依据,以促进经济和社会事业发展为目标,激发城市经济,提升城市人气,提高城市品位,推进城镇化发展进程,促进城乡一体化发展,把景德镇市建设成为经济发展繁荣、民族团结、社会和谐稳定、生态环境优美的现代化城市。

二、工作原则

坚持以习近平新时代中国特色社会主义思想为指导，以《行政区划管理条例》《行政区划管理条例实施办法》为依据，严格执行上级关于厉行节约的规定和国家土地管理法规政策，严格按照国务院和省政府要求，不新建政府性楼堂馆所，不增加财政供养人员，不增加“三公经费”。涉及的各类机构按照优化、协同、高效的原则设置。强化组织领导，明确工作责任，加强对行政区划调整工作的监督指导，做好社会稳定风险评估与处置，确保行政区划调整有序稳妥实施。

三、实施步骤

行政区划调整变更组织实施工作分为三个阶段实施。

第一阶段：申报阶段。在昌江区委、区政府领导下，设立吕蒙乡撤乡设街道工作领导小组，由领导小组牵头，组织各有关部门和单位就行政区划调整开展全面、深入、细致的调研论证工作，针对行政区划调整的相关问题提出意见和建议，细化组织实施总体实施方案和各专项工作方案，报区委、区政府并按程序逐级上报。

第二阶段：稳妥实施阶段。昌江区各有关部门和吕蒙乡党委、政府按照区委、区政府要求和各专项工作方案组织开展机构职能调整、干部安排、政策对接、证照章更换、挂牌运转变更等工作。

第三阶段：全面总结阶段。昌江区吕蒙乡撤乡设街道工作领导小组及其成员单位，对行政区划调整各项工作完成情况进行全面检查，总结组织实施各项工作完成情况，形成组织实施完成情况逐级上报省政府。

四、实施方案

（一）关于调整事项方面。此次行政区划调整的内容是：整建制撤销吕蒙乡，设立吕蒙街道，以原吕蒙乡的行政区域为吕蒙街道的管辖范围，吕蒙街道驻豪德居委会（吕蒙乡政府现驻地）。

（二）关于机构方面。

1. 机构名称。按照有关法律法规和文件规定，撤销中共昌江区吕蒙乡委员会，设立中共景德镇市昌江区吕蒙街道工作委员会；撤销昌江区吕蒙乡人民政府，设立景德镇市昌江区吕蒙街道；撤销昌江区吕蒙乡人大主席团，设立景德镇市昌江区人民代表大会吕蒙街道工作委员会。

2. 机构印牌。吕蒙街道本级党政群及各单位、村（社区）委员会的印牌按要求更换，完成后，原以乡称谓的单位牌子、印章原则上停止使用。

（三）关于干部人事方面。

1. 机构级别。吕蒙乡撤乡设街道后街道的级别仍为正科级，机构不重新设置。

2. 人事编制和工资待遇。部门职能和人员编制与街道办的职能和编制相配套，工资待遇原则上总体保持不变。

3. 干部职务改任。原吕蒙乡机构领导班子成员的职务按有关法律程序整体转任吕蒙街道相应领导班子的领导职务。

4. 两代表衔接。原吕蒙乡区级及以上党代表、人大代表职数保持不变，原吕蒙乡党代表、人大代表自吕蒙街道成立之日起自行终止。

（四）关于资源、资产、资金、债权和债务方面。原吕蒙乡的资源、资产、资金、债权和债务，整体划转至吕蒙街道。

（五）关于公共服务方面。医疗、教育、体育、文化、卫生、交通、治安等方面的社会公共服务的政策保持不变。同时，要加大基础设施、公共产品等的投入。

（六）关于社会保障方面。就业、社会保险、社会救助、社会福利等社会保障保持现有的政策不变。

（七）关于企事业单位和城乡居民证照使用和变更方面。依据不增加群众负担的原则，采取新证新规定、老证老规定的办法，区域内企事业单位和居民的各类登记信息和证照继续有效，对到期的企事业单位和居民登记信息及证照进行逐步调整，确保企业生产、群众生活不受影响。

（八）关于人民武装部方面。保留人民武装部机构，名称变更为吕蒙街道人民武装部。

（九）关于历史文化传承保护方面。继续加强历史文化传承保护工作的组织领导，强化部门协同配合，社会积极参与，形成有效的保护工作机制。

五、保障措施

（一）加强领导，高位推进。为确保吕蒙乡撤乡设街道工作的顺利实施，昌江区委、区政府成立以区委副书记为组长，各有关部门主要负责人为成员的吕蒙乡撤乡设街道工作领导小组，下设综合协调组、管辖范围调整组、干部人事组、资产划转组、公共管理组、安全稳定组等工作小组，全面组织领导此次行政区划调整工作，全力保障该项工作的有序推进。

(二)加强监督,严肃纪律。在撤乡设街道工作过程中,要严肃纪律,特别是政治纪律、组织人事、财经、廉政纪律,确保政令畅通、令行禁止,做到人心不乱、队伍不散、工作不断、资产不失,保证既定的工作任务、工作责任、建设项目、时间节点等不变,未经区委、区政府批准,任何单位不得以任何形式任何理由漏报、瞒报、藏匿、转移资产,不得突击进人、突击提干、突击发展党员,对涉及人财物等方面的重大问题、重大事项、重大项目、大额资金要向领导小组请示报告,纪检监察和审计部门要加强监督检查,对违反纪律的行为,尤其是乘机转移或私分公共财物、玩忽职守、煽动群众闹事的,要依法依纪严肃及时查处。

(三)制订预案,确保稳定。制订应急预案,明确工作职责、组织保障和责任分工,保持信息畅通。坚持预防为主,关口前移,切实做好撤乡设街道前后的稳定工作,密切关注因此可能引发的倾向性、苗头性问题,及时收集舆情和研判形势,掌握各种思想动态,周密开展社会稳定风险评估,深入细致做好干部群众的思想教育和政策解释工作,特别是要正确引导群众,争取群众的理解支持,扎实做好撤乡设街道前后的安全生产、社会治安、群众来信来访等工作,及时解决容易引发群体性事件的热点、难点问题,防止出现安全稳定的真空状态,避免安全生产事故和群体性突发性事件发生。

统计资料选录

2020 年昌江区全年主要经济指标完成情况

附表 1

序号	指标	单位	完成情况	
			绝对值	增速(%)
1	地区生产总值(季报)	亿元	275.5	8.7
2	一般公共预算收入	亿元	6.2	-8.1
3	农林牧渔总产值	亿元	12.6	1.6
4	规模以上工业增加值	亿元	26.68	10.9
5	六大规模以上服务业营业收入加权增速	亿元	—	39.5
6	规模以上服务业营业收入	亿元	31.4	19.8
	*租赁和商务服务业	万元	6055.1	35.1
	*机动车、电子产品和日用产品修理和其他服务业	万元	2058.2	77.5
	*互联网和相关服务、软件和信息技术服务业的	万元	5101.6	82.4
	*文化、体育和娱乐业	万元	2704.3	58
7	全社会消费品零售总额(季报)	亿元	123.9	16.2
8	限额以上消费品零售额(上报数)	亿元	10.7	16.1
	*限额以上批发业销售额	亿元	18.5	16.7
	*限额以上零售业销售额	亿元	2.8	25.2
	*限额以上住宿业销售额	亿元	2.1	23.4
	*限额以上餐饮业销售额	亿元	1.4	29
9	实际利用外资	万美元	3001	7

续附表 1

序号	指标	单位	完成情况	
			绝对值	增速(%)
10	引进内资	亿元	59.35	8.5
11	城镇居民可支配收入(季报)	元	—	—
12	农村居民可支配收入(季报)	元	—	—
13	固定资产投资	亿元	65.3	9.4
	*工业技改投资	亿元	40.3	62.8
	*工业固投	亿元	9.4	45.7
	*民间投资额	亿元	5.9	24.1

2020 年 1—12 月份统计月报

附表 2　　2021 年市区主要经济指标预期目标及全年实际完成

指标	单位	预期目标		实际完成			
		市	区	市		区	
		增幅(%)	增幅(%)	绝对值	增幅(%)	绝对值	增幅(%)
地区生产总值(季报)	亿元	8±	8	1102.3	8.7	275.5	8.7
一般公共预算收入	亿元	6±	5	101.5	1.4	6.2	-8.1
农林牧渔业总产值	亿元	—	—	122.5	4.3	12.6	1.6
规模以上工业增加值	亿元	8.5±	10(区属)	—	10.9	26.7	10.9
固定资产投资	亿元	8.5±	8.5	—	9.4	—	9.4
工业固定资产投资	亿元	—	—	—	19.7	—	45.7
建筑业总产值(季报)	亿元	—	—	—	13.4	—	13.4
社会消费品零售总额(季报)	亿元	9±	9	548.2	17.2	123.9	16.2
#限额以上社会消费品零售总额(上报数)	亿元	—	—	116.6	19.8	10.7	16.1
#批发业零售额	亿元	—	—	—	—	18.5	16.7
#零售业销售额	亿元	—	—	—	—	2.8	25.2
#住宿业销售额	亿元	—	—	—	—	2.1	23.4
#餐饮业零售额	亿元	—	—	—	—	1.4	29
规模以上服务业营业收入	亿元	—	—	108	22.1	32.9	13.9
实际利用外资	亿美元	6±	6	2.7	8.3	0.03	7
内资到位数	亿元	—	—	576.7	8.7	59.4	8.5
城镇居民人均可支配收入	元	8±	8.0	45648	8	47111	8
农村居民人均可支配收入	元	8.5±	8.5	20996	8.8	21727	8.6
“四上”企业净增数	家	—	19	251	—	43	—

附表 3

规模以上工业

名称	单位	12 月		1—12 月	
		实际完成	同比(%)	实际完成	同比(%)
1. 工业总产值总计(现行价格)	亿元	10. 51	12. 6	104. 05	32. 8
#轻工业	亿元	2. 26	74. 8	15. 86	14. 7
重工业	亿元	8. 26	2. 6	88. 19	36. 7
#国有企业	亿元	0	0	0	0
集体企业	亿元	0	0	0	0
股份合作企业	亿元	0	0	0	0
股份制企业	亿元	10. 51	12. 6	104. 05	32. 8
外商及港澳台商投企业	亿元	0	0	0	0
其他经济类型企业	亿元	0	0	0	0
2. 规模以上工业增加值	亿元	2. 94	2. 4	26. 68	10. 7
3. 企业单位数	个	—	—	34	41. 7
#亏损企业数	个	—	—	6	20
#亏损企业亏损总额	亿元	—	—	7. 3	942. 9
4. 营业收入	亿元	—	—	167. 8	33. 8
5. 利润总额	亿元	—	—	-2. 7	-145
6. 利税总额	亿元	—	—	0. 39	-95. 2
7. 规模以上工业企业用电量	万千瓦时	—	—	66725. 18	-6. 9
8. 产品销售率	%	95. 5	-2. 3	95. 3	0
9. 平均用工人数	人	—	—	6109	2. 97

备注:黑猫集团于 9 月解捆,数据已清零。故部分指标累计数小于上期

附表 4

固定资产投资

单位	单位	本月 实际完成	1—12 月 累计完成
一、固定资产投资	万元	12408	653214
#基础设施投资	万元	2190	197134
二、按产业分组	万元	—	—
第一产业	万元	—	—
第二产业	万元	6375	94256
#工业	万元	6375	94256
第三产业	万元	6033	558958

续附表 4

单位	单位	本月 实际完成	1—12 月 累计完成
#房地产开发	万元	3353	57153
三、固定资产投资项目个数	个	—	90
#新开工个数	个	—	1
#5000 万以上投资项目个数	个	—	80
#亿元以上工业项目个数	个	—	13

附表 5　　乡镇(街道)目标完成情况(3－1)

乡镇	公共财政预算收入(万元)		规模以上工业总产值(万元)	
	1—12 月		1—12 月	
	实际完成	同比(%)	实际完成	同比(%)
鲇鱼山镇	—	—	352748	27.8
丽阳镇	—	—	206043.1	4.3
吕蒙乡	—	—	392167.3	43.2
荷塘乡	—	—	4119.6	－44.7
新枫街道	—	—	69683.7	321
西郊街道	—	—	15731	31.4

附表 6　　乡镇(街道)目标完成情况(3－2)

乡镇	固定资产投资(亿元)			内资到位数(亿元)		
	目标值	1—12 月		目标值	1—12 月	
		实际完成	完成进度		实际完成	完成目标进度
鲇鱼山镇	12.5	17	136%	10.4	10.4	100%
丽阳镇	7.5	7.58	101%	9.9	10.06	102%
吕蒙乡	8.1	4.83	60%	9.2	9.19	100%
荷塘乡	4.4	1.99	45%	8.8	8.55	97%
新枫街道	15.0	17.02	113%	10.2	10.36	102%
西郊街道	15.0	16.88	113%	10.6	10.78	102%

附表 7　　乡镇(街道)1—12 月份"四上"企业目标完成情况

行业 乡镇	工业		商贸				服务业		建筑业 房地产业		合计
			批发零售		住宿餐饮						
	任务数	完成数	任务数	完成数	任务数	完成数	任务数	完成数	任务数	完成数	
西郊	1	1	2	2	1	1	3	4	0	0	8
新枫	1	2	2	2	1	1	3	3	1	1	9
吕蒙	2	2	2	2	1	1	2	2	1	1	8
鱼山	3	3	2	3	1	1	1	1	1	1	9
丽阳	2	3	2	2	0	0	1	1	1	2	8
荷塘	1	1	1	0	0	1	1	0	0	0	2
合计	10	12	11	11	4	5	11	11	4	5	44

备注:丽阳工业退库 1 家(宏山金属),净增合计完成 43 家

重点工程项目简介

一、社会民生类

1. 沿江西路二期道路防洪工程

位于昌江区沿江西路，项目总投资近10亿元，主要包含"一路一带一堤一站"建设，即沿江西路二期道路、沿江景观带、防洪堤及龙井路排涝站，项目于2020年12月开工建设，至2021年底沿江西路二期道路基本建成，整体工程2022年5月底竣工投入使用。这条长约2.58公里、宽30米沿江西路的建成，对缓解西市区的交通拥堵，方便百姓出行带来极大便利。同时，为西城区未来的发展留足了空间。在该项目的带动下，西城滨江片区未来相应的配套市政道路、居民区、商务区和休闲服务设施将陆续拔地而起，逐渐形成环沿江西路经济圈。项目建成后将该片区防洪排涝标准提高至30年一遇，基本实现汛期外水不进、内水能出的效果，惠及周边10多万群众。

2. 景德镇水利枢纽工程

位于饶河一级支流昌江中游，坝址位于渡峰坑水文站上游约510米。该工程作为景德镇市水生态文明"一号工程"，列入了江西省百日攻坚重点项目，是一座以保障城区居民安全用水为主，兼顾水生态景观、发电等综合利用的水利枢纽工程。

工程正常蓄水位26.5米，相应库容2840万立方米，电站装机容量6000千瓦，多年平均发电量2280万千瓦时。主要建设内容包括左岸连接坝段、船闸、4孔泄水闸坝、2孔泄洪冲沙闸、发电厂房和鱼道，各建筑物采用"一"字形布置，坝线布置总长309.5米。项目初设批复总投资4.78亿元，建设工期33个月。

该项目于2019年10月开工建设。2020、2021两年汛期及2020年秋汛等诸多困难影响，按期实现了一期围堰合龙、二期围堰截流、闸门试验性下闸蓄水等重要节点建设目标。该项目建成后对改善城区水质、水生态、水环境以及保障城区供水、市区工农业生产等方面，发挥积极重要作用。

3. 鱼山码头

位于鲇鱼山镇义城村、良港村，项目总投资12.66亿元，占地346亩，使用岸线1926米，建设泊位20个，设计年吞吐量为散货2000万吨、件杂货200万吨、集装箱20万标箱。该项目于2019年11月26日开工，建设工期2年。项目建成后将成为景德镇市唯一一个综合性大型码头，将有效优化城市综合交通运输体系，极大降低相关企业物流运输成本，每年可以为煤炭、钢材、瓷土、陶瓷、矿建等原材料和汽车、冰箱等产成品节约物流成本超1亿元。可以有效促进当地临港经济和沿江流域产业的快速发展，为景德镇经济社会发展注入新的活力和动力。

4. 鱼山集镇防洪工程

位于鲇鱼山镇鱼山集镇北侧昌江河岸，建设内容包含720米堤防、30米混凝土防浪墙、540米活动翻板防浪墙、430米联锁式生态护坡、150米悬臂式防浪墙、2个自排闸、1座电排站等，目前，防洪堤主体建设已初具规模。该防洪工程设计、采购、施工EPC总承包项目，项目总投资为5491.04万元，于2020年9月1日开工建设，计划2022年竣工投入使用。该工程建成后，将极大增强鲇鱼山镇城区的排涝和防洪能力，减少洪涝灾害损失。

5. 官庄堤防洪工程

位于吕蒙乡官庄村，主要包含沿江西路二期道路、防洪堤和龙井路排涝站。排涝站包含结构混凝土1.4万立方米，土方工程4.9万立方米，安装5台立式轴流泵，总装机3550千瓦，设计流量40.97米^3/秒。项目建成后片区防洪标准由5—10年一遇提高到50年一遇，彻底解决9.61平方公里的防洪排涝问题，近8万名群众直接受益。项目总投资8.5亿，主体建设工期6个月。

6. 景德镇国家粮食储备库

位于丽阳镇港南村，用地面积300亩，建设有15万吨平房仓、3万吨准低温平房仓，0.5万吨中转仓、1万吨油罐，日处理150吨稻谷(100吨大米)生产线，150吨/日烘干生产线等。拥有粮食出入库、粮食仓容数量监控、粮情检测、安防监控、粮食交易、办公自动化等六大系统。工程防御大于50年一遇洪峰。项目于2018年12月开工建设，2021年4月建成并交付使用。

7. 景德镇农产品批发市场

位于丽阳镇北侧，东临206国道，西接G35济广高速,距离景德镇市区直线距离约11.5千米,总投资50851.96万元,项目用地面积179.05亩,建设建筑面积12.6万平方米,其中地上建筑面积12万平方米。批发市场包括蔬菜交易区、水果交易区、加工配送区、冻品区、肉禽蛋交易区、副食品交易区、水产交易区、冷链交易市场以及酒店公寓等。该项目于2020年9月开工建设。

8. 昌南大道农贸市场

位于珠山大道北侧,伴山洋房东侧,市联通公司后侧,项目占地面积5470平方米(约8.2亩)。该项目设计为地下3层、地上4层,总建筑面积16430.98平方米,地上建筑高度21.8米,项目配建机动车停车位162个,非机动车停车位295个。该农贸市场于2020年11月18日正式开工建设,项目实施工期为1年,2021年12月底前完工。

9. 枫树山农贸市场

位于新风路中段,地处新枫街道“三红一光”宿舍区拆迁棚改项目地块,规划用地面积为9878.05平方米,总建筑面积23655平方米。计容总建筑面积17780平方米,其中商业面积17604平方米(含菜市场4174.06平方米),消防控制室51平方米,公厕56平方米,垃圾收集点69平方米,总不计容面积5875平方米,均为地下建筑;建筑基地面积为5872.27平方米。建筑密度49%,容积率1.8,绿地率20.1%,停车位183个,非机动停车位516个。项目施工单位为中铁四局集团有限公司,建设单位为景德镇陶阳置业有限公司。

10. 三河堤“昌南江畔”旅游改造

位于昌江支流的西河入昌江口附近,主要由4条支路组成,项目总面积约41899平方米(规划范围)。西河左岸规划路,范围西起瓷园南路,东至幼儿园西侧长约779米;幼儿园西侧道路,南起西河左岸规划路,北至迎宾大道,长约150米;五小支路,北起迎宾大道,南至西河左岸规划路,长约262米;瓷园南路,北起现状瓷园南路,南至滨河路,长约118米。项目总投资9230万元,计划于2022年7月底竣工通车。

11. 昌江区直属幼儿园

位于枫树山国家森林公园西侧,占地面积10余亩,总投资4800万元,共设15个班,可容纳450余名适龄儿童入托,是一所按省级示范幼儿园标准建设的现代化公办幼儿园。2022年秋季起面向全区各乡镇(街道)适龄儿童开始招生。该园利用森林公园内的动、植物景观资源打造出自然、生态、优美的园所文化,开设有体能训练室、社会体验馆、科探室、绘本室、音体室、美术室等功能馆室。户外设置了耕趣园、养殖区、美工区、音乐区、攀爬区、沙水区、香果园等活动场地。

12. 园林邻里中心

园林邻里中心是一个以新型智慧农贸市场为核心的一站式社区商业综合体,其经营面积约1.2万平方米,拥有四层物业。一层农贸市场已正式营业,共计90余家商户在此经营,经营品类齐全,购物环境优雅。市场采用全新智能设备,智能系统可清晰知晓商户信息和当天菜价;每天市场都会对菜品做抽样检测并上传数据,保障老百姓食品安全;市场二层为大型商超。三层为教育培训、餐饮、儿童游乐、特色书屋、女士精品百货。四层为影院、健身房、美容美体、特色餐饮。2021年,园林邻里中心服务周边1.5公里半径数十个社区约5万名居民,未来两年内1.5公里半径可辐射约8万名居民。

13. 昌江航道提升工程

项目建设地点位于景德镇市昌江区、上饶市鄱阳县,由江西省港口集团有限公司建设。建设内容起于上饶市鄱阳县姚公渡,止于景德镇市昌江区吕蒙大桥,全长77公里,提升工程由疏浚工程、航运枢纽工程、桥梁工程、配套工程组成。项目总投资29.70亿元,工期48个月。

二、工业企业类

1. 陶青台陶瓷文化创意园

位于昌江区鲇鱼山镇金桥村,规划占地面积390亩,总建筑面积16万平方米,总投资超20亿元,是江西省重点建设项目,G206国道工业轴重要节点项目。2021年12月,陶青台文创园主体建设全面完工,入驻企业包含御窑元华堂、张温秩艺术设计公司、巴宝利陶瓷、翰唐陶瓷、盛世泥火、宁封窑等共计70余家,入驻率达95%。同时吸引来自北京、广州、美国、日本等众多海内外知名跨界艺术家入驻。项目预计2022年6月开园,年产值将达15亿元,将助力景德镇陶瓷产业转型升级和国际文化交流,成为昌江区“联手园区、联结新区、联动乐平,成为206国道工业发展轴的重要支撑”的重点项目。

2. 富祥科技、凌富医药

位于昌江区鱼山医药产业园内,富祥医药科技项目占地983亩,预计建设厂房面积46万平方米,目前已完成14万平方米的厂房建设。在项目建设过程中，昌江区仅用8天时间完成了富祥科技1000亩项目用地征收，1个月内完成了土地平整。仅用4天时间完成了吴家新村65户房屋征收，用7天时间完成凌富医药311亩项目用地征收，2021年8月开工以来，至当年底完成百余亩场地平整，清运土方100万余立方米。2021年9月28日，富祥科技一期竣工、凌富医药项目开工。这两个项目合计总投资超过100亿元，项目完全建成后，可实现年产值超150亿元，税收超16亿元，带动就业2600余人。

3. 鱼丽电子信息产业园

位于鱼丽工业园区，是策应省委省政府关于数字经济是"一号发展工程"，响应景德镇打造G206国道工业发展轴的重要平台。产业园规划建设1000亩，一期建设456亩，现已落户"20"（亿元）项目2个，分别是占地120亩、投资21亿元的江西美科光电有限公司和占地132亩、投资20.5亿元的景德镇安正科技有限公司。产业园容积率1.35，总建设面积25万平方米，将引进26家"链群配"数字经济基础赛道主攻方向的企业入驻。昌江区鱼丽电子信息产业园，是"联手园区、联结新区、联动乐平"的实践，是G206国道工业发展轴的重要支撑。

4. 昌南里长天酒店

位于昌南里文化艺术中心，建筑面积约2.9万平方米，拥有261间宽敞现代的客房，客房设施设备按照四星级标准配备。全日制餐厅提供多元化中西式自助早餐、多款商务套餐及私人预定自助餐等。中餐厅主打赣菜及本地特色菜为主，粤菜、湘菜、海鲜为辅，不同规格的8间商务VIP包厢，满足宾客不同的宴请需求，拥有840平方米无柱宴会厅及多功能会议室。2021年11月13日，该项目委托管理签约仪式于江西长天集团有限公司举行，于2022年6月开业。

报告选录

昌江区人民代表大会常务委员会工作报告

——在昌江区第十一届人民代表大会第一次会议上

（2021年10月25日）

区人大常委会主任　李恩清

各位代表：

我受昌江区第十届人民代表大会常务委员会委托，向大会报告五年来的主要工作，请予审议。

五年来主要工作

过去的五年，是极不平凡、极为不易的五年，是我区经济社会发展取得重大成就的五年，也是我区社会主义民主法制建设稳步推进、全区人大工作和自身建设不断取得新进展的五年。五年来，在中共昌江区委的正确领导下，区十届人大常委会以习近平新时代中国特色社会主义思想为指导，深入学习贯彻习近平总书记关于坚持和完善人民代表大会制度重要思想，坚持党的领导、人民当家作主和依法治国有机统一，认真贯彻落实中央和省、市、区委重大决策部署，不断推动人民代表大会制度与时俱进，切实履行宪法和法律赋予的职责，积极探索新形势下人大工作新思路、新方法、新形式，常委会的各项工作得到不断提升。

五年来，共召开主任会议44次，常委会议40次，组织听取审议"一府两院"工作报告107个，做出决议、决定和审议意见33项，组织执法检查、工作视察、专题调查34次；参加上级人大视察、调研12余次，任免国家机关工作人员124人次，各项工作取得新进展，为推动全区经济社会高质量跨越式发展做出了积极贡献。

一、始终坚持党的全面领导，切实把握人大工作正确政治方向

常委会始终把坚持党的领导作为首要政治原则，增强政治定力，把好政治方向，严格遵守党的政治纪律和政治规矩，不断增强“四个意识”，坚定“四个自信”，做到“两个维护”，自觉把党的领导贯穿到人大依法履职的全过程、各方面中去。

坚持党的全面领导。常委会始终坚持向区委请示报告制度，坚持把人大监督、重大事项决定、人事任免等工作中的重大事项及时向区委请示，五年来，共向区委报告常委会的各项重大工作24项。认真反映常委会组成人员和人大代表对我区经济社会发展的意见、建议，形成书面调研报告34个。自觉维护区委总揽全局的领导地位，把党委主张通过人大法定程序转化为人民意志和共同行动，将党组织推荐的人选通过法定程序成为国家机关工作人员。五年来，在常委会会议上任命的91名国家机关工作人员均高票当选，确保党委人事意图坚决贯彻。五年来，常委会工作的总体安排、目标任务和具体措施充分体现区委的决策要求，始终做到区委有号召，人大有行动，工作有成效。

持续强化理论武装。五年来，常委会领导坚持在党组会议、主任会议、常委会会议上把政治理论学习作为首要议程，并组织集中学习94次。持续深入学习贯彻中共十九大、十九届二中、三中、四中、五中全会精神，学习习近平总书记关于坚持和完善人民代表大会制度重要思想，认真学习习近平法治思想。每次集中学习，常委会主要领导带头谈体会、谈认识，并强调要坚持联系实际、学以致用，认真对照总书记重要讲话精神，把学习、工作、职责摆进去，做好深化细化结合文章，切实把总书记重要讲话精神变成推进人大工作的具体举措，自觉在树牢“四个意识”、坚定“四个自信”、坚决做到“两个维护”的重大政治原则中把准人大工作方向，始终在思想上政治上行动上同以习近平为核心的党中央保持高度一致。

坚决贯彻区委决策。五年来，常委会积极参与重点工程建设、重点项目征收，城乡环境大整治、“双创双修”、打击“两违”、挂点帮扶、领导接访、信访、维稳、防汛救灾等一系列中心工作，均取得较好成效，圆满完成了区委交办的各项工作任务。在玉字亭、凤凰堤、三河老新村、“三红一光”、森林公园、航空小镇、景泰路、瓷都大道教育小区段、吕蒙大桥段、紫晶南路官庄片、桃树林、丽阳窑址、昌景黄高铁、G206国道改造、古街、韭菜园等一系列项目的房屋征收和一心桥等背街小巷项目改造以及汪王庙社区、胜利社区居家养老等项目建设中做了大量卓有成效的工作，得到区委充分肯定。人大各级党员干部认真参与“双创双修”工作，在负责分管的路段、社区及背街小巷改造项目中尽职尽责，为我市成功创建全国文明城市、国家卫生城市发挥了积极作用。在抗击新冠病毒肺炎疫情工作中，常委会印发张贴省人大常委会《关于依法全力做好新型冠状病毒肺炎疫情防控工作的决定》5000份；及时听取区政府关于全区新冠肺炎疫情防控工作的报告；及时开展对我区贯彻实施野生动物保护“一法一决定”情况的执法检查。在区委统一指挥下，常委会班子成员分赴挂点乡镇、企业，协调部署防疫和复工复产工作，帮助解决实际困难。机关全员参与，在做好机关防疫同时，按照区防疫指挥部要求，带领防疫指挥部第二督查组做好防疫督查工作。全区各级人大代表主动担起社会责任，江西富祥药业股份有限公司董事长包建华号召公司全体员工春节不放假，每日加班加点组织生产消毒水，无偿捐赠用于疫情防控，并向省市红十字会捐款200万元；猎豹移动董事长兼CEO傅盛，两次向市、区红十字会共捐赠100万元，用于支持我区抗击新型冠状肺炎疫情；基层代表纷纷捐款捐物支持疫情防控并投身抗疫第一线，为我区抗击疫情取得阶段性成效做出应有贡献。

二、始终坚持服务全区工作大局，积极加强重点工作监督

过去五年，区委按照“重点产业集聚区、创新创业示范区、生态文明样板区、文化旅游拓展区、幸福都市生活区”的发展路径，提出“建设魅力昌江、做靓瓷都门户，在打造与世界对话的国际瓷都中实现新跨越”的奋斗目标。常委会坚持做到人大工作服从和服务于全区工作大局，通过探索监督新方法、创新监督新形式，不断加大监督力度，提高监督实效，切实发挥人大监督职能作用，稳步推进各项工作落地落实。

以促进高质量发展为立足点，加强对财政经济工作的监督。常委会始终坚持发展是第一要务，紧扣全区

发展战略，支持和督促政府抢抓机遇，乘势而上。一是围绕发展经济这个大局开展调研、视察、检查、听取工作汇报。专题组织了对全区招商引资、规模工业运行、经济综合运行及研判、科技创新和科技兴区、全域旅游、重大项目建设和项目资金使用、重大投融资及国有资金管理、农业示范园建设、高标准农田建设等一系列经济发展问题的调研、视察，通过调研，积极向政府建议大力发展工业企业，全力引进产品科技含量高、附加值大、具有产业链聚集效应的规模企业，同时要注重全区一、二、三产业合理布局，推进现代农业和现代服务业的加速发展，全力推动我区大众创业、万众创新，鼓励和扶持“小微”企业发展，真正达到“四轮驱动”，创新发展。二是推动财政规范健康运行。根据《中华人民共和国监督法》和新修订的《中华人民共和国预算法》的规定，常委会着力改进和完善预算监督方式，将监督贯穿于预算编制、执行、调整和决算的全过程和各环节。常委会每年都听取和审议区人民政府关于财政决算和预算执行情况的汇报，并要求政府将财力更多地投向民生、社会事业等领域，让广大人民群众共享改革开放成果。同时，对于重大资金的预算调整，均要求报区人大常委会审议批准。自 2018 年起，坚持每年在区人大常委会会议上对区直部门审计问题整改工作开展满意度测评工作，这是常委会进行的创新监督形式的有益尝试，取得了较好效果。

以坚持人民主体地位为切入点，加强对重大民生工程的监督。常委会始终强化宗旨意识，坚持以人为本、民生为重，把推动解决民生问题作为监督工作重点，努力促进民生质量改善。一是为民谋利。常委会专题听取审议了学前教育规范管理、化解学校“大班额”问题，妇幼健康优质服务、公共卫生服务体系建设，电梯管理，农村危房改造、农村清洁工程、农村环境卫生管理，村、社区文化服务中心建设，村容村貌提升等一系列工作情况汇报，促进改善城乡居民环境，让老百姓过上舒适、舒心的日子。二是为民解忧。常委会听取审议社保、医保、就业、精准扶贫、食品药品安全，小餐饮业卫生安全，安全生产，中医药事业发展，养老服务等一批广大人民群众关切、忧虑的问题，督促政府抓经济发展的同时，在民生工程上投入更多的资源，切实让广大群众有获得感，幸福指数有明显的提升。三是为民维权。常委会十分关心维护群众合法权益，专门听取了残疾人权益保障法执行情况、安置帮教和社区矫正等工作情况汇报。常委会把接待群众来信来访作为了解社情民意，维护群众权益的重要渠道，通过热情接待，对信访内容认真分析，提出合法、合理、合情的交办、督办意见，保障群众的合法权益、维护社会和谐稳定。

以贯彻新发展理念为出发点，加强对生态文明建设工作的监督。强化生态环境保护，建设生态文明是全面贯彻习近平生态文明思想、树立新发展理念的必然要求，保护良好的生态环境，不断提高环境质量，创造宜居宜业的发展环境，不仅是当前广大人民群众普遍关心的热点问题，更是常委会监督工作的重要方面。常委会围绕水土保持问题，听取了我区关于耕地保护、营造林、林地变更和森林资源“二类”调查工作情况等四个专项工作报告。为强化对环境污染治理工作的监督，专题听取了我区关于加强污染防治力度、切实改善生态环境，“散乱污”企业的整治、违法违规建设项目清理、农业面源污染治理等工作情况的汇报。听取和审议了关于城市建成区建筑工地扬尘整治工作情况专项报告。围绕生态环境保护，特别是对“昌江母亲河”的保护，每年都积极参与了四县(区)关于昌江母亲河环保研讨活动，对昌江河的生态保护有效举措进行了有益的探索。通过审议，进一步增强了生态保护意识，对保护生态环境，合理利用生态资源，加快发展生态经济，努力提高生态效益等方面提出了目标要求。从 2020 年开始，建立区政府每年向区人大及其常委会报告生态环境状况和生态环境保护目标完成情况制度，为把生态环境保护纳入考核体系，实行生态环境保护“一票否决”制奠定了坚实的基础。

以促进公平正义为落脚点，加强对依法行政和公正司法工作的监督。常委会认真贯彻全面依法治国基本方略，始终坚持支持监督“一府一委两院”依法行政、公正司法，扎实推进法治昌江建设，努力为全区经济社会发展营造良好的法治环境。一是全面促进全民普法工作。两次专题听取和审议区人民政府关于“七五”普法工作情况，对我区法律“进机关、进乡村、进社区、进学校、进企业、进单位”六进活动进行了视察调研，我区普法宣传的广泛性、针对性和实效性得到有效提升。二是积极促进依法行政。常委会通过视察、调研、执法检查等形式，对“一府一委两院”贯彻实施《中华人民共和国宪法》《中华人民共和国预算法》《中华人民共和国环境保护法》《中华人民共和国野生动物保护法》《中华人民共和国文物保护法》《中华人民共和国残疾人保障法》《中华人民共和国水污染防治法》《中华人民共和国义务教育法》《景德镇市市容环境卫生管理条例》等法律法规情况进行执法检查,通过检查,加强监督,“一府一委两院”依法行政意识进一步提高。三是依法促进公正司法。常委会分别听取审议了区法检“两院”关于执行、推进司法体制改革、鱼山法庭建设、两个“一站式”建设、预防职务犯罪、未成年人犯罪检察、公益诉讼、认罪认罚从宽等工作情况的汇报,要求“两院”切实加强司法能力建设,主动服务全区发展大局,为我区发展保驾护航。四是促进社会稳定。常委会多次听取审议关于扫黑除恶工作、预防和打击毒品犯罪工作、打击电信网络违法犯罪工作以及外来人口管理工作,推进昌江区公安机关对社会治安安全隐患的预防和控制,为维护社会和谐稳定发挥了作用。

此外,规范性文件备案审查工作得到稳步推进。常委会认真贯彻落实景德镇市规范性文件备案审查工作专题会议精神,围绕“有件必备、有备必审、有错必纠”的工作目标,积极探索实践,严格依照规范性文件备案审查有关工作程序和相关格式,明确报备时限和流程,做好组织协调,充分调动和发挥各方面的积极性、主动性和自觉性,自2020年开展规范性文件备案审查工作以来,区人大常委会共向景德镇市人大常委会报送备案规范性文件31件,规范性文件备案审查工作正在依法有序稳步向前推进,进一步加强我区民主法治建设工作。

特别令人鼓舞的是,2020年7月14日,中共中央政治局委员、全国人大常委会副委员长王晨到我区就全面禁食野生动物有关决定和野生动物保护法实施情况进行专题调研,对我区围绕“一法一决定”实施开展的执法检查工作给予充分肯定,并对进一步做好地方人大工作提出明确要求。

三、始终坚持代表主体地位,充分发挥代表依法履职作用

常委会坚持代表主体地位,积极搭建联络平台,完善履职机制,强化服务保障。支持和保障代表依法履职,引导代表在全区经济社会发展和民主法治建设中发挥积极作用。

发挥代表联络站作用。坚持和完善常委会“三联系”制度,坚持推进乡镇街道人大代表联络室和村(居)人大代表联络工作站建设,以代表联络室、代表联络工作站为依托,组织省、市、区、乡四级人大代表按照日程安排轮流驻室接待选民,进村入户走访选民,采取定期活动与不定期联系相结合方式,深入推进“代表进社区(村)”活动,不断拓展代表联系和服务群众的渠道。据统计,自2018年开始正式开展入站接待选民活动以来,入站代表共计156人次,接待选民人数378人次,梳理收集选民建议意见157件,已全部转交政府有关部门和单位,已解决132件。通过代表联络站开展活动,拓展了选民与代表联系的渠道,充分发挥代表沟通选民与政府联系的桥梁纽带作用,有力推进了基层民主发展。

强化代表建议办理。常委会坚持把督促代表议案、建议办理作为一项极其重要的工作来抓,把代表议案、建议是否办结,是否满意作为衡量代表议案、建议办理质量的标准。五年来,常委会完善了一套督办代表建议办理工作流程,一是全程监督办理过程。二是组织承办单位向代表面对面汇报办理情况。三是组织实地视察。四是领导督办。五是在常委会上听取和审议代表建议办理工作。通过这些措施,五年来,代表提出的议案建议共154件,办复率100%,办结率达51%,切实推动解决一批事关经济社会发展和人民群众切身利益的突出问题。

拓宽代表履职渠道。坚持邀请人大代表列席参加常委会会议及人大组织的相关活动。五年来,共有基层代表127人次列席常委会各次会议,组织900多人(次)人大代表参加视察、调研、执法检查等活动。围绕我区经济社会发展的重点问题和人民群众关注的热点难点问题,以各代表活动小组为单位,组织开展视察活动30余次,其中集中组织代表视察15次,人大代表针对性地提出的建议和意见,均及时转交有关部门办理,推动了相关问题的解决,这些活动的开展,极大地保障了代表的知情权、议政权和监督权。

优化代表履职保障。认真贯彻《中华人民共和国全国人民代表大会和地方各级人民代表大会代表法》,尊重代表主体地位,支持和保证代表依法执行代表职务,及时向代表提供有关资料和信息,为代表依法履职创造良好条件。积极抓好代表依法履职培训,实现基层和初任代表培训全覆盖。以提升代表履职能力为目标,全面系统学习中共十九大及十九届二中、三中、四中、五中全会精神、习近平关于坚持和完善人民代表大会制度重要思想和《习近平谈治国理政》第三卷,不断提高代表政治意识和政治理论水平。

四、始终坚持政治建设，不断提升人大机关效能

常委会认真组织开展“两学一做”学习教育、“不忘初心、牢记使命”主题教育和党史学习教育，以加强政治建设为抓手，以提升机关干部依法履职能力和水平为目的，切实加强人大自身建设，不断提升人大机关效能。

突出政治建设。坚持把党的政治建设摆在首位，从党组和机关两个层面，健全并坚持学习制度、民主生活会制度。五年来，共组织党组理论学习中心组学习50余次，组织机关干部集中学习54次，召开党组民主生活会8次。通过加强政治理论学习，运用批评和自我批评武器，不断增强政治自觉。坚持把政治纪律和政治规矩挺在前面，严格执行中央八项规定精神和廉政建设各项规定，驰而不息转作风，营造良好政治生态。坚持把主体责任扛在肩上，切实履行党建、意识形态、党风廉政建设主体责任，保持正确政治方向。

加强作风建设。严格遵守中央八项规定精神和省市区贯彻意见，旗帜鲜明反对“四风”、持续整治“怕、慢、假、庸、散”作风顽疾。为切实防范各种形式的形式主义、官僚主义，区人大机关从三个方面精准发力。一是制定实施区人大机关为基层减负的8条具体措施。二是大兴调查研究之风，结合常委会审议议题，走基层、摸实情、听意见。三是压缩会议时间、精简会议内容，常委会会议一般控制在半天时间，要求每项报告汇报字数不超过3000字。

加强信息化建设。积极开展人大信息化建设调研，深刻认识人大工作信息化建设的重要性。围绕进一步规范人大机关政务、事务管理，大力推进移动办公系统、电子会议系统建设。加强全区人大新闻网站、微信公众号管理，通过规范化、信息化水平的不断提升，实现机关服务质量和水平持续提高。

抓好宣传工作。坚持正确的舆论导向，加强对人大制度、人大工作的宣传，努力营造人大依法履职的良好社会氛围。以《瓷都人大》杂志、昌江区人大网站、昌江区人大微信公众号为三大宣传平台，对人大各项业务工作实现新闻报道全覆盖，共刊发稿件220余篇，并且积极向省人大《时代主人》杂志、市级其他媒体推荐。由于内容丰富、时效鲜明、互动增强，人大新闻宣传工作取得新进展。

各位代表，区十届人大常委会任期内工作取得的成绩，是区委正确领导的结果，是全体人大代表、常委会组成人员共同努力、辛勤工作的结果，是区人大历届老领导关心的结果，是区“一府一委两院”及区直各部门、各乡镇街道和广大人民群众大力支持的结果，在此，我代表区十届人大常委会向所有关心、支持、帮助人大工作的同志们表示衷心的感谢！

五年的工作实践，我们深切体会到：

必须牢固树立政治意识，自觉坚持党的领导。五年来，我们始终坚持党的领导、人民当家作主、依法治国有机统一，在区委的正确领导下，围绕中心，反映民意，依法行使职权，使党的主张通过法定程序成为国家意志。区委高度重视和支持人大及其常委会充分发挥国家权力机关作用，为人大工作顺利开展提供了坚实保障。实践证明，只有自觉坚持党的领导，牢牢把握正确的政治方向，人大工作才会有坚强的政治保证，才能不断发展、富有成效。

必须牢固树立民本意识，促进保障改善民生。五年来，我们始终坚持人民利益为重，把维护群众利益作为履行职责的出发点和落脚点，坚持畅通民意渠道，广泛听取人民群众的意见和建议，完善代表联系群众制度，促进保障改善民生。实践证明，只有把人民群众当家作主的政治权利保障好，把人民群众根本利益维护好，把人民群众参与经济社会建设的积极性调动好，才会赢得群众的信任和支持。

必须牢固树立法治意识，切实做到依法履职。五年来，我们始终坚持严格遵循宪法和法律的规定，正确把握与“一府一委两院”的关系，坚持发扬民主，集思广益，集体决定，依法行使监督、决定、人事任免等职权，有力促进了“一府一委两院”依法行政、公正司法。实践启示我们，只有严格依法按程序履行职权，坚持求真务实的工作作风，人大工作才会规范有序，监督成效才能充分显现。

必须牢固树立主体意识，充分发挥代表作用。五年来，我们始终坚持以人为本，注重发挥代表了解民情、反映民意、贴近民生的优势，不断丰富代表活动形式，拓展代表参政渠道，搭建代表履职平台，优化代表活动载体，为代表依法履职创造条件、提供服务。全体代表认真履行职责，积极建言献策，热情参与管理经济和社会事务，共同推进人大工作。实践让我们懂得，只有充分发挥代表主体作用，切实加强和改进代表工作，人大

工作才会有声有色，才能在推进民主政治建设中发挥出更加积极的作用。

必须牢固树立创新意识，紧跟时代前进步伐。五年来，我们始终坚持解放思想，实事求是，主动适应新形势、新任务、新要求，努力实践、积极探索，研究和把握人大工作的内在规律，注重把宪法和法律法规同我区实际结合起来，不断开拓工作思路，改进工作方法，创新工作机制，解决好人大工作中遇到的新情况、新问题。实践使我们深深体会到，只有牢固树立创新理念，始终保持与时俱进、积极向上的精神状态，人大工作才能在探索中前进，在开拓中发展，在创新中提高。

在肯定成绩的同时，我们也清醒地认识到，常委会的工作与宪法、法律的要求，党和人民的期望以及改革发展的需要还有一定的差距，监督工作的实效还要进一步提高，为代表履职服务还不够到位，部分人大代表履职能力还有待进一步提升等等，这些都需要认真研究，不断加以改进。

今后五年工作建议

区第十二次党代会描绘了昌江未来五年发展的宏伟蓝图，“工业强区、文明新城、开放融合、幸福共享，全面建设现代化魅力新昌江”的目标已经确定。新目标、新任务、新征程，对人大工作提出了新的更高要求，人大常委会肩负的责任重大、使命光荣。我们要深入学习贯彻习近平总书记在中央人大工作会议上的重要讲话精神，坚持和完善人民代表大会制度，加强和改进新时代人大工作，不断发展全过程的人民民主，巩固和发展生动活泼、安定团结的政治局面，为我区高质量跨越式发展提供坚强保障。

一是讲政治、始终坚持党的领导。坚持党的领导、人民当家作主、依法治国的有机统一，是人大工作的根本要求。常委会将继续坚持依靠党的领导来加强人大工作，自觉服从区委统一领导，在思想上、行动上与区委保持高度一致。加强与人大代表和人民群众的联系，充分发挥人大代表和人大机关干部中党员作用，不断增强政治意识、大局意识、核心意识、看齐意识，保证党的路线、方针、政策不折不扣落到实处，保证区委的主张和意图在人大工作中得到全面实现。一要坚持向区委请示汇报制度，定期向区委报告常委会的各项重要工作，及时请示人大在监督、重大事项决定等工作中的重大问题；二要进一步加强常委会党组建设，发挥党组集体领导作用，积极参与、全力配合区委中心工作，保证区委决策在人大工作中贯彻落实；三要依法做好选举和人事任免工作。规范大会选举和人事任免法律程序和工作流程，加强依法当选人员监督工作，切实增强法制观念和公仆意识，实现党委意图和人民群众满意有机结合。

二是顾大局、认真做好监督工作。习近平总书记强调，要用好宪法赋予人大的监督权，实行正确监督、有效监督、依法监督。各级人大及其常委会要聚焦党中央决策部署，聚焦人民群众所思所想所愿，推动解决制约经济社会发展的突出矛盾和问题。今后五年，常委会要紧紧围绕市委“建好国家陶瓷文化传承创新试验区，打造新型人文城市新范例、特色产业发展新高地、全域融合发展新格局、共同富裕实践新样本、对外文化交流新平台，开启全面建设社会主义现代化国家瓷都新征程”的发展目标和区委十二次党代会提出的“工业强区、文明新城、开放融合、幸福共享，全面建设现代化魅力新昌江”的发展定位和“三地联动、三大平台、四大战略、四项工程”的发展路径，来部署人大的监督工作重点。认真贯彻落实《中华人民共和国宪法》《中华人民共和国监督法》《中华人民共和国预算法》《中华人民共和国全国人民代表大会组织法》《中华人民共和国全国人民代表大会和地方各级人民代表大会代表法》等法律法规，综合运用听取审议、专项工作报告、调研、视察、执法检查、专题询问和满意度测评等监督形式，进一步加强对我区经济社会各方面工作的监督，保障和促进经济社会高质量发展。

三是重民生、努力促进民生改善。要进一步强化民本意识、宗旨观念，把关注民生、改善民生作为做好人大工作的出发点和落脚点，切实加强对基础教育、社会保障、公共医疗服务、住房保障、文化体系建设等一系列民生问题的监督，努力做到发展为了人民、发展依靠人民、发展成果由人民共享。坚持以人为本、民生为重，把推动解决民生问题作为工作的重点，努力促进民生质量的改善。在为民谋利、为民解忧、为民维权下功夫。聚焦社保、低保、就业、教育、公共医疗服务、住房保障、文化体系建设、城乡居民环境等一批广大人民群众关切、忧虑的问题进行监督，督促政府抓经济发展的同时，要在民生工程上投入更多的资源，切实让广大群众有获得感，幸福指数有明显的提升，为维护昌江社会和谐稳定做出人大的贡献。

四是聚民智、充分发挥代表作用。习近平总书记指出，要充分发挥人大代表作用，做到民有所呼、我有所应。要丰富人大代表联系人民群众的内容和形式，更好接地气、察民情、聚民智、惠民生。今后五年，常委会要加强代表培训，提高代表履职能力，精心组织闭会期间代表活动，改进活动方式，增强代表集中视察、专题调研实效。要完善代表工作制度，充分利用昌江区人大网、昌江区人大微信公众号和区人大代表微信群等代表联系平台，不断拓宽联系代表渠道，扩大代表对常委会和专门委员会工作的参与，支持代表执行职务。要深入抓好代表建议重点督办工作，要积极引导、完善措施、加强督查、重视反馈，调动代表依法履职积极性。要充分发挥社区（村）人大代表工作站作用，通过代表联络站开展活动，拓展选民与代表联系的渠道，充分发挥代表沟通选民与政府联系的桥梁纽带作用，积极推进基层民主发展。要不断扩大代表及公民有序的政治参与，保障人大代表的知情权、参与权、表达权、监督权，努力使人大的各项工作顺应民心、反映民意、贴近民生。

五是强素质、不断加强自身建设。认真落实常委会关于加强自身建设的决定，继续坚持常委会理论学习中心组学习制度和专题讲座制度，加强政治理论、宪法法律和人大业务等方面知识的学习，不断提高自身素质。加强作风建设，注重调查研究，坚持问政于民、问需于民、问计于民。坚持民主集中制原则，充分发扬民主，严格依法办事，努力提高常委会议事决策的民主化、科学化水平。自觉接受人大代表和人民群众的监督，将常委会监督情况及时向人大代表通报、向社会公布。加强人民代表大会制度和人大工作宣传与理论研究。重视抓好机关建设，不断提高机关服务水平和保障能力，更好地发挥参谋助手作用。进一步密切与乡镇（街道）人大的联系，共同推动社会主义民主法治建设。

各位代表：今年是“十四五”规划开局之年，“十四五”是我区发展进程中十分重要的时期，让我们更加紧密地团结在以习近平为核心的党中央周围，坚持以习近平新时代中国特色社会主义思想为指导，在区委的坚强领导下，紧紧围绕区第十二次党代会提出的目标任务，改革创新、锐意进取、履职尽责，积极投身于“工业强区、文明新城、开放融合、幸福共享”的实践中，更好地发挥人民代表大会制度的显著优势，为我区实现全面建设现代化魅力新昌江的奋斗目标而努力奋斗。

中国人民政治协商会议
景德镇市昌江区第八届委员会常务委员会工作报告

——在区政协九届一次会议上

（2021 年 10 月 23 日）

区政协副主席　汪　农

各位委员、同志们：

我受政协景德镇市昌江区第八届委员会常务委员会委托，向大会报告八届委员会五年来的工作，对九届委员会工作提出建议，请予审议。

一、八届区政协工作回顾

2016 年以来，区政协八届常委会坚持以习近平新时代中国特色社会主义思想为指导，深入贯彻落实中共十九大、十九届二中、三中、四中、五中全会和习近平总书记视察江西重要讲话精神，在中共昌江区委的坚强领导下，在市政协的指导下，加强思想政治引领、广泛凝聚共识，牢牢把握团结和民主两大主题，围绕全区工作大局，紧扣经济社会发展重点和人民群众关心关注的热点难点，充分发挥协商民主重要渠道作用，切实履行政治协商、民主监督、参政议政职能,为助推全区经济社会高质量发展做出了积极贡献。

(一)凝聚共识,思想政治基础进一步夯实

区政协常委会始终把政治理论学习摆在突出位置,深学笃行习近平新时代中国特色社会主义思想,确保我区政协事业始终沿着正确的方向不断发展,始终做到与中共昌江区委方向一致、目标一致、步调一致。

一是坚持党的领导,推动政协工作。区政协常委会始终坚持党对政协工作的全面领导,坚持重大事项主动请示,敏感问题及时报告,始终从全区工作大局谋划事业发展,推动工作落实,牢牢把握政协工作的正确政治方向。认真贯彻落实《关于加强新时代人民政协党的建设工作的若干意见》,以政治建设为统领推进政协各项建设,实现党的组织对党员委员的全覆盖、党的工作对政协委员的全覆盖。

二是强化理论学习,提高政治站位。区政协常委会以创建学习型组织为抓手,不断完善学习制度,通过区政协党组定期学习、常委学习研讨、委员集中强化培训、机关干部参加各级党校集中轮训、学习强国和干部网络学院在线学习等形式开展多层次全覆盖理论学习,委员和机关干部履职能力、综合素质进一步提高,政协工作责任感和使命感进一步增强,团结奋斗共同思想政治基础进一步夯实。

三是开展主题教育,筑牢思想根基。根据中共中央和省、市、区委统一部署,区政协常委会以学习贯彻习近平新时代中国特色社会主义思想为主线,扎实开展“两学一做”学习教育、“不忘初心、牢记使命”主题教育和党史学习教育,把学习教育、调查研究、检视问题、整改落实贯穿全过程,树牢“四个意识”、坚定“四个自信”、做到“两个维护”,持续增进对中国共产党和中国特色社会主义的政治认同、思想认同、理论认同和情感认同。

(二)围绕中心,政治协商质量进一步提高

区政协常委会主动围绕全区工作大局,聚焦全区经济社会发展重大问题和人民群众关心关注的热点问题,制定年度协商计划,组织广大政协委员开展内容丰富、形式多样的协商议政活动,为区委、区政府科学决策提供了重要参考。

一是多层面进行政治协商,议政建言。五年来,共召开协商议政会议100余次,在我区经济发展,各项社会事业及民生改善等十多个领域广泛协商议政,形成全体会议广泛协商、常委会议重点协商、议政发言专题协商的良好格局。首先,全体会议上,委员们就政府工作报告等进行广泛协商讨论,围绕全区经济社会发展中的重大问题,通过大会提案、反映社情民意、专题讨论等形式开展积极广泛的集体协商,提出意见建议;其次,围绕转变经济发展方式、招商引资、项目建设、医疗、教育、社会保障等全区性中心工作和人民群众关心关注的热点难点问题,运用常委会议政的形式,开展重点协商;再次,组织政协委员,就“实施老旧小区改造,提升群众幸福感”“整合历史人文资源,发展乡村旅游”等重要议题,在反复调研的基础上,形成翔实的书面材料并做大会议政发言,提出有价值和操作性强的意见建议。

二是多方位开展专题调研,助力发展。创新调研方式,组织广大委员深入企业、学校、医院、社区、田间地头和扶贫一线,形成“大调研”格局,全方位、多视角为我区经济社会发展把脉问诊。先后就经济、民生、扶贫等领域进行了专题调研,形成调研报告和建议案50余篇。

三是多视角组织专项视察,资政聚力。采取课题与项目联动、视察与研讨结合、委员与基层沟通的方式,着眼党政所思、发展所需、群众所盼和各界关注的问题开展专项视察活动。五年来,先后组织政协委员就城市管理、环境整治、疫情防控、居家养老等不同民生领域工作开展60余次专题视察活动,达到民主协商、增进共识、推进工作的目的。

(三)聚焦民生,民主监督渠道进一步拓宽

区政协常委会不断探索民主监督形式,拓宽民主监督渠道,充分运用会议协商问政、社情民意跟踪问效、民主评议提案办理等形式,增强了监督工作的实效性和影响力。

一是全力提高提案质量,强化评议督办。质量是提案工作的生命,提案工作的核心在于办理落实。按照“围绕中心、服务大局、提高质量、讲求实效”的工作方针,积极推进提案工作的制度化、规范化、程序化和信

息化建设，努力在提高提案质量上下功夫，在健全办理机制上求创新，在突出办理实效上做文章。五年来，共收到委员提案310件，审查立案268件，均得到相关职能部门的办理和答复。委员提案所提意见和建议，多数已被采纳，委员满意和基本满意率为100%。同时通过"回头看"等方式，积极做好重点提案的后续跟踪督办工作，对承办单位进行民主评议，督促提案办理"落地生根""开花结果"。

二是积极反映社情民意，加强跟踪问效。了解和反映社情民意是人民政协履行职能的重要形式，也是党委和政府联系人民群众的桥梁纽带。区政协常委会坚持以委员为主体，以专委会为依托，以界别为纽带，不断畅通社情民意渠道，调动委员反映社情民意信息的积极性，要求委员每年至少撰写一篇有价值的信息。五年来，区政协在惠农政策、环境保护、农民医疗等方面收集和上报各类信息300余条，并要求所涉及的部门积极作为，及时反馈办理情况。

三是多渠道并重，着力强化监督实效。区政协常委会坚持把民主监督工作作为促进工作落实、作风转变、服务优化的重要举措统筹谋划。将民主监督融入党风、政风、行风建设的各个方面，每年选派委员担任与人民群众生活息息相关的司法、教育、环保等部门的行风监督员，督促有关部门转变工作作风，提高工作效能。对重要提案落实不到位、提案办理重视不够的有关部门进行专项督查，推动了相关问题的解决。

（四）发挥优势，委员主体作用进一步体现

区政协常委会充分发挥政协组织人才荟萃、智力密集的优势，深调研、勤献策，积极参政议政，为昌江区经济社会发展汇聚委员智慧，贡献政协力量。

一是经常性组织委员学习培训活动。通过举办委员培训班和专题辅导报告等形式，帮助委员了解人民政协的性质、地位、作用，掌握履行职能和撰写提案的方式方法，使委员在知晓区情的基础上，了解政协工作规律，主动参与政协各项活动，为我区经济发展建言献策。五年来，集中组织委员培训30余次，通过学习培训，委员们政治素养和履职能力普遍提高，当好政协委员的责任感、光荣感和使命感普遍增强。

二是密切联系委员。每年年底区政协领导及专委会对委员集中走访慰问，加强政协机关与委员的联谊互动，深入了解委员的工作、生活情况，认真听取委员们的意见建议。同时注重加强与委员所在单位、党派的联系，尊重和保护委员的各项民主权利，保证委员在政协会议和活动中畅所欲言。五年来，共走访看望委员700余人次，邀请党外委员谈心谈话500余人次。

三是充分发挥委员主体作用。区政协常委会坚持以委员为主体，树立"委员强则政协强"的观念，激发委员主体意识，调动委员的自觉性和主动性。按照全国政协主席汪洋提出的政协委员要做好"委员作业"的要求，委员们围绕"整合文化资源""促进小微企业发展"，提交《为中小学生午餐健康保驾护航》《非公有制企业发展的激励政策及建议》等精品"委员作业"，为区委区政府决策提供重要参考，充分发挥政协"人才库""智囊团"的优势和作用。扎实开展"我为昌江发展建言献策"活动，通过上门走访、委员座谈、问卷调查等方式收集社情民意，整理归类意见建议并及时转交相关单位，有效激发委员参政议政的热情。

（五）主动作为，责任担当进一步彰显

围绕中心，服务大局，是人民政协履行职能必须遵循的原则。区政协常委会紧紧围绕区委中心工作，立足实际，奋勇前行，在抗击疫情、助力脱贫攻坚等奋斗征途上，留下众多"政协瞬间"。

一是积极推动重点项目建设。区政协班子在主席带领下深入区重点项目建设和工业企业挂点服务一线，有力推动了美丽徐湾、金桥快乐山庄周边环境改造等环境整治相关项目建设；疫情期间深入区重点企业调查研究，了解企业发展状况和存在的困难，切实为企业出谋划策，并与有关部门协商解决企业困难。

二是服务中心工作更加有力。按照区委、区政府统一部署，积极参与棚改征迁、双创双修、脱贫攻坚、抗洪抢险、疫情防控等工作，为推进全区中心工作贡献政协力量。圆满完成五金厂征地拆迁、景泰路修建改造、紫晶南路、韭菜园片区征收等项目任务。带领全区政协委员坚决贯彻落实区委疫情防控决策部署，积极参与组织得雨隔离点等一线防控工作，捐资捐物价值逾135万元。

三是发挥文史作用资政育人。区政协常委会贯彻落实习近平总书记讲话"让尘封在族谱、方志及碑铭中的

文字活起来”,积极组织地方文史研究人员,对区内历代先贤诗文进行收集整理并赴重庆等地开展文史资料考察活动,先后共召开8次编纂工作调度会,于2021年6月完成第七辑文史资料《昌江古代诗文选集》的编纂工作。以古鉴今,惠泽昌江,丰硕的文史工作成果,为服务昌江经济建设,弘扬历史文化发挥了重要作用。

四是注重对外交流和宣传。加强与中央、省级主流媒体沟通联系,《凝心聚力　共战疫情》《问计脱贫策助力乡村兴》等150余篇宣传报道相继在人民政协网、《江西政协报》、江西手机版新闻客户端等媒体刊登,提升我区知名度和影响力。注重加强与外地政协组织的联系交往,热情接待多地兄弟单位到我区考察学习活动,交流政协工作,学习借鉴各兄弟单位的先进履职经验。

(六)固本强基,自身建设进一步加强

区政协常委会主动适应新形势,对标新要求,把加强自身建设摆在更加突出的位置,讲政治、练内功、提士气,不断夯实履职基础,着力推动政协事业高质量发展。

一是强化委员队伍建设。先后增设委员联络机构,制定出台《昌江区政协委员管理考核实施办法》,建立委员履职档案,定期收集委员履职情况,对优秀委员进行评比表彰。组织开展多层次的学习交流活动,拓宽委员视野,为委员履职创造条件。广大政协委员履职尽责主动性、积极性普遍提升,履职能力和成效明显增强,充分展现了新时代政协委员参政议政热情和良好精神风貌。

二是强化政协机关专委会建设。完善专委会工作机制,把课题调研、专项视察、对口协商、界别协商等工作任务分解到各专委会,由各专委会负责组织实施。健全专委会与党政部门对口联系、对口协商等工作机制,联合组织开展调研视察等活动,专委会工作得到了进一步加强。

三是强化机关效能建设。区政协常委会牢牢把握服务这个重点,不断改进服务方式、丰富服务内容、提升服务水平。加强政协机关支部建设,定期开展“党员活动日”等活动,严格落实“两学一做”制度化、常态化要求。以创建“学习型、服务型、效能型、创新型、廉洁型”机关为抓手,切实加强政协机关的思想、组织、作风、制度和干部队伍建设,进一步提高机关工作效率和服务水平,为政协工作有效开展提供坚实保障。

各位委员,五年来,省市政协始终关心我区政协工作,省政协副主席谢茹、刘卫平等多位领导先后到我区开展“重温百年党史、考察发展变化、凝聚奋斗力量”专项视察和家政服务业情况专项调研活动,对我区政协工作给予充分肯定。市政协张春萍主席也多次到我区指导工作,就我区经济产业发展、基层协商议事室工作机制提出希望和要求。

各位委员,过去五年区政协工作取得一定成绩,这些成绩的取得是中共昌江区委正确领导的结果,是区人大、区政府和社会各方面大力支持的结果,是政协各参加单位、广大政协委员、政协机关全体工作人员和社会各界人士共同努力的结果。在此,我代表区政协常委会向大家表示衷心的感谢!同时我们也清醒地看到,我们的工作与新形势新任务相比,与中共昌江区委的要求相比,与人民群众的期待相比,还有不少差距。主要表现在:一是发挥专门委员会的基础性作用还有差距;二是政协常态化工作的质量和效率有待进一步提高;三是政协机关自身建设仍需进一步加强等等,这些都需要在今后工作中切实加以改进。我们真诚地希望全体委员和各位同志对政协常委会工作提出批评和建议,以更好地推进昌江区人民政协工作不断创新发展。

二、五年工作主要体会

回顾五年工作,区政协常委会继承和发扬历届区政协的优良传统,着眼新形势、新任务、新要求,研究新情况,解决新问题,不断深化对人民政协事业发展特点和规律的认识,不断深化对政协在全区工作大局中地位和作用的认识,在实践中积累许多宝贵经验,值得倍加珍惜。

*(一)必须始终坚持和依靠中国共产党的领导,确保政协工作正确的政治方向。*人民政协事业是中国特色社会主义事业的重要组成部分,是中国共产党领导的多党合作和政治协商制度的重要政治形式和组织形式。只有始终坚持和依靠党的领导,坚持用习近平新时代中国特色社会主义思想统一认识、分析问题、指导实践,才能巩固团结合作的思想政治基础,才能把握人民政协事业正确的发展方向,才能始终与区委保持思想同心、目标同向、工作同步。

（二）必须始终坚持围绕中心、服务大局，把助推高质量发展作为第一要务。围绕中心、服务大局是人民政协工作必须坚持的重要原则。工作中，我们正确把握发展方向，准确定位发展目标，科学遵循发展规律，自觉服从和服务于经济建设这个中心，主动把政协工作融入全区工作大局，紧紧围绕区委、区政府的重大决策部署，人民群众关注的热点问题，找准履行职能的着力点，得到区委、区政府和社会各界的认可、赞同。事实证明，只要始终围绕中心、善谋实干、服务发展、履行职能，就一定能实现政协工作的有为有位。

（三）必须始终坚持团结民主两大主题，努力形成维护社会和谐稳定的整体合力。团结汇聚力量，民主促进和谐。做好政协工作必须坚持民主协商、平等议事、求同存异的原则，积极营造畅所欲言、生动活泼的政治氛围，努力创造和衷共济、和谐稳定的社会环境。充分调动委员的积极性，发挥专委会的基础作用和界别的纽带作用，使各民主党派成员、工商联、人民团体和社会各界人士的协商议政活动更加富有成效，更好地为促和谐、保稳定服务。

（四）必须始终坚持开拓创新，不断提高政协工作科学化水平。坚持开拓创新是推动人民政协事业发展的不竭动力。区政协常委会坚持从实际出发，立足于新使命、新任务，及时更新观念，调整工作思路，拓展工作领域，丰富工作内容，改进工作方式。实践表明，只有牢牢把握发展脉搏，始终保持蓬勃朝气，不断推进工作创新，才能保持政协人旺盛的生机和活力。

（五）必须始终坚持全面加强自身建设，不断提高履职能力。加强自身建设是推进政协工作创新发展的重要基础。只有进一步促进党派合作、突出界别特色、发挥委员主体作用、专委会的基础性作用和加强政协机关建设，坚持“懂政协、会协商、善议政、守纪律、讲规矩、重品行”，深入调查研究，勤勉履职尽责，树立政协良好形象，才能为开创政协工作新局面提供坚强有力保障。

三、今后工作建议

今后五年，是昌江区抓住机遇、奋进赶超，实现高质量跨越式发展的关键时期。区第十二次党代会描绘了未来五年发展的宏伟蓝图，确定了昌江区高质量跨越式发展的定位、目标和思路，也为政协工作指明了方向。建议九届区政协工作的总体要求是：以习近平新时代中国特色社会主义思想为指导，深入贯彻落实中共十九大、十九届二中、三中、四中、五中全会精神和习近平视察江西重要讲话精神，在中共昌江区委的坚强领导下，按照区第十二次党代会的部署要求，把握新发展阶段、贯彻新发展理念、服务新发展格局，紧紧围绕中共昌江区委提出的“工业强区、文明新城、开放融合、幸福共享，全面建设现代化魅力新昌江”的奋斗目标，强化政治引领，突出协商议政，深化民主监督，广泛汇智聚力，同心同德干事业，攻坚克难抓落实，为全力实现经济社会各项事业高质量发展做出新贡献。

今后五年，我们建议着重做好以下几个方面的工作：

（一）强化理论武装，坚定维护核心。人民政协是政治组织，要坚持用党的创新理论武装头脑，坚持以习近平新时代中国特色社会主义思想领航理论学习，要进一步健全政协学习机制，创新学习方法，运用政协党组、常委会、机关党支部和机关例会等会议载体，组织引导政协各参加单位、广大政协委员和机关干部，贯彻落实习近平总书记关于加强和改进人民政协工作的重要思想，深入学习领会党的人民政协理论最新成果，准确把握丰富内涵、精神实质和实践要求。把树牢“四个意识”，坚定“四个自信”，做到“两个维护”贯彻工作全过程，坚持坚定的政治方向，确保政协事业有信仰、有根基、有力量。

（二）聚焦发展大局，倾力服务中心。人民政协作为国家治理体系重要组成部分，需要我们深刻把握社会主要矛盾变化带来的新特征、新要求，需要我们深刻认识错综复杂的环境带来的新矛盾、新挑战，需要我们加强专门协商机构建设，切实把政协制度优势转化为治理效能。围绕中心、服务大局，既是人民政协履职尽责必须遵守的原则，也是政协履行职能的首要任务。要进一步贯彻落实好习近平总书记视察江西重要讲话重要指示精神，努力在转型发展趟新路上发挥政协组织人才荟萃、智力密集、联系各界、服务群众的特点优势和重要作用。要全面贯彻落实区第十二次党代会精神，准确把握我区发展定位和发展路径，团结引导各民主党派、各人民团体和各族各界人士把思想和行动统一到区委对今后五年乃至更长时期我区经济社会发展做出的战略部署上来。要明确履职重点，制定协商计划，精心组织调研视察、协商议政、民主监督等履职活动，做到建言资政和凝聚共识双向发力,为助推我区产业结构更优、城市建设更彩、乡村振兴更特、民生保障更实凝心聚力、多做贡献。

(三)高度关注民生,恪守为民初心。人民政协来自人民、植根人民,履职为民是人民政协的初心和使命。要坚持人民至上和以人民为中心的发展理念,把满足人民群众对美好生活的向往作为履职的出发点和落脚点,以促进共同富裕、增进群众福祉为目标,围绕区委中心工作和全区发展大局,找准作为基点,紧盯发展重点,关注民生热点,多谋发展之计、多建利民之言、多献富民之策、多办惠民之事,切实把中共昌江区委的决策部署转化为社会各界的广泛认同和自觉行动,引导带动社会各界踊跃投身现代化魅力新昌江建设的伟大实践,大力发扬为民服务孺子牛、创新发展拓荒牛、艰苦奋斗老黄牛精神,凝聚起新时代昌江区砥砺奋进的磅礴力量,在现代化发展新征程中发挥委员"聚是一团火、散是满天星"的政协优势。

(四)广泛凝聚共识,共筑政治同心。人心是最大的政治,共识是奋进的动力。要始终坚持"党政所需、群众所盼、政协所能"的工作原则,引导各党派团体和广大委员,坚定不移地与区委同心同向、与区政府同频共振,把政协工作融入全区工作大局中,坚定不移地把区委的决策部署落实到政协工作的各个方面。要把旗帜鲜明讲政治作为首要任务,教育引导各党派团体和各族各界人士强化政治共同体意识,紧盯政治同心圆,正确处理一致性和多样性的关系,在工作实践中提高政治站位,在协商建言中突出政治标准,依宪依章履职尽责,着力画出最大同心圆。要强化团结联谊,密切与民族宗教界人士、非公有制经济人士的联系,把各党派团体和各界人士紧密团结在党的周围,不断厚植党的民意基础和群众基础。

各位委员,海阔潮涌千帆竞,乘风破浪启新程。让我们更加紧密地团结在以习近平为核心的党中央周围,在景德镇市政协的正确指导下,在中共昌江区委的坚强领导下,担当新使命,谋求新作为,为打造社会主义现代化国际瓷都新门户、推动昌江区高质量跨越式发展贡献政协力量,为实现"工业强区、文明新城、开放融合、幸福共享,全面建设现代化魅力新昌江"而努力奋斗!

组织机构与主要负责人名录

中共昌江区委

书　　记：罗文军（2021年2任，至2021年7月）
　　　　　倪卫春（2021年7月任）
副 书 记：倪卫春（至2021年7月）
　　　　　吴　艳（至2021年3月）
　　　　　伊文斌（2021年7月任）
　　　　　江智峰（2021年8月任）
常　　委：周淮钦（2020年5月任）
　　　　　陈忠豪（至2021年8月）
　　　　　程步才（至2021年8月）
　　　　　彭庆鉴（至2021年8月）
　　　　　李龙江（2017年12月任）
　　　　　余　刚（至2021年8月）
　　　　　乐先锋（2020年7月任）
　　　　　余世建（2021年8月任）
　　　　　汪德胜（2021年8月任）
　　　　　彭新建（2021年8月任）
　　　　　曾亚平（2021年8月任）
　　　　　周　薇（女，2021年8月任）

昌江区人大常委会

主　　任：李恩清（2016年10月任）
副 主 任：占冬英（女，至2021年10月）
　　　　　姜　涛（至2021年4月）
　　　　　欧阳毅文（至2021年10月）
　　　　　占文军（2021年10月任）
　　　　　陈菊明（女，2020年5月任）
　　　　　王建安（2016年10月任）
　　　　　程振火（2021年10月任）
　　　　　彭金岭（2021年10月任）
党组成员：占冬英（女，至2021年8月）
　　　　　欧阳毅文（至2021年8月）
　　　　　占文军（2021年8月任）
　　　　　王建安（2016年10月任）
　　　　　程振火（2021年8月任）
　　　　　彭金岭（2021年8月任）
　　　　　马文胜（2015年1月任）
二级调研员：占冬英（女，2021年10月任）
　　　　　欧阳毅文（2021年10月任）

昌江区人民政府

区　　长：倪卫春（至2021年10月）
　　　　　伊文斌（2021年10月任）
副 区 长：陈忠豪（至2021年10月）
　　　　　余世建（至2021年10月）
　　　　　余　刚（至2021年10月）
　　　　　朱志梁（至2021年10月）
　　　　　乐先锋（2021年10月任）
　　　　　彭新建（2021年10月任）
　　　　　刘泽巍（挂职，至2021年5月）
　　　　　张碧珍（女，2020年4月任）
　　　　　凌　辉（2020年9月任）
　　　　　刘方孟（2021年10月任）
　　　　　汪　维（2021年10月任）
　　　　　聂　刚（2021年10月任）
党组副书记：陈忠豪（至2021年8月）
　　　　　乐先锋（2021年8月任）
党组成员：余世建（至2021年8月）
　　　　　余　刚（至2021年8月）
　　　　　朱志梁（至2021年8月）
　　　　　刘泽巍（挂职，至2021年8月）
　　　　　凌　辉（2020年9月任）
　　　　　刘方孟（2021年8月任）
　　　　　汪　维（2021年8月任）
　　　　　聂　刚（2021年8月任）
　　　　　王三改（2016年12月任）

政协昌江区委员会

主　　席：陈华清（2016年10月任）
副 主 席：汪　农（2016年10月任）
　　　　　段嗣斌（2016年10月任）
　　　　　刘　坚（至2021年10月）
　　　　　刘丽红（女，至2021年10月）

吴集才(2016年10月任)
程厚宏(2016年10月任)
陈东升(2021年10月任)
徐国明(2021年10月任)
党组副书记:乐先锋(至2021年8月)
周　薇(女,2021年8月任)
党组成员:刘　坚(至2021年8月)
刘丽红(女,至2021年8月)
徐国明(2021年8月任)
严君勇(至2021年10月)
金红华(2021年10月任,兼秘书长)
二级调研员:刘　坚(2021年10月任)
刘丽红(女,2021年10月任)

中共昌江区纪律检查委员会

书　　记:周淮钦(2020年5月任)

昌江区监察委员会

主　　任:周淮钦(2021年4月任)

昌江区人民武装部

部　　长:李龙江(2017年6月任)
政　　委:汤海兵(2018年8月任)

昌江区人民法院

院　　长:陈翰朋(至2021年10月)
周　理(2021年10月任)

昌江区人民检察院

检 察 长:程家敏(2016年10月任)

索　引

说明：一、本索引以2013年6月5日国务院公布的《通用规范汉字表》为准，采用本年鉴概况之外的条目首字检字法，特载、专记、大事记、附录、彩页、表格等均不做索引，右边的数字表示该条目出现的正文页码。

二、本索引按条目首字笔画由少到多排列，笔画数相同的，按起笔笔形横（一）、竖（丨）、撇（丿）、点（丶）、折（乛）的顺序排列。起笔笔形相同的，按第二笔笔形排列，依次类推。

三、一、丨、丿、丶、乛以外的笔形做如下处理：提（㇀）、捺（㇏）做点（丶），笔顺带顺钩的做竖（丨），笔顺带逆钩或曲折的做折（乛）。

四、索引款目中首字包含非汉字字符，如标点符号、数字、拉丁字母、希腊字母等，均排于中文汉字款目之前。

首字检字表

（按《通用规范汉字表》笔画检字表顺序排列）

一画

二画

三画

四画

五画

六画

七画

八画

九画

十画

十一画

十二画

十三画

十四画

十五画

十六画

十九画